全国高等院校旅游专业规划教材

旅游企业人力资源管理
（第2版）

主　编　谢礼珊
副主编　伍晓奕

北京·旅游教育出版社

责任编辑：张　萍

图书在版编目(CIP)数据

旅游企业人力资源管理/谢礼珊主编．—北京:旅游教育出版社,2007.9(2019.5)
全国高等院校旅游专业规划教材
ISBN 978-7-5637-1525-1

Ⅰ.旅…　Ⅱ.谢…　Ⅲ.旅游业—劳动力资源—资源管理—高等学校—教材　Ⅳ.F590.6

中国版本图书馆 CIP 数据核字(2007)第 130715 号

全国高等院校旅游专业规划教材
旅游企业人力资源管理
（第 2 版）

谢礼珊　主　编
伍晓奕　副主编

出版单位	旅游教育出版社
地　　址	北京市朝阳区定福庄南里 1 号
邮　　编	100024
发行电话	(010)65778403 65728372 65767462(传真)
本社网址	www.tepcb.com
E-mail	tepfx@163.com
印刷单位	河北省三河市灵山芝兰印刷有限公司
经销单位	新华书店
开　　本	787 毫米×960 毫米　1/16
印　　张	19.25
字　　数	296 千字
版　　次	2014 年 7 月第 2 版
印　　次	2019 年 5 月第 5 次印刷
定　　价	32.00 元

（图书如有装订差错请与发行部联系）

出版说明

为适应旅游业的发展要求，满足旅游高等教育的需要，我们根据高等院校旅游专业的课程设置、教学目标，在国家旅游局人事劳动教育司的主持下，集合国内旅游高等院校的众多专家学者，自20世纪90年代起，先后出版了系列旅游高等院校教材。该套教材出版以来，得到了广大院校师生和业界的普遍好评，至今仍是众多院校的首选教材，一版再版。迄今为止，该套教材不仅为众多院校广泛使用，而且是规模最大、品种最多的一套高等院校旅游专业教材。

但是我们深知，教材出版本身是一个不断完善的动态过程，需要产业的推动、研究的深化、时间的积淀，更需要广大师生的参与。本着这一目的，根据21世纪旅游业的发展要求与广大师生的殷切希望，我们根据教育部与国家旅游局对旅游学科的规划与行业要求，对本套教材进行了必要的增补与修订，以确保该系列教材的科学性、权威性。

与原教材相比，本版教材注意了课程设置与教材编写的科学性、针对性、规范性，使整套教材更适合学科教学和行业发展要求。在此基础上，本版教材强调了教材的研究含量，旨在倡导教材编写的严肃性、高等教育的研究性，避免教材编写中存在的简单雷同现象，体现了国家骨干教材应有的规范性与原创性。可以说，本版教材更加贴近了我国高等院校旅游专业教学实际，严格按照课程设置和教学目标设计安排教材内容，使高等教育教材的先进性与研究性得到充分保证。

在此次增补与修订中，我们始终强调教材编写应有的学术规范，从框架的确定、内容的取舍，乃至思考复习题的设计、注释引文的处理，每一个细节都力求体现教材编写应有的学术规范。为了实现这样的目标，我们先后在全国广泛遴选作者，聘请在学科研究与教学领域有所建树的专家学者担任教材的编写工作。不少作者都有相关领域的专著成果作为教材写作的支撑，为本套教材的研究含量提供了必要保障。

作为国内唯一一家旅游教育专业出版社，我们始终得到广大旅游院校师生的关心与帮助，在新世纪，我们更期待着大家一如既往的呵护。我们希望将我们的教材建设成为一个开放式的园地，能始终站在学科研究与行业发展的前沿，随时反映旅游教育最新发展的动态。我们期待着教材使用者的意见和建议，更期待着潜在作者的新思路、新理念、新观点、新教学方式——我们定会"从善如流"，不断调整、完善现有教材，不断吸纳新的作者、新的观点。

旅游教育出版社

前言

长期以来,人力资源开发与管理理论研究始终是企业管理理论的一个重要研究领域。21世纪的中国旅游业正面临着来自全球化、技术变革、管理变革等方面的压力,旅游企业要在激烈的市场竞争中获取长期的竞争优势,必须提高服务质量,更好地满足旅游者的需求。旅游企业要提高服务质量和顾客满意度,最重要的就是培养一支训练有素、有强烈责任心的员工队伍。国内外许多旅游企业管理专家也指出,旅游企业应从传统意义上的"顾客满意战略"向"员工满意战略"转变,即企业只有培育满意的员工,才能培育满意的顾客。这就要求旅游企业在管理工作中必须高度重视人力资源的管理与开发工作,努力提高员工的素质,充分调动广大员工的积极性、主动性和创造性。目前,国内不少旅游企业虽然拥有国际标准的先进设施、设备,但员工的素质、服务意识、服务质量却远远落后于发达国家同行的水平。人力资源管理与开发滞后已成为制约我国旅游企业生存和发展的关键因素。旅游企业加强人力资源管理工作,建设和培养一支优秀的旅游人才队伍势在必行。

本书根据国际通用的人力资源管理理论分析框架,紧扣中国劳动力市场运行的实际特点,在编者多年教学、研究与实践经验的总结的基础上编写而成。编者关注人力资源管理方法在旅游企业组织情景下的运用,介绍了旅游企业人力资源管理的概念和人力资源管理的技巧,系统地论述了人力资源管理的理论与方法,涉及人力资源管理领域中诸多新的研究成果,如员工职业生涯设计、员工领导能力的培养、战略薪酬制度设计、并购与企业的人力资源整合管理、人力资源管理信息系统等。书中每一章开头都有该章的梗概和导读,以引导读者有重点地学习,每章的最后设计思考与练习题,为读者提供运用所学知识进行思考问题、分析问题,进一步开展相关研究的机会。

本教材第二版在保持第一版特色的基础上,根据人力资源学科发展动态和实践中出现的新情况,广泛吸收和借鉴国内外最新人力资源管理的研究成果,力求做到学术性和实践性相结合,更专业、更规范。编者对主要章节的内容进行了适当的调整和改写,对发现的错误进行了修正。修订的内容主要包括以下几个方面:

一、如何实现工作与生活平衡是旅游企业员工普遍重视的问题。特别是新时代背景下成长的新生代员工比老员工更看重工作中的乐趣,将工作与玩乐对立的传统管理模式受到挑战。第二章增加了"'游戏化'与工作设计"一节的内容,分析工作与玩乐如何由对立走向融合,工作玩乐与乐趣的作用机制,工作乐趣氛围的营造,以及实施游戏化管理的要素与面临的挑战。

二、新生代员工正成为旅游企业的就业主力。对旅游企业而言,新生代员工的知识技能和学习能力是企业不可多得的宝贵资源。第七章增加"旅游企业新生代员工职业生涯发展策略"一节内容,在分析旅游企业新生代员工特点的基础上,从职业生涯发展角度提出新生代员工管理的对策与建议。

三、进入21世纪,员工精神健康、工作压力、职业安全等问题成为全球企业管理者面临的共同挑战。第十章新增了"旅游企业的员工援助计划"一节内容,探讨员工援助计划的内涵与作用、运作模式以及基于危机管理的员工援助计划策略。

四、第十二章并购与人力管理增加了一节的内容,将人力资源管理职能放到企业并购的战略背景中,重点关注并购给企业人力资源管理带来的影响,以及人力资源职能如何辅助并推动企业并购战略的成功实现。

五、更新了图表、数据、研究文献和主题等,丰富了配套的教辅资源。

全书共十三章,从人力资源的保障、薪酬、发展、保护等方面着手,系统地讲述了人力资源的获取、开发、激励、保留等内容。首章着重阐述企业人力资源管理的定义、基本职能,揭示现代人力资源管理职能的转变,指出我国旅游企业人力资源管理存在的问题;第二至第八章分别介绍人力资源管理的各项基本职能,包括工作分析与工作设计、人力资源规划、人员招聘和甄选、员工培训与开发、绩效管理、职业生涯设计、薪酬与工资制度;第九至第十一章介绍人力资源管理的基本保障,包括员工福利、职业安全与劳动关系问题;第十二和十三章主要探讨旅游人力资源管理工作面临的一些新挑战,包括人力资源并构和人力资源管理信息系统。上述各章内容对旅游企业人力资源管理者从事实践活动具有重要的指导意义,为读者了解人力资源管理的思想、职能和方法提供了比较完整的框架。

全书由中山大学管理学院谢礼珊教授负责大纲的构建、统稿、修订和审核,同时负责编写第二、第三、第五章第三节和第八章,厦门大学管理学院伍晓奕副教授负责编写第一、第十章和第七章第三节,广州外语外贸大学管理学院吴清津副教授负责编写第六章,四川师范大学旅游学院张燕副教授负责编写第九、第十一章,华南理工大学经济与贸易学院杨莹讲师负责编写第五章第一、二节,第七章第一、二节,华南农业大学人文学院龚金红博士负责编写第四、十二、十三章。全书由谢礼珊和伍晓奕修订,谢礼珊任主编,伍晓奕任副主编。

本书不仅适合作为旅游管理专业、企业管理专业本科生和研究生的教材和阅读材料,而且能为广大从事旅游企业人力资源管理工作的管理人员提供借鉴与帮助。在编写和修订过程中,编者综合了众多学者和企业实践者的研究成果和成果经验,也吸收了不同学科的知识,从不同类型的出版物中收集了原始材料,参考或引用了许多专家的观点,作者尽可能地在教材的参考文献中列出。本书的出版要感谢这些著作和论文的作者,教材后面的参考文献反映了他们的成果和贡献。我们还要特别感谢本书的责任编辑张萍女士的精心策划和大力支持,她对本书做了大量的文字修改、加工、润色工作。在本书付梓之时,在此对他们表示衷心的感谢!

由于时间匆促、水平所限,书中难免有疏漏和不当之处,恳请专家和广大读者批评指正。

谢礼珊　伍晓奕

2014 年 6 月 18 日

目 录

第一章 人力资源管理概述 ··· 1
本章导读 ··· 1
第一节 人力资源管理的概念与职能 ·································· 1
 一、人力资源的含义与特点 ··· 1
 二、人力资源管理的定义 ··· 3
 三、人力资源管理的基本职能 ·· 3
第二节 人力资源管理价值观与职能的演进历程 ·················· 5
 一、管理价值观的演进历程 ··· 5
 二、现代企业人力资源管理职能的转变 ·························· 7
 三、从统一化人力资源管理到个性化人力资源管理 ········· 9
 四、旅游企业人力资源管理的发展阶段 ························ 13
第三节 人力资源管理战略 ·· 15
 一、人力资源战略的定义与作用 ··································· 15
 二、人力资源战略的制定流程 ······································ 16
 三、人力资源战略与企业战略的匹配 ···························· 18
第四节 我国旅游企业的人力资源管理现状 ······················· 20
 一、我国旅游业人力资源管理与开发的现状与问题 ········ 21
 二、旅游企业人力资源管理与开发的对策 ····················· 23
思考与练习 ··· 25

第二章 工作分析与工作设计 ·· 26
本章导读 ·· 26
第一节 工作分析概述 ·· 26

一、工作分析的含义 …………………………………………… 26
　　二、工作分析术语 ……………………………………………… 27
　　三、工作分析的意义 …………………………………………… 28
　　四、工作分析的结果 …………………………………………… 29
　第二节　工作分析的方法与工作设计 ………………………………… 33
　　一、工作分析的方法 …………………………………………… 33
　　二、工作分析的程序 …………………………………………… 37
　　三、工作设计 …………………………………………………… 38
　第三节　工作轮换及其应用 …………………………………………… 43
　　一、工作轮换的应用 …………………………………………… 43
　　二、如何有效地实施工作轮换 ………………………………… 46
　第四节　"游戏化"与工作设计 ……………………………………… 50
　　一、工作与玩乐：由对立走向融合 …………………………… 50
　　二、工作玩乐与乐趣的作用机制 ……………………………… 52
　　三、工作乐趣氛围的营造 ……………………………………… 54
　　四、实施游戏化管理的要素与面临的挑战 …………………… 55
　思考与练习 ……………………………………………………………… 60

第三章　人力资源规划 …………………………………………………… 61
　本章导读 ………………………………………………………………… 61
　第一节　人力资源规划概述 …………………………………………… 61
　　一、人力资源规划的含义 ……………………………………… 61
　　二、人力资源规划的作用 ……………………………………… 62
　　三、人力资源规划的层次与类别 ……………………………… 63
　　四、人力资源规划的内容 ……………………………………… 64
　第二节　人力资源规划过程 …………………………………………… 65
　　一、收集信息阶段 ……………………………………………… 66
　　二、人力资源需求预测 ………………………………………… 66
　　三、人力资源供给预测 ………………………………………… 70
　　四、制订人力资源规划方案 …………………………………… 74
　　五、人力资源规划的实施与反馈评估 ………………………… 77

第三节　人才储备与人才共享 ··· 78
　　　一、联合库存管理的基本思想 ··· 79
　　　二、基于联合库存管理思想的企业人才储备模式 ······················· 80
　　　三、构建企业人才共享平台的前提及效果 ·································· 83
　　思考与练习 ·· 85

第四章　人员招聘与甄选 ··· 86
　本章导读 ··· 86
　第一节　招聘和甄选中的战略问题 ·· 86
　　　一、人力资源招聘和甄选对战略的影响 ····································· 86
　　　二、"培养"还是"购买"人力资源 ··· 88
　第二节　招聘的来源与途径 ··· 89
　　　一、内部来源与外部来源 ·· 90
　　　二、招聘途径 ··· 90
　第三节　甄选的原则 ·· 93
　　　一、员工的配备应该做到使企业和个人的需求相匹配 ·············· 93
　　　二、个人与工作匹配与个人与组织匹配 ····································· 93
　第四节　甄选的方法 ·· 95
　　　一、认知能力测试 ·· 95
　　　二、人格测试 ··· 96
　　　三、面试 ·· 97
　思考与练习 ·· 100

第五章　员工培训与开发 ··· 101
　本章导读 ··· 101
　第一节　培训概述 ·· 101
　　　一、培训的含义 ·· 101
　　　二、培训的作用 ·· 101
　　　三、培训角色分工 ·· 102
　　　四、培训师的素质与培养 ··· 103
　第二节　培训的过程 ·· 104

一、确定培训需求 …………………………………… 105
　　　二、制订和实施培训计划 …………………………… 108
　　　三、培训的控制和评估 ……………………………… 112
　　　四、影响培训效果的因素 …………………………… 115
　　第三节　旅游企业员工领导能力的培养 ………………… 117
　　　一、旅游企业领导者素质 …………………………… 117
　　　二、旅游企业领导能力的培养 ……………………… 119
　思考与练习 …………………………………………………… 124

第六章　绩效管理

本章导读 ……………………………………………………… 125
第一节　绩效管理概述 ……………………………………… 125
　　一、绩效管理的含义 …………………………………… 125
　　二、绩效管理系统的组成 ……………………………… 125
　　三、绩效管理的目的 …………………………………… 127
　　四、有效的绩效管理系统的标准 ……………………… 128
　　五、绩效管理过程中的职责分工 ……………………… 129
第二节　绩效评估指标体系的设计 ………………………… 130
　　一、绩效的含义 ………………………………………… 130
　　二、绩效评价指标的设计 ……………………………… 131
　　三、绩效标准的确定 …………………………………… 134
第三节　绩效评估的方法 …………………………………… 135
　　一、比较法 ……………………………………………… 135
　　二、描述法 ……………………………………………… 136
　　三、量表法 ……………………………………………… 137
　　四、目标管理法 ………………………………………… 140
　　五、选择合适的绩效评估方法 ………………………… 141
第四节　绩效评估者的选择与绩效反馈 …………………… 141
　　一、绩效评估的信息来源 ……………………………… 141
　　二、评估者常犯的错误 ………………………………… 143
　　三、绩效评估培训 ……………………………………… 145

四、绩效反馈 …………………………………………………………… 146
　　思考与练习 ……………………………………………………………… 148

第七章　员工职业生涯管理 …………………………………………… 149
　本章导读 …………………………………………………………………… 149
　第一节　职业生涯的相关概念 …………………………………………… 149
　　一、职业生涯的定义 …………………………………………………… 149
　　二、职业锚 ……………………………………………………………… 150
　　三、职业生涯的发展阶段 ……………………………………………… 152
　　四、职业生涯的分类 …………………………………………………… 155
　第二节　职业生涯管理 …………………………………………………… 156
　　一、员工个人职业生涯规划 …………………………………………… 156
　　二、组织职业生涯管理 ………………………………………………… 158
　第三节　旅游企业新生代员工职业生涯发展策略 ……………………… 162
　　一、旅游企业新生代员工的特点 ……………………………………… 162
　　二、新生代员工的职业生涯发展策略 ………………………………… 164
　思考与练习 ………………………………………………………………… 166

第八章　薪酬与工资制度 ………………………………………………… 167
　本章导读 …………………………………………………………………… 167
　第一节　薪酬和薪酬体系 ………………………………………………… 167
　　一、薪酬定义和薪酬要素 ……………………………………………… 167
　　二、薪酬体系 …………………………………………………………… 170
　第二节　旅游企业岗位工资制度设计 …………………………………… 174
　　一、岗位工资制度的内部一致性决定薪酬结构 ……………………… 174
　　二、岗位工资制度的外部竞争性决定薪酬水平 ……………………… 179
　　三、岗位工资制度的个人公平性决定个人工资 ……………………… 184
　第三节　旅游企业技能工资制度设计 …………………………………… 185
　　一、技能工资制度的内部一致性决定薪酬结构 ……………………… 185
　　二、技能工资制度的外部竞争性决定薪酬水平 ……………………… 186
　　三、技能工资制度的个人公平性决定个人工资 ……………………… 187

第四节　旅游企业的薪酬战略 ·················· 188
　　　一、战略性薪酬体系 ·························· 188
　　　二、"最佳实践" ···························· 195
　　　三、薪酬制定的战略思考 ······················ 198
　　思考与练习 ·································· 202

第九章　员工福利 ······························ 203
　　本章导读 ···································· 203
　　第一节　员工福利的基本概念 ···················· 203
　　　一、员工福利的概述 ·························· 203
　　　二、员工福利的基本类型 ······················ 205
　　　三、员工福利的作用 ·························· 205
　　第二节　员工福利计划和管理 ···················· 206
　　　一、旅游企业员工福利计划 ···················· 207
　　　二、旅游企业员工福利管理 ···················· 210
　　　三、弹性福利计划 ···························· 213
　　第三节　员工福利项目 ·························· 214
　　　一、法定福利 ································ 214
　　　二、企业福利 ································ 218
　　思考与练习 ·································· 223

第十章　员工的职业安全健康 ······················ 224
　　本章导读 ···································· 224
　　第一节　职业安全健康问题 ······················ 224
　　　一、职业安全健康的含义 ······················ 224
　　　二、旅游企业员工的安全问题 ·················· 224
　　　三、旅游企业员工的职业健康问题 ·············· 225
　　第二节　旅游企业员工的职业安全健康管理 ········ 228
　　　一、遵守相关法律法规中对员工职业安全健康的规定 · 228
　　　二、为员工创造一个安全健康的工作场所 ········ 230
　　　三、关注员工的心理健康 ······················ 231

四、建立职业安全健康体系 ……………………………………………… 233
　第三节　旅游企业的员工援助计划 …………………………………………… 234
　　　一、员工援助计划的内涵与作用 ………………………………………… 234
　　　二、员工援助计划的日常运作模式 ……………………………………… 235
　　　三、基于危机管理的员工援助计划策略 ………………………………… 236
　思考与练习 ……………………………………………………………………… 238

第十一章　劳动关系管理 ……………………………………………………… 239
　本章导读 ………………………………………………………………………… 239
　第一节　劳动关系概述 ………………………………………………………… 239
　　　一、劳动关系的概念 ……………………………………………………… 239
　　　二、劳动关系的内容 ……………………………………………………… 241
　　　三、劳动关系的调整模式 ………………………………………………… 241
　　　四、劳动关系管理的目标 ………………………………………………… 243
　　　五、劳动关系管理的价值 ………………………………………………… 243
　第二节　旅游企业劳动关系运行现状及主要问题 …………………………… 244
　　　一、旅游企业劳动关系运行现状 ………………………………………… 244
　　　二、旅游企业劳动关系存在的主要问题 ………………………………… 245
　第三节　劳动关系的调整 ……………………………………………………… 247
　　　一、劳动合同 ……………………………………………………………… 247
　　　二、工会组织与管理 ……………………………………………………… 250
　　　三、集体谈判 ……………………………………………………………… 254
　　　四、工业民主：员工参与管理 …………………………………………… 255
　思考与练习 ……………………………………………………………………… 257

第十二章　并购与人力资源管理 ……………………………………………… 258
　本章导读 ………………………………………………………………………… 258
　第一节　并购对企业人力资源的影响 ………………………………………… 258
　　　一、并购的含义与类型 …………………………………………………… 258
　　　二、并购带来的人力资源问题 …………………………………………… 259
　第二节　并购中的人力资源活动 ……………………………………………… 262

一、人力资源管理在并购中的角色 ……………………………………… 262
　　二、并购各阶段的人力资源活动 ………………………………………… 263
　第三节　并购企业的人力资源整合 …………………………………………… 267
　　一、人力资源整合的影响因素 …………………………………………… 267
　　二、人力资源整合措施 …………………………………………………… 267
　思考与练习 ………………………………………………………………………… 270

第十三章　人力资源管理信息系统 …………………………………………… 271
　本章导读 …………………………………………………………………………… 271
　第一节　人力资源管理信息系统的发展过程 ………………………………… 271
　　一、第一代 HR 系统重在薪资计算 ……………………………………… 271
　　二、第二代 HR 系统具备历史信息保存和报表及分析功能 …………… 272
　　三、第三代 HR 系统全面涵盖企业的人力资源管理活动 ……………… 272
　第二节　人力资源管理系统的基本架构 ……………………………………… 273
　　一、人力资源管理信息系统的构成要素 ………………………………… 273
　　二、人力资源管理信息系统的功能模块 ………………………………… 274
　第三节　人力资源信息系统的应用 …………………………………………… 277
　　一、人力资源管理信息系统在企业中的作用 …………………………… 277
　　二、人力资源管理信息系统的建立与维护 ……………………………… 279
　　三、人力资源管理信息系统的应用策略 ………………………………… 281
　思考与练习 ………………………………………………………………………… 282

参考文献 …………………………………………………………………………… 283

第一章

人力资源管理概述

本章导读

旅游行业的竞争,归根到底是人才的竞争。人力资源管理与开发工作已经成为影响旅游企业生存和发展的关键因素。通过本章的学习,能够明确人力资源以及人力资源管理的概念,认识人力资源管理的基本职能与演变历程,了解我国旅游企业的人力资源管理现状。

第一节 人力资源管理的概念与职能

一、人力资源的含义与特点

管理大师彼得·德鲁克(Peter F. Drucker)曾经说过,企业只有一项真正的资源,那就是人。著名的丽兹酒店创始人塞萨·里兹(Cesar Ritz)也曾说过,人才是无价之宝(A good man is beyond price)。管理学者通常认为,企业的资源可以分为三类:人力资源、物力资源和信息资源。企业的竞争能力则是整合企业所有资源的结果。知识经济时代,人力资源的重要性日益突出,企业管理已经从强调对"物"的管理转向强调对"人"的管理。特别对于旅游企业这样的服务性企业来说,其管理的中心就是员工,即围绕如何调动员工的积极性,使企业更富有活力,实现资源的优化配置。许多旅游企业管理人员已经认识到,人力资源才是企业发展的关键要素。

(一)人力资源的定义

1954年,德鲁克在他的《管理的实践》一书中首先提出"人力资源(Human Resource)"这个概念,把"人"提升到企业其他资源不可替代的特殊地位。在此之后,西方学者对人力资源的内涵进行了更深入的研究。根据现代经济学家的观点,从广义上讲,人力资源指所有智力正常的人;从狭义上讲,人力资源是指能推动社会、经济发展的,具有智力劳动和体力劳动能力的人们的总和,包括数量与质量两个方面。

企业人力资源的数量由企业现有员工和潜在员工(准备从企业外部招聘的员

工)两部分构成;企业人力资源的质量是指员工所具有的智力、知识、体力和技能水平,以及员工的劳动态度。与企业的人力资源数量相比较,人力资源质量更为重要。社会的发展、科学的进步对人力资源的质量提出了越来越高的要求。企业人力资源管理与开发也正是为了提高人力资源的质量,提高员工工作效率,促进企业与员工的共同发展。

（二）人力资源的特点

对企业而言,并不是所有的资源和能力都可以成为持久竞争优势的基础,只有当资源和能力是有价值的、稀缺的、难以模仿的时候,这种潜力才能转换为竞争优势。人力资源不仅具有上述这些特点,而且与物质、信息等其他类型的资源相比较,具有以下特性:

1. 能动性

能动性是人力资源与其他资源的本质区别。人力资源具有思维与情感,能够接受教育或主动学习,能够自主地选择职业。更重要的是,人力资源能够发挥主观能动性和创造性,有目的、有意识地利用其他资源进行生产,能够不断地创造新的工具和技术,推动社会、经济的发展以及人类的文明进步。

2. 双重性

人力资源既是投资的结果,又能创造财富,两者不可分割。人力资源的投资源于个人与社会两个方面,包括家庭教育、社会教育、企业培训等方面,其投资的程度决定了人力资源质量的高低。人力资源的投资实质上是一种必不可少的消费行为。但是,许多企业往往视人力资源的投资为成本,却忽视了它的收益效用。其实,无论从社会还是个人角度来看,人力资源的收益都远远大于对其的投资。

3. 时效性

每个人都要经历幼年期、青少年期、壮年期和老年期,他的智力、体力也随之发生变化,不同时期人力资源的可利用程度也不同。组织对人才的使用也要经历培训期、试用期、最佳使用期和淘汰期的过程。因此,人力资源的开发与管理也必须尊重人力资源的时效性特点。

4. 再生性

人力资源在使用过程中也会出现损耗,既包括人自身的疲劳、衰老等自然损耗,也包括知识、技能落伍而造成的无形损耗。但与物质损耗不同的是,一般的物质损耗不存在继续开发问题,而人力资源能够实现自我补偿、自我更新。这就要求人力资源的开发与管理要注重终身教育,加强后期的培训工作。

5. 社会性

每个人生活在社会与团体之中。社会与团体的文化特征、价值取向与每个成员的价值观在不断地相互渗透、相互影响。当个人价值观与团队文化所倡导的行为准则不一致时,还会发生个人与团队的冲突。这就要求人力资源的管理必须重视组织中的团队建设问题,重视人与人、人与团队、人与社会之间的关系的协调。

二、人力资源管理的定义

国内外学者对企业人力资源管理的内涵进行了多种的定义。人力资源管理,简而言之,是一种与人有关的管理实践活动。大多数学者认为,人力资源管理包括一切对组织中的员工造成影响的管理决策与实践活动。本书对人力资源管理的定义是,人力资源管理是指企业为了实现组织的战略目标而进行的人力资源的获取、使用、保持、开发、评价与激励等一系列活动。本定义既强调人力资源管理的战略性,又强调人力资源管理的操作性。人力资源管理与生产、营销、财务等管理活动一样,是企业必不可少的基本管理职能。人力资源管理服务于企业的整体战略,以人的价值为中心,处理人与工作、人与人、人与组织的互动关系。

企业通过各种人力资源活动,把得到的人力资源整合到组织中,使之融为一体,培育员工对企业的忠诚感,激发员工的工作积极性,帮助员工改善工作业绩,在帮助员工实现个人发展目标的同时,实现企业的发展目标。

三、人力资源管理的基本职能

人力资源的基本职能有以下几个方面:

(一)获取

人力资源管理工作的第一步是获取人力资源。它主要包括企业人力资源规划、招聘与录用等内容。人力资源管理部门必须根据组织战略与环境制定企业人力资源战略,进行工作分析,并制定与组织目标相适应的人力资源需求与供给计划,开展一系列的招聘、选拔、录用与配置工作。

(二)保持

保持主要指企业与员工建立并维持有效的工作关系,包括协调企业与员工之间、管理人员与员工之间、员工与工作之间、员工内部的各种关系;建立企业与员工的共同愿景;改善劳资关系,使员工得到公平对待;确保组织信息沟通流畅;改善工作的硬件环境,保障员工的安全与健康等。

(三)开发

开发是人力资源管理工作的重要职能。人力资源开发是指对员工知识、技能等素质的培养与提高,其目的在于提高员工的工作能力,使员工的潜能得到充分发挥,最终更好地实现个人价值,并提高组织工作绩效。人力资源开发主要包括人力资源规划、新员工的工作引导与培训、员工职业生涯规划、员工继续教育等。此外,员工的有效使用——"人尽其才"也是人力资源开发工作的一个重要内容。

(四)报酬

报酬是人力资源管理工作的核心。它是指企业为员工做出的贡献给予回报,并调动员工工作积极性的过程。它主要指制订公平、合理、有激励性的工资方案、福利方案和奖金计划,建立激励机制,激发员工的内在潜力。

(五)调控

调控是企业对员工实施合理、公平的动态管理的过程,包括对员工进行科学的绩效考评,并以考评结果为依据对员工做出晋升、调动、奖惩、解雇及离退等决策活动。

表1-1 旅游企业卓越的人力资源管理措施

旅游企业	卓越的人力资源管理措施	管理成效
迪斯尼波力尼西亚度假村(Disney's Polynesian Resort)	使用价值导向的三个培训流程	使员工了解组织的目标、认同组织的价值观,在员工绩效、士气、团队合作方面有明显的改进
假日酒店集团(Day Hospitality Group)	规定在公司服务满五年的总经理强制休假	保证领导者的动力和创新精神,锻炼接班人
万豪国际酒店管理集团(Marriott International)	通过"管理者发展项目",培养未来领导人	有效地对管理人员进行考评、培训、激励,保障企业发展的后续动力
希尔顿酒店(St. Paul Hilton Airport Hotel)	员工授权计划	及时为顾客提供解决方案,增加客源,减少员工培训、业务广告等费用
丽思·卡尔顿酒店(Ritz-Carlton)	自主型工作团队	实施该措施后,员工流失率下降50%,员工满意度大幅上升,管理人员/与员工人数比值由1:15下降为1:50
塔玛旅馆(Tamar Inns)	与当地卫生组织联合,实施"健康保险项目"	为员工提供更好的医疗服务,减少员工病假和流失率
第六汽车旅馆(Motel 6)	坚持"每位员工都有潜力成为总经理"的项目培训	实施该项目后,每年近百名员工达到经理等级,建立内部晋升渠道,减少管理人员招聘成本,使员工流失率降低了10%,顾客满意度提高了50%

续表

旅游企业	卓越的人力资源管理措施	管理成效
广州白天鹅宾馆	宽带薪酬	把薪酬与员工工作绩效、能力、成长结合起来,同时与企业绩效挂钩,帮助企业灵活应对2003年非典等特殊时期
中国南方航空	人力资源管理信息系统	达到人员管理、薪酬福利、财务业务的对接,提高人力资源管理效率

资料来源:Cathy A. Enz, Judy A. Siguaw. Best Practices in Human Resources. Cornell Hotel and Restaurant Administration Quarterly, 2004, 41(1): 49-50. 编者整理。

如表1-1所示,每个成功企业的人力资源管理都有值得称道的特点。但是,人力资源管理绝不是以上各项职能的简单集合,而是各项职能相互作用、相互联系的一个体系。人力资源管理正是通过这些职能来协调和管理组织中"人"的资源,配合其他资源的使用来实现组织效率和公平的整体目标。

第二节 人力资源管理价值观与职能的演进历程

一、管理价值观的演进历程

在企业人力资源管理活动中,管理人员对下属员工本性的假设,是管理行为与决策的出发点。企业管理人员会根据自己对员工本性的假设而采取相应的行动。因而,管理价值观就是人力资源管理的最基本的出发点,决定着组织的基本管理方针和政策。美国学者薛恩(E. Shien)认为,管理价值观经历了以下四个阶段的演进:

(一)理性经济人价值观

这个观点认为员工是纯理性的,他们所关心和追求的就是金钱等物质待遇。这个观点的代表理论是美国管理学家麦格雷戈的X理论。X理论的基本观点是大多数人非常懒惰,一有机会就想逃避工作;他们没有雄心大志,且不愿意承担任何责任;他们的个人目标都是与企业的目标相矛盾的,必须使用强制、惩罚的办法,才能迫使他们为企业工作。基于这种假设而采取的管理方法是"胡萝卜加大棒"政策。对于积极工作者采用物质奖励手段,加以刺激或引导;对于消极怠工者则严厉惩罚,以制止损害企业利益的行为再度发生。根据X理论,企业管理的重点在于订立各种严格的工作规范,加强对员工的管制,提高员工工作效率,促使他们完成工作任务。

(二)社会人价值观

根据霍桑试验,美国行为学家梅奥于1933年出版《工业文明中人的问题》一书,提出"社会人"假设。他认为,员工是"社会人",金钱并非刺激员工积极性的唯一因素,社会交往和员工心理因素对员工的工作效率有更大的影响;员工的工作动机是为了满足他们的社会需求,其社会需求的满足程度会影响他们的工作效率;员工的工作绩效会受到同事影响;管理者的督导方法和工作态度会影响员工的工作态度,进而影响他们的工作绩效。这种价值观反映的是以人为中心的管理方式,强调管理人员除了关心工作任务以外,还应注重满足员工的社会需要,关心、尊重员工,培养员工的归属感和认同感,并提倡集体奖励制度。

（三）自我实现人价值观

根据麦格雷戈的 Y 理论,人的本性并非厌恶工作,如果给予适当机会,人们通常喜欢工作,具有自我实现的工作动机,并愿意对工作负责。只有员工的潜力和才能充分发挥出来,他们才会感到最大满足。也就是说,人们除了社会需要以外,还有一种想充分运用自己的各种能力、发挥自身潜力的欲望。管理人员为员工提供施展抱负的机会,就能激励员工努力工作,对于知识型员工更是如此。

（四）复杂人性观

这类价值观的观点是,每个员工的需求结构是不同的,即使同一名员工在不同的时间和情景下,他的需求也不尽相同。这说明人性是复杂的,不可套用同一的规律,必须权变对待,具体分析,因地制宜、因时制宜地做好管理工作。

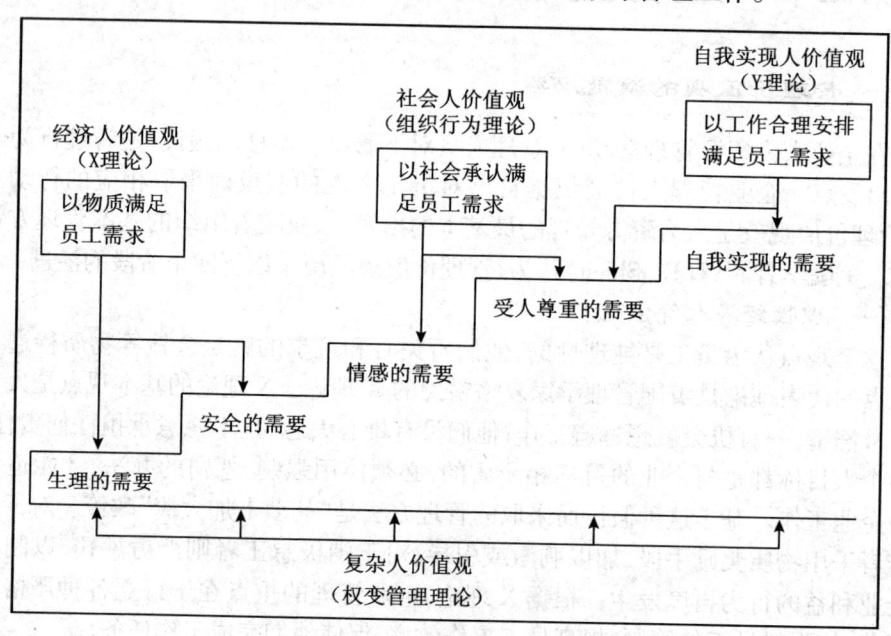

图 1-1　人力资源管理价值观的演进

西方这四种管理价值观是随着历史的发展而先后出现的,反映了西方管理学术界对人的认识的加深。如图1-1所示,上述四种价值观与美国心理学家马斯洛提出的员工需要层次理论存在一定的对应关系,反映了员工具有生理、安全、情感、尊重、自我实现等多方面的需要。总之,这四种管理价值观各有其合理、科学的一面,至今仍对企业人力资源管理工作有借鉴作用。例如,"经济人"价值观提倡工作方法标准化、劳动定额、计件工资、建立严格的管理制度;"社会人"价值观提倡尊重人、关心人、满足人的需要,培养员工的归属感,主张实行"参与管理";"自我实现人"价值观提倡为员工创造一个发挥才能的环境和条件,重视人力资源的开发,重视内在奖励;"复杂人"价值观提倡因人、因时、因事而异的管理。企业管理人员在人力资源管理工作中应权变、辩证地看待这四种管理价值观,取其精华、去其糟粕,培育适合企业自身情况与员工发展需要的管理价值观。

二、现代企业人力资源管理职能的转变

20世纪70年代以来,随着企业管理实践与管理科学的发展,西方国家人力资源管理工作逐步由传统的人事管理阶段向现代的人力资源管理阶段转变,具体差异表现在以下几个方面:

(一)工作内容由行政事务管理扩展到战略变革管理

传统的人事工作主要包括行政管理和事务管理两个方面的内容。人事部管理人员也往往将他们的大部分精力投入到日常行政事务的处理中。现代人力资源管理与传统人事管理的重要区别之一就是,现代人力资源管理不仅包含了原有的人事管理内容,而且包括战略性的变革活动(见表1-2)。企业人力资源管理活动已经参与到企业战略的制定与实施过程中,对企业的管理决策表现出更广泛、更深远的影响。人力资源管理从业者在企业管理中的作用,也开始由企业员工的"甄选者""服务者"向企业发展的"规划者"和"变革者"转变。

1998年,美国学者莱特(Patrick M. Wright)等人对企业人力资源管理活动进行了一次调查。他们发现,人力资源管理者约有60%的时间花费在日常的行政管理活动中,但这些人事工作的附加值却很低,只有大约10%;他们大约有30%的时间花费在事务管理活动中,这些人事工作的附加值与成本基本相当;但是人力资源管理者很少有时间从事变革性活动,而这些活动能给企业带来60%的高附加值。可见,人力资源管理者应在处理好行政与事务管理工作的基础上,增加对人力资源变革性活动的投入,以实现人力资源的价值增值更大。

表1-2 人力资源管理的内容

	行政管理	事务管理	战略管理
关注重点	行政管理过程和记录	事务性支持	全球企业范围
时间范围	短期(1年以内)	中期(1~2年)	长期(2~5年或更长)
主要活动	●人事记录、文档处理 ●管理员工的福利 ●解释人事政策和程序 ●准备公平就业报告	●招聘和选拔 ●培训 ●绩效管理 ●报酬 ●员工关系	●制定人力资源战略 ●评估劳动力的需求、供给趋势 ●从事团队人力资源开发与培训 ●协助实施兼并收购等企业战略

资料来源：Robert L. Mathis, and John H. Jackson. Human Resource Management, 12th ed. South Western College Publishing, 2008.

(二)工作重心由重"管理"向重"开发"转变

传统的人事管理往往只强调对人力资源的管理，忽视了对人力资源的开发。现代人力资源管理将人作为组织的第一资源，不仅注重招聘合适的人才，而且重视如何做好人力资源的开发工作。人力资源开发在现代人力资源管理中扮演了越来越重要的作用。例如，迪斯尼、万豪、希尔顿国际酒店管理集团纷纷成立自己的培训学院，建立一套完善的培训机制。岗位轮换、工作内容丰富化、员工职业生涯规划以及人才的有效使用正在成为这些企业人力资源开发的重要方式。

(三)管理方式由标准化、集权式向个性化、分权式转变

传统的人事管理往往采用标准化的流程，忽视员工之间的差异、个性与需求。而且在传统的人事管理工作中，人事部具有绝对的权威，采用集中的管理方式。而现代的人力资源管理强调弹性管理、文化管理以及动态管理，管理更富有人情味，更尊重员工个人的需求与发展。同时，随着组织结构扁平化和工作团队化的发展趋势，现代人力资源管理已不仅是人力资源部的工作，而是成为每一个管理者不可推脱的职责。英国学者怀特森等对希尔顿旗下76家饭店的328名管理人员进行调查后指出，即使对于世界知名的饭店集团而言，管理人员仍需增强对人力资源管理工作的理解与投入，加强与人力资源部门的合作(Watson等，2007)。因为无论你是基层管理者，还是总经理；无论你是客房部主管、餐饮部领班，还是销售部经理，每个职能部门的管理人员必须通过下属去完成工作，因而也必须帮助人力资源部做好下属员工的招聘、选拔、培训、评估与激励工作。

(四)地位从战略执行者向战略参与者转变

传统的人事部门只是组织战略的执行者，而现代人力资源部已直接参与到组

织战略决策,并在各项重要管理决策中拥有更多的发言权。企业的高层管理人员以往通常把人事部当作非生产、非效益部门,把人事管理的职能仍看作是控制人力成本,而不是增加产出。企业一旦要削减成本,他们事先想到的是降低劳动报酬、削减培训费用,甚至裁员等。与人事管理工作不同的是,现代人力资源部正在成为为组织创造效益的部门。人力资源管理的任务就是要用最经济的人力投入来实现组织目标,在为组织创造效益的同时帮助员工共同成长。

(五)观念视角从"经济人"向"社会人"转变

人事管理与人力资源管理的实质区别是一种哲学上的区别,是价值观与基本假设的区别。在观念上,传统的人事管理视员工为"经济人",认为每个人都会最大限度地满足自己的私利,争取最大的经济利益,因而人在组织中是被动地受组织操纵、激发和控制的,企业应制定严格的工作规范,加强规章制度管理;而现代人力资源管理视员工为"社会人",对员工实行以人为本的管理,充分满足员工自我发展的需要。

总而言之,随着企业管理工作重心的变化与需要,人力资源部已参与到企业战略决策活动中,完成从最初的职能部门向咨询型服务部门过渡,从集权管理方式向分权弹性化方式转变,从关注吸引人才向关注开发人才变革,从对人的简单管理到人与人、人与工作、人与组织的关系管理过渡。

三、从统一化人力资源管理到个性化人力资源管理

长期以来,人力资源开发与管理理论研究始终是企业管理理论的一个重要研究领域。近年来,欧美学者对企业人力资源管理理论进行了大量的研究,提出了一系列创新的学术观点。例如,美国哈佛大学教授皮凯佩里(Peter Cappelli)提出了"市场驱动的人力资源管理"理论。哈佛大学教授伯特勒(Timothy Butler)和华尔特鲁伯(James Waldroop)则提出了"职务雕塑"学术观点,强调企业管理人员应根据员工追求的生活乐趣安排员工的工作,设计员工的职业发展道路。美国南加利福尼亚州州立大学教授劳勒(Edward E. Lawler)和费思戈(David Finegold)也指出企业管理人员应高度重视员工与工作职务相配的问题。他们都对传统的标准化人力资源管理理论提出了挑战。国内外不少学者认为企业应根据员工的特点采取适当的人力资源开发与管理措施,因人而异,采取"个性化"的人力资源管理措施。

(一)员工是企业的内部顾客

员工是企业的内部顾客。企业在市场营销中采用的一切措施,在内部营销活动中同样适用。要创造和留住顾客,企业的产品和服务必须满足顾客的需要;要吸引并留住优秀的员工,企业同样必须满足员工的需要。管理人员应改变传统的标准化人力资源管理思维方法,采用"一把钥匙开一把锁"的个性化人力资源管理思

维方法，尊重员工的智力和情感，根据每位员工的特点和需要，为员工提供优质的内部个性化服务，提高员工的工作满意感，留住优秀的内部顾客，以便在人才竞争中赢得持久的竞争优势。

要满足内部顾客的需要和愿望，企业管理人员应深入了解员工的需要、愿望、态度，关注员工关心的问题。管理人员可通过内部营销调研了解员工的要求、员工对本企业的看法和态度、员工对工作条件和工作环境的要求，根据内部营销调研的结果，采取必要的措施，解决企业人力资源管理中存在的问题。通过为企业内部顾客提供优质的个性化服务，提高员工工作满意感，增强员工对企业的归属感，提高员工工作绩效。

（二）统一化的人力资源管理措施忽视员工之间的差异

传统的标准化、统一的人力资源管理措施无法适应知识经济时代企业人力资源管理工作的需要，面对新的市场环境下企业雇佣关系发生的变革，未能真正起到指导企业管理人员实际工作的作用。企业的人力资源开发与管理工作是企业的内部智力型服务工作。企业管理人员应深入了解员工的需要和特点，并通过个性化人力资源开发与管理活动，调动员工的积极性，充分发挥广大员工的作用，提高企业的经营业绩。

员工的工作能力和追求都有明显的差异。因此，管理人员不应对所有员工采用某种完全相同的人力资源管理措施，而应采用个性化人力资源管理措施，充分调动员工的工作积极性，增强员工的工作满意感。随着员工的需要越来越多样化，企业管理人员应越来越重视个性化人力资源管理。

传统的企业管理理论忽视员工之间的差异。在科学管理、员工参与管理、质量管理文献中，许多学者都假定企业可以采用统一的人力资源开发与管理措施。他们虽然也认为企业管理人员在员工招聘工作中应分析求职人员之间的差异，但他们往往强调企业管理人员应根据某种统一的选聘标准，分析求职人员是否符合企业的要求。这类员工招聘方法假定：①企业可随时招聘到足够的、符合聘任条件的求职人员；②企业应选聘同类员工。有时，这两个假设是正确的。但在大多数情况下，管理人员很难招聘到足够的、完全符合企业统一的选聘标准的员工。有些企业需为多个市场服务。这些企业按照统一的选聘标准录用同类员工，就很难为不同的顾客提供同样优质的服务。

要调动员工工作积极性，管理人员应深入了解员工重视哪些奖励，并根据员工的工作实绩奖励员工。不同的员工重视的奖励也不同。员工不重视的奖励并不能激励员工努力工作。因此，管理人员制定的奖励制度既应适应不同员工的不同需要，也应体现员工创造的价值。企业根据不同员工的不同需要，设计员工的工作职务，可极大地提高员工的满意程度。员工满意度提高后，不仅会在本企业长期工作,而且会向他人介绍本企业良好的工作环境。

(三)个性化人力资源开发与管理措施

在高新科技日新月异、网络经济飞速发展、消费者生活不断提高、市场竞争日益激烈的经营环境中,企业管理人员必须改变传统的经营管理思想、管理行为和管理方法,高度重视智力竞争和人力资源投资,加强人力资源的开发与管理,留住优秀的人才,取得智力优势,以便赢得并保持长期竞争优势。改革开放以来,我国不少企业已采用某些个性化人力资源管理措施。这些企业的管理人员深入调查员工的需求,根据不同员工(特别是管理人员和专业技术人员)不同的需要,确定人力资源管理措施,极大地提高了员工的工作满意感和企业的经济收益。

1. 聘任合同

随着高新科技的发展以及人们择业观念和工作性质的变化,企业雇佣的临时工、合同工、兼职工、咨询人员的数量迅速增加。许多企业管理人员为关键性工作岗位配备正式的全日制员工,对非关键性工作任务则采取外包或雇用临时工,以便最大限度降低固定成本,增强企业对市场的适应性。人才市场的竞争越来越激烈,随着人工成本的提高,企业与员工签订的"临时性"聘任合同数量将继续增加。管理人员应根据企业和员工需要,与员工签订适当的聘任合同,这样既能增强企业的市场适应性,提高企业的经济收益,又能更好地满足员工的个人需要。

2. 员工招聘工作

员工招聘工作是人力资源管理中的一个重要的环节,企业的招聘制度会极大地决定员工适应工作环境的程度。在传统的招聘过程中,企业单方面评估应聘人员是否符合某类职务的要求,但如果应聘人员能获得客观、详细的信息,了解他们应聘的职务,他们就更可能对自己选择的职位感到满意,更愿意长期安心工作。随着人才市场求职途径的多元化,应聘者将有更多的选择机会。企业在员工招聘过程中,应既考虑企业发展需要又考虑应聘人员个人潜力的发展,采取适当的招聘方法和招聘程序,才有助于应聘人员在企业招聘工作中发挥更积极主动的作用,以最大限度地提高员工与岗位的适配程度。

3. 职业发展道路

随着企业组织结构扁平化,网络企业的迅速发展,员工对企业的心理依附感削弱,对传统的、企业统一规定的职业发展道路模式提出了挑战。企业必须充分了解员工需求和职业发展意愿,授予员工管理自己职业发展道路的权力,并指导员工制订个人发展战略计划,为不同的员工设计不同的职业发展道路,才能留住优秀的人才。

4. 工作设计

不少企业管理人员改变传统的工作设计观念,在工作设计过程中更多地考虑员工参与的成分,给予员工更大的自主权和控制权。随着企业组织中临时性智力型项目小组不断增加,更多企业会根据员工的能力设计工作任务,满足员工的需要,采取工作扩大化、工作丰富化、工作再构造、工作改组、自我管理工作小组等措施,通过合理的工作设计提高工作效率,改进员工的工作生活质量,提高员工满意度。

5. 领导艺术

在企业管理实践中,许多管理人员都知道不同的员工有不同的心理特点和行为方式。不同的员工对同一种领导方式也会有不同的反应。随着企业的发展,不少企业的员工结构更加多样化,员工自我管理小组和职务雕塑艺术的日益推广也要求管理人员采用多样化的领导方式。管理人员不仅需考虑员工的文化和心理差别,而且需考虑组织的设计与高新科技对员工工作环境的影响,以便根据不同的员工小组和不同的工作环境,采用不同的领导方式。

6. 兼顾员工的工作和生活

信息技术的普遍推广会对人们的工作和生活产生极大的影响。不少大型企业和高科技企业采取弹性工作时间、职务分担、远程工作、生活服务等一系列措施,兼顾员工工作和生活方面的需要,可增强员工的工作满意感和敬业精神。

7. 福利计划

不少企业的管理人员意识到,不同的员工喜欢不同的报酬,对医疗保健、人寿保险、休假时间也有不同的要求,因此,他们制定灵活的员工福利制度,提供多种福利计划供员工选择。灵活的福利制度往往既能增强员工的工作满意感,又能降低企业的成本费用。不同员工对各种福利计划的偏好不同,企业应根据员工的需求,在福利待遇方面为员工提供更多的选择。

8. 薪酬制度

在知识经济时代里,企业采取更灵活的薪酬制度。不少企业根据员工在工作中使用知识的广度、深度和类型,而不是根据员工目前所在的职位来确定工资。这类计酬计划鼓励员工学习新知识、新技能,促使员工确定自己的职业发展方向。随着企业越来越重视员工的知识和技能,越来越多的企业会根据优秀员工的特殊需要和能力,为他们提供特殊的工作环境,如高于行业标准的工资、特殊的岗位津贴、购股选择权等。企业会更多与员工商定定制化工薪和奖励方案,以便吸引、留住优秀的员工。

(四) 个性化人力资源措施与其他管理措施之间的关系

企业采用个性化人力资源管理策略之后,部分员工可能会提出过高的要求,部分员工可能会认为管理人员不公平。如何在人力资源管理、决策和实施过程中争取员工积极或自觉的配合,是企业管理人员面临的一个重大挑战。

管理人员与员工之间的高度信任感是企业实施个性化人力资源管理策略的必要条件。一方面,管理人员赢得员工的信任感,才能更好地了解员工的需要、能力和自我目标,真正为员工提供个性化的内部服务。另一方面,管理人员充分信任员工,才会采取有效的个性化的人力资源管理措施,授予员工必要的决策权力。

个性化人力资源管理对企业管理人员如何做好知识经济时代企业人力资源管理工作提出了新的挑战。员工往往既重视决策的结果,又重视决策的过程。与决策结果相比,员工往往认为公平的决策过程更重要。管理人员必须改变监控式管理方式,提高领导能力,建立并完善个性化人力资源管理制度:一方面通过程序、交往公正性,减轻部分员工对结果不公平的看法,争取员工的支持和配合;另一方面根据员工的特点和需要,与员工共同设计工作职务、业绩和能力考核指标、奖励制度。管理人员应尊重员工的智力和情感,深入、仔细地做好员工业绩咨询工作,通过个别指导,帮助员工选择职业发展方向,确定职业发展措施,在实现企业发展目标的同时,也为员工实现自己的职业发展目标创造良好的条件。

采用个性化人力资源管理策略,企业必须加强企业文化建设工作,在广大员工中形成共同的价值观念、共同的信念和共同的行为准则。企业应加强企业文化建设和内部营销工作,既统一广大员工共同的奋斗目标又充分调动每位员工的工作积极性。

(五)个性化与标准化人力资源管理措施的适用范围

采用个性化人力资源管理策略之后,企业的人力资源开发与管理工作会变得相当复杂。但采用这类策略的企业更能在激烈的人才竞争中吸引、激励并留住最优秀的人才。在知识经济时代里,越来越多企业会采用这类策略。标准化人力资源管理策略有助于企业统一员工的行为准则,实现企业某一重要的目标,降低企业的管理成本。而采用个性化人力资源管理措施将增加企业管理的难度,增加管理成本。企业可根据具体情况在一定程度上应用个性化人力资源管理思想方法,改进人力资源管理工作,管理人员应根据劳动力市场供求情况、员工类别与员工多样化程度、产品市场环境等因素,决定人力资源管理工作个性化或标准化程度。

四、旅游企业人力资源管理的发展阶段

与其他企业相似,旅游企业也经历了从传统的人事管理到现代人力资源管理的转变,大致可以分为以下三个发展阶段:

(一)经验式人员管理时期

19世纪末20世纪初,旅游业刚刚兴起,大多数旅馆、旅行社还处于家庭作坊式的经营管理阶段。在这个时期,旅游企业的人力资源管理还不能称为真正的科学管理工作,主要是人员管理工作,具有以下特点:企业内部的分工更加明确,前台服务部门与后台职能部门逐渐分开;在人员招聘过程中,注重应聘人员是否具有实践操作能力;开始注重向员工灌输服务质量的重要性,但主要还是注重对员工服务礼

仪和基本服务技能的培训；旅游企业管理人员主要凭个人经验和判断进行管理，服务人员主要凭个人经验和技能为客人服务，并没有形成一套完整而科学的工作规程和服务标准；强调劳资双方的合作，但员工仍被视为服务工具，旅游企业人员管理工作缺少了人的感情因素。

（二）商业化人事管理时期

从20世纪20年代到60年代，随着旅游业和管理科学的发展，西方旅游企业开始引入科学的管理方法。1948年，美国普渡大学（Purdue University）和芝加哥一家大饭店联合对客房清扫工作进行系统的"时间与动作研究"，开创了旅游企业科学管理的序幕。此后，美国的斯塔特勒对饭店管理进行了更系统的科学管理研究。他设计了一套管理体制，对饭店的接待程序、工作环境设计、员工的组织和工作线路安排、设备工具的操作方法、用品的功能与摆放等进行了认真研究，大力推行效率原则。在管理人员和服务人员的培养方面，他开始摆脱师傅带徒弟的管理方式，创立了美国康纳尔大学旅游管理学院，以培养旅游企业管理人才，发展旅游企业管理的理论和实践，从而使旅游企业人力资源管理作为一门独立的学科登上了高等院校的讲台。

随着管理科学的发展，社会学、心理学、市场学、行为科学、领导科学、系统理论、权变理论等被广泛用来解决旅游企业人事管理中的许多问题。例如，饭店客房整理工作中，大量运用了泰勒的时间与动作研究理论；在组织架构方面，广泛运用了亨利·法约尔的五大管理职能（计划、组织、指挥、协调和控制职能）和14条组织原则以及"法约尔跳板"等组织理论；在旅游企业员工激励工作中，运用了霍桑试验的人际关系方法、赫茨柏格的双因素理论、马斯洛的需求层次理论等；在预测营业量、招聘人数、招聘广告费等方面运用了运筹学方法等。

随着学院教育和管理实践的发展，人事管理独立出来，成为旅游企业管理学的一个重要分支，大量科学理论被广泛运用于旅游企业人事管理工作之中，为下一阶段旅游企业人力资源管理学科的发展奠定了理论基础和实践经验。

（三）科学的人力资源管理时期

20世纪70年代以来，随着旅游消费者需求的多样化，旅游市场竞争愈演愈烈，西方旅游企业出现许多大型的企业集团，例如饭店管理集团、交通运输巨头等。这使得旅游企业人力资源管理工作更加复杂，内部分工更细，组织更严密。同时，随着管理科学的不断发展及知识经济时代的兴起，旅游企业人力资源管理工作中引入了更多先进的科学管理理念。西方旅游企业管理者和管理学术界都越来越重视人的价值。在这个时期，旅游企业人力资源管理继承和发展了商业化人事管理时期的理论和实践，成为一门更加成熟和科学的学科。

现代旅游企业的人力资源管理比以往任何时期都更注重管理科学的运用，更加重视员工的作用。无论是人力资源的开发还是人力资源的配置和利用,无论是企业服务工作还是旅游企业管理和市场营销,都更加重视员工的价值。旅游企业的人力资源管理工作正在从传统的人事管理向科学的人力资源管理转变。

第三节 人力资源管理战略

美国学者崔席和南森(Tracey & Nathan,2002)在分析旅馆行业人力资源管理现状时指出,尽管许多饭店已经认识到人力资源管理的重要性,但是在这些饭店里,人力资源管理职能与其他业务职能仍然不能很好地配合与协调。他们认为造成这个现象的原因除了人力资源部不能有效地执行各个职能以外,更重要的是企业高层决策者仅仅把人力资源管理看作保障企业战略顺利实施的要素,却没有在制定企业战略时就考虑人力资源的作用,没有进行人力资源战略规划。

当前,旅游企业竞争的加剧对企业人力资源管理工作提出了更多的要求。企业人力资源管理者需要站在企业发展战略的高度,主动分析、诊断人力资源现状,为企业决策者准确、及时地提供各种有价值的信息,通过各种具体的人力资源行动计划,支持企业战略目标的制定与执行。在这种情况下,人力资源管理战略应运而生。

一、人力资源战略的定义与作用

学术界于20世纪80年代提出人力资源战略概念,认为人力资源战略管理是提高企业绩效的重要手段。不少学者认为人力资源战略是与人力资源有关的政策与实践活动(Schuler & Walkerer,1990;Harris,2001)。本书把人力资源战略定义为一种程序和活动的集合,它通过人力资源部门和直线管理部门的共同努力来实现企业的战略目标,并以此来提高企业目前和未来的绩效,并维持企业竞争优势。该定义强调人力资源战略的策略性与战略性这两个方面的结合。

世界上许多著名跨国公司的案例表明,企业战略、人力资源管理实践和企业业绩之间存在一定程度的关联。例如,微软公司孜孜以求的创新战略与其对"天才型"员工的发掘与培育战略紧密关联;惠普公司的持续成长战略与其参与式人力资源战略互相匹配。不少学者的研究成果也表明,企业高层管理人员应为实现企业战略目标而选择恰当的人力资源管理模式。只有当人力资源战略与企业战略相适应时,人力资源才能在企业发展战略中的充分发挥其独特作用,进而达到企业的发展目标,提高企业的绩效,为企业获取长期的竞争优势。

人力资源管理部门在以下三个方面对高层管理者制定和执行企业战略提供帮助:①提供有关企业外部机遇和所受威胁的判断和预测;②提供关于企业内部优势和劣势的决策信息;③帮助进行企业战略计划的实施。

二、人力资源战略的制定流程

人力资源战略的制定主要采用"企业战略驱动"方式,即关注企业所处的环境和面临的问题,并在此基础上建立人力资源战略的目标与实施方案。人力资源战略的具体制定流程如图1-2所示。

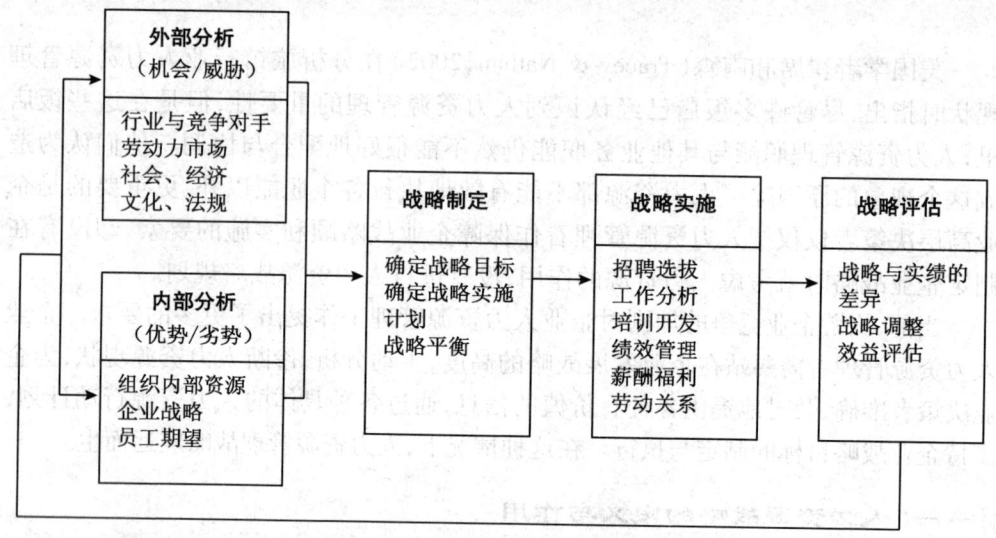

图1-2 人力资源战略管理模型

(一)环境分析

制定人力资源战略的第一步是仔细分析企业外部与内部环境。

外部环境分析就是对企业的运营环境、市场机会与威胁的分析,具体包括:①行业与竞争对手分析,即行业情况、产品生命周期、本企业在行业中所处的地位及市场占有率、主要竞争对手的优劣势及人力资源情况等;②劳动力分析,包括劳动力供需状况及趋势、就业及失业情况、劳动力的整体素质等;③社会文化与法规分析,包括政治环境、风俗文化、国家法律法规、突发事件等。外部环境是影响企业经营运作的重要因素。

内部环境分析主要识别企业自身的优势和劣势,包括:①企业可能获得的资源的数量与质量分析,例如企业内部人力资源供需状况、结构层次与发展趋势分析,资本、信息技术等与人力资源管理及开发有关的资源状况的分析等;②企业战略与企业文化的分析;③员工期望的分析等。

外部分析与内部分析结合起来构成SWOT分析(优势与劣势,机会与威胁)。通过SWOT分析,企业可以将问题按轻重缓急分类,明确哪些是目前人力资源管理工作中急需解决的问题,哪些是稍后应解决的问题,哪些属于战略目标上的障碍,哪些属于战术问题。

（二）战略制定

企业对组织内外影响人力资源的各个要素综合分析之后，开始确定人力资源战略方向，具体步骤如下：

1. 确定人力资源开发与管理的战略目标

人力资源战略目标指对未来组织内人力资源的数量与质量、人力资源政策、员工士气、企业文化、开发管理成本提出的奋斗目的与要求。人力资源战略目标的制定有两种方法：①目标分解法，指根据组织发展战略提出人力资源战略的总体目标，然后将此目标层层分解到人力资源部以及其他职能部门，定出各部门与个人的目标与任务。这种方法的优点是全局性、系统性强，对未来的预测性较好，缺点是战略与实际容易脱节，容易忽视员工的期望；②目标汇总法，该方法与目标分解法的过程恰好相反，是从基层到部门，再到高层的目标总结方法。这种方法的可操作性强，充分考虑员工的期望，但通常带有较多主观性，缺少对总体的把握以及对未来的预测。鉴于这两种方法的优缺点，不少企业结合这两种方法，确定人力资源开发与管理的目标。

2. 根据人力资源战略目标制定具体的战略实施计划

对实施计划进行分工并从人力资源战略实施条件的角度出发，对政策、资源、组织、时间、技术等方面提出必要的保障要求。

3. 协调平衡人力资源战略与企业总体战略及其他部门战略，将组织内的资源进行合理配置

部门战略与总体战略，以及部门战略之间往往隐藏着一些矛盾，企业管理人员需要对这些战略进行综合平衡。

（三）战略实施

人力资源战略实施就是落实所制订的人力资源战略计划，它是通过日常的人力资源开发与管理工作表现出来的。根据美国学者诺伊（Ramond Noe，2005）等人的观点，人力资源战略实施的成效取决于以下五个重要的因素：工作任务设计；人员甄选、培训与开发；报酬系统；组织结构；信息及信息系统的类型。企业的人力资源部对前面三个因素负有主要责任，同时还会间接影响到组织结构与信息沟通这两个因素。在战略实施过程中，人力资源管理者的职能就是确保企业获得战略规划所需要的一定数量、技能的员工，通过各项人力资源管理职能活动建立控制系统，确保员工的行为方式有利于推动人力资源战略目标的实现。

（四）战略评估

人力资源战略评估是在战略实施以后，对人力资源管理职能的有效性进行评估，即找出战略实施中的不足之处，及时修正调整，同时对人力资源战略的效益进

行分析,包括劳动生产率、人均占用成本、员工满意度、员工流失率以及顾客满意度等进行分析。内外环境的不断变化、信息不对称以及人力资源战略制定者水平的限制等,必然会造成战略规划与现实的差距,因此人力资源战略的评估与反馈必不可少。

总之,人力资源战略的制定与实施并非一劳永逸,需要不断地调整与修订,是一个制定、调整、再制定、再调整的持续循环过程。

三、人力资源战略与企业战略的匹配

企业战略是企业确定长远发展目标和任务,以及为实现这些目标任务而制定的行为路线、方针政策与方法。企业战略可以分为两个层次:公司层战略和事业层战略。人力资源战略属于事业层战略。人力资源管理要在企业战略管理中发挥更大的作用,就必须建立在企业管理层共同确定的、符合企业相关群体利益的、并得到全体员工认同的企业发展战略目标基础之上。国内外不少学者的实证研究结果也表明,人力资源战略与企业战略相配合,可以帮助企业增加拓展市场的机会,提升企业内部的组织优势,帮助企业实现其战略目标。

(一)企业的基本战略类型

国内外学者从企业发展阶段、企业文化、市场定位等多个角度,对企业战略的类型进行了大量的研究。至今为止,管理学术界对企业战略的分类仍然有不少的争论。学术界比较认同的一种分类方法是美国著名的战略管理专家迈克尔·波特提出的企业基本战略。波特在1980年出版的《竞争战略》一书中,根据产品差别化、市场细分化、特殊竞争力等因素的影响,提出以下三种基本竞争战略:

1. 成本领先战略

这种战略的主导思想是以低成本取得行业中的领先地位。企业通过在内部加强成本控制,在研究开发、生产、销售、服务和广告等领域把成本降到最低限度,成为行业中的成本领先者。这种战略尤其适合于成熟的市场和技术稳定的产业。

2. 差别化战略

这种战略指企业提供与众不同的产品和服务,满足顾客特殊的需求,使企业依靠产品和服务的特色,具有独特性,从而形成自身竞争优势的战略。

3. 集中化战略

这类战略是主攻某个特殊的细分市场或某一种特殊的产品,为特定的地区或特定的购买者集团提供特殊的产品和服务。

(二)与企业基本战略相配合的人力资源战略

20世纪90年代初,美国康奈尔大学研究中心的研究发现,与迈克尔·波特提出的企业基本竞争战略对应的三种人力资源战略分别是(见表1-3):

表1-3 人力资源战略与企业战略的匹配

企业战略类型	成本领先战略	差异化战略	集中战略
↑	↑	↑	↑
人力资源战略类型	吸引战略	投资战略	参与战略
管理目标与控制			
• 效率/创新	强调效率	强调创新	效率与创新并重
• 控制程度	控制性强	弹性化	两者结合
工作分析与规划			
• 工作分析	明确的工作说明书	工作类别广泛	两者结合
• 工作规划	详尽的工作规则	松散的工作计划	两者结合
招聘			
• 员工来源	外部劳动力为主	内部劳动力为主	两者兼有
• 晋升阶梯	狭窄、不易转换	广泛、灵活	狭窄、不易转换
• 选拔决策	人力资源部主导	部门主管主导	两者结合
• 选拔标准	强调技能	强调申请人与组织文化的契合	两者结合
绩效评价			
• 行为/结果导向	结果导向	行为与结果导向	结果导向
• 个人/团队导向	个人导向	团队导向	两者结合
• 评估程序	一致性的评估程序	特制的评估程序	两者结合
• 评估的用途	作为奖惩员工的工具	员工发展的工具	两者结合
• 评估范围	评估范围狭窄	多重目的的评估	两者结合
• 评估者	以员工的主管为主	主管、同事、客户多对象的评估	两者结合
培训			
• 培训内容	岗位知识和技巧	广泛、跨职能知识	适中的知识与技巧
• 个人/团队培训	重视个人培训	团队培训	两者结合
• 在职/外部培训	重视在职培训	重视外部培训	两者结合
薪酬			
• 结果公平原则	强调对外公平	强调对内公平	强调对内公平
• 基本薪酬与保障	低	高	中
• 固定/变动薪酬	固定薪酬	变动薪酬	两者结合
• 薪酬计算依据	岗位为基础	能力或绩效为基础	两者结合
• 集权/分权	集权的薪酬决策	分权的薪酬决策	两者结合

资料来源:丁敏. 人力资源战略与企业战略企业文化的匹配初探. 经济问题探索,2006(3):129-133.

1. 吸引战略

在企业运用成本领先战略时,适宜采取科学管理模式(以泰罗制为代表)的吸引战略。这种人力资源战略的特点是中央集权、高度分工、严格控制,依靠物质奖励调动员工的积极性。这种战略主要是通过丰厚的薪酬制度去吸引和培养人才,例如通过利润分享计划、奖励政策、绩效奖酬、附加福利等薪酬制度的设计,吸引技能高度专业化的员工,并严格控制员工数量,以减少不必要的支出。

2. 投资战略

当企业运用差异化战略时,适宜采取投资式的人力资源管理战略。它的特点是:重视人才储备和人力资本投资;重视与员工建立长期工作关系;重视发挥管理人员和技术人员的作用。这种战略主要通过聘用数量较多的员工,形成一个备用人才库,以提高企业的灵活性,并储备多种专业技能人才。为了培育良好的劳动关系,该战略注重员工的培训和开发。为了与员工建立长期的工作关系,企业视员工为投资对象,使员工感到有较高的工作保障。

3. 参与战略

在企业运用集中化战略时,适宜采取参与式的人力资源管理模式。它的特点是:企业决策权下放,员工参与管理决策;注重增强员工对企业的归属感,发挥员工的积极性、主动性和创造性。这种战略要求管理人员在工作中为员工提供必要的咨询与帮助,授予员工工作自主权,使员工有较大的决策参与机会和权力。

国内外企业管理学术界对人力资源管理战略与企业战略的匹配问题进行了大量研究。但多数学者关注的对象是生产制造型企业,只有少数学者对专业服务性企业(例如律师事务所)的人力资源战略与企业战略的匹配问题进行了研究。学者吴东晓(2003)建议饭店可以对不同员工实施不同的人力资源战略模式,对于经理层、专业型人才、复合型人才、业务骨干,饭店可以实施投资型人力资源战略;对于一线员工、计件工、临时工,饭店可以实施参与型人力资源战略。总之,今后学术界对旅游企业的企业战略与人力资源战略匹配问题仍需进行深入的研究。

第四节 我国旅游企业的人力资源管理现状

现代旅游业的发展起源于第二次世界大战之后,并一直保持着高速度发展的趋势。尤其是进入20世纪90年代以后,全世界每年接待的国际旅游者人数和国际旅游收入的增长速度均超过10%,成为当今后工业化社会发展最快的产业之一。旅游业作为经济建设的重要产业越来越受到世界各国和地区政府的高度重视。许多国家特别是发展中国家已把旅游业当作实现当地经济增长的重点产业来扶持。

一般认为,旅游业就是以旅游资源为凭借,以旅游设施为基础,通过提供旅游服务满足旅游消费者各种需要的综合性行业。旅游资源、旅游设施和旅游服务是旅游业经营管理的三大要素,旅游饭店、旅游交通和旅行社构成旅游业的三大支柱。按照产业结构分类,旅游业属于第三产业,或称服务行业,其特点是以劳务的提供取得收入。

当前,旅游企业管理人员越来越重视人力资源管理工作。美国罗森帕斯旅游管理公司总裁罗森帕斯曾向"顾客就是上帝"的传统观念提出挑战,他认为"员工第一,顾客第二"(Employee First,Customers Second)才是企业成功之道。即企业只有把员工放在第一位,才能在企业内树立顾客至上的意识,才能激发员工为顾客提供优质服务。可见,旅游企业人力资源管理不仅是高质量完成服务过程、实现组织目标的必要保证,也是企业实施服务竞争战略的基础。

一、我国旅游业人力资源管理与开发的现状与问题

近年来,我国旅游业迅猛发展,旅游从业人数也不断增加。我国强劲的经济发展势头,以及"入世"、北京奥运会和上海世博会的成功举办等一系列举措为我国旅游业带来新的机遇和挑战。根据2011年1月联合国世界旅游组织公布的数据,中国已经代替西班牙成为世界第三大旅游国家,仅次于法国和美国;到2020年,中国甚至可能超过目前排名第一的法国,成为世界上最受欢迎的旅游目的地国。国家旅游局指出,我国旅游业已进入高速增长的新阶段。根据最新的旅游统计年鉴,与上年度相比,2013年中国的旅游收入强势增长13.9%,2012年,我国旅游直接从业人数已超过1350万人,与旅游相关的就业人数约8000万人,占全国就业总人数的10.5%(旅游发达国家均在10%以上),2015年就业人数将达到1亿人。

表1-4 我国旅游业从业人员人数与劳动效率

指标 年份	旅游业从业人员(单位:人)			全员劳动生产率 (万元/人)	人均占用固定资产原值 (万元/人)
	星级饭店	旅行社	其他		
2011年	1542751	299755	—	15.02	42.44
2010年	1580963	277262	—	13.43	28.76
2009年	1672602	308978	767571	10.87	25.56

资料来源:2010~2012年度的《中国旅游统计年鉴》,旅游业从业人员未包括间接从业人数,全员劳动生产率、人均占用固定资产原值特指星级饭店。

当前,我国旅游企业基本建立起一套符合我国国情的人力资源管理模式,并且正逐步向规范化、科学化发展。旅游业的发展对人力资源管理与开发工作提出了

许多新的挑战。改革开放初期,我国旅游业方兴未艾,薪酬待遇较高,吸引了许多优秀人才加入这个行业。当前,与其他行业相比,旅游业变成薪酬待遇较低的行业,吸引人力资源的优势减弱。许多旅游企业面临"人才难招"的难题。我国旅游企业人力资源工作主要存在以下几个方面的问题:

(一)旅游业人力资源市场需求缺口较大,特别是高级管理人才缺乏

近年来,我国国民生产总值以每年平均8%的速度递增,人们的生活水平有了极大的提高,人们旅游意识增强,出游人次大幅度提高,加上国家实施"假日经济"来拉动内需,使旅游业以更迅猛的势头发展。外资饭店集团、旅游管理集团的大举进入加剧了我国旅游人才的争夺。在这种情况下,人力资源供给远远不能满足旅游业高速发展的人员需求。而且,随着旅游业的发展,人力资源的需求缺口还将进一步扩大,特别是缺乏专业化的高层管理人员。

(二)旅游业的人力资源结构失衡

旅游业的发展需要素质高、外语好、专业知识扎实、一专多能的复合型人才。而目前旅游业从业人员多为学历较低的年轻员工,缺乏既有实践经验又具有较高理论水平的人才。目前旅游企业最缺乏的人才包括总经理、人力资源管理者、营销人才、行政总厨、复合型的工程管理人才、度假村管理人才、会展旅游管理人才等。国家旅游局2010年的统计数据表明,具有大专及以上学历的旅游人才约272万人,仅占全国旅游直接从业人数总量的20.15%。全球化、信息技术等问题对旅游企业人力资源质量提出了更高的要求,目前我国旅游企业的人力资源结构无法适应外部环境带来的挑战。

(三)旅游业的人才流动过于频繁

据统计,北京、上海、广东等地区饭店的员工流动率在30%左右,有的饭店高达45%。流动的对象主要是饭店中的一线员工,这些员工初来饭店时,大部分没有上岗工作的经验,饭店必须投入大量的人、财、物将其培养为熟练员工。但是这部分员工的经济待遇较低,劳动强度较大,因此流动较频繁。美国餐饮业协会的报告表明,餐饮企业每位员工流失平均带来5千美金的损失,经理人员流失可能带来5万美金的损失。频繁的流动使饭店的一部分人力资源投资成本转化为沉没成本,减少了饭店的投资收益,并影响了其他员工的积极性,长此以往,就会形成一种恶性循环,不利于整个旅游饭店业的发展。虽然我国旅游行业尚未对员工流动的成本进行深入的调查,但是,员工流动过于频繁已成为困扰许多旅游企业人力资源管理工作的一项重要问题。

(四)不少旅游企业仍处于传统的人事管理阶段

在我国,很多中小型旅游企业或民营旅游企业是从家庭式管理起步,逐渐发展壮大的。发展至今,不少旅游企业的人力资源管理方法和管理思想都比较滞后,其

主要特征表现在:视人力资源为成本,管理方式多为"被动反应型",管理的焦点是以事为中心,只注重管好现有人员、用好已有知识,人事部处于执行层,作为非生产效益部门。

(五)旅游企业对人力资源开发的重视程度不够

人才流动频繁是旅游企业普遍存在的问题之一。不少旅游企业管理人员把人力资源开发看作企业付出的成本,千方百计地节省各类培训费用。还有不少管理人员认为,即使企业为员工提供良好的培训机会,也不一定能留住员工,反而成为员工"跳槽"的资本。这类管理人员普遍重视组织发展,轻视个人发展;重视对员工的管理,轻视对员工的开发。在这些旅游企业中,人力资源开发的手段和方法落后,没有为员工进行职业生涯规划,尤其是没有将培训作为开发的重要手段,发挥应有的效果。

(六)旅游企业的激励、考核、薪酬机制不健全

在饭店、旅游交通运输企业、旅游景区等旅游企业里,许多企业通常没有建立科学、公平的绩效考评、职位晋升与薪酬管理机制。不少企业根据企业的总体经济收益和员工的岗位职责为员工发放工资,但员工的薪酬收入与个人工作绩效没有直接挂钩,员工的绩效考评机制不到位,这是造成许多员工缺乏工作积极性的重要原因。

(七)旅游企业面临新生代员工管理的挑战

新生代员工正在成为旅游业的主力军,给旅游企业人力资源管理工作带来新的挑战。据国家统计局统计,2009年我国外来务工人员已达到1.5亿,服务业工作是不少外来务工人员的首要选择。在饭店、旅行社、旅游交通等旅游企业的基层员工中,新生代员工至少占据50%以上的比例。例如,2010年,中国财贸轻纺烟草工会对全国11个省市餐饮业新生代员工的调查表明,餐饮业新生代员工已占到约80%的比例。美国波士顿大学管理学院教授霍尔(Donglsa T. Hall)曾指出,21世纪员工的职业是多变的职业,新生代员工普遍持有多变的职业观念。不少旅游企业管理人员已经发现,与年长员工相比较,新生代员工具有较高的文化素质和较强的学习能力,但是也会更多表现出追求自我、挑战权威、心理承受能力较差、对企业忠诚感较低、厌倦循规蹈矩的任务等工作价值观,给传统标准化的人力资源管理工作带来冲击。

二、旅游企业人力资源管理与开发的对策

旅游企业的人力资源管理与开发工作是一个系统性的工作,需要政府、高等院校以及旅游企业等多方群体的共同努力。一方面,旅游企业的人力资源管理与开发需要政府充分发挥宏观调控的职能,包括健全旅游业人才流动市场、改革人事和

户籍管理制度、健全社会保障体系、加大对旅游业人力资源的投资力度、规范旅游业的竞争秩序等,进而为旅游业的发展提供良好的外部环境。另一方面,旅游企业的人力资源管理与开发还需要高等院校改革教育体制,加强与旅游企业的配合,为企业输送一批理论知识与实践技能兼备的优秀人才。

当然,最重要的是旅游企业必须练好"内功",更新管理观念,完成从传统的人事管理向科学的人力资源管理的转变。

(一)树立以人为本的管理思想

旅游企业在人力资源管理乃至其他管理工作中必须倡导"以人为本"的管理思想。传统的人事管理向科学的人力资源管理转变的最重要一点就是观念的转变。现代人力资源管理视员工为企业最宝贵的资源,管理的焦点是以人为中心,注重人才的培养和引进,人力资源部也参与到企业的经营管理决策中,成为生产和效益部门。对旅游企业员工而言,员工追求的不是一份带薪的工作,而是有发展前途的事业。旅游企业应当根据自身的实际情况,关注员工职业生涯规划,使员工可以看到自己未来的发展目标,将个人目标与企业目标结合起来,让员工对企业前景充满信心和希望,并为有远大志向的优秀人才提供施展才华的广阔空间,在促进员工自身发展的同时,使企业得到长远的发展。

(二)重视人力资源开发,加强职业生涯管理

人力资源是一种通过不断开发而增值的特殊资源。加大旅游业人力资源的供给量,不仅要依靠政府对人力资源市场的宏观调控、旅游院校的人才培养,更需要开发现有员工的潜能。由于旅游业人力资源的素质偏低,很多从业人员是从其他行业转过来的,所以旅游企业加大对员工的培训力度是当务之急。根据中国旅游人力资源开发中心对23个城市33家二至五星级饭店的调查结果,饭店人员流动的五个原因依次是"个人发展""学习知识""工资福利""成就感""人际关系"。特别对于旅游企业新生代员工而言,员工的需求日趋多样化,逐渐向个人发展、自我实现等高层次需求转移。培训不仅可以提高员工的工作技能和服务质量,而且可以使员工看到自己在企业的发展前途,增强他们留在这个行业继续工作的信心和决心。因而,旅游企业必须健全人才培养机制,强化对全体员工的在职培训的投资力度,优化人才结构。

此外,旅游企业应该加强对员工的职业生涯管理工作,特别是帮助核心员工进行职业定位、短期与中长期的职业规划。这样不仅可以使员工在职业发展阶段走出困惑,促进个人目标与组织目标的结合,而且能充分发挥员工的潜能,给优秀员工一个明确而具体的职业发展引导,进而留住核心员工与优秀员工。

(三)完善考核、晋升和薪酬管理机制

旅游企业必须在企业内部合理引入内部竞争,推行竞争上岗,完善绩效考评、

职务晋升和薪酬管理机制,把员工的个人绩效与薪酬、职务晋升、企业的发展目标结合起来,建立具有特色的激励文化,培养员工的自我激励行为,稳定员工的心态,提高员工对企业的忠诚度。同时,旅游企业必须根据企业的收益,适当提高员工的薪酬和福利待遇,否则很难招聘、留住优秀的人才。此外,旅游企业管理人员必须加强与员工的沟通,尊重员工的知识与情感,关心员工的利益,在绩效考评、职务晋升和薪酬管理工作中公平地对待员工。

(四)建立并完善旅游企业职业经理人制度

目前,我国旅游企业缺乏大批既有实践经验又懂理论知识的中高层管理人员。职业经理人制度是国外旅游企业普遍采用的一种用人机制,旨在通过严格的认证和监督管理,规范与提高中高层管理人员素质,促进人力资源整体质量的提高,并为行业的发展储备相应的高素质人才。而目前我国旅游行业还没有形成职业经理人机制,特别是市场认证机制和监督机制上还存在不少问题,需要加快建设步伐,以便及早形成真正的旅游企业职业经理人队伍,为企业的发展提供高素质的经营管理人才。

总之,我国旅游企业的人力资源管理工作正处在转型阶段,面临着许多的机遇与挑战。本书在接下来的章节中,将对人力资源的外部管理环境、各项基本职能(人力资源规划、工作分析、招聘选拔、培训开发、绩效管理、职业生涯规划、福利管理、员工健康与安全、劳资关系)以及人力资源的发展动态(并购与人力资源管理、人力资源信息系统)进行详细的介绍,共同探讨旅游企业人力资源的管理方法。

思考与练习

1. 怎样认识人力资源管理在现代企业管理中的作用与地位?人力资源管理与传统的人事管理有哪些区别?

2. 企业的人力资源管理工作包括哪些基本职能?根据你所了解的旅游企业的特性以及服务的特性,思考与其他行业相比,旅游企业的人力资源管理工作具有哪些相同和差异的地方。

3. 以某旅游企业为例,分析它的人力资源战略与企业战略的适应情况,并提出改进意见。

第二章

工作分析与工作设计

本章导读

工作分析与工作设计是旅游企业人力资源管理活动的一项重要内容,是人力资源活动的开始,旅游企业的员工招聘、薪酬管理、培训活动等都必须以工作分析和工作设计为基础。本章应重点把握以下要点:工作分析的含义、重要性及程序;工作分析的各种方法及其优缺点;工作设计的含义、各种工作设计法的内容及优缺点等。

第一节 工作分析概述

一、工作分析的含义

工作分析(Job Analysis)又称职务分析,是指对工作性质、内容、职责、权限、程序、方法、执行标准、任职资格等工作相关信息,进行全面收集、系统研究、科学描述以及规范记录的过程。其最终目的是产生工作说明书,包括工作说明(Job Description)和工作规范(Job Specification)两个部分。作为企业内部的一项管理活动,工作分析是企业人力资源开发与管理的基础内容,是企业进一步建立招聘、培训、考核及薪酬体系的前提。工作分析是一项技术含量很高的细致性工作,它的质量和效果决定了人力资源体系的完善和各个功能模块的实现,任何一个环节做不好,都可能会导致工作说明书反映的内容失实和不科学,进而影响整个人力资源系统的运作。

工作分析起源于科学管理之父泰勒1885年至1895年的时间动作研究,并于上世纪初得到美国学者吉尔布雷思(Gilbreth)夫妇的深入拓展。1948年,美国芝加哥某饭店与普渡大学学者联合使用计时表和照相机对客房清理过程进行观察和记录,他们发现客房部员工清洁床铺平均耗时302秒、清理地毯平均耗时234秒、擦抹家具平均耗时248秒、清理卫生间平均耗时171秒……最终,客房部员工清理一个标准间总共耗时约1835秒,需要行走439步。经过科学的时间动作研究与设计,客房部员工清理房间的总耗时减少为1218秒,只需行走148步,大大提高了工作效率。由此开始,工作分析引入旅游企业的日常工作中。

旅游企业应把工作分析作为一项常规性的人力资源管理工作来抓。不同旅游企业,或者同一旅游企业的不同发展阶段,工作分析的目的有所不同。比如,饭店和旅行社的工作性质和内容不同,工作分析所要达到的目的就会不一样;新开业的饭店和老字号饭店,其进行工作分析的目的也会有很大的不同。有些工作分析是为了使现有的工作内容与要求更加明确化或合理化,以便制定切合实际的薪酬制度,调动员工的积极性;而有些则是为适应变化了的环境对新工作的职责和工作规范做出规定;也有工作分析是为了应付企业遭遇的某种危机,设法改善工作环境,提高企业的安全性和抵抗危机的能力。

总的来说,旅游企业进行工作分析就是为了解决七个重要的问题(即6W1H):①Who——谁来完成这项工作;②What——这项工作主要是做什么;③When——这项工作应该被要求在什么时候完成;④Where——这项工作应该被要求在什么地方完成;⑤Why——为什么要完成这项工作;⑥How——这项工作应该如何被完成;⑦What Qualifications——从事这项工作的人员应该具备哪些资质条件。

二、工作分析术语

工作分析是一项专业性很强的人力资源管理工作,涉及较多的专业术语,且容易混淆,以下列出几个经常出现的相关术语。

1. 工作要素:指工作活动中无法再细分的最小划分单位,它可被用于描述单个动作。比如,总机人员拿起电话、服务人员擦桌子、前台服务员打开计算机,等等。

2. 工作任务:指为达到某一特定的目的而进行的一系列相关的活动或要素。比如,饭店前台服务人员为了帮客人登记入住,需要询问客人、递给客人登记表、检查登记表、输入信息、查询房态信息、安排入住房间、交付客人房间钥匙等。工作任务由一些动作、细节、工作要素等更为细微的单元组成,各种任务有大有小,有难有易,所需时间长短不一,所需的技能各不一样,评价标准也千差万别。把足够量的任务按一定依据集中起来由一个人承担,就产生了工作岗位。

3. 工作职责:指特定工作岗位所应承担的一项或多项相互关联的工作任务的集合。比如,旅行社计调人员负责旅游线路的设计,饭店招聘专员负责招聘工作等。

4. 职务:指在组织中处于同等垂直位置、职责数量与重要性相当的一组工作岗位的集合。比如,企业设多名人力资源专员,有的分管招聘,有的分管薪酬管理,有的分管培训等。

5. 职位:根据组织目标为特定主体设定的一组任务及其相应的责任。职位与个人是一一匹配的,职位数量与员工数量相等。特定职位工作者承担的职责可以是一项或者多项,比如办公室主任,同时担负单位人事调配、文书管理、日常行政事务处理等三项职责。

6. 职系：指工作性质大体相似，但职责繁简难易、轻重大小及所需资格条件不同的一系列职位。比如，人力资源助理、人力资源专员、人力资源经理、人力资源总监就是一个职系。

7. 职组：是指若干工作性质相类似的职系组成的集合。比如幼儿园教师、小学教师、中学教师、大学教师就组成了教师这个职组。

8. 职级：工作难易程度、职责轻重、任职资格等都非常相似的职位归为同一职级。

三、工作分析的意义

如前所述，工作分析是企业人力资源管理的基础内容，是企业进行人力资源规划、人员招聘、培训、绩效管理，以及员工职业生涯规划等活动的前提。

（一）工作分析有利于企业的人力资源规划

旅游企业人力资源规划者在动态的环境中分析企业对人力资源的需求，需要获得广泛的信息。有效的工作分析能为组织的变革、工作的增减、工作流程的重组以及人员的设置提供详细的资料，根据这些资料，组织能够合理设置工作职务和安排人员，统一平衡供求关系，提高人力资源规划的质量。

（二）工作分析有利于企业的人员聘用

旅游企业在进行员工选拔和聘用过程中，需根据工作分析来了解某个职位所需的知识、技能、生理、心理及品格要求，从而为企业寻找和发现合适的人选，并将适当的人才安排到适当的岗位上。企业可就工作分析中得到的职能范围内所需专业技能，制作笔试、面试的测验试题，以测出应聘者的实力是否符合该职位的要求。

（三）工作分析有利于员工培训

培训的基本目的是帮助员工获得工作必备的专业知识和技能，具备上岗任职资格，提高员工胜任本岗本职工作的能力。通过工作分析，旅游企业可以明确员工从事某项工作所需的知识、技能与素质，从而分析培训需求，确定培训内容，制订培训方案，并对员工有区别地、有针对性地加以培训，以达到培训目的。

（四）工作分析有利于绩效评估

绩效评估是将员工的实际绩效与组织的期望进行比较。工作分析是绩效评估的前提，可以为绩效考核内容、项目和指标体系的确定提供客观依据，旅游企业人力资源部门据此可以对员工的德、能、勤、绩等方面进行综合评价，来判断他们是否称职，并以此作为任免、奖惩、报酬、培训的依据，促进人适其位。

（五）工作分析有利于薪酬规划

工作分析有利于明确各项工作的责任、技术要求、专业程度、劳动条件、工作强度以及在组织中的相对重要性,确认各项工作在组织中的相对价值,从而设计一个公平合理的薪酬方案,起到激励员工的作用。

(六)工作分析有利于员工职业生涯规划

在既定的工作架构及内容下,工作分析有利于明确组织中各项工作之间的关系及发展方向。企业可结合员工个人能力与兴趣,提供发展的机会,并作为员工职业生涯规划的重要参考资料,从而帮助员工从一个职业阶段发展到另一个职业阶段。

除此之外,工作分析还有许多其他的效用,如有助于改善劳资关系,避免因工作内容定义不清晰而产生的抱怨和争议;有助于预见可能发生的危险,避免或减少职业病或工作安全事故的发生,为员工的健康和安全提供保障,等等。

四、工作分析的结果

通常工作分析会产出两种信息:工作说明与工作规范。

(一)工作说明(Job Description)

工作说明是工作分析后的书面摘要,主要描述某项特定工作的任务、权限、责任、工作情况与活动等。典型的工作说明内容常包括工作基本资料(名称、类别、部门、日期)、工作摘要(目标、角色)、工作职责(每日职责、定期职责、不定期职责)、工作环境(物理环境、社会环境)等。

(二)工作规范(Job Specification)

工作规范是工作分析的另一项成果,主要描述工作行为中被认为非常重要的个人特质,针对"什么样的人适合此工作"而写,包括员工在执行工作上所必须具备的知识、技术、能力和其他特征等,是人员甄选的基础。

简而言之,工作说明是在描述工作,以"工作"为主角,而工作规范则是在描述工作所需人员资格,以担任某工作的"员工"为主角。目前企业在编制工作说明书时,通常列出工作说明与工作规范两个方面(如表2-1和表2-2所示)。

表2-1 工作说明书范例:某旅行社营业处门市部店长工作说明书

岗位名称:销售管理部营业处店长	所属部门:营销中心
直接领导:销售管理部经理	直接下属:营业处店员
职位编号:0012	工资代码:00442
岗位定员:1人	编写日期:2014年5月10日
编写者:张三	认可者:王五
工作目的	负责本中心店全面工作,完成公司下达的各项任务,为提升品牌价值,做好本社窗口工作

续表

工作职责	业务职责： 1.协助开拓旅游市场，要提供各主要竞争对手的线路、行程、价格给各分公司进行市场分析，提高市场占有率。 2.协助负责销售本社所有产品，做好门市收客、包团、订房订车，代办其他等业务工作。 管理职责： 1.负责在中心内部管理工作，要求店员熟悉岗位技能，做到所有客源必须交回本社，不卖客。 2.执行营销中心统一规定，要求店员必须着工装上岗，按时上班、下班。			
工作联系	内部联系	部门	内容	频率
		××集团公司	业务来往	经常
		国内游公司	业务来往	经常
		出境游公司	业务来往	经常
		管理公司	业务来往	经常
		商旅公司等各公司	业务来往	经常
	外部联系	部门	内容	频率
		其他营业店	业务往来	较少
工作权限	方面	内容及权限		
	人事	店内职员任免、考核以及调动的建议权		
	财务	规定范围内的财务审批权		
	物资	电脑、复印机		
	信息	公司及本部部分可查询文件		
工作绩效标准	关键绩效指标	测量标准		权重
	重要任务完成情况与质量			
	岗位胜任能力			
	部门内、外合作满意度			
工作要求	学　历：高中以上			
	知识要求：熟悉电脑操作，熟悉相关的法律法规，具有一定的文字写作、语言表达能力			
	能力要求：具有一定的管理能力、组织协调能力、社会活动能力及决策能力、专业知识、执行能力			
	工作经验：有五年以上相关经验			
	体质要求：身体健康，能胜任长期工作			

工作条件	时间特征:需经常加班
	环境特征:办公场所、偶尔出差
	劳动强度:脑力劳动、体力劳动都较重
办公设备	电脑、复印机、电话、传真机、网络、通信设备等
上级审核意见	

表2-2 工作说明书范例:某旅行社省内游业务员工作说明书

岗位名称:省内部业务员	所属部门:省内部
直接领导:部门经理	直接下属:
职位编号:G0033	工资代码:003366
岗位定员:5	编写日期:2014年5月1日
编写者:张三	认可者:王五
工作目的	负责省内汽车团的团队、散客及自助游的组团业务,开拓新的旅游资源
工作职责	业务职责: 一、负责定制团队计划、旅游线路及报价 1. 负责制订团队计划、线路及报价。 2. 负责控制团队的毛利以及业务人员让利情况。 3. 负责答复客户要求的线路及报价。 4. 负责制订收客计划(包括出团日期、具体行程、价格等)。 5. 负责收集市场信息、及时调整计划、线路、价格。 二、负责安排游客在本地及以外的行程、各地接社联系及落实团队各站接待事项 1. 负责跟踪团队运行情况,收集陪同、顾客、接团社的反馈意见。 2. 落实团队全程陪同,并负责向全陪交代团队事宜。 3. 负责参与顾客投诉处理。 三、负责团队出发前、行程中、结束后一切团队事宜。 1. 负责将团队名单、材料交由专人统一购买旅游保险。 2. 负责让订票、订车、接送人员保持联系。 3. 负责整理团队人员名单、资料,通知顾客出团时间及注意事项,与接团社联系,落实确认团队安排。

续表

		部门	内容	频率
工作联系	内部联系	财务部	内部结算	经常性
		采购中心	获得最新的旅游资源、更改广告版面	经常性
		营销中心	及时通知其最新的团队计划、线路、价格以便收客	经常性
		导游公司	根据团队或客人需要安排导游接待团队	经常性
	外部联系	单位	内容	
		各地地接社	洽谈团队接待	计划性
		酒店	洽谈团队住宿	经常性
		餐厅	洽谈团队用餐	经常性
		景点	洽谈团队优惠门票价格	经常性
		火车站	团队交通票	计划性
		本公司汽车公司	团队用车	经常性
		外部汽车公司	团队用车	经常性

	方面	内容及权限
工作权限	人事	无
	财务	根据团队的实际支出核定陪同报账的金额
	物资	无
	信息	无

	关键绩效指标	测量标准	权重
工作绩效标准	团队业务完成情况		
	与其他部门的协调与沟通		
	游客的满意度		

工作要求	学　　历:中专以上
	知识要求:通晓旅行社、酒店以及交通知识,基本的财务知识,业务操作知识
	能力要求:实际业务操作能力高,协调能力高,普通话、粤语精通,交际能力高
	工作经验:1年以上的相关工作经验
	体质要求:身体健康,吃苦耐劳

工作条件	时间特征：基本固定，但经常发生超时工作
	环境特征：足够的工作空间，但工作人员不足
	劳动强度：非常大
办公设备	基本的办公桌椅，办公文具，电话，电脑，复印机，传真机，打印机，互联网络，电脑软件办公系统
上级审核意见	

以上分别是旅行社管理人员和基层员工的工作说明书，这两例工作说明书的格式比较规范，内容比较详细，包括了该工作岗位的基本资料、工作目的、工作职责、工作权限、工作绩效标准、对从事该岗位工作人员的要求、工作条件等内容。旅游企业员工的工作以提供服务为主要工作内容，这种服务工作不同于一般工业企业工人的流水线作业，旅游服务工作有一定的灵活性，需要发挥员工的主观能动性，对工作目的、职责、权限、工作联系、绩效标准等明确描述，有助于旅游企业对员工工作的有效引导和对员工工作绩效的有效控制。

第二节 工作分析的方法与工作设计

一、工作分析的方法

工作分析的方法多种多样，旅游企业在进行具体的工作分析时，要根据各种工作不同的性质和特点，结合各种工作分析方法的适用范围和优缺点，选择适当的方法进行组合运用，才能取得事半功倍的效果。一般而言，工作分析的信息收集包括"自上而下"与"自下而上"两种主要形式，前者主要适用于企业对现有工作岗位进行分析，后者主要适用于对新的工作岗位进行设定与分析。工作分析的主要方法包括访谈法、问卷法、观察法、工作参与法、工作日志法、关键事件法等。

（一）访谈法

访谈法是工作分析人员就某项工作与从事该项工作的员工个人或者小组或其上级主管，或过去的在岗人员就工作相关方面进行交流与讨论，由对方叙述所做的工作内容以及如何完成，工作分析人员用标准格式进行记录。这种方法适用于工作分析人员不能实际参与或观察的工作，尤其是一些脑力工作比如旅游线路的开发与设计工作等。

访谈法的优点在于可以免去员工填写表格的麻烦而又能获得分析人员所需的信息,能够加强员工和管理者之间的沟通,争取双方的谅解和信任。这种方法形式灵活,询问内容较有弹性,可控性强,可以根据回答内容随时补充和提出反问,这是填表法所不能办到的,而且通过面谈还可以发现一些在其他情况下难以了解到的内容。此外,采用访谈法收集信息相对比较简单而迅速。

访谈法的缺点在于被访问者出于自身利益的考虑,回答问题时会有保留,或者做出功利性的回答,故意夸大工作的难度或者重要性,导致工作信息的失真。若工作分析人员访谈技巧不佳或对信息理解不准确则可能造成信息的失真。当分析内容较复杂时,访谈还占用员工工作时间。

旅游企业采用访谈法进行工作分析时,分析人员应注意与主管密切配合,找到最合适的访谈对象;尽力与访谈对象建立融洽的气氛,使他们能够畅所欲言,无拘束地交谈;在访谈之前应对职务情况有大概的了解,要确定好需要收集的资料内容并准备完整的问题提纲;分析人员要有较强的语言表达能力和逻辑思维能力,应掌握一定的技巧,要能控制住局面,访谈过程中始终保持中立立场,避免个人观点影响调查的客观性;访谈结束后,还要请被访谈对象或者其主管人员对所收集的资料进行检查和核对。

(二)问卷法

问卷法是让有关人员以书面形式回答有关职务问题的调查方法,这种方法在工作分析中应用最广泛,通常可以分成职务定向问卷和人员定向问卷两种。职务定向问卷比较强调工作本身的条件和结果,人员定向问卷则集中于了解工作人员的工作行为。问卷的问题通常有结构化问题和开放性问题两种,结构化问题是指分析人员事先准备好的一系列陈述,代表了分析人员想要了解的工作信息,回答者只需要做出是否的选择或者是用5级、7级评分法进行评定即可。这种问题回答方式较为固定,回答者难以有发挥的余地。开放性问题则是让回答者描述工作状况或者是自由地表达自己的观点。好的问卷应该既包括结构性问题也包括开放性问题。

问卷法的优点在于费用低、速度快,员工可在工余时间作答,不会影响正常的工作。而且问卷法比较容易进行,可以同时在大范围内对很多员工进行调查。因为这种方法调查比较规范,通常分析所得的资料可以量化,易于用计算机进行数据处理。

问卷法的缺点在于对问卷的设计要求较高,调查问卷的设计直接关系到问卷调查的成败,但是一般而言很难设计出一个能够收集完整资料的问卷。另外,采用问卷法不易唤起被调查对象的兴趣,一些员工不愿意花时间认真地填写问卷表,所收集的问卷并不都有效。而且,填写问卷的方法不像访谈那样可以面对面地与员工交流信息,其可控性差,不容易了解被调查对象的态度和动机等较深层次的信息。

目前,学术界已开发一些通用的工作分析问卷,可供企业直接用于工作分析。典型代表为美国普渡大学教授麦考米克(McComick)于1972年开发的职位分析问卷,包括194个题目,主要涉及信息输入、思考过程、工作产出、人际关系、工作环境和其他特征这六个方面的工作因素。美国学者托诺(Tornow)和平托(Pinto)于1984年针对管理工作的特殊性而专门设计的管理人员工作描述问卷,包括208个题目,涉及管理实施、知识和技能、语言运用、信息利用、业务决策、内部联系、外部联系、主持或发起会议、参与会议、体力活动、工具使用、环境条件、其他特征共13个方面的工作因素。

旅游企业采用问卷法进行工作分析时,必须把握好问卷的长度,通常人们不喜欢填太长的问卷,应该选择一些最具代表性的问题,尽量用简洁的语言,不要有太多的专业词汇;应注意解释调查的目的,员工希望知道为什么要填问卷以及会如何处理他们的回答;在正式进行问卷调查前应进行问卷测试以改进问卷,避免因为问卷设计不当而影响调查的效果。

(三) 观察法

观察法是指工作分析人员对工作活动和行为进行观察并对结果进行记录,适用于一些大量标准化、周期短和以体力劳动为主或事务性较强的工作。当员工并不是很了解自己完成工作的方式,或者当员工对许多工作行为已成习惯,却未意识到时,采用观察法对员工的工作过程进行观察,记录工作行为的各方面特点,了解工作中所使用的工具设备等也是比较合适的。分析人员观察时可以对照着事先预备好的观察项目表观察或者直接笔录。

观察法的优点在于能够收集到比较客观的第一手资料,并有助于了解到员工自己都没有意识到的细节。

观察法的缺点在于无法观察到被观察对象的心理活动或思维过程,难以了解其主观因素,不适用于以脑力劳动为主的工作或者是不确定因素较多的工作。观察法容易干扰工作正常行为或工作者的心智活动。比如有些员工在被观察时表现欲更强,或者容易紧张,这些都影响到观察资料的真实性。而且,采用观察法工作量大,要耗费大量的时间、人力和物力。

旅游企业采用观察法进行工作分析时,应注意以下几点:分析人员对照观察项目表观察时,应事先对该工作有所了解,这样制定的观察项目表才比较实用;观察的工作应相对稳定,在一段时间内不要有太大的变化,选取的观察对象要具有代表性,对于同一工作最好能多观察;分析人员观察时尽量不要影响观察对象的正常工作;分析人员可借助摄像机等工具更好地进行观察,在观察前先进行访谈将有利于观察工作的进行。

(四) 工作参与法

这种方法是由工作分析人员亲自参加工作活动,体验工作的整个过程,从中获得工作分析的资料。亲自去实践有助于分析人员对某一工作有深刻的了解。通过实地考察,可以细致、深入地体验、了解和分析某种工作的心理因素及工作所需的各种心理品质和行为模型。

工作参与法的优点在于可以在短时间内从生理、环境、社会层面充分了解工作,从获得工作分析资料的质量方面而言,这种方法比前几种方法效果好。而且,工作参与法可以弥补访谈法访谈对象不善表达或观察法观察了解不到的内容的缺陷。

工作参与法的缺点在于只适用于过程比较简单的工作,对于那些须长期训练才能学会的工作或者一些高危险工作则不适用。

旅游企业采用工作参与法进行工作分析时,应注意分析人员要真正参与到实际工作中才能深刻体会,才能达到较为理想的效果。

(五) 工作日志法

工作日志法又叫工作写实法,是指企业让员工用工作日志的方式记录每天的工作活动,形成工作札记资料,然后由工作分析人员进行综合分析。这种方法要求分析人员事先设计好详细的工作日志单,员工根据日志单的格式对自己所做的工作进行系统的记录。工作分析的目的不同,需要设计的工作日志单的格式也不同。工作日志法适用于比较复杂的、知识含量较高的工作。

工作日志法的优点在于所收集到的信息的可靠性比较高,而且可对工作进行充分的了解,员工在工作活动后立即记录可以避免遗漏。采用这种方法可以收集到最详尽的资料,详细记录的工作日志单能够经常获得一些用其他方法无法获得或者观察不到的细节。

工作日志法的缺点在于员工可能会夸大或隐藏某些工作行为,这种方法所收集的信息量大而且琐碎,使整理工作较为困难,而且经常占用员工较多的工作时间,影响正常工作。

旅游企业采用工作日志法进行工作分析时,应注意根据工作特点每隔一段时间就让员工填写一次,否则容易遗漏信息。

(六) 关键事件法

关键事件法是要求管理人员、工作人员以及其他熟悉工作的人员回忆、报告对他们的工作绩效来说比较关键的工作特征和事件,从而获得工作分析资料。

关键事件法的优点在于既能获得有关职务的静态信息,也可以了解职务的动态特点,所分析的关键事件是可观察、可衡量的,提出的问题更具有可操作性,而且所收集的都是一些典型的实例或者是对工作成败有重大影响的行为,有助于防范事故、提高效率。

关键实践法的缺点在于必须花大量时间收集、整理、分析资料,而且所描述的都是一些关键事件,可能会漏掉一些不明显的工作行为,难以完整地把握整个工作实际,不适用于描述日常工作。

由此可见,旅游企业在进行工作分析时,可选择的方法多样,各种方法都具有其独特的地方,如何根据企业特点、工作特征及工作分析目的,合理科学地选择某一种方法或者某一方法组合,对旅游企业的工作分析是否成功将产生关键性的影响,这同时也是对旅游企业工作分析专员的专业水平的考验。

二、工作分析的程序

工作分析作为一项技术性较强的人力资源管理职能,需要周密的准备与科学的操作程序。如图2-1所示,工作分析通常按照以下三个阶段的程序进行。

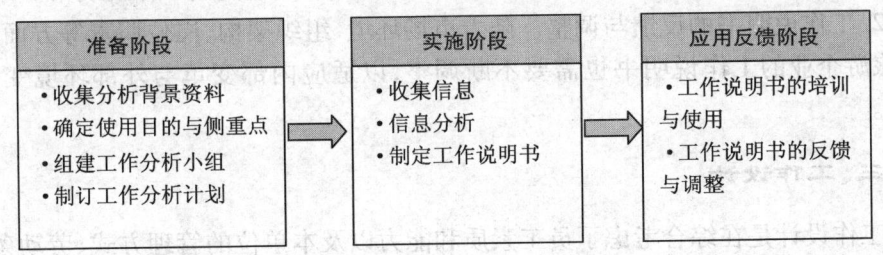

图2-1 工作分析的基本程序

(一)准备阶段

1. 收集分析背景资料。主要收集的背景资料包括组织业务状况与发展目标、组织架构、员工构成与岗位设置、其他同类型旅游企业的岗位设置等基本情况。

2. 确定使用目的与侧重点。通常而言,旅游企业实施工作分析的目标不同,工作分析的重点也会有所差异。例如,以定岗定编为主要诉求的工作分析,重点在于确定员工的工作职责、工作联系与工作量;以提供招聘依据为主要目的的工作分析,重点在于确定工作要求与任职资格。

3. 组建工作分析小组。小组成员应既包括企业人力资源管理者与管理人员,还应纳入在职员工以及外部专家。工作分析小组需要进行工作分析的业务培训,同时在企业内部宣传工作分析的作用与意义,进而保障工作分析的顺利进行。

4. 制订工作分析计划。工作分析小组需要事先制订工作计划,明确工作进度、收集信息的方式与对象、工作分析中的重点与难点等问题。

（二）实施阶段

1. 收集信息。工作分析小组应根据工作岗位与对象，采用适宜的方式收集信息。例如，对于饭店基层岗位的工作分析，可以采用访谈法、观察法、工作参与法等方式收集信息；对于饭店管理岗位的工作分析，可以采用问卷法、工作日志法等方式收集信息。

2. 信息分析。工作分析小组需要对来源于不同渠道、不同对象的工作信息进行分析、比较、整理与汇总。

3. 制定工作说明书。在信息收集与分析的基础上，完成工作说明书，包括工作说明与工作规范。

（三）应用反馈阶段

1. 工作说明书的培训与使用。工作说明书制定完毕，旅游企业需要把工作分析的结果与招聘选拔、薪酬福利、绩效考核等制度有效地联系起来。同时，人力资源部需要对所有管理人员进行相应的培训，使他们了解如何正确地使用工作说明书，进而在招聘、绩效评估、指导下属员工等工作中有效地使用工作说明书。

2. 工作说明书的反馈与调整。随着市场环境、组织架构、岗位职责等方面的变化，旅游企业的工作说明书也需要不断调整，以适应内部变革与外部环境变化的需要。

三、工作设计

工作设计是在综合考虑了员工素质和能力以及本单位的管理方式、劳动条件、工作环境、政策机制等因素后对工作进行的周密的、有目的的计划与安排。广义的工作设计既包括对整个工作的设计，又包括对工作的某个具体部分的设计。旅游企业管理者在分配工作任务、发出工作指令、检查工作进展时，总是在自觉或不自觉地改变下属的工作。工作设计是改善劳动生活质量的主要方法之一。通过工作设计来增加工作的多样性、完整性、重要性、自主性和反馈性，改善员工的工作状态，激发员工的工作积极性，从而有效提高员工的工作业绩。

（一）工作设计与企业战略的匹配

企业的竞争战略对工作设计和企业内部的组织架构，都会产生较大的影响。同时，工作设计与企业环境以及企业战略之间的匹配程度，又会影响企业竞争的成败。

例如，一家旅行社希望通过低成本战略来进行竞争，提供标准化、同质化的旅游线路，它就需要最大限度地提高员工工作效率，降低采购成本。为了实现这一目的，旅行社可以将所有的工作分解成一组能由低工资、低技能员工来完成的工作要素。比如预先设计好固定的旅游线路，其中的吃、住、行、游、购、娱等要素都是同质且组合形式一致;将这些固定的旅游线路销售给不同的旅游团队,而员工则只需按照预先设定好的工作流程和工作内容开展工作,不需要进行灵活的变动或创新。

相反,如果一家旅行社希望通过创新战略来进行竞争,提供个性化、差异化的旅游线路,它就需要最大限度地提高灵活性。这就需要旅行社将工作组合成一种需要由高工资、高技能员工才能完成的,并且范围较大、内容较为完整的工作块来实现。还可以通过赋予每一个工作单位或员工支持系统的权利以及决策的权利。如聘请高素质的员工,把他们组合成团队,让他们根据顾客的具体需要和条件来进行旅游线路的设计、线路组合要素的采购和团队接待等,这就需要一种相对灵活的工作设计了。

总之,对旅游企业工作设计的理解,必须建立在充分认识该企业竞争战略的基础之上。工作设计必须与企业所处的竞争环境和企业所采取的策略相匹配,这样才能帮助企业赢得竞争优势。

(二)工作设计的形式

旅游企业工作设计所要达到的目标是使员工所从事的工作合理化与具体化,设计内容包括工作流程的处理、生产设备的使用、工具的设计以及工作需求的时间性等方面。有效的工作设计需要集中考虑三个方面:一是工作的组织目的,即旅游企业设计某项工作所要达到的目的;二是工作的有效性,即工作方式、工作方法以及工作所需的设备能否较好地达到工作目的;三是人体工学的考虑,即考虑人的能力及限制。

美国学者雷蒙德等人(2005)把工作设计方法归为四种基本形式:一是机械型方法,主要源于工业工程和泰罗的科学管理原理,强调通过精细化的工作专业化分工以提高组织工作效率,典型设计策略包括时间动作研究、工作专业化等。二是知觉运动型方法,主要关注员工与机器的适应和匹配,其目的在于保证工作绩效的同时,降低员工的疲劳程度和压力,主要设计策略包括视觉设计、听觉设计、心理设计等。三是生物型方法,关注员工如何对工作环境中感知的物理条件作出反应,其主要目的在于提高员工在工作中的生理舒适度,主要设计策略包括力量设计、工作位置设计、运动设计、环境设计等。四是激励型方法,重点关注员工需求、满意感、激励作用,把工作设计与员工工作绩效联系起来,典型的设计策略包括工作轮换、工作扩大化、工作丰富化、工作团队等。

通常情况下,工作内容的设计涉及两个层面,即工作广度与工作深度,工作广度指工作者所执行的不同任务的多少,工作深度指工作者能够自由规划、组织或处理其工作的程度。从这个角度出发,本书对下述几种主要的工作设计形式进行介绍,其中工作轮换作为旅游行业常用的一种工作形式,单独作为一节介绍。

表 2-3　工作设计不同形式的特点

形式	分类	主要特点	工作设计的效果
工作专业化	机械型工作设计	专业化	提高现有岗位的工作效率
工作轮换	激励型工作设计	交叉轮换	激励员工,培养员工跨岗位、跨专业能力
工作扩大化	激励型工作设计	横向扩展	激励员工,提高员工的工作能力
工作丰富化	激励型工作设计	包括纵向与横向扩展	激励员工,达到更高岗位的任职要求
工作团队	激励型工作设计	团队合作	提高团队协作能力,完成复杂的工作任务

1. 工作专业化

工作专业化指在对工作科学分析的基础上,将工作分解为若干个简单的、标准化的、专业的小单元,使员工能够专注于完成某项工作并达到熟能生巧的目的。

这种工作设计法的核心是体现效率的要求,它的优点在于能够最大限度地提高员工的工作效率,因为工作分解成小单元后,对员工的技能要求低,企业不仅可以利用廉价的劳动力,还可以节省培训费用,减少人工成本。而且,由于工作标准化有利于企业管理部门对员工生产数量和质量方面的控制,保证工作任务按质、按量、按时完成。但工作专业化的结果也导致了员工长期进行相同的简单工作,容易产生单调感,导致缺勤和辞职。

2. 工作扩大化

工作扩大化是指扩展工作所包括的任务和职责,促进工作的多样性,以减少员工工作的单调感,增强对员工的心理激励。然而实践中新增加的工作任务与员工原先承担的工作内容往往很相似,工作的难度和复杂程度并未增加,因此工作扩大化事实上只是工作内容在水平方向上的扩展。

工作扩大化的优点在于使员工有更多类似的工作可以做,当员工提高某类工作的熟练程度时,随之将提高效率。而且,增加工作内容后,员工需要掌握更多的知识和技能,这能提高员工的工作兴趣。

工作扩大化的局限性在于新增加的工作任务与原先的很相似,这对员工并没有太大的挑战性,甚至有的员工会认为自己的工作反而比以前更繁重。

3. 工作丰富化

工作丰富化是指站在人性的立场考虑,在工作中赋予员工更多的责任、自主权和控制权,工作丰富化与工作扩大化的根本区别在于,后者是扩大工作的范围,而前者不仅扩大了工作的广度,也扩大了工作的深度。

工作丰富化是以员工为中心的工作设计法,它将企业使命与员工工作满意程度联系起来,它的理论基础是美国行为科学家赫茨伯格所提出的双因素理论。该理论认为,那些可以预防或消除职工的不满,但不能直接起到激励作用的因素称为保健因素,主要有组织政策与管理、工作条件、人际关系、工作安定等与工作环境或工作关系有关的因素,而那些使职工感到满意的因素称为激励因素,主要与工作内容或工作成果有关,包括成就、赏识、挑战性的工作以及发展机会等。在双因素理论的基础上,工作的丰富化主要应该体现"激励因素"的作用,包括以下几个核心内容:

(1) 增加员工责任。既要增加员工在服务、产品质量控制方面的责任,又要增加员工保持工作计划性、连续性及节奏性的责任,允许员工自行完成一项完整的任务,降低管理控制程度。比如,酒店可以指定某员工从头到尾为某位重要顾客提供全程服务,使员工感到自身任务的完整性和重要性,并努力提供最佳服务。

(2) 赋予员工工作自主权。给予员工工作自由度,使其有充分表现自己的机会,并把工作业绩好坏与自身努力、个人职责联系起来,这能使员工增加对工作意义的认识,最终达到良好的工作心理状态。工作自主权也是人们择业的一个重点考虑因素。比如,丽嘉酒店规定任何员工接到客人的咨询或是投诉都要亲自解决,酒店授权员工必要时可以对公司规则灵活变通,事实上,公司虽未明文规定,但每一位员工都可以使用两千美元的预算来解决某项特定的客户投诉,这就增加了员工的工作自主权。

(3) 建立直接反馈机制。建立一个有效的反馈机制,尽量减少反馈的环节和层次,使有关员工工作绩效的数据能够及时地反馈给员工。反馈可以来自于工作本身、上级主管、同事或者顾客等,允许员工如实地获得和掌握工作反馈资料,可以让员工了解个人工作业绩,看到自己的劳动成果以及有待改进的方面,进一步把握努力的方向,并最终形成高层次的工作满足感。

(4) 对员工进行相应的培训。建立有效的培训机构和制度,把培训工作作为一项长期的活动,有针对性地为员工提供学习的机会,使其能够不断地进步、充实和提高,适应组织内外环境日新月异的变化,以满足员工成长和发展的需要。

工作丰富化的优点在于能够强化对员工的激励,更好地发挥员工的主观能动性和实现员工的工作满意感,从而有助于提高员工工作效率,降低员工离职率和缺勤率,使组织工作更有效地进行。同时,对员工的培训也是一项必要的人力资源投资,有助于提高员工素质。这种工作设计法鼓励员工参与对其工作的再设计,员工可以提出建议对工作进行某种改变,并说明这些改变是如何更有利于实现整体目标,如何使工作更令人满意。

工作丰富化的局限性在于工资和费用的增加。为使员工掌握更多的知识和技能,企业需要对员工进行相关培训,相应的培训费用将会增加。同时,企业扩充工作设施设备也要增加一定的费用,此外企业还需要对工作者支付更高的工资。针对上述问题,目前一些酒店推出"员工创新"活动,其核心就是让每位员工提出各自工作中的问题,再由管理人员和员工共同设计工作,在综合考虑酒店运营成本与员工需求的情况下,提高工作丰富化的成效。

4. 工作团队

20世纪80年代后期,工作设计思想取得了重大的飞跃,人们开始从以个体为中心的工作设计转到了强调群体成员之间相互合作的工作团队设计。团队是一种为了实现某一目标而由相互协作的个体组成的正式群体。二十年前当沃尔沃、丰田等公司将团队引入他们的生产过程中时,曾轰动一时,而现在团队在企业生产过程中的运用非常盛行。管理人员普遍认为,在复杂多变的环境中,当某项工作任务需要多种技能或者多个领域的经验才能更好地完成时,团队通常比传统的部门结构更灵活,反应更迅速,总体效果更好。

目前各企业越来越多地根据团队方式而不是个人方式进行工作设计,主要有如下几种原因:

(1) 团队创造精神。规范的团队能够在成员之间相互协作的过程中创造出一种积极的团结的氛围,有利于形成团队凝聚力并提高员工士气。

(2) 使管理层有时间进行战略思考。以个体为基础设计的工作往往需要管理者花大量的时间用于监督下属的工作和解决下属出现的突发问题,而以自我管理的团队形式开展工作,则能让管理者腾出更多的时间来进行战略规划。

(3) 提高决策速度和质量。团队成员对工作相关问题的了解往往比管理者更多、更为直接,把决策权下放给团队能使组织在决策方面具有更大的灵活性,也更节省时间。而且,团队是不同经历和背景的个人组成的群体,风格各异的个人考虑问题的角度不同,从而使得团队决策更为科学和全面。

(4) 具有清晰的目标。高效的团队对工作任务与目标有清晰的了解,成员目标意识强,并懂得如何协作才能更快、更好地实现目标,这激励着他们把个人目标与团队目标结合起来。

团队的类型多种多样,常见的有四种形式:工作团队、项目团队、并行团队以及伙伴团队。这四种团队分别适用于四种不同文化类型的组织中。

(1) 工作团队(Work Team)

工作团队常见于流程型的组织中。它通常由跨职能的个人组成,团队成员主要把精力集中在如何完成某项固定的工作任务上,并且通常是全日制地、连续性地从事这些活动。

(2) 项目团队(Project Team)

项目团队常见于时间型的组织中。这种团队通常是在设计新的系统或者开发新的产品时被组建的,采用的也是全日制的工作方式,但是这些项目小组只是因为项目的存在才聚集到一起的,团队将因项目的结束而解散,解散后团队成员也将各奔东西,有的进入新的团队开始新的项目工作,有的进入到其他组织中,还有的则回到原机构中,因此项目团队具有暂时性的特点。

(3)并行团队(Parallel Team)

并行团队常见于职能型组织中。尽管这种团队也是围绕特定任务建立起来的,同样可能是跨职能的或者是跨部门交叉的,但其最大的特点是非全日制的工作方式,且与正式的工作活动并行,这种团队往往因一些特定的工作任务而集中在一起。

(4)伙伴团队(Partnership Team)

伙伴团队对于网络型组织、合资企业或者战略联盟来说至关重要。伙伴团队采用全日制的工作方式,但是与其他类型团队所不同的是,其成员通常包括内部人和外部人,外部人即指企业外部人员,比如供应商、承包商、某领域专业人士或者掌握特殊技能而被雇佣的其他人。团队成员根据需要和其所掌握的技能,既可能与其他成员合作完成团队某部分工作,也可能单独完成某部分特定任务。

在旅游企业中,可能存在着各种类型的团队。比如,酒店的定期服务质量检查小组就属于并行团队,旅行社的营销队伍则具有工作团队的特征。酒店也可能与旅行社、航空公司合作,形成战略联盟,以伙伴团队的形式联合进行对外宣传和促销活动。目前,旅游企业也越来越多地采用工作团队的形式来设计工作,在人员招聘与培训过程中也相应地看中应聘者的团队合作能力。

第三节 工作轮换及其应用

工作轮换(Job Rotation)是一种有效的激励和开发员工的人力资源手段,实施工作轮换能给企业及员工带来多项好处。但在实践中,工作轮换的应用并不广泛。历史上早期出现的工作轮换是以培养企业主的血缘继承人(例如企业主的长子要继承父业)等为目的,并不是制度化的人力资源管理措施。在现代企业中,工作轮换成为人力资源管理系统中一项重要的制度。工作轮换开始集中在生产线上的工人,因为他们的工作容易产生乏味感。后来,对专业技术人员和管理人员也采用工作轮换的办法,甚至高层管理者也可以采用工作轮换的办法扩大他们的业务知识。因而,研究工作轮换的应用具有一定的理论意义和实用价值。

一、工作轮换的应用

国内学者对于工作轮换的研究主要是从20世纪90年代开始的,侧重于理论研究,研究内容主要集中在工作轮换的益处以及工作轮换的原则,且观点较为一致。大多数学者普遍认为工作轮换是有效的激励和开发员工的人力资源管理措施。不少学者提出了一些实施工作轮换应遵循的原则，主要有用人所长原则、自主自愿原则、合理流向原则、合理时间原则等。

一些学者从不同的角度来研究工作轮换。例如对实施工作轮换的对象、工作轮换的关键环节以及工作轮换的具体问题和工作进行研究；对工作轮换与企业内部隐性知识转移的关系，并对工作轮换的过程管理进行探讨；对适应性的工作轮换、培养型的工作轮换、激励性的工作轮换和合作型的工作轮换四种不同的类型进行分类，等等。国内学者还重视工作轮换对于防止腐败、避免官僚主义作用的探讨，这点不同于国外学者。很多学者研究工作轮换在银行、会计师事务所等行业以及政府部门中的应用，指出工作轮换有利于开展廉政建设。

国外对工作轮换的研究早于国内，且国外学者不仅进行了理论研究，还进行了实证研究。同国内学者一样，国外学者也很重视工作轮换在激励和开发员工方面的作用。但是，国外学者还重点研究了工作轮换与工作安全的关系，不少学者认为工作轮换并不能减轻工作的不安全程度，而只是把风险程度在一群雇员中相对均匀地分配。国外学者还注重研究工作轮换在接班人计划（Succession Planning）中的重要性。有一些学者对工作轮换进行了实证研究，他们发现员工对工作轮换的兴趣与其所处的职业生涯阶段、职业、工作绩效有关系，而却与其受教育水平无关，且工作轮换对员工各种能力的促进作用不等；非管理人员比管理人员更乐于进行工作轮换，等等。

工作轮换是一项在理论上十分理想的人力资源措施，在实践中也有一些企业实施工作轮换取得了较大的成功。例如，日本马自达公司曾经把下岗的汽车设计人员轮换到直销岗位，推销自己企业的汽车。后来统计分析发现那些销售量最大的人员，前十名居然都是搞设计的。因为这些人对技术有深入的了解，面对顾客解释得更清楚，使客户更信服。这些人后来在公司状况好转以后又回到设计岗位，他们在推销时获取的市场信息对他们的设计非常有帮助。丰田公司、摩托罗拉公司、西门子公司、北电网络公司、爱立信公司、柯达公司、华为公司、联想公司、明基公司等都成功地在企业内部实施了工作轮换。

（一）工作轮换的方式

在实际推行工作轮换制度时，各个企业采取了不同的方式，工作轮换实施的方式可以而且应该多样化，主要有以下几种：

1. 强制工作轮换

这种方式在一些容易出现腐败以及官僚主义的岗位中较普遍，如审计岗位等。当然，为了培养管理人员，有些企业也在内部推行强制轮岗制度。例如，华为公司就明确规定，中高级主管必须强制轮换，没有相关工作经验的人，不能担任部门主管。

2. 内部调度

北电网络公司采用内部调度制度，用来轮换工作增加员工的能力。员工如果有轮岗的要求，可以向人力资源部提出来，然后人力资源部会在别的部门给他机会，有时候别的部门也会将这种需求提交给人力资源部，双方如果都有意愿，可以通过面试交流，如果双方都同意的话，这个员工通常就可以到新岗位进行工作试用。

3. 内部招聘

内部招聘是很普遍的一种方式，类似于企业的外部招聘，所不同的是招聘只面向企业的员工。日本索尼公司每周出版一次的内部小报，经常刊登各部门的"求人广告"，职员们可以自由而且秘密地前去应聘，他们的上司无权阻止。应聘成功者就可以实现"内部跳槽"。

然而，加拿大的一项关于工作轮换的调查显示，在加拿大很少有人参加过工作轮换计划，工作轮换在大企业和制造企业中最常见，在对专业技术要求比较高的行业如教育与医疗卫生等行业中最少见。由此可见，工作轮换在实际应用中并不广泛。

（二）工作轮换的作用

工作轮换是有效地激励员工的手段，能给员工个人及企业带来多项好处，主要有以下几个方面：

1. 工作轮换能够消除员工由于长时间在同一个岗位工作而带来的厌烦感，给员工的工作带来新鲜感，从而调动员工的工作积极性。

2. 工作轮换能够增强员工的创新能力和适应能力。工作轮换能使员工得到多方面的锻炼，培养跨专业解决问题的能力，成为多面手。

3. 工作轮换是培养管理骨干和"接班人"的有效方式，多个岗位的实践经验能够提高管理人员对业务工作的全面了解能力、对全局性问题的分析判断能力以及领导能力。

4. 工作轮换能使员工更好地认识自己，发现最适合自己兴趣与能力的工作岗位，为员工提供了更好地实现自身价值的机会。这一点对于新员工特别突出。

5. 工作轮换能够增进员工对其他部门工作的了解，从而提高对本职工作意义的认识，并能够减少部门之间的隔阂，促进各部门之间的沟通和协作。

6. 工作轮换通过提高员工的满意度而降低人员流动率，减轻组织晋升的压力，同时，通过工作轮换培养多面手，企业还能获得人员调配方面更大的灵活性。

7. 工作轮换能够促进企业内部知识的传播。

（三）实施工作轮换的障碍

工作轮换在理论上是比较完美的，然而实际应用中并不广泛，由于理论与实际

的反差较大,因而研究实施工作轮换的障碍是有必要的。主要表现在以下几方面:

1. 决策者的担忧

决策者对如何实施工作轮换缺乏经验,虽然不少企业实行工作轮换取得了很大的成功,但是各个企业都有各自的特点,企业与企业之间在岗位设置及员工情况等方面不同,他人的经验并不一定适用于本企业。工作轮换虽然具有明显的优点,但是如果应用不当,也会产生副作用,影响企业的正常运行。而且,当企业把员工培养成复合型人才后,就可能会面临着员工外流的风险,员工流失尤其是优秀员工的流失对企业的影响是很大的。此外,企业对工作轮换的投入在短期内的收益并不明显。

2. 部分员工的抵制

虽然工作轮换能够有效地开发员工,但是并不是所有的员工都支持工作轮换。喜欢稳定的员工可能不会支持工作轮换,而且一些在某领域有专长的员工可能不愿意轮换到其他岗位工作。切瑞斯金(Cheraskin Lisa)通过实证研究发现,处于职业生涯早期的员工比处于职业生涯晚期的员工更乐于参加工作轮换计划,高绩效员工比低绩效员工更支持工作轮换,而且员工对工作轮换的支持程度也和其目前的工作的性质有关。在实际中,各部门经常有本位主义思想,不愿意放走骨干员工,也起了一定的阻碍作用。总之,若企业中对工作轮换持反对意见或者热情不高的员工占大多数,那么该企业就难以实行工作轮换。

3. 实际操作的困难

从理论上讲,实施工作轮换,其优势作用是很明显的,但企业在实际推行工作轮换制度中,依然存在诸多需要克服的困难和阻力。每年大量的人事横向流动是很麻烦的事情,不仅加重了人力资源部门的负担,给业务部门的工作也造成了一定的影响。工作轮换引起的职务工资变动还可能影响职工收入或使工资计算复杂化,如何设计薪酬制度才能更好地衡量员工的能力和贡献,更好地体现公平是实际操作中的一个大困难。工作的衔接、人员的调配以及工作轮换的时间等问题也是推行工作轮换中会遇到且必须解决的问题。

二、如何有效地实施工作轮换

(一)工作轮换的实施过程

1. 准备阶段

在这一阶段,企业应进行工作轮换需求分析、可行性研究以及制订工作轮换计划。

(1)需求分析。首先,企业应进行组织分析,需要考虑工作轮换与组织发展战略目标的一致性。企业应该把工作轮换与工作扩大化、工资激励等其他方式进行比较,以确定实施工作轮换是否是企业的最佳选择。其次,当企业所需的技术是外部劳动力市场所缺乏的,外部招聘具有成本较高时,企业就存在很大的工作轮换的需求。再次,企业应进行员工分析,了解企业内部是否存在激励不足的现象,员工的工作积极性是高还是低,员工是否存在开发需要或需要何种能力。根据 Cheraskin Lisa 等学者的实证研究,工作轮换更能提高员工的企业经营的能力,而不是专业技能,工作轮换培养的主要是通才而不是专才。

(2)可行性研究。企业文化、组织结构、企业技术特点、员工意愿等都是企业进行可行性研究时必须考虑的因素。组织结构倾向于扁平化的企业比较适合采用工作轮换方式,如果组织的层级越多,利益交织就会越紧密,一个人的职位变动便会牵扯到他人的利益,给企业实施工作轮换带来困难。人力资源管理专家王宁认为,一般而言,消费产品类的公司采用工作轮换方式更合适,而一些专业技术要求高,或者是研发为主的企业就不太适合采用轮岗制。关于员工意愿,企业可通过问卷调查或者召开员工会议等方式了解。

(3)制订工作轮换计划。首先,企业必须明确实行工作轮换的目的与所要达到的目标。其次,企业应确定工作轮换实施的范围、实施的时间以及采取的方式。再次,企业应制定详细的步骤以及特殊情况的处理方式。

2. 实施阶段

岗前培训和工作交接是这一阶段必须处理好的重要事项。为避免员工上岗后出现工作盲目和混乱情况,企业有必要事先安排轮岗的人员对新岗位职责和业务知识的学习、培训,原岗位的员工有责任辅导继任人员的实际操作,并提醒注意事项。

工作交接是工作轮换的重要环节,处理好工作交接有利于工作轮换的顺利进行,有利于降低工作轮换的成本及防止责任不清等问题的出现。工作交接时,移交人应该对前段工作进行回顾与总结,并介绍岗位情况,而接管人则应认真了解新工作的情况,虚心向移交人学习。此外,工作交接的档案必须有序保存,有关资料必须具有合法性、完整性、准确性与连续性。

此外,在工作轮换的实施阶段可能会出现一些冲突与困难,尤其是在刚换岗后的那段低效率磨合期,管理人员应帮助轮换员工解决困难。比如,轮换到新岗位的员工可能不被重视,管理人员应帮助其协调关系,并营造有利的环境让员工能够更快地适应。

3. 评估阶段

评估阶段包括对换岗员工的常规考核以及对工作轮换实施效果的评估。对换岗员工的常规考核应该根据工作的具体标准来评价,并注意公平、客观。而对工作轮换实施效果的评估应该根据工作轮换的目标来评价,同时,还应该对工作轮换的成本收益进行评估,并重视工作轮换给企业带来的其他影响,比如工作轮换对于企业的员工流失率的影响,或者对企业总体技术水平的影响等。

(二)工作轮换实施的原则

1. 自愿与选拔相结合的原则

工作轮换能提高员工的满意度,锻炼员工各方面的能力,具有多种好处,但是并不是所有员工都对工作轮换感兴趣,只有自愿参加工作轮换计划的员工才能对新工作具有较大的热情,工作轮换才能实现最佳效果。因此,推行工作轮换必须建立在员工自主自愿的基础上。同时,企业在对愿意参加轮换的员工进行选拔时,应注意考察员工与新岗位是否匹配,员工的工作轮换计划能否达到预期目的。

2. 循序渐进原则

企业实行工作轮换时应遵循循序渐进原则,尽量减少工作轮换初期可能造成的工作混乱局面。一般情况下,员工级别越低其轮岗给公司造成的影响越小,员工级别越高其轮岗造成的影响越大。因此,企业应先在级别低的员工中推行工作轮换计划,在积累一定经验后再逐步推广到中高级管理人员。此外,企业轮换的岗位还可以从次要岗位逐渐推广到重要岗位,从小范围推广到大范围,力争让轮换工作稳步实施。

3. 公平原则

工作轮换通过工作的新鲜感和挑战性提高员工的工作积极性,但是在工作轮换的实施过程中,维持公平原则至关重要,如果员工感受到不公则其工作积极性将大打折扣,甚至可能出现员工流失的现象。例如,企业必须保证无论雇员属于哪种群体,所有的雇员都有相同的接受工作轮换的机会。企业进行内部招聘时,关于职位空缺的信息必须公开化,确保所有的员工都能够及时地了解并做出是否参加应聘的决定。

4. 重视沟通原则

沟通是管理工作的基础。有沟通,才有理解。良好的沟通,尤其是轮岗员工与管理人员之间全面、坦诚的双向沟通,不仅有助于激起员工的工作热情,而且有助于管理人员及时地了解到工作轮换的进展状况并提出具有建设性的解决方案。沟通也是信息传播的重要途径,充分的沟通能够促使企业内部隐性知识更有效地传播,促进部门之间的相互理解,进一步增强工作轮换的效果。

(三)实施工作轮换须重点处理的几个问题

1. 成本最小化

日本著名企业家稻山嘉宽在回答"工作的报酬是什么"时指出,"工作的报酬就是工作本身"。企业推行工作轮换计划,正是利用工作本身的意义来激励员工,因而工作轮换被认为是一种较为经济的激励方式。然而,工作轮换并非没有成本。

为了保证工作轮换的顺利进行,企业在准备阶段需要调查并收集相关信息,员工上岗前需要进行岗前培训,这得增加企业一定的成本;员工流动增加了企业人力资源部门的工作量,也给业务部门的工作带来一定的影响,管理人员还要协调工作轮换中出现的矛盾,要激励和平衡其他未被轮换员工,这会增加各部门的运营成本及人员的管理成本;员工轮换到新岗位成了新手,不熟悉新的业务工作,会有一段低效率期,时间和效率的短期损失也形成了成本;此外,由于工作的连续性被打断,可能造成客户和关系网的损失,而且轮岗员工及其同事身上容易出现对各种问题的短期性看法或采取以短期为导向的问题解决方式,以及被轮换的员工由于未被晋升或加薪而离职造成的损失等,都形成了工作轮换的成本。

企业可以采取一定的措施尽量降低工作轮换的成本以实现效果的最大化。首先,企业通过制定完整的各项职位的岗位说明书以及作业流程书,使工作流程化、规范化,可以帮助轮岗员工更快地适应新工作,进入工作状态,减少时间和效率的损失,降低学习成本。其次,企业可通过对工作轮换时间的管理来降低工作负担所带来的成本。比如,同一部门的员工的轮岗时间要尽量错开,避免某一部门因新手过多导致工作效率的低下。同时,合理地选择进行轮换的岗位,能避免企业因在实施工作轮换中的错误判断而导致的较大的损失产生。比如,企业应避免在公司薄弱的部门进行岗位轮换,过于敏感或有高度机密性的岗位也不适合经常调动。再次,建立良好的沟通机制能减少冲突并及时解决问题,从而减少管理成本。如西门子公司推行上下级定期谈话制度,取得了很大的成功。此外,工作轮换必须具有明确的目的,而且管理者必须确保轮岗员工了解工作轮换计划的目标,强调企业发展与员工个人职业发展的一致性,从而更有效地激励员工,并使员工形成对工作轮换的正确看法,自觉地规范自己的行为。

2. 员工的开发与人才外流的矛盾

培养、开发员工的投入与员工流失一直是一对矛盾体,影响着企业管理者对员工培养投入的支持,工作轮换虽是一种有效的培养和开发员工的方式,但如果企业不能有效地留住优秀员工,那么工作轮换的作用就等于零或者负数。

企业通过工作轮换把员工培养成多面手或者是经验丰富的管理者后,应注意根据员工所掌握的技能和绩效为员工提供相应的薪酬,否则当员工所掌握的技能是外部人才市场的稀缺资源时,企业流失员工的风险就会大大提高。

现代职业生涯规划理论强调企业与员工的共同成长,企业从其与员工互利发展的方向出发对员工进行岗位轮换,确保顺利通过工作轮换计划的员工在企业有一定的发展空间,才是有效的留人之道。例如,工作轮换的一种扩展情形被称为"工作通路",它是指认真地针对每一位雇员制订他们的后续工作安排计划,让企业的目标与员工个人的目标结合起来,增强员工的忠诚感。

在培养企业的接班人或者高层管理人员时,可以采取多个候选人方式,如 GE 公司对 CEO 的培养,就是选择了多个培养对象,这样即使有人流失了对企业的影响也不太大,可以减少企业因员工流失而导致的损失。

第四节 "游戏化"与工作设计

进入工业化社会后,在工作场所"勤恳工作,拒绝玩乐"成为一种根深蒂固的工作伦理。然而,工作和玩乐都是人们生活的重要组成部分,随着工作逐渐占据人们大部分生活,人们越来越感受到工作带来的巨大压力,很多企业忽略了员工的感受,进而影响到员工和企业的发展。现代企业管理的核心已由生产管理转向对人的管理。80后、90后员工逐步成为社会的顶梁柱,对于企业来说,不断挖掘这些员工的潜能成为重要的课题。在新时代背景下成长的新生代员工不仅追求"生存",更重视"生活",他们比老员工更看重工作中的乐趣,将工作与玩乐对立的管理模式已经不再适合于管理新生代员工(Owler,2010)。企业管理人员需要重新认识工作中玩乐对个人以及组织产生的影响,主动采取措施营造工作乐趣氛围,对员工施加良性工作压力,将员工在工作场所中的玩乐精神转变为有效生产力。

一、工作与玩乐:由对立走向融合

传统上,人们普遍认为工作和玩乐是完全不同的活动。所谓"业精于勤而荒于嬉",只有通过艰辛的工作才能创造财富,玩乐则是懒散的表现,对企业经营毫无裨益。因此,通常管理人员不鼓励甚至禁止员工在企业内玩乐。经济越低迷、任务越繁重或越困难,管理者越期待员工放弃玩乐,勤勉工作。然而,人们逐渐发现这种管理模式的成功往往以牺牲员工身心健康为代价,难以长期维续。工作在员工眼中变得沉重、枯燥。恶性工作压力令员工焦躁、抑郁、过劳,组织内弥漫着职业倦怠的气息,与管理者追求工作效率的初衷大相径庭。

随着 Y 世代、90 后进入职场,越来越多管理者意识到传统的管理方法无法满足员工的需要。许多年轻员工来自小康家庭,在赞美和自由中成长,他们期待一份有趣的工作,而不仅是谋生的岗位。一方面,新一代员工高度关注自我价值,注重享乐和演绎自己的生活方式,这种热忱有时甚至超过对工作的重视。他们急切地盼望成功,喜欢尝试新任务,想看到自己的工作对整体组织目标的贡献,获得管理者的认可,而不是等待每月或每年一度的反馈。另一方面,近年不少研究成果表示,玩乐有助于员工缓解疲劳,获得心灵上的自由,激发创意潜能,促进健康均衡。玩乐还为组织成员创造沟通机会,有助于缩小不同层级成员之间的心理距离,增强组织凝聚力和竞争力(Mainemelis & Ronson,2006)。企业需要重新认识员工的玩性,设计具有内在激励的工作,提供好玩、有趣的探索机会,增强员工从失败走向成功的抗挫能力和对待工作的勤勉之心。

游戏化(Gamification)管理就是企业顺应时代变迁,对管理模式的一种变革,管理者从视频游戏的发展中得到启发,应用游戏设计的技术和机制,解决面向员工的管理问题。成功的网络游戏总是给玩家制造正面的压力,在完成挑战性任务中感受到自己改变世界的力量与合作者的支持。玩家们在网络游戏中紧张兴奋,全神贯注地解决问题,在积分、晋级、勋章的激励下自信地迎接一个又一个挑战,任由时间飞逝,欲罢不能。这与企业力图塑造的理想员工和理想工作场所非常近似。随着人们对网络游戏的接受度越来越高,玩家不再局限于孩子和男性。目前,美国游戏玩家规模达1.83亿,成年玩家占八成以上,女性玩家近半。我国的活跃游戏玩家也多以亿计,许多上班族都或多或少地参与某种游戏。不少网络游戏术语成为最容易在员工中引起共鸣的沟通用语。企业把游戏机制移植到管理领域,让员工在游戏中工作,有助于激励他们表现出企业期待的行为,提高工作绩效(如图2-2所示)。

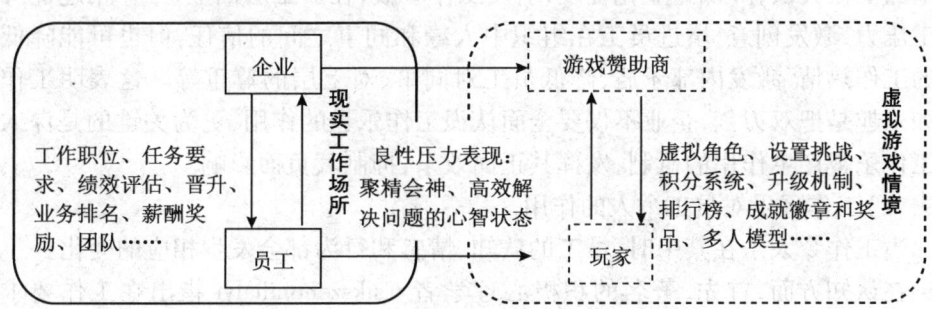

图2-2 融合工作和玩乐的游戏化人力资源管理

不少知名企业都在探索游戏化管理的应用。例如,Target超市把结账工作转化为刺激的积分竞赛,鼓励收银员提高结账速度和累积成功率;思科公司鼓励全球销售人员帮助一位虚拟女士解开其父亲遗物中的谜团,从游戏中熟悉公司的产品并建立合作关系;盛大公司根据游戏规则设计晋升体制,员工就像游戏通关一样,在某一层级的分数积满就可以晋升,越往上晋升,积分挑战越大。由于社交网络和移动通信的便利性,走动式岗位也可以实施游戏化管理。美国餐饮连锁店Not Your Average Joe's,采用软件追踪每位员工为顾客服务产生的营业额,最出色的员工可获得自主排班权利等奖励。企业还可以用游戏规则引导员工提高服务技巧,如果系统发现某个员工卖出很多开胃菜,但没售出任何甜点,就会给员工发送一个"任务":在当晚向顾客推荐一定数量的餐后甜点,让顾客的就餐体验更完美。

总体而言,游戏化管理旨在将玩乐与工作融合在一起,为员工创造良性工作压力,使其紧张并快乐地进入最佳竞技状态,在工作中表现出玩乐时的热情、敏锐、创造性和团队精神。一些实施游戏化管理的企业已经取得引人瞩目的成效,如 Not Your Average Joe's 餐厅在引入游戏化管理后,营业收入增长1.8%,小费收入增长11%。这让许多传统企业也跃跃欲试。著名调研机构 Gartner 预测,企业管理游戏化将成为一种发展趋势,到2014年,全球超过70%的2000强企业将至少实施一种游戏化应用方案。然而,作为一种新的管理方法,许多企业对游戏化管理的认识还处于初级阶段,游戏化管理的实施面临着不少实际困难和挑战。

二、工作玩乐与乐趣的作用机制

由于玩乐和乐趣本身是复杂的多层面概念,笼统地探讨工作玩乐和工作乐趣的作用,可能得出似是而非的结论。Ford 等学者(2003)调查了572名人力资源管理者,了解他们对工作乐趣的看法。这些管理者认为在组织层面上,工作乐趣有助于吸引新员工,促进组织内部沟通,增强员工的组织归属感和工作满意度,但也可能增加工作失误,降低专业化程度,引发工作事故;在员工层面上,工作乐趣能降低员工压力,激发创意,增进员工在组织中人缘和同事之间的信任,但也可能降低员工的工作热情,激发内部矛盾,降低员工对同事、对上层的尊重等。这表明工作玩乐和乐趣是把双刃剑,企业不仅要全面认识工作乐趣的作用,更为关键的是深入探索工作乐趣产生作用的机制,发挥其正面效果,抑制其负面影响。

(1)工作玩乐对员工个人的作用

当工作令人乐在其中时,员工的认知、情感和行为都会发生相应的变化:

在认知方面,首先,著名的积极心理学者 Csikszentmihalyi 指出在工作要求清晰、任务目标挑战性强且富有意义、反馈及时明确的情况下,工作玩乐能让员工进入最佳的内在激励状态——心流体验。员工精力集中,忘却自我,忘却时间,全身心融入任务。连贯的动作和决策宛如一股整体的流,使员工展现出最好的工作表现。一个看似矛盾的事实是,员工在工作玩乐上耗费的精力可以避免他们在工作中分心,带来工作绩效的上升。其次,工作玩乐让员工短暂地摆脱对失败的恐惧,勇于尝试,在探索中释放潜能,认识自我(Berg 2001)。Abramis(1990)的研究成果表明,工作玩乐,尤其是与工作内容相结合的游戏般的玩乐,能提高员工的学习和掌控能力。例如大家竞赛提出一个解决工作困难的新方法,能够满足人们掌控世界的心理需要,积极实践,在试错中成长。再次,工作玩乐可以调节员工在心理上和生理上的唤醒程度。在沉闷重复的工作中,玩乐可以激活员工的思维;在繁重的工作中,玩乐体验可以化解员工紧绷的心态,使其回落到正常状态。

在情感方面,首先,工作玩乐能提高员工的正面情绪。玩是人的天性,工作玩乐可以减少员工对工作的抗拒心理,员工感受到的工作乐趣越强,他们的工作满意度越高。工作乐趣还给员工带来愉悦的心情,而且越是重视玩乐精神的员工,工作乐趣的效应越强（Karl,2006）。其次，玩乐活动通常具有社交性，人们在游戏类活动中构成"社群"。在这个社群中，人们暂时放下自己原有的社会角色，展示自己更富人性的一面，自发与玩伴交往。因此，工作玩乐有助于组织成员打破组织中僵化的交往格局，获得支持和爱，减少焦虑和绝望情绪，进而增进员工的工作和生活满意度。

在行为表现方面，工作玩乐能直接或间接地提高员工的本职工作表现，增进员工的工作参与度和提高公民组织能力。感受到工作乐趣的员工更善于做出决策和解决问题，更热心与顾客交往（Karl 2005）。他们更愿意提高工作参与度，尝试新的工作方法，创造性地工作。此外，他们更乐于帮助同事，努力成为组织的一分子，主动承担分外工作任务，表现出更多的组织公民行为（Fluegge 2008）。

（2）工作玩乐对组织的作用

工作玩乐不仅影响员工的认知、工作态度和行为，还通过组织中的人际关系，赋予组织更强的生产力。工作玩乐活动促进了同级员工之间以及上下级员工之间的互动，让员工有更多机会了解同事以及组织。一个有趣的工作环境能够使员工感受到主管和同事对自己的关怀，增进员工相互之间的信任感（Ford 2003），压缩组织中的权力等级距离，提高组织内正式和非正式沟通的效率，加强组织成员的承诺和敬业度，减少员工流失率。在服务企业中，工作玩乐和乐趣一方面可以增加工作团体的工作满意度和服务灵活性，进而提高顾客感知的服务质量，另一方面，在工作场所营造快乐氛围，直接感染顾客的情绪，形成独特的竞争优势（Karl 2006）。例如，美国著名的派克鱼市场就是借助员工之间快乐的"飞鱼秀"和搞笑的销售方式，塑造健康的组织形象，成为西雅图游客的游览圣地。

然而，并非所有玩乐活动都能带来正面影响。工作玩乐的效果因玩乐的类型、工作特征、员工和组织价值观念而异。与游戏般的玩乐相比，员工无目的、无规则的嬉戏对提升学习和掌控能力帮助不大，甚至在一定程度上降低员工的参与度和工作表现（Abramis 1990），产生破坏性作用（Owler 2010）。但是，如果工作要求含糊，任务缺乏挑战和意义，工作过程没有自主权，工作结果反馈滞后，员工就难以自发进入游戏状态，产生心流体验，像玩游戏那样"玩"工作（Csikszentmihalyi 1975），游戏般玩乐行为的正面效应就不会发生。即便管理者发起多种官方玩乐活动，如果这些看似倡导工作乐趣的活动与企业真正拥护的价值观念不符，员工就会认为这不过是肤浅、伪善的小恩小惠，而不会在认知、情感和行为上产生积极的变化（Fleming, 2005）。此外，如果管理者对工作乐趣的理解与员工的理解缺乏一致性，或者在发起玩乐活动时与员工缺乏磋商，员工不仅体验不到乐趣，还会因不得不"玩"而倍感焦虑，甚至破坏玩乐活动（Warren & Fineman 2006）。所以，尽管工作玩乐能带来引人瞩目的积极效应，但在企业内导入工作乐趣的管理实践是复杂的，企业管理者需要根据工作玩乐发挥积极作用的机制和前提条件，系统地采取措施，协调工作玩乐的集体效应,通过组织文化变革和渗透,让乐趣在支持性环境中自然而然地发生。

三、工作乐趣氛围的营造

在企业内导入工作乐趣是新兴的管理实践。这股工作趣味化浪潮在两类组织中表现得尤为明显:一是员工结构以新生代年轻员工为主,二是员工的工作方式在传统上受到严格管制且在工作中需要进行大量人际沟通的组织,如金融服务业和零售业的呼叫中心、电商企业的客服部门,但实业界和学术界对如何营造工作乐趣氛围仍处于探索阶段。根据目前的实践和研究进展,管理者可以从工作设计、工作场所硬环境、激励制度软环境等方面采取措施,通过组织氛围变革和渗透,引导工作乐趣发挥积极作用。

(1)工作内容设计"游戏化"

Abramis 的研究表明,工作中游戏般的玩乐比嬉戏更容易给人带来心流体验,让员工全身心投入工作任务,而游戏般的玩乐与工作特征有密切关系。管理者针对员工投入度不足的方面,把挑战性目标、反馈机制、自主决策等游戏基本特征融入工作设计,可以激发员工的玩兴,鼓励员工在玩乐中把困难转化为良性压力,在既定规则下出色地实现工作目标。例如,针对销售人员大多不喜欢整理客户文档的问题,Badgeville 公司设计了一款嵌入企业客户关系管理(CRM)系统的游戏化应用软件,让销售人员化身为"猎人",通过在企业的 CRM 系统中完善客户数据、管理潜在客户信息、把潜在客户转化为新业务,从低层的"松鼠猎人"开始积分晋级,最终获得"猎鲸者"的冠军头衔。这些员工在游戏玩乐过程中,逐步培养起正确使用 CRM 系统的行为习惯,使 CRM 系统的运行达到企业期待的成效。

工作内容游戏化也适用于团队。例如,美国一家电力公司为了确保安全生产,在公司网页上公示安全监控记录。与老生常谈的安全管理不同,该公司把各个电路管理团队的工作模拟为足球队之间的比赛,根据预设的目标衡量"球队"的得分成绩。员工们可以给自己的"球队"命名、选派队长、设计标志。员工的积分与"球队"表现挂钩,如果"球队"实现了季度安全目标,每位成员都可以获得相同的奖励点数,以此增强团队凝聚力,将安全意识和行为灌输给每位员工。

通过工作内容游戏化,企业把员工带入虚拟有趣的游戏情境,充分运用工作玩乐对员工认知和压力感知的调节作用,让烦闷的常规性工作变得激动人心,让员工用平常心对待让人紧张的工作任务。与此同时,现代信息技术还可以把员工的工作任务与游戏中的不同的成就、分数、等级和使命精准地匹配起来,使游戏化应用极大地提高管理效率。

(2)工作场所设计人性化

工作场所设计人性化的典范是搜索引擎巨头谷歌,它把游泳池、高尔夫球场、游乐场等娱乐设施搬到公司,员工可以穿便装舒舒服服地上班。国内精油领导品牌阿芙精油的办公室的玩乐设施可与谷歌媲美,上楼有攀岩墙,下楼有滑梯和消防员滑竿,办公室内营造了一个恒温恒湿的热带雨林,配备可供员工休息的胶囊旅馆。目前,企业在办公室空间设置和功能性设计上融合玩乐空间与工作站已逐渐成为标杆。这些企业从人的生理和心理需求出发,将传统观念上与工作对立的因素融入工作场所中,可有效地模糊工作与生活的界限,增强员工对企业的归属感和满意度,让员工"享受"工作,努力令自己成为工作场所的一分子。

(3)玩乐文化深层化

随着员工对工作乐趣的重视程度的提高,越来越多企业力图通过多姿多彩的玩乐活动,如举办便装日、办公室派对、滑稽训练营,组织减压活动、竞技比赛、社区志愿服务活动,庆祝员工重视的纪念日,设庆功宴等,鼓励组织成员在他们的工作角色中找到更多乐趣(Ford 2003, Fleming 2005)。根据正面心理学,这些多样化的激励活动能给组织成员带来愉快的心情和创造性的思维,令组织变得人性化(Warren & Fineman, 2007)。我国也出现了网龙、盛大、阿芙精油等传为佳话的案例。例如,阿芙精油实施个性化的奖励和娱乐化的惩罚,业绩达到目标的员工可以获得他想要的好玩的奖励,如包子、轿车、旅游等,没达到目标的小组成员可能要每人吃一瓶小尖椒或臭豆腐榴莲,强烈的玩兴激发了85后、90后员工的工作热情,营造了富有魅力的工作乐趣氛围。

然而,不少企业在效仿这些活动时会遇到困难。企业官方发起的玩乐活动得不到员工的热情响应,员工把参加这些活动视为负担,甚至嘲弄这些活动是企业肤浅的表现。Owler(2010)指出,形形色色的玩乐活动只是现象层面上的工作场所文化,如果官方发起玩乐活动无法唤起员工的参与,这是因为官方表明上拥护的价值观念并没有被透彻地吸收为企业文化中深层的价值观,未能成为企业成员认识、思考、感受和解决问题的共同的基本思维和行动模式。企业倡导"努力工作,尽情玩"文化的本质应该是对人性的关怀。如果员工的基本诉求尚未得到管理者的重视,如员工午休时需要烧水壶都被管理者拒绝了,员工就很难真正认同管理者花高额费用发起的玩乐活动,甚至以破坏官方组办的玩乐活动为乐。因此,企业营造工作乐趣氛围不能舍本求末,必须以真正体恤员工和团队的利益、关心员工发展为立足点,使"享受工作乐趣"成为员工共享层面的基本观念。

四、实施游戏化管理的要素与面临的挑战

有效的游戏化管理运用网络游戏设计的技术和原理,为员工提供引人入胜、个性化和互动性强的自主工作体验。为此,企业要充分运用以下游戏要素:

(一)虚拟角色

虚拟角色是玩家在游戏中的分身。现有的网络游戏研究表明,人们在游戏中会表现出许多美德,如在困难时坚持不懈,遇到挫折后百折不挠,但在现实工作中我们却没那么完美,我们通常在阻碍面前感到焦虑、烦躁、失望、气愤。这表明人们会把理想中的自我影射到游戏中的分身上,让分身去完成我们在现实中做不到的事情。企业在游戏化管理中让员工塑造自己的分身,能增强员工对游戏的认同感,仿佛自己就是游戏故事里的一分子,克服自己在现实中的弱点,把内心中更完美的自我激发出来。

如前所述,人们对玩乐和自身角色的期望因人而异。比如说,有些人很好胜,特别希望打败其他对手;有些人很在意个人成就,所有行为都指向完成下一个目标,超越自我;有些人以探索虚拟游戏中的奥秘为乐;有些人更喜欢在游戏中结识其他玩家,对他们来说,与其他玩家的精神交流和相互认同才是重要的(Bartle,1996)。因此,企业不能只为员工提供简单的、以消灭坏人为目标的游戏角色,而是要先了解员工理想中的自我是怎么样的,现实工作中什么因素阻碍他们发挥潜能成为理想中的自我。虚拟角色的塑造中应包容员工的需求差异,为员工提供多种角色选择,并让员工给分身设置其渴望具备的外形和个性特征,如设定年龄、性别、着装、表情、特定功能的虚拟物品、社群,使分身接近员工理想的自我形象。

(二)带有悬念的故事背景

它引领员工进入潜藏任务和挑战的虚拟世界,可以让员工设想自己是医疗工作者,正与同伴着手应对一场全球性的传染病;或是一个急救系统中的消防员,在排查消防隐患,拯救生命;或是一个酒保正在为喝得烂醉的顾客服务,要根据顾客脸上的表情分辨他们想喝什么酒……在构建故事框架时,企业要建立起游戏任务与现实工作之间的映射关系,让虚拟角色承担的使命与企业期待员工完成的工作或行为表现相呼应。通过反复叙述故事背景和提供足够的细节描述,游戏虚拟世界在员工意识中变得越来越真实。紧张刺激的虚拟情景能激发员工的思维和情感,驱使他们聚精会神地应对挑战,以舒缓内心的紧迫感。例如,企业让程序员化身为消防员,把新开发软件系统中的漏洞比作火灾隐患,"消防员"要紧急排查"隐患",否则人类将深陷灾难。通过激动人心的故事,企业可以让员工在游戏里解决现实问题,给现实中烦琐的工作增添乐趣,还可以让员工产生"我在做大事"的激情,感受自己改变世界的强大力量,从玩的角度发现工作意义。

为了增加游戏的可玩性,游戏故事里穿插的任务通常要比现实工作丰富。有些游戏任务完全是虚拟的,即使员工没有成功,也不会对员工和企业带来损失。员工在玩的过程中,可放松紧张情绪,毫无负担地尝试解决方法,不知不觉中培养抗挫折能力,增长智慧。

(三)持续的即时反馈机制

在传统管理工作中,迟缓的绩效反馈总是让员工错失修正行为的时机,进而降低工作效率和质量。网络游戏软件能系统地统计玩家行为，具体、迅速、准确地向玩家反馈进展情况。企业把这种游戏功能移植到管理中，就可以增强绩效反馈对员工行为的强化效应，激发员工内心的喜悦和成就感，提高员工完成任务的效能感。为此，企业需要把相对复杂的工作拆分成若干小任务，然后转化为大游戏里嵌套的若干小游戏。以呼叫中心为例，企业可把员工的电话销售工作拆分为接通顾客电话、输入顾客资料、完成升级销售等阶段。员工每完成一个阶段，游戏系统都会给员工的游戏分身计分，如"力量+1"、"智力+1"等。通话完结时，游戏系统会向员工发送语音、语调、措辞的分析报告，让员工知道自己做得好还是不好。员工可以随时在游戏界面中看到自己呼叫电话量的排名、通话时间、达成的销售额，以及这些指标对他所在团队整体绩效的贡献，还可以了解自己在过去一段时间是否取得了进步，团队中谁的表现领先，谁需要鼓励。

（四）透明的声誉机制

游戏化管理采用等级、排行榜、勋章等方法，标识员工的能力、成就和特定阅历，回馈他们付出的努力。与现实世界相比，虚拟游戏的声誉机制更透明、客观。它不受企业领导喜恶的影响，可以追查员工绩效的详细记录，让其他人看到为什么这位同事会受到奖赏，因而给获得声誉的员工更强的心理享受。

根据行为经济学的观点，内在激励与外在奖励之间存在"挤出效应"，高度的外在奖励会"挤出"人们的动机，导致人们不再为喜好而是为金钱和物质采取行动，最终会弱化激励效果。因此，企业在游戏化管理中应尽量避免把游戏中的声誉与现金奖励挂钩。为增强游戏声誉对员工的内在激励，企业应为员工提供个人资料页面，供员工与企业其他成员分享。熟悉游戏中勋章、等级和排名所代表的意义的人越多，声誉对员工的激励作用就越明显。声誉可视化还有助于促进成员沟通。企业成员在沟通时能通过查阅对方的声誉，迅速了解对方的能力和才干，在多人游戏中找到有共鸣的合作伙伴，为取得游戏的胜利组建团队。

此外，企业在游戏化管理中应把声誉机制与挑战设置联系起来，让获得一定声誉的员工有资格选择更难但回报更高的任务。例如，呼叫中心员工在游戏中晋级后，可以把自己的任务由"每天至少让20位顾客满意"调整为"每天至少让20位顾客满意，且至少提高5名老顾客的满意度"，如果成功完成新任务，将能获得更高的分值或更强的装备。这种做法让员工在工作困难面前更多地看到成长的机会，而不是威胁，更好地激发员工"玩"的动力，保持最佳竞技状态，以证明自己实至名归。

（五）游戏竞合规则

虽然竞争意识和胜利渴求因人而异，但人们都喜欢赢。网络游戏的诱人之处之一就是规则公平、公开、透明，每个玩家掌握的游戏规则信息都是相同的，而且胜负通常由电子系统公正裁决。这让玩家对完成任务产生内在控制感，相信自己有赢的机会。企业游戏化管理运作的关键也是建立一套公平、合理、透明的评估体系和规则,指引员工正确地做出决策,让员工在规则指引下能够取得成功。规则的合理性取决于企业游戏化管理的目标,企业游戏化管理的目标是要促进创新、提高服务质量、鼓励成员合作,还是要培养领导者。目标不同,游戏里采用的评估体系指标和系数不同。例如,企业要促进合作,就会要求员工在虚拟世界里物色合作伙伴,先结成团队才能参与游戏。与个人相似,团队在游戏中也有分身和任务目标,如一艘满载成员的船只正驶往一座小岛。每个成员的任务进度和个人积分都会影响到团队成绩,体现在团队进度栏上。只有团队实现了目标,船只抵达小岛,个人才能获得晋级或奖励。如果某个成员无法完成个人任务,队长要承担连带责任,被扣除一定分数。为了获得个人的晋级、不让其他队员失望,成员必须相互鼓励,向有经验的成员讨教,与新手分享经验。成员还可能要用自己的积分为团队购置装备。如果团队赢得了竞赛,整个团队成员将获得特别的勋章。如果企业要促进创新,那游戏规则可能更多地衡量员工贡献的新主意或员工的参与度,而不是团队是否能闯关。

总体而言,游戏化管理不仅仅是开发一个有趣的游戏,企业要将上述五类要素虚实结合,找到运用游戏化技巧创造良性压力,驱动员工达到企业期望的最佳方式。寓工作于玩乐曾经被不少组织行为学者誉为乌托邦,这一方面说明寓工作于玩乐是非常美好的状态,另一方面也说明它是难度很高的目标。游戏化管理为探索通往乌托邦的道路做出了有益的尝试,但企业要谨记,虚拟世界无法取代现实。企业必须营造组织玩兴氛围,才能确保把游戏规则移植到企业管理实践过程中,得到组织成员的广泛认可。企业在工作环境、办公室空间安排、着装要求等方面比较休闲随意;领导者重视和支持员工的奇思妙想,工作民主,允许员工自主选择任务,并决定自己如何完成任务;同事成员之间亲密合作,工作之余还保持紧密的沟通,相互关心和支持等,这些都有助于培育组织玩兴氛围,也是企业推行游戏化管理不可或缺的现实基础。

企业在游戏化管理中要应对以下问题:

(一)游戏性和功能性的平衡问题

企业引入游戏程序是为了鼓励员工表现出企业期待的工作状态和行为。许多企业侧重从职能管理角度来设计游戏化应用程序,急于用排行榜、奖品、金钱等外在奖励直接激发员工改变行为。虽然他人的认可和奖金能在短期内刺激员工参与游戏,转移员工对工作的不满,提高绩效,但人类游戏的本真在于"好玩",游戏本身就是游戏的目的。如果员工是为了外在奖励,而不是出于对任务的兴趣自发玩游戏,一旦新奇感消退,游戏化的激励效应就难以维续(Sørensen & Spoelstra,2011)。与面向顾客的游戏化不同,感到厌倦的员工往往不便退出企业的游戏化活动,只能调整参与心态。此时,游戏化不仅没优化员工的工作体验,反而成为分散员工工作注意力的干扰因素。

因此,企业在规划游戏化管理策略时必须平衡功能性和游戏性两方面的需要,除游戏化的主题和规则要配合企业发展和工作目标外,还要从本企业"玩家"的视角分析怎样让工作好玩,让员工志愿参与游戏,感受工作游戏化带来的正面情绪、成就感、游戏意义和良性社交关系。如果把游戏化当作胡萝卜加大棒激励法的新形态,就会适得其反。

(二)企业内竞争与合作的平衡问题

游戏通常具有对抗性,但不是每个员工都能在游戏中取胜。如果游戏化在激励优秀员工的同时,让大多数员工变成"输家",企业的工作氛围就会变质。"输家"可能感到泄气,把同事视为威胁。一些企业把员工个人的游戏成绩和真实世界里的特别奖赏直接捆绑起来,如在当月排行榜榜首的员工可获得高额奖金。这种游戏规则会加剧同事间的竞争,可能让员工为求高分而彼此撕破脸,破坏团队合作,还可能变相鼓励员工作弊,在游戏逻辑中找漏洞,想出各种"欺骗"系统的方法。因此,企业在制定游戏规则时要设法让员工为了玩而想赢,而不是为了想赢而玩,调整个人成绩和团队成绩在游戏中的权重,增加合作员工的胜算,营造竞合氛围。

(三)员工玩乐偏好和技能的差异性问题

企业往往希望通过一个游戏化项目吸引所有员工主动参与,并获得乐趣。这种想法在实践中很难奏效,因为"好玩"是人们的主观看法,每个人对好玩活动的偏好不同,对游戏活动的认同感也存在差异。游戏新手可能追求打败对手带来的地位、声誉和群体认同,但驾轻就熟的玩家要在游戏里找到超越自我、探索新目标的机会,才觉得好玩。虽然人们的游戏偏好和技巧存在差异,但人们普遍认为自上而下的组织玩兴氛围能让工作更有趣,但在监管严厉、级别森严的组织体制里和集体焦虑的压力下,无论企业引入什么游戏,都难以带动员工的玩兴,难以达到管理游戏化的预期效果。因此,企业领导者必须塑造组织玩兴氛围,满足不同个体的主观玩兴感受(余嫔,2005)。此外,企业要细致了解"目标玩家"的游戏偏好和技能,在角色塑造、玩法、挑战任务上给予员工多种选择,以包容大多数员工的玩乐需求,激发员工持续参与游戏的动力。

简而言之,游戏化管理不是简单的"工作竞赛+奖励"。企业需要关注内部员工的需求和行为变化,正确组合外在和内在激励要素,以平衡游戏化管理的功能性和游戏性。虽然人们希望占据榜首的心理是游戏化运作模式的重要驱动力,但企业实施游戏化管理的根本不是竞争,而是对员工施加良性压力,激励他们提高整体绩效。企业需要调动整个组织的玩兴,促进竞合,同时兼顾员工游戏技能和偏好差异，使游戏在组织内具有更强的影响力。如果企业无法细致地处理以上挑战，游戏化管理就无法走向成功。

思考与练习

1. 什么是工作分析？它与其他人力资源活动之间有什么关系？
2. 工作分析主要有哪些方法？各种方法的利弊如何？
3. 旅游企业应如何进行工作分析？在各个阶段企业应着重注意哪些问题？

第三章

人力资源规划

本章导读

通过工作分析,旅游企业可以明确特定工作的性质和要求。人力资源规划则成为企业将内外部人力资源配置到合适工作岗位的蓝图。本章学习应重点掌握如下要点:人力资源规划对于旅游企业的重要作用,人力资源规划的具体内容,以及旅游企业进行人力资源规划时所采用的各种方法。

第一节 人力资源规划概述

一、人力资源规划的含义

人力资源规划是指企业为实施发展战略和适应内外环境的变化,运用科学的方法对人力资源的需求和供给进行预测,并制订出适宜的计划和方案,从而使人力资源需求和供给达到平衡的过程。旅游企业在进行人力资源规划时,应注意以下几点:

首先,人力资源规划要与企业的战略规划相一致。战略规划是指企业高层管理者用于确定企业总体战略目标及其实现途径的过程[1]。而人力资源规划则应成为企业总体战略规划的一个组成部分,服务于企业的总体战略规划。同时,企业应通过不断调整更新人力资源规划来应对内外部环境的变化,以保障企业的稳定发展。

其次,人力资源规划应科学地预测企业未来人力资源的供求状况。在此基础上,企业制订出合理的人力资源规划方案,进而平衡人力资源供需关系,实现人力资源的最佳配置。一方面,人力资源规划要预测特定时期企业预计空缺的职位,关注企业对特定人力资源的需求;另一方面,企业也应关注内外部人力资源市场的供给状态,确保企业空缺职位得以适时、适量、适岗的补充。

---

[1] R. Wayne Mondy and Shane R. Premeaux, Management: Concepts, Practices and Skills, 6th edition (Boston: Allyn & Bacon, 1993): 164.

再次,人力资源规划应与人力资源管理的其他职能相互协调。人力资源规划要与工作分析、人力资源招募、培训以及绩效考核等工作彼此配合。人力资源规划指导其他人力资源管理工作,同时也受其他人力资源管理工作的影响。例如,旅游企业在进行人力资源规划时需要参考工作分析的有关结论,因为工作分析提供了工作职责与任职资格的相关信息,为人力资源需求预测提供依据。

二、人力资源规划的作用

(一)确保企业对人力资源的需求,促进企业总体战略目标的实现

人力资源规划是企业总体战略规划的一个组成部分。而战略规划的实施最终靠人来执行。人力资源规划关注人才的引进、保留、发展和流出四个环节,有助于促进企业目标的实现。对旅游行业而言,人力资源更是企业最为宝贵的资源。因为旅游企业是劳动密集型的服务性企业,需要大量高素质的服务人员向顾客提供面对面的服务,如果失去或缺乏适当的人力资源,旅游企业就无法正常地运转,进而陷入困境。在动态的内外部环境条件下,旅游企业人力资源的需求和供给的平衡不可能自动实现。因此,旅游企业就要通过人力资源规划来分析供给和需求的差异,并采取适当的手段调整这种差异,以确保旅游企业对人力资源的需求得到有效的满足,进而促进企业总体战略目标的实现。

(二)指导人力资源管理的具体活动,调整人力资源管理的政策和措施

一方面,人力资源规划在广泛收集内外部信息的基础上,具体说明了人力资源管理要做的工作,尽量避免出现人力资源管理的盲目、无系统与混乱的现象。通过人力资源规划,企业可以及早发现人力资源方面的问题,提前引进并培训企业紧缺的人力资源,也可以建立有效的内部人力资源供给市场,使企业现有员工能够人尽其才。另一方面,人力资源规划的信息往往是人事决策的基础,例如采取什么样的晋升政策、制定什么样的报酬分配政策等。总之,人力资源规划作为各项人力资源管理活动的基础,是企业人力资源管理的一个蓝图,为企业人力资源管理具体的活动提供了明确的发展方向和评价的依据。

(三)有利于较好地控制人力资源成本

人力资源规划对预测中长期的人力资源成本有重要作用。人力资源成本中最大的支出是工资,而工资总额在很大程度上取决于组织中的人员分布状况。人员分布状况指的是组织中的人员在不同职务、不同级别上的数量状况。例如,当一个企业或组织年轻的时候,处于低职务的员工较多,企业或组织支付给员工的总体工资也较少,人力资源成本相对较低;随着时间的推移,人员的职务等级水平上升,工资的成本也就增加。如果再考虑物价上涨的因素,人力资源成本就可能超过企业所能承担的能力。如果没有人力资源规划,未来的人力资源成本是未知的,难免会

发生成本上升、效益下降的情况。因此,企业有必要在预测未来发展趋势的前提下,逐步调整人员的分布状况,把人力资源成本控制在合理范围内。

(四)有利于提高人力资源利用率,促进人力资源合理有效流动

一方面,旅游企业可以通过人力资源规划建立稳定、有效的内部劳动力市场。这不仅有利于维持旅游企业内部人力资源供给和运作的稳定,也有助于将企业的富余职工有计划地分离出来,进入外部劳动力市场。另一方面,人力资源规划也有利于企业人才的合理流动,优化企业的人员结构,尽可能地实现人尽其才、才尽其用,提高旅游企业的人力资源有效利用率,最终为旅游企业在市场竞争中取胜提供坚实的人力资源保障。

(五)有利于更有效地激励员工,提高工作效率

旅游企业可以通过人力资源规划,加强与企业员工的沟通与交流,使管理层与员工在参与中达成共识,使员工个人目标与企业的长远发展战略目标达成一致,形成良好的氛围,从而提高工作效率,以更好地促进共同目标的实现。同时,从人力资源规划中,员工可以看到自己在企业中的发展前景,进而会积极努力地工作以争取更快的发展。总之,旅游企业人力资源规划有助于激励员工、引导员工职业生涯的设计和发展。

三、人力资源规划的层次与类别

人力资源规划按照规划的用途可以分为战略层人力资源规划、战术层人力资源规划和作业层人力资源规划。

战略层人力资源规划是与旅游企业长期战略相适应的人力资源规划,主要内容是根据企业未来的内外部环境、企业的战略目标来预测未来企业对人力资源的需求、估计企业内部人力资源的远期状况,协调人力资源的需求与供给。一定程度上,战略层人力资源规划体现了组织的基本目标以及基本政策,对战术规划和管理规划有指导作用。由于战略性规划本身的时间跨度较大,因此预测的准确性较为有限,而且对细节的要求也相对较低。

战术层人力资源规划是将战略规划中的目标和政策转变为确定的、具体的目标和政策,并且规定实现各种目标的时间。主要是对旅游企业人力资源需求与供给量的预测,包括企业现有员工数量、素质,所需员工的数量、内外部供给情况等方面的预测。企业战术层人力资源规划是在战略规划指导下制定的,时间期限较短,预测的准确率较高,对市场变化趋势的把握较准确,因此战术规划可以制定得细一些,以增强对管理规划的指导作用。

作业层人力资源规划是对旅游企业人力资源管理操作实务的规划,包括了人员审核、招聘、提升与调动、组织变革、培训与发展、工资与福利、劳工关系等操作的

具体行动方案,对细节要求最高。战术层人力资源规划在时间、预算和工作程序方面还不能满足实际实施的需要,它的具体落实还需要具体的作业层人力资源规划。

旅游企业人力资源规划按照规划时间的长短,还可分为长期规划、中期规划与短期规划;按规划的范围可划分为整体规划、部门规划和项目规划。

四、人力资源规划的内容

人力资源规划的内容主要包括收集信息、人力资源需求预测、人力资源供给预测、人力资源规划方案的制订与实施,以及人力资源规划方案的反馈与评价这几个方面。

人力资源规划的核心内容是人力资源预测,包括人力资源需求预测和人力资源供给预测两个方面。根据预测结果判断企业人力资源过剩或短缺的状况,进而制订有效的人力资源规划方案,以协调企业人力资源需求与供给。旅游企业在进行人力资源预测前,需要从企业内部和外部收集大量信息,了解企业内部的人力资源状况,对企业人力资源的结构进行分析;同时还要了解企业外部人力资源状况和企业外部的影响因素,如旅游劳动力市场的有关情况。人力资源规划方案确定之后,企业就要切实执行计划,并对其执行情况进行监督和反馈评价。人力资源规划的详细内容见表3-1。

表3-1 人力资源规划的具体内容

规划内容		信息类型
收集信息	A. 外部环境信息	1. 宏观经济形势和行业经济形势 2. 技术 3. 竞争 4. 劳动力市场 5. 人口和社会发展趋势 6. 政府管制情况
	B. 企业内部信息	1. 战略 2. 业务计划 3. 人力资源现状 4. 辞职率和员工流动性
人力资源需求预测	A. 短期预测和长期预测	
	B. 总量预测和各个岗位需求预测	

续表

规划内容	信息类型
人力资源供给预测	A. 内部供给预测
	B. 外部供给预测
人力资源规划方案的制订与实施	A. 增加或减少劳动力规模
	B. 改变技术组合
	C. 开展管理职位的接续计划
	D. 实施员工职业生涯计划
人力资源规划过程的反馈	A. 规划是否精确
	B. 实施的规划是否达到目标要求

资料来源：Cynthia D. Fisher, Lyle F. Schoenfeldt, James B. Shaw, Human Resource Management, Houghton Mifflin Company, 3th edition, p. 91.

第二节 人力资源规划过程

人力资源规划的总体过程主要包括了收集信息、人力资源需求与供给预测、人力资源规划方案的制订和实施以及人力资源规划效果的反馈与评价等组成部分。本节内容将围绕人力资源规划过程进行讨论。

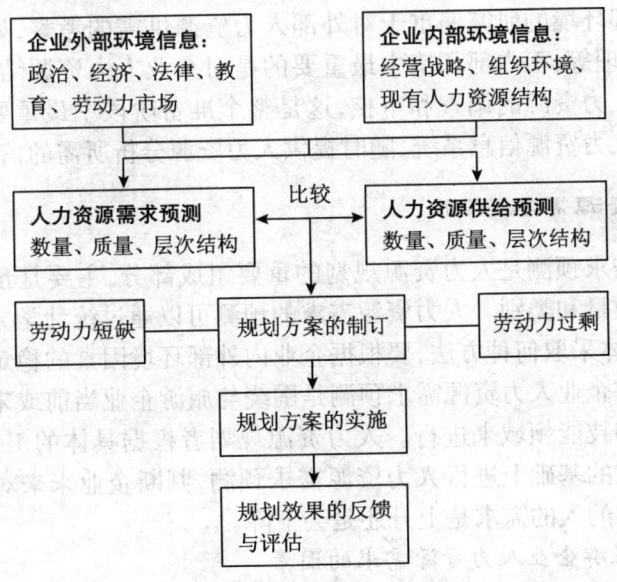

图 3-1 企业人力资源规划的基本过程

一、收集信息阶段

收集信息是人力资源规划过程中必要的准备工作，主要是通过调查旅游企业内外部的有关情况，分析企业内部现有人力资源结构和企业外部环境，为人力资源需求预测和供给预测做足准备。信息收集和分析的对象包括企业的外部环境和企业的内部环境。

旅游企业的外部环境信息主要包括企业开展经营活动所处的宏观经济发展趋势、旅游行业的发展前景、主要竞争对手的动向、劳动力市场的趋势、人口趋势、政府相关政策法规等。外部因素中最重要的是劳动力市场趋势，包括劳动力市场因素、劳动力择业意向及政府的有关政策等。例如，旅游劳动力市场的缩小将直接导致旅游企业人力资源的外部供给减少。这些外部因素将影响企业对人力资源供给的预测。

旅游企业的内部环境信息主要包括旅游企业经营战略、组织环境、企业的人力资源结构。企业的经营战略是企业的整体计划，对所有的经营活动都有指导作用。企业的经营战略包括企业的目标、产品组合、市场组合、经营范围、生产技术水平、竞争、财务及利润目标等。企业的组织环境包括现有的组织结构、管理体系、薪酬设计、企业文化等，通过了解现有组织结构可以预测未来的组织结构。企业的人力资源结构就是现有的人力资源状况，包括人力资源数量、素质、分布、年龄、工作类别、职位等，也会涉及员工价值观、员工利用潜力状况等。只有充分了解现有人力资源，才能在此基础上预测未来，这样旅游企业的人力资源规划才有意义。

对企业外部环境的研究偏重于对外部人力资源供需的考察，如劳动力市场供需现状、择业心理等；而内部环境中最重要的是对企业人力资源结构的分析，也就是对企业现有人力资源的调查和审核，这是整个准备阶段中最重要的部分。企业应建立自己的人力资源信息系统，随时提供人力资源分析所需的信息。

二、人力资源需求预测

人力资源需求预测是人力资源规划的重要组成部分，主要是预测实现企业目标所需的员工数量和类别。人力资源需求的预测可以通过统计学方法或者判断法来进行，至于具体采取何种方法，要根据企业内外部环境因素的稳定性和复杂性等情况而定。旅游企业人力资源需求预测是围绕与旅游企业当前或未来某种状态有关的工作类型和技能领域来进行。人力资源规划者根据具体的工作及技能类型，在收集相关信息的基础上进行人力资源需求预测，判断企业未来对拥有特定技能或从事某类工作的人的需求是上升还是会下降。

（一）影响旅游企业人力资源需求的因素

影响旅游企业人力资源需求的因素有很多，人力资源规划者在进行人力资源需求预测时要充分考虑下述因素：

1. 旅游市场的需求

旅游市场的需求是影响旅游企业人力资源需求的主要因素。旅游市场的需求可以通过旅游企业的市场销售额来体现，旅游企业可以根据某一时间范围内的市场销售额来计算该时段内的生产量，从而推算出企业所需的员工数量，进而分析旅游企业在未来人力资源需求量的变量。例如，某饭店客房部某时期内的平均客房出租率为70%，该饭店的标准客房间数为200间，假设客房服务员的技术分级是：一级服务员是每人每天打扫房间14间，二级服务员每人每天打扫房间12间。根据该饭店客房部的轮班计划，通常可推断出该饭店客房部所需的服务人员数量。

2. 旅游企业现有人力资源状况

旅游企业现有人力资源状况主要是指员工的流动比率，如辞职或解雇占员工总数的比例；员工素质，即员工的各方面素质和工作能力与工作要求是否相匹配；员工劳动生产率以及员工利用潜力等方面的状况。例如，饭店客房清扫工作的操作方法和操作程序的优化，提高了清扫速度，既提高了人均清扫房间数，也减少了人力需求。上述这些因素都直接影响了旅游企业人力资源需求。

3. 旅游企业内部因素

旅游企业内部因素对旅游企业人力资源需求也有着重要影响。旅游企业的战略发展规划、组织结构、财务状况以及生产和销售规划等方面的因素，也会影响其人力资源需求的变化。例如，组织结构因素不仅关系到人力资源需求的增加和减少，还将影响管理人员与操作人员的比例关系。例如，饭店每新设立一个部门，都将增加1~3名中层管理人员，若在管理人员下设置领班职位，则原管理人员与操作人员的比例将会发生变化。

（二）人力资源需求预测的方法

人力资源需求预测工作并非像表面看上去那样简单。很多时候，预测得出的结果往往是一种估计，而不是绝对正确的结果。正因为如此，人力资源需求预测不仅是一门科学，更是一门艺术，它要求企业根据自身情况选取合适的方法。总的来说，人力资源需求预测的方法有很多，主要包括统计学方法和判断法，下面介绍几种旅游企业进行人力资源需求预测时常用的方法。

1. 趋势分析法

趋势分析法是一种基于过去统计资料的定量预测方法，一般是通过回顾和分析过去五年内企业的人力资源雇佣状况和趋势，来分析企业未来的人力资源需求。旅游企业人力资源规划者通过计算过去五年中每年年末的企业总体雇员数量，或者计算某一个部门（如客房部、餐饮部、工程部等）在每年年末的雇员数量，从而推断企业未来的总体或各部门的人力资源需求。由于企业的发展具有一定的连贯性和稳定性,因此以历史统计资料为基础来预测企业的人力资源需求量具有一定的科学性。这种方法简单易行,但由于它使用的是历史数据,而未来的人力资源需求不单受到过去状况的影响,也受各种动态因素的影响。因而,趋势分析法只适用于人力资源需求的初步预测。

趋势分析法的统计步骤是先用最小平方法求得趋势线,再将趋势线延长以进行预测。简单的单变量趋势分析模型仅考虑人力资源需求本身的发展情况,不考虑其他因素对人力资源需求量的影响。该模型以时间或生产量等单个因素作为自变量,以人数作为因变量,且假设过去人的增减趋势保持不变,所有内外影响因素也保持不变。

2. 比例分析法

比例分析法是企业根据业务需要与员工数量比例的经验值,确定的一种人力资源需求预测方法。通常而言,旅游企业中各部门的人员数量都有相互匹配的比例关系。例如,我国星级饭店通常根据客房间数按照12:1至15:1的比例确定客房清洁人员;客房部员工人数通常占饭店总人数的20%至30%。当然,饭店的规模、档位、经营特色不同,各部门的人员数量比例有所差异。旅游企业可以根据自身的经营业务特点确定直接为顾客提供服务的员工的需求量,然后按饭店服务人数与其饭店行政人员人数的比例,测算出所需饭店行政人员的人数。

比例趋势分析法容易理解且使用方便,只要有前几年的职工资料再结合实际的经营业务预测即可进行。但这种方法相对比较粗糙,使用时要注意考虑到工作方法和操作程序改变对所需人力的影响。下表3-2是某饭店根据比例分析法预测人力资源需求的例子。

表3-2 某饭店服务人员与行政人员比例状况

	年份	员工人数		比例
		服务人员	行政人员	服务人员:行政人员
实际	2012	200	50	1:4
	2013	237	58	1:4.1
	2014	264	63	1:4.2
	2015	296	69	1:4.3
预测	2016	320(a)	72(b)	1:4.4
	2017	350(a)	77(b)	1:4.5

注:a:根据饭店经营状况计算出所需人力数
b:根据比率分析法计算出所需人力数

3. 回归预测法

回归预测法是通过确定某一个或某几个因素与企业雇佣员工数量之间是否存在相关关系,以此为基础来预测企业人力资源需求。如果它们之间是相关的关系,那么只要确定了这一个或几个因素的数值,就可以相应地对企业的人力资源需求量做出预测。

若企业只考虑时间、产量或销售量等单个因素,就可以采用简单的回归分析进行预测。而当企业同时考虑人力资源需求的多个影响因素时,则应采用多元回归预测法。多元回归预测法并非单纯地依靠拟合方程、延长趋势线来进行预测,它更重视变量之间的因果关系。它运用事物之间的各种因果关系,根据多个自变量的变化来推测因变量的变化,而推测的有效性可以通过一些指标来加以控制。

具体操作上,工作人员首先应找出与人力资源需求量有关的因素作为变量,如销售量、生产水平、人力资源流动比率等,然后再找出历史资料中的相关数据,以及历史上的人力资源需求量对企业未来人力资源需求进行预测。为保证预测的有效性,该方法对数据样本的数量也有一定的要求。利用统计工具对数据进行多元回归分析,拟合出回归方程,最后根据回归方程来进行预测。多元回归分析的计算和检验比较复杂,手工计算会耗用很多时间,而且容易出错,所以在多元回归预测法中使用计算机技术是非常必要的。

4. 德尔菲法

德尔菲法是一种团体预测法,又称为专家评估法。一般采用匿名的问卷调查方式,听取专家们对旅游企业未来人力资源需求的分析评估,并通过多次反复,最终达成一致意见。在整个过程中,专家们之间不进行任何形式的交流,而信息的交流和传递完全由预测活动的发起者来进行。

德尔菲法是有步骤地用专家的意见去解决问题。预测活动的发起者或发起组织先确定预测的目标、要求及参与的专家组,并将问题细分为不同的组成部分,再搜集相关的资料,设定不同的分析角度,然后将需要征求意见的问题以问卷的形式交付专家组讨论评价。讨论过程中,德尔菲法分几轮进行,第一轮要求专家以书面形式提出各自对企业人力资源需求的预测结果。在预测过程中,专家之间不能互相讨论或交换意见。第二轮中,将专家的预测结果收集起来进行综合,再将综合的结果通知各位专家,以进行下一轮的预测。专家在看到其他人的意见后,对自己的想法进行修改,并说明修改原因,然后将修改结果反馈给发起者或发起组织。经过这样几轮独立的判断和修改,发起方一般都能获得比较一致的看法,专家评估也就到此结束。

德尔菲法属于判断法,主要依靠人的主观判断力,而不是使用数据进行分析。在企业实践中,无论采用何种预测手段,管理者和专家的主观判断都是不可或缺的。对于一些日常问题,企业通常不需要借用严格的统计学方法,而完全依靠管理人员的主观判断来进行决策。至于一些重大的决策,企业有时也只是将统计分析获得的数据,作为管理人员和专家进行判断的依据。

通过德尔菲法对旅游企业人力资源需求进行预测,可以集思广益。而且,匿名方式为专家们的预测设定了一个自由的环境,并通过故意将专家分开来拓展预测的幅度。德尔菲法的每一轮结果都将被收集并整理出来,然后发给每位专家,起到一种间接沟通的作用,减少了直接沟通时因职位差异或人际关系对信息真实性的影响。但使用德尔菲法时要注意,一定要提供充分的信息。发起方必须在预测前让专家们得到尽可能全面的资料,以便他们能够做出正确的判断。另外,德尔菲法相对而言比较费时而且花费较大,企业应考虑其实际需要和自身能力,从而决定是否采取这种方法。

三、人力资源供给预测

旅游企业人力资源供给分为内部供给和外部供给两部分。内部供给与外部供给在人力资源来源上有显著不同,其影响因素和预测方法相应地也有所不同。

(一)人力资源内部供给

旅游企业内部员工的晋升、调用是一种典型的利用内部人力资源来满足人力需求的现象。企业中很多高层管理人员也都是从企业内部选拔出来的。对于旅游企业来说人力资源内部供给是非常重要的。它既节约了企业进行外部人力资源搜寻的成本,又能激励员工,提高员工对企业的认同感和归属感。通过内部人力资源供应,员工可以更快地熟悉新的职位和工作内容,提高其工作效率,从而提高整个企业的生产效率。

旅游企业可以通过采用工作公告、人事记录以及员工技能库等途径来了解内部人力资源的供应状况。出现职位空缺时,旅游企业可以首先通过工作公告的方式,在企业内部发布招聘信息,说明空缺职位的具体要求以及内部应聘途径。对于一些基层职位,主要是通过主管对下属的评价来确定候选人的名单。而主管在考察下属员工时,通常会借助企业已有的人力资源资料。旅游企业可以建立员工技能库,方便搜索那些掌握特殊技能的人才。比如,有些饭店在人事档案中记录了员工的特殊技能,如语言方面的技能,文艺、书法等方面的特长等,当相应的职位出现空缺或者临时需要具备某种特殊技能的员工时,就可以通过搜索员工技能库,以最快的速度满足饭店的需要。

内部人力资源供给虽然有很多优点,但也存在不足。如果内部人力资源选拔程序不当,则可能使落选的员工丧失自信以及对企业的信任感,这样反而会造成人员的流失。另外,近亲繁殖现象和角色不易转换等也是内部人力资源供给难以避免的问题。因此,旅游企业需要借助其他方式来弥补内部人力资源供给的缺陷。

(二)外部人力资源供给

当企业内部的人力资源供给无法满足需要时,企业就需要了解企业外部的人力资源供给情况。影响旅游企业外部人力资源供给的因素较多,主要包括:

1. 宏观经济形势

企业外部人力资源供给受宏观经济形势的影响。或者说,整体劳动力市场的供求情况受国家总体经济状况的影响。企业可以根据预期失业率来判断企业外部人力资源供给状况。一般来说,失业率越低,劳动力供给越紧张,招聘员工就会越难。

2. 当地劳动力市场的供求状况

企业外部人力资源供给受当地劳动力市场的供求状况的影响。一个国家的区域经济发展、政府政策、人口代际特征等因素都会对当地劳动市场供求状况造成影响。例如,近年来随着我国内地经济发展对务工人员吸引力的增强,新生代员工成为外来务工人员的主力军,不少沿海大中城市出现"用工荒"问题,对旅游行业的劳动力供给造成严重影响。

3. 职业市场状况

旅游职业市场主要针对旅游业这一特定行业,向旅游企业提供相关人才的就业信息。有些地区还会定期举办面对面的旅游人才交流会。旅游企业应该充分利用这样的机会,挖掘出能满足其自身需要的旅游人才。

总的来说,外部人力资源供给可以弥补企业内部人力资源供给的一些缺陷,不过相比较而言,组织外部招聘所需的时间成本和经济成本较高,风险也较大。

(三)人力资源供给预测方法

1. 马尔柯夫转移矩阵模型

马尔柯夫转移矩阵模型是一种运用统计学原理预测组织内部人力资源供给的方法。其基本思路是通过收集历史数据,找出企业过去人事变动的规律,从而推测企业未来人事变动的趋势。马尔可夫模型实际上是一种转换概率矩阵,描述了企业中员工流动的整体趋势,可以作为预测内部人力资源供给的基础。其一般步骤如下:

(1)根据企业的历史资料,计算出人员流动的平均概率;

(2)根据计算出的概率,建立一个人员变动矩阵表;

(3)根据期末的供给人数和所建立的变动矩阵表,预测下一期企业可供给的人数。

我们以某饭店在2012~2014年这三年中,饭店中行政类、市场类、服务类三类员工的流动情况为例来说明利用马尔柯夫转移矩阵模型来预测人力资源供给。我们可以计算出饭店每一类员工从一个级别流向更高一个级别的平均概率,再根据这些数据建立人员变动矩阵表(见表3-3)。在下面的人员变动矩阵表中,矩阵表的列代表分析的起始时间,即期初;矩阵表的行代表分析的终止时间,即期末。一期可以是一年、一个月或一季度,这取决于组织的具体情况与人力资源规划者的选择。表中单元格内的数字表示期初相应行所表示职位的员工在期末流向相应列所表示职位的概率,对角线上的数字表示留任概率,"流出"列的数字描述的是各职位员工在分析期间离开组织的概率。

表3-3　某饭店人力资源马尔柯夫转移矩阵模型

	流动率	工作级别（终止时间）									流出率
		A_1	A_2	A_3	B_1	B_2	B_3	C_1	C_2	C_3	
工作级别（初始时间）	A_1	0.8									0.2
	A_2	0.1	0.75								0.15
	A_3	0.05	0.15	0.65							0.15
	B_1				0.85						0.15
	B_2				0.2	0.75					0.05
	B_3				0.03	0.17	0.74				0.06
	C_1							0.8			0.2
	C_2							0.1	0.63		0.27
	C_3								0.3	0.5	0.2

我们利用2012年至2014年的人员流动趋势数据对2015年该饭店的人力资源供给状况进行预测。如果该饭店2015年年初人力资源状况为:A_1:10人,A_2:25人,A_3:45人,B_1:5人,B_2:13人,B_3:28人,C_1:30人,C_2:55人,C_3:120人。那么,根据人员变动矩阵和以上数字可以算出期末,即2015年年末该饭店的人力资源供给的情况(以下结果数字保留至个位):

A_1:10×0.8 + 25×0.1 + 45×0.05 = 12

A_2:25×0.75 + 45×0.15 = 25

A_3:45×0.65 = 29

B_1:5×0.85 + 13×0.2 + 28×0.03 = 7

B_2:13×0.75 + 28×0.17 = 14

B_3:28×0.74 = 20

$C_1: 30 \times 0.8 + 55 \times 0.1 = 29$

$C_2: 55 \times 0.63 + 120 \times 0.3 = 70$

$C_3: 120 \times 0.5 = 60$

通过人力资源内部供给预测,该饭店的人力资源管理者可以据此决策是否需要进行外部人力资源招聘,以及根据需要可以确定外部人力资源招聘的岗位和人数。但在运用马尔柯夫转移矩阵模型时还要特别注意:此模型基础是建立在历史数据上的,其结论的正确性和可行性还有待进一步的探讨研究,在使用时要特别注意其他因素的干扰。

2. 人员接替模型

人员接替模型,是通过建立组织内的某些职位候选人的评价模型来预测企业内部人员供给的一种方法,它通过跟踪并分析企业中各职位的员工的绩效考核及晋升可能性,确定企业中各职位的接替人选,然后评价接替人选目前的工作情况及潜质,确定其职业发展需要,考察其个人职业目标与组织目标的契合度。其最终目的是确保供给组织未来有足够的、合格的管理人员。人员接替模型的出发点是职位,描述的是可能胜任其他各职位的个人。人员接替模型预测方法尤其适用于对企业中处于关键地位的中高层管理职位的人力资源供给预测。

如表3-4所示,旅游企业人力资源管理者使用人员接替模型可以一目了然地掌握企业员工和管理人员的供应情况。通过人员接替模型可以了解哪个层次、哪个部门员工的接替和供应问题比较紧张,以便及早作好准备。

表3-4 某饭店前厅部经理岗位的人员接替模型举例

排序	姓名	年龄	现任职务	上年度绩效评估结果	现任岗位任职时间	备注
现任者	王勇	37岁	前厅部经理	优	5年	无
继任者1号	朱明	34岁	前厅部副经理	优	4年	随时可以接替
继任者2号	程龙	28岁	大堂经理	良好	4年	需要管理与沟通技能培训

3. 技术调查法

旅游企业可以在员工正式聘用之时将员工的相关资料记录在案,并于日后不断更新,以便在需要人力资源时随时查用。我们把这种记录员工技术和工作能力等相关资料,用于人力资源供给预测的方法称为技术调查法。

旅游企业可以设计技能清单,用来反映员工工作能力特征。这些特征包括培训背景、以前的经历、持有的证书、已经通过的考试、主管的能力评价等。技能清单可以作为员工竞争力的一个反映,可以用来帮助人力资源的计划人员估计现有员工调换工作岗位的可能性的大小,决定有哪些员工可以补充企业当前的空缺。旅游企业人力资源计划不仅要保证为企业中空缺的工作岗位提供相应数量的员工,同时还要保证每个空缺都有合适的人员来填充,尤其是旅游企业一线的服务人员。因此,有必要建立员工的工作能力记录,其中包括基层操作员工的技能和管理人员的管理能力等。

以上所讲的三种人力资源供给预测方法主要适用于旅游企业内部人力资源供给的预测,当旅游企业内部人力资源供给不足时,要考虑外部供给的可能。旅游企业可以通过查阅政府统计资料、劳动人事部门的统计资料或直接调查相关信息来了解外部劳动力市场,从而进行人力资源外部供给预测。

四、制订人力资源规划方案

旅游企业根据分析预测所获得的企业人力资源供求信息,针对企业的人力资源供求状况,制订具体的人力资源规划方案。

（一）协调人力资源供给与需求

旅游企业人力资源供给和人力资源需求可能出现不平衡的情况,主要有人力资源供过于求（劳动力过剩）、人力资源供不应求（劳动力短缺）以及人力资源结构失调这三种情况。结构性失调是指旅游企业中某些类别的职位人力资源供给不足,而另外一些职位人力资源供给过剩。旅游企业可以根据自身的实际情况选择不同的方法和战略来解决人力资源供求失衡的问题,美国学者雷蒙德等人归纳和总结如下几种方法,以减少预期出现的劳动力过剩和避免预期出现的劳动力短缺的情况发生,具体内容见表3-5、表3-6。

表3-5 减少预期出现的劳动力过剩的方法

方法	速度	员工受伤害程度
1. 裁员	快	高
2. 减薪	快	高
3. 降级	快	高
4. 工作轮换	快	中等
5. 工作分享	快	中等
6. 提前退休	快	中等
7. 退休	慢	低
8. 自然减少	慢	低

表3-6 避免预期出现的劳动力短缺的方法

方法	速度	可回撤程度
1. 加班	快	高
2. 临时雇用	快	高
3. 外包	快	高
4. 再培训后轮岗	慢	高
5. 减少流动数量	慢	中等
6. 外部雇佣新人	慢	低
7. 技术创新	慢	低

下面将对旅游企业常用的几种协调人力资源供需的方法进行详细说明。

1. 裁员

这里的裁员,是指旅游企业在人力资源供给过剩的情况下,以强化企业竞争力为目的而进行的有计划的大量人员裁减。调查表明,企业进行裁员主要有四个原因:

第一,大规模降低人力资源成本。低成本是提高旅游企业核心竞争力的一个重要的因素,而劳动力成本是旅游企业总成本的一个很大的组成部分,所以,旅游企业要通过降低成本来提高竞争力,一个重要的切入点就是降低旅游企业的劳动力成本,进行有计划的大规模人员裁减。

第二,新技术和新的管理方法的引用使得企业所需人员的数量大大减少。随着科技的发展和管理理论的不断延伸,企业开始大量采用新技术和先进的管理方法,生产流程和工作流程得到了简化,部分职位的人力资源需求也有缩小的趋势。

第三,并购造成的企业日常管理事务的合并,会带来一部分行政人员的替换。

第四,企业由于一些经济原因而导致的迁址,也会带来大规模的裁员。

在人力资源供给过剩的情况下,旅游企业可以通过裁员的方式迅速解决企业人员供求不平衡的问题。同时,我们也不能不承认,裁员只是一种短期行为,而且在很多情况下,裁员也并没有达到预期的理想效果。尽管裁员初期所形成的成本节约导致公司在短期内能够获利,但是一项管理不当的裁员活动很可能会产生长期的负面效应。而且一些被裁掉的雇员很可能是企业经营发展中的不可替代的资产。另外,裁员会使那些侥幸留下来的员工产生恐慌和消极的情绪,降低企业员工的士气。所以,企业在选择通过裁员的方式来调节人力资源供需矛盾时,要慎重考虑各方面的因素。尽管如此,由于裁员是一种见效较快的方法,所以在某些情况下，它仍是企业应对劳动力过剩的一种主要途径。

2. 提前退休计划

实施提前退休计划，是近年来有些企业采取的另一种减少劳动力过剩的方法。提前退休计划就是通过制订提前退休激励计划来诱使老年员工自愿提前退休，近年来企业也将这种方法称为员工内退。

旅游企业可以通过实施提前退休计划来缓解人力资源供给过剩带来的种种问题，这种方法可以较快地调节旅游企业人力资源供求矛盾。一方面，由于老年员工的人力成本（工资、医疗成本、养老保险缴费水平）较高；另一方面，处于高位的老年员工还可能阻碍年轻员工的雇佣和晋升以及年轻员工能力的发挥。所以，企业采用提前退休计划是有效的和明智的。但是旅游企业也要看到，老年员工的工作经验和稳定性对于企业也有明显的好处。所以，旅游企业采用提前退休计划来减少劳动力过剩也冒一定风险。

3. 雇用临时员工

对于一些临时性的任务，企业往往采用雇用临时员工的方法来解决人员供给不足的情况。例如，在旅游旺季由于旅行社的组团数量大大超过平时的组团数量，旅行社往往雇用大量的兼职导游，对其进行培训，使其能够胜任向游客提供导游服务的工作，以解旅游旺季专职导游劳动力不足的燃眉之急。

旅游企业是经营业务淡旺季十分分明的服务性企业，因此通过雇用临时员工可以使旅游企业有效摆脱在旅游旺季人力资源供给不足的困境。雇用临时员工的优点在于可以保持服务接待能力的弹性，并减少了公司雇用正式员工所需支付的人员福利成本（医疗费、养老金、失业保险等）和培训成本（许多临时就业机构在将临时雇员派到雇主那里之前，还会对他们进行培训）。然而，雇用临时员工有时也会在企业内部使雇用员工和全职员工之间的关系紧张。另外，大量雇用临时员工也可能给旅游企业的管理工作带来一定的困难。

4. 外包

企业处理某种单一工作的时候可以采取用临时雇员来做的方式，但是在另外一些情况下，企业可能会将范围更大的工作整块地承包给外部的组织去完成，这种做法就被称为外包。企业可以把重复的、事务性的、不涉及企业机密的人力资源管理工作外包给从事该项业务的专业机构。外包的优点在于既可以提高效率、节省成本，也可以帮助企业管理人员从琐碎繁杂的人力资源事务工作中解脱出来，专注于人力资源战略性活动。著名咨询公司麦肯锡的调查表明，人力资源外包是《财富》500强企业广泛采用的形式，能帮助他们节省25%至30%的劳工成本。

但外包也会带来一定的负面影响。比如外包可能使企业对外包商依赖性过强，而且容易被竞争对手模仿。因此旅游企业在采用外包这种方式时，要确定选择外包商的原则和标准,与外包商建立以相互信任为基础的合作伙伴关系,协商签订完善的外包合同,并定期对外包效果进行评估,以规避风险、实现外包利益最大化。

5. 加班加点

企业在面临劳动力短缺的时候,或许不愿意招用新的全职或者兼职的雇员,在临时的工作任务可能不会太持久的情况下,企业可以采用加班加点的做法,来解决劳动力短缺的问题。虽然这样必须向员工支付比正常情况高的工资,企业还是节省了招聘成本和培训成本等,而且员工的收入得到了增加。但是,过度的加班加点很可能会引起员工的反感,因为工作压力加大使其挫败感增强。因此旅游企业采用加班加点的方式来解决劳动力欠缺的问题,并不是长久之计,要掌握好度。

即使旅游企业的人力资源处于基本供求平衡状态,也需要未雨绸缪,因为外部环境与企业经营状况都处于动态变化中。企业需要做好随时补充或精减人员的准备,同时需要加强对员工的培训与开发,增强企业的适应能力。

(二) 编制人力资源规划

收集信息和进行人力资源预测是成功编制人力资源规划的基本准备工作,在此基础上,旅游企业可以着手开始编制人力资源规划,旅游企业的人力资源规划可以分为总体人力资源规划和业务层人力资源规划两个层次。

旅游企业总体人力资源规划主要包括人力资源规划的总体目标和整体任务,这些目标和任务都应与企业的整体规划和战略目标相一致,还包括旅游企业要制定的人力资源开发利用的总政策、实施步骤以及总的预算安排等。在企业总体人力资源规划中,最重要的是有关旅游企业对外人力资源净需求的内容,这是企业编制总体人力资源的目的所在。人力资源对外的净需求可分成两类:第一类是按部门编制的;第二类是按人力资源类别编制的。企业可以根据需要选择其中的一种,或者两种结合。

旅游企业业务层人力资源规划是总体人力资源规划的具体化,包括具体的人员招聘计划、晋升计划、裁减计划、培训计划以及薪酬计划等,业务层的人力资源计划必须建立在人力资源综合平衡的基础上。另外,一个完整的业务层人力资源计划要包括计划的时间段、分段目标、具体内容、制定者和确切的制定时间等几个方面。

五、人力资源规划的实施与反馈评估

旅游企业实施人力资源规划面临一定的挑战:一方面,不少旅游企业属于中小型企业,组织架构与人力资源管理制度还不太完善;另一方面,旅游行业的性质决定了企业外部环境处于动态的变化中。因此,为了确保人力资源规划方案能够及时、正确地执行,旅游企业需要制定相关的政策和措施。

第一，人力资源规划的有效执行，需要适合的人力资源管理人员专门负责规划的具体实施，旅游企业要给予人力资源管理人员必要的权利。

第二，旅游企业实施人力资源规划方案前要作好准备工作，在计划执行过程中要按计划抓落实，全力以赴确保人力资源规划方案能够及时、正确地执行。

第三，在人力资源规划方案实施的过程中，定期检查也是不可或缺的必要步骤，不定期检查可能会使人力资源规划方案流于形式，不能真正有效地发挥人力资源规划的作用。

第四，旅游企业要有效地实施人力资源规划，非常重要的一点就是必须保证规划方案执行过程进展信息的反馈及时。只有保证信息反馈的畅通，企业才能根据实际情况对规划进行动态的跟踪与修改，保证达成预期效果。根据人力资源规划方案反馈的有效信息，旅游企业人力资源规划者可以对人力资源规划方案中的一些项目进行修正，根据环境的变化和实际情况的需要，不断对人力资源规划方案进行调整。

第五，旅游企业还要对人力资源规划的执行结果进行评价，深入了解人力资源规划每一个具体环节对结果的影响，以便为今后的人力资源规划工作提供参考和依据。主要的评估要素包括：①实际人力资源规划的实施效果与预期目标的比较；②实际人力资源需求与预测人员需求的比较；③实际人力资源供给与预测人员供给的比较；④实际人员流动率与预测人员流动率的比较；⑤人力资源规划的成本与收益的比较。

第三节　人才储备与人才共享

战略性人才储备是指根据企业发展战略，通过有预见性的人才招聘、培训和岗位培养锻炼，使得人才数量和结构能够满足组织扩张的要求。然而，人力资源的固有特性却使企业人才储备陷入困境。人力资源的以下属性造成了人才储备的困境：第一，人力资源的社会性是造成企业人才储备困境的根本原因，决定了企业不可能获得永久性人才而对其进行储备；第二，人力资源的能动性使人才储备的收益具有不确定性；第三，人力资源的变化性与不稳定性增加了人才储备的难度；第四，人力资源的流动性增加了人才储备成本；第五，人力资源的时效性使人才储备的价值和成本更难把握。此外，在管理实践中，企业人才储备的两个途径——内部选拔和外部招聘也存在问题。其中，企业内部选拔的人才储备存在的问题包括：选拔范围受限制，难以挑选到令人满意的储备人员；内部选拔的人员缺乏创新能力；容易造成公司内部团队的不和谐和影响被储备人才的本职工作。外部招聘的人才储备的问题则包括：被储备的人才暂时没有合适的岗位或工作；被储备人才的薪酬、待遇问题;外聘人才与内部人员的矛盾。将物流供应链管理理论中的联合库存管理(Jointly Managed Inventory,JMI)运用于人力资源管理,探讨企业人才储备的思路,对于构建企业人才共享平台有一定的实践意义。

一、联合库存管理的基本思想

联合库存管理(Jointly Managed Inventory, JMI)是建立起整个供应链以核心企业为中心的库存系统。具体来说,一是建立起一个合理分布的库存点体系,二是要建立起一个联合库存控制系统(王槐林,2005)。联合库存分布一般是供应商企业取消自己的成品库存,而将自己的成品库直接设置在核心企业的原材料仓库中,或者直接送上核心企业的生产线(见图 3 – 2)。

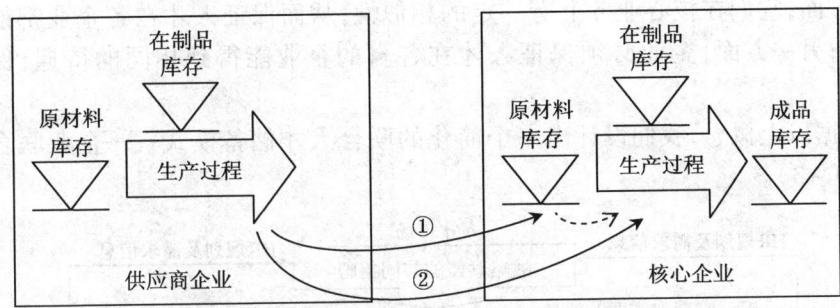

图 3 – 2　JMI 分布原理和物资从产出点到需求点的途径

资料来源:王槐林,刘明菲.物流管理学.武汉:武汉大学出版社,2005.5:324.

如上图所示,第一种模式是集中库存模式,即各个供应商的分散库存为核心企业的集中库存,各供应商的货物直接存入核心企业的原材料库,见图 3 – 2 之①。第二种模式是无库存模式,核心企业也不设原材料库,实行无库存生产,见图 3 – 2 之②,此时供应商与核心企业实行同步生产、同步供货,直接将供应商的产成品送上核心企业的生产线,如果实现了该模式,即是准时制生产(Just In Time,JIT)。

联合库存管理是解决供应链系统中由于各节点企业的相互独立库存运作模式导致的需求放大现象,它强调双方同时参与,共同制订库存计划,使供应链过程中的每个库存管理都从相互之间的协调性考虑,保持供应链相邻的两个节点之间的库存管理者对需求的预期一致,从而消除需求变异放大现象。此外,"联合库存实际上是一种风险分担的库存管理模式,体现了战略供应商联盟的新型企业合作关系"(马士华,2003),它通过上下游企业的战略联盟实现"联合",最终达到共同管理、分享信息、共同承担风险的效果。

由于人才的特性,供应链系统中各节点企业的人才库存和需求也被放大,造成企业在人才储备上承担很大的风险和成本。因此,将企业的人才储备视为一种特殊的库存,应用联合库存的思想,通过战略联合,供应链系统中各企业能在人才储备方面实现共同管理、分享信息、共同承担风险。

二、基于联合库存管理思想的企业人才储备模式

(一)联合人才储备模式——联合人才库

所谓联合人才储备,是指供应链中的上下游企业或者企业联盟中的战略合作伙伴,根据双方或多方的合作需要以及企业联盟的发展,制定相应的人才规划,共同进行人才储备的人力资源管理活动。这种共同的人才储备活动,包括合作企业对储备人才的共同招聘、培训、开发、使用、辞退等环节,也包括合作企业为该项活动而在财力、人力、信息上的共同投入。联合人才储备强调企业间的合作和战略意义,一方面,它们在核心业务上有一定的相似性,从而保证人才在各企业都能很好地工作;另一方面,企业必须保证人才在各自的企业能得到相同的待遇,保证公平性。

根据以上概念,我们设计出一个简化的联合人才储备模式——企业联合人才库(图3-3)。

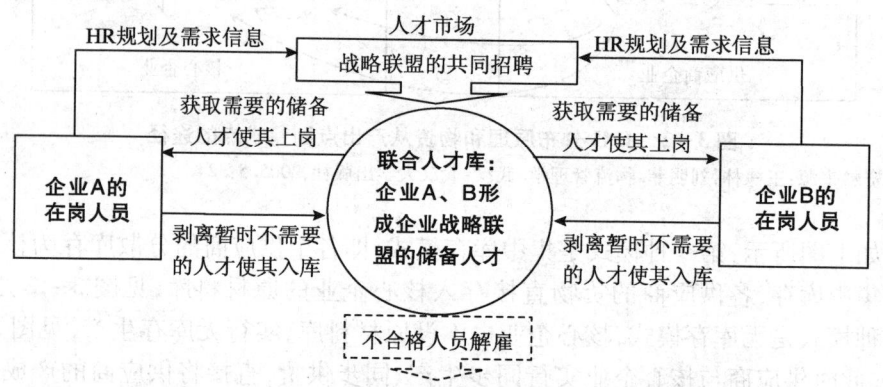

图3-3 简化的联合人才储备模型——联合人才库

如图3-3所示,当企业A和企业B结成了战略联盟,它们开始根据共同的发展计划,制定相应的人力资源规划,形成人力资源需求信息,然后在人才市场上共同招聘,并将人才放入唯一的联合人才库,对新聘人才进行培训、开发和管理。当企业需要人才时,能够即时在人才库中获取相应的人才使其上岗,而当企业暂时不需要该人才时,可即时剥离使其入库。当然,如果人才库人才被认为不适合战略联盟,将被"请"出联合人才库。这就形成了简化的、两个企业结盟情况下的联合人才储备模型。

由于结盟的企业是战略相关企业,联合人才库中的人才均能熟悉两个企业的

业务,并能够在两个企业间轮换工作。此时,从理论上看,联合人才库的人才量应该远少于未建成联合人才库前企业A和企业B的储备人才量之和。也就是说,当两个企业建成联合人才库之后,人才储备量可以大大减少,人才利用率有所增强。旅游行业的典型代表有喜达屋、洲际等世界知名饭店集团,他们通过集团招聘、培养管理培训生的形式,建立联合人才库,为其遍布全球的饭店提供人才供应。

联合人才储备与单个企业进行人才储备相比具有以下的优势:①大大精简了储备人才队伍;②节省了人才储备的开支;③缩短储备人才被储备的期限,由于储备人才队伍精简而使人才被两个企业"抽中"的概率增大,缩短储备期,从而提高储备人才的积极性。理论上,当每一位储备人才的储备期都为"零"时,即联合人才库为空库,必须重新招聘。④降低人才使用的风险。

(二)JIT人才储备模式——第三方人才储备

JIT(Just in time)人才储备,是指根据公司发展战略,通过JIT招聘、JIT培训等,使得人才数量和结构能够即时满足组织扩张的要求。而通过JIT方式,在业务缩减时,将富余的人才剥离,精简团队,以保持快速反应能力,同时节省开支。它实质上强调"即时的人才获得"与"即时的重新获得"。"剥离"的含义与"解雇"的含义是不同的,"解雇"强调的是劳动关系的彻底解除,此后很难重新建立劳动关系。而"人才剥离"旨在对人才使用权的暂时放弃,但仍然保持一定的"人才与企业的合作"关系,强调"重新获得"的可能性。

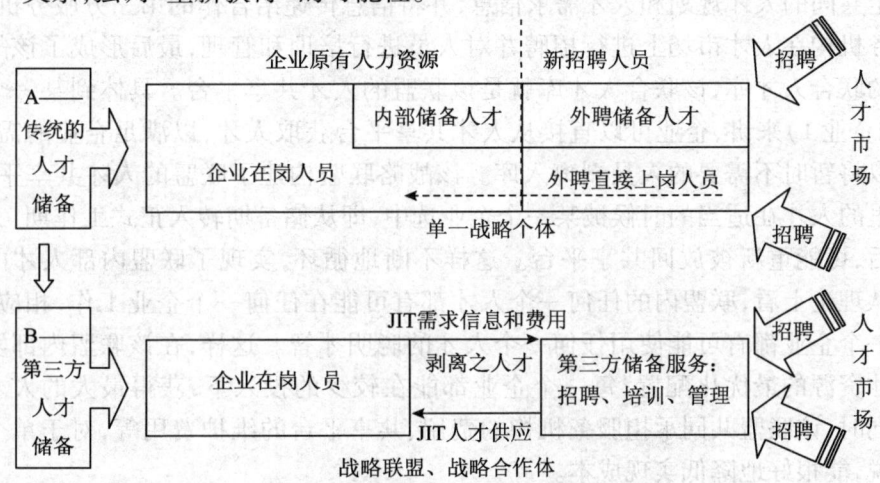

图3-4 传统人才储备与第三方人才储备模式对比

与JIT人才储备概念相匹配,"第三方人才储备模式"强调企业与人才之间的劳动关系重组。由图3-4可见,第三方人才储备模式由人才企业、第三方人才服务机构和人才市场三方组成,比传统模式多了中间的一个环节,企业将人才储备的所有工作交给专业的服务机构,由该机构到市场寻找人才并进行培训和管理。企业向第三方服务机构支付一定的费用,并发出JIT人才需求信息,服务机构提供JIT人才供应。相应地,当企业暂时不需要该人才时,可以将其剥离返还给第三方服务机构。例如,中国移动与第三方劳务派遣公司签订合同,后者负责对其市场类、技术类、经济类的大量基层员工进行招聘、选拔与合同管理工作。

与传统的企业单独人才储备模式相比,第三方人才储备模式具有以下的优势:①企业只需专注于生产和市场,可以将更多的精力投入到产品研发、市场开拓等领域,以此获得竞争优势;②企业支付的人力资源成本将会大幅下降,节省开支;③企业无须在在岗人员和储备人员的定位上花费时间和精力;④能够做到JIT人才管理。目前正在兴起的人才租赁可以视为第三方人才储备模式的一种具体市场行为,但第三方人才储备模式应该有更多样化的具体形式,除了作为人力资源中介服务的人才租赁机构以外,其他合作企业也可能成为第三方机构,比如战略联盟中的其他企业,或者战略联盟中的合作机构等。

(三)基于JMI思想的人才共享平台

人才共享平台是解决人才储备困境的新途径。图3-5运用JMI思想,构建人才共享平台模型。如图3-5所示,企业1至企业n形成了一个战略联盟,他们是利益相关集团、供应链上下游企业,或者核心业务相类似的企业(组织),该战略联盟制定共同的人才规划和人才需求信息,并将信息传递给合作的第三方服务机构,由服务机构在人才市场上进行招聘并对人员进行培训和管理,最后形成了该战略联盟的联合人才库,该联合人才库就是该联盟的人才共享平台。具体到某一个企业(如企业1)来讲,企业可以直接从人才共享平台获取人才,以满足企业的需求,也可以将暂时不需要的人员剥离入库。该战略联盟构建了联盟的人才共享平台,平台里的人才在适当的时候被某一个企业选中,即从储备期转入正式工作期,工作完成后,可能重新被放回共享平台。这样不断地循环,实现了联盟内部人才的共享。从理论上看,联盟内的任何一个人才都有可能在任何一个企业工作,相应地,任何一个企业都有可能使用任何一个人才的聪明才智。这样,在该联盟内部实现了人才资源的最优化配置,每一个企业都能在较少的投入下,获得最大的人才资源。同时,该联盟共同承担服务机构的费用、共享平台的维护费用等,对于单个组织来说,能很好地降低实现成本。

该模型的理想状态是全社会的企业形成联盟,它们的人力资源共同构建成全社会的人才共享平台,这将使社会的人力资源获得最大的收益。当然,在现实中,由于企业的核心业务不同或发展战略不同,这种理想状况是不可能达到的。

人才共享平台具有以下的综合优势:①做到JIT人才供给;②企业不需对人才库进行管理,而由第三方服务机构代理,节省精力;③使联盟内人力资源得到最优化配置，发挥最大的效用；④最大限度地降低人员使用风险和成本。

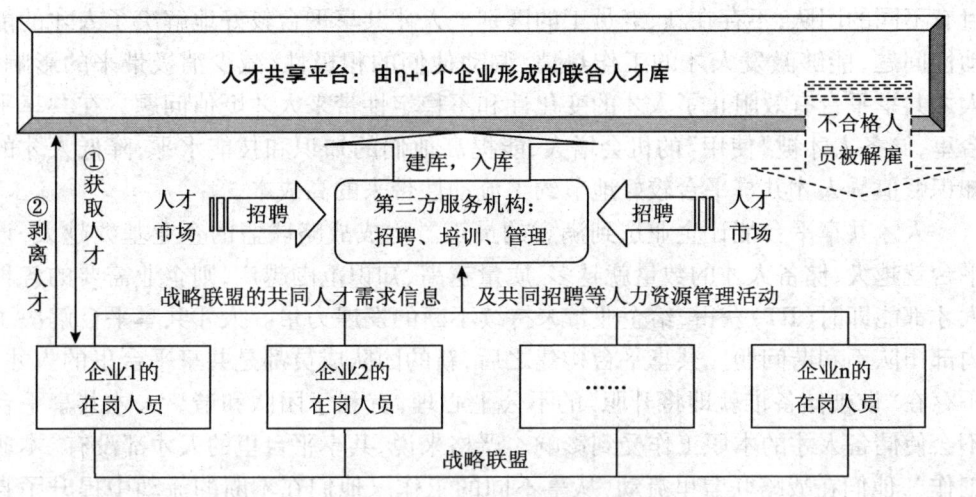

图 3-5　人才共享平台模型

三、构建企业人才共享平台的前提及效果

（一）构建人才共享平台的前提

人才共享平台的构建是有条件的，它必须满足以下的前提：

第一，构建人才共享平台的各组织必须是利益相关者，或存在共同的利益目标，如战略合作伙伴或利益集团。共同的利益是最根本的前提，只有当这些组织存在共同的利益关系，它们才会从根本上维护人才共享体系。

第二，各组织必须存在相关的业务，以保证人才在共享平台中实现最优化的流动。比如，它们可能是非恶性竞争的竞争对手、存在一定合作关系的同行，它们可能是供应链的上下游企业或供应链系统中的战略联盟企业，它们还可能是企业与研究机构（该研究机构的研究领域与企业相同或相关）。因为各方存在相关的业务，共享平台中的人才从 A 组织流动到 B 组织，才能较快投入到新的岗位上使用，避免损失。如果没有关联业务的组织构建人才共享平台，将无法实现"共享"带来的人才共同使用效果。

构建人才共享平台还有其他条件的约束，比如空间距离、组织规模、组织结构等方面的差异不宜太大。但是利益相关和业务相关是首要的前提。

（二）构建人才共享平台的效果

人才共享平台构建之后，它将能解决前面所论述的企业人才储备所面临的困境。人才共享平台变人力资源的社会性为"集团性"，理论上可以获得人才的永久使用权。人才共享平台解决了外聘储备人才与内聘内部人才的矛盾。共享平台中的人员都是战略联盟的储备人才,他们更多时候会以项目组的形式出现,不同的项目有不同的团队,不存在新、老员工的区别。人才共享平台较好地解决了人才的能动性问题,能够激发人才的工作热情、调动他们的积极性,减少消极带来的影响。人才共享平台有效阻止了人才的变化性和不稳定性带来人才贬值问题。在共享平台里,储备人才被"使用"的机会增大,能提高他们的知识和技能水平,降低人才的知识贬值。人才共享平台较好地节约了流动性带来的高成本。

人才共享平台能让企业选到满意的员工。构成战略联盟的企业基数越大,该平台就越大,储备人才的数量就越多、质量越高、知识范围越广,则企业需要的各种人才都能即时(JIT)获得,给企业带来持续不断的发展力量。人才共享平台解决了内部团队不和谐问题。共享平台构建之后,新的团队成员都是共享平台里的人才,不存在"谁被储备谁就即将升职"的不公平心理,有利于团队和谐。人才共享平台不会使储备人才的本职工作受到影响。严格来说,共享平台里的人才都没有"本职工作",他们在战略联盟里流动,从事不同的工作。他们在不断的流动中提升了自身能力。人才共享平台解决了储备人才没有实际岗位或具体工作的尴尬问题。他们被储备在共享平台里的时间缩短,使用频率提高,人才利用价值更高。人才共享平台改变了被储备人才薪资低、待遇差的局面。因为他们不断在新的岗位轮换,从事新的有挑战性的工作,能获得更高的薪酬、奖金、福利等待遇。

(三)构建人才共享平台需进一步探讨的问题

第一,人才共享平台合作企业(组织)间的投入与收益问题。人才共享平台要求该战略联盟中各企业的收益必须与其投入相对应,只要一方出现收益与投入不对等的情况,将会产生战略联盟的内部不公平心理,从而影响共享平台的正常运作。然而,内、外部不公平的情况是普遍存在的,怎样协调好客观因素造成的不公平问题值得进一步研究。

第二,与人才共享平台相应的管理制度问题。人力资源管理必须有相应的制度进行协调和管理,人才共享平台同样需要适合的制度,包括:招聘制度、培训开发制度、福利薪酬制度、激励制度等。然而,由于企业文化、企业规模等因素的不同往往导致各企业制度的不同,战略联盟难以找到一套适合各企业的人力资源管理制度作为共享平台的管理制度,从而容易引发各种问题。因此,如何建立与共享平台相适应的管理制度是今后的研究方向之一。

本节应用物流管理理论中联合库存管理思想,提出企业人才储备的新模式和构建人才共享平台的观点,为企业人才储备管理提供了新的思路。在未来的供应链管理和企业发展中,人才共享平台将会发挥重要的作用,为企业人力资源管理以至全社会宏观上人力资源开发与管理做出贡献。

思考与练习

1. 旅游企业人力资源规划对于旅游企业经营发展有何重要意义?
2. 人力资源规划的主要内容都有哪些?
3. 旅游企业可以用哪些方法对人力资源需求与供给做出预测?各种方法有何利弊?
4. 旅游企业如何协调人力资源供求之间的矛盾?主要方法有哪些?

第四章

人员招聘与甄选

本章导读

人力资源规划确定了企业对人力资源的需求,而招聘则是企业寻找和吸引自身所需人力资源的重要方式。作为企业人力资源管理的子系统,招聘管理通过招募、甄选等一系列科学规范的活动,持续系统地提高企业素质,增强企业活力。本章应重点掌握招聘、甄选与企业战略之间的关系,招聘的来源与途径,甄选的原则及方法等知识要点。

第一节 招聘和甄选中的战略问题

招聘和甄选是企业获取人力资源的主要方式。招聘是为了吸引合适的人来填补特定的工作空缺,而甄选的目的则是从符合要求的候选人中挑出能成功完成工作的最佳人选。作为企业人力资源管理中的重要组成部分,招聘和甄选同样也与企业的战略紧密相连。从哪里招聘,如何招聘,以哪些因素来吸引应聘者,以及最终选择什么样的人等,这些问题都与企业的发展战略密切相关。

在招聘和甄选中我们应该考虑两大战略问题。第一,人力资源的招聘和甄选模式对企业战略有何影响?第二,企业是应该自己"生产"(内部培养、晋升),还是"买进"(外部招募)其所需的人才?

一、人力资源招聘和甄选对战略的影响

美国学者斯诺等人(Snow & Snell,1993)认为,招聘和甄选模式对企业战略的影响可能表现为以下三种形式:①招聘和甄选模式与企业战略之间没有直接的关系;②招聘和甄选模式影响企业战略的执行。人力资源配备与企业战略间好的匹配能帮助企业战略的成功实施,加大该战略在市场中成功的概率。③招聘和甄选模式影响着企业商业战略的形成。也就是说,根据其对企业战略的影响,招聘和甄选模式相应存在三种模式。

(一)传统模式

传统的人力资源招聘和甄选不重视战略的问题,在这种模式下,企业把商业战

略看作一种环境,就像法律、社会和政治环境等。此时企业人力资源招募的基本目标是达到个人—职位间的"紧凑"匹配,这种模式的前提是:企业的职位能被分开看作各个单独的部分;职位和员工都比较稳定;企业可以妥当地、可靠地评估员工的工作绩效。

这种模式的人力资源招募的程序分三步:①企业分析和工作分析;②评估个人与职位的匹配程度;③招聘、甄选,给各个岗位配备最合格的人员。

(二)影响战略执行的模式

这种模式下的招聘、甄选主要考虑满足企业实现战略的要求,其前提是企业的战略非常明确而稳定,所以企业在选定了一个战略方向后能迅速地配备人力资源。此时招聘和甄选的程序都应该与企业战略相匹配。

这种模式的人力资源招募的程序步骤有:①确定企业的商业战略;②确定企业战略成功实施所需的人力资源能力;③招聘、甄选,给企业配备具备这些能力的员工。例如,一个经营国内游的旅行社希望能快速地进入国际市场拓展自己的业务时,它必需要迅速地从外部招聘国际导游、领队等一批人员来实施其国际化的战略。

(三)影响战略形成的模式

这种模式主要为了让企业更好地适应快速变化的环境威胁和机遇。不同于第二种模式中通过迎合企业的战略来配备人力资源,这种模式下人员的配备能影响企业战略的制定。此时,企业不是为了特定的岗位来招聘,企业人力资源的目标是吸引那些有着独特技能和素质,或者具备企业现有员工尚不具备的技能和素质的人才,对他们"因地制宜",从而给企业带来价值增值,这样企业能在最短的时间内实施一系列不同的战略。

这种模式有几个前提假设:①企业依照自己的人才库能制定出成功的企业战略,但是企业人才间的不同组合能形成什么特定的战略企业预测不到;②企业的人力资源配备与其他资源获取与分配决策有着同等地位;③企业当前的战略与人力资源之间应该较"宽松",使企业能在最短时间灵活地适应环境的变化。

这种模式的人力资源招募的程序分三步:①企业需要招聘那些达到个人—企业匹配的最佳人选;招聘具有独特技能和素质,或者具备企业现有员工尚不具备的技能和素质的人才;②企业通过招聘应该具备广泛的技术、能力、知识和其他技能基础,为企业实施不同的战略提供前提;③依照人力资源来制定企业的战略能使企业考虑到所有可能的战略方向。

表4-1总结了上述三种模式的前提及相应的招聘步骤。

表4-1 人力资源配备模式

人力资源配备模式	前提	招聘步骤
传统模式	1. 企业的职位能被分开看作各个单独的部分 2. 职位和员工都比较稳定 3. 可以妥当地、可靠地评估员工的工作绩效	1. 企业分析、工作分析 2. 评估个人—职位的匹配程度 3. 招聘、甄选,给各个岗位配备最合格的人员
影响战略执行的模式	1. 企业的战略非常明确而稳定 2. 企业在选定了一个战略方向后能迅速地配备人力资源 3. 招聘和甄选的程序与企业战略相匹配	1. 确定企业的商业战略 2. 确定企业战略成功实施所需的人力资源能力 3. 招聘、甄选,给企业配备那些具备这些能力的员工
影响战略形成的模式	1. 企业依照自己的人才库能制定出成功的企业战略 2. 企业的人力资源配备与其他资源获取与分配决策有着同等地位 3. 企业当前的战略与人力资源之间较"宽松"	1. 招聘那些达到个人—企业匹配的最佳人选 2. 企业通过招聘具备广泛的技术、能力、知识和其他技能基础,为企业实施不同的战略提供前提 3. 依照人力资源来制定企业的战略能使企业考虑到所有可能的战略方向

总的来说,这三种人力资源甄选模式各有优势。传统模式下个人与职位的匹配能给企业带来更高的效率和更直接的效益。但是这种匹配必须在考虑企业的战略基础上。第二种模式尽管有些被动,但这种根据战略需要有的放矢地获取人才的模式,有利于企业特定战略的有效执行。不同于前者单纯地迎合企业战略,第三种模式则从更长远的角度考虑企业战略,充分利用企业的人力资源。

二、"培养"还是"购买"人力资源

"培养"是一种纯粹的内部培养、晋升战略:企业只聘用那些愿意且有能力学习工作所需的知识和技能的人员。内部培养方式下的员工与企业建立了长期的忠诚关系,所以采取这种方式来配置人力资源,会影响企业战略的形成。或者说"培养"更多地表现为一种影响战略执行的模式。

为了满足企业业务的发展和未来的人力资源需求,内部培养非常重要,特别是对于大型企业和连锁企业。这就要求此类企业建立职业晋升通道,并配套以相应的培训体系。

企业的内部招聘有公开和封闭两种形式。在公开式的内部招聘程序中,内部员工都有权利竞聘空缺职位;而在封闭式的内部招聘过程中,员工没有权利自己挑选空缺职位,而是管理者在员工不知情的情况下对所有候选人的知识、技能、工作表现进行评估,选出最合适晋升的人选。通过甄选,挑选那些能快速适应变化的环境、综合素质高、具备良好技能的人才,为企业制定多样化的战略提供人才保障。

"购买"是一种纯粹的外部招聘、配备战略:企业主要招聘那些具备岗位所需技能,并能快速上手、马上投入到工作中去的人员。"购买"方式主要是一种影响战略执行的模式。如果不及时招聘某些空缺职位所需的人才,企业可能丧失市场优势,所以企业也有必要通过外部招聘的方式,购买具备合格技能与经验的员工来执行特定战略。

企业究竟是"培养"还是"购买"所需的人才?这在一定程度上受企业目标和企业文化的影响。一种方法是,初级水平的岗位经由外部招聘,而其他的岗位通过内部晋升来挑选。这种情况下,企业提倡并奖励那些长期的、稳定的忠诚员工通过内部培养得到晋升。但是,企业可能没有足够的合适员工来填补空缺职位,所以,有时也会要从外部招聘人才来弥补。另一种方法是,所有的职位都从外部招聘,招聘的目标是为一个职位招聘最合适的人才,即使这样会忽略那些资深的员工也在所不惜。

为了保持企业的竞争力,企业必须形成健康的人力资源流动。人力资源流动包括外部招聘、内部流动(晋升、降职、横向流动)以及员工的外流(退休、解雇、辞职等)。企业只有不断更换新鲜的血液,同时淘汰不合格的人员,才能适应不断变化的竞争环境。招聘和甄选就是控制企业人力资源流动的阀门,应该重视这一环节对企业的深远影响。

第二节 招聘的来源与途径

利用哪些来源招聘企业需要的潜在人员是企业总体招聘战略中的一个重要组成部分。企业会吸引什么样规模和性质的求职者来申请自己的空缺职位,在很大程度上取决于企业以何种方式(以及向谁)将关于这些空缺职位的信息传递出去。那些关注因特网上的招聘启示的人与那些对地方报纸分类广告栏中招聘启事作出反应的人在类型上很可能是有所不同的。

一、内部来源与外部来源

总的来说,依靠内部招聘对于公司而言以有以下几个优点:

(1)企业通过这种方式能获得大量自己非常了解的应聘者,所以更为安全。

(2)这些应聘者对于公司现有职位空缺的性质相对来说比较了解,这就使得他们对于工作产生过高期望的可能性降到了最低。

(3)内部候选人可能比外部候选人所需的培训更少,所以内部招聘总体来说是一种不仅经济而且高效的职位空缺填补方式。

(4)当员工看到工作能力的提高会得到回报的时候,他们的士气和工作绩效就会因此而提高,对企业的忠诚感也更高。

当然,从内部提升也有其不足之处,其中最大的弊端就在于近亲繁殖的问题。如果所有的管理层成员都是通过内部晋升提拔,可能出现管理团队缺乏创新、安于现状的倾向。此外,当员工申请了某一高一级职位而未获批准的时候,他们的积极性也会大打折扣。因此,内部晋升要在提高员工的士气和忠诚感与避免近亲繁殖之间进行平衡,是十分困难的。

某些最初级的职位以及一些特定的高层职位,在公司内部可能没有能够招聘到的合适的人选,从外部招聘人员有可能会给企业带来新的思想或者新的经营方式,避免内部招聘存在的近亲繁殖问题。为了避免内部提升带来的弊端,有必要采用外部招聘。

二、招聘途径

(一)招聘广告

通过广告来进行招聘是一种最为普遍的招聘方式,尽管它的成本较高、效率较低。在设计招聘广告的时候首先要回答两个非常重要的问题:我们需要说些什么?我们需要对谁去说?

一些公司的招聘广告未能充分传递有关空缺职位的信息。在理想的情况下,看到招聘广告的人应当能够获得足够的信息来对工作及其要求作出判断。而这可能意味着广告的篇幅要稍长一些,因而成本也更高些。但是,企业需要考虑一下,到底这些额外增加的广告费用更高,还是花在大量不合格者或者在了解情况更多以后不愿接受工作者身上的成本更高。

此外,企业还得考虑利用何种媒体来刊登招聘广告。表4-2总结了几种广告媒体的优缺点,以及在何种情况下利用何种媒体较为合适。

表4-2 几种主要广告媒体的优缺点比较

媒体类型	优点	缺点	何时使用合适
报纸	1. 标题短小精练 广告大小可灵活选择 2. 发行集中于某一特定的地域 3. 各种栏目分类编排,便于积极的求职者查找	1. 易被求职者所忽视 2. 集中的招聘广告易导致招聘竞争的出现 3. 发行对象无特定性,企业不得不为大量无用的读者付费 4. 印刷质量一般较差	1. 招聘范围限定在某一地区时 2. 可能的求职者大量集中于某一地区时 3. 有大量的求职者在翻看报纸,并且希望被雇用时
杂志	1. 专业杂志会到达特定的职业群体手中 2. 广告大小灵活 3. 广告印刷质量较高 4. 有较高的编辑声誉 5. 时限较长,求职者可能会将杂志保存起来再次翻看	1. 发行的地域太广,故在希望将招聘限制在某一地域时通常不能使用 2. 广告的预约期较长	1. 招聘的对象为专业人士时 2. 不介意时间和地区限制 3. 与正在进行的其他招聘计划有关联
广播电视	1. 不容易被观众忽略 2. 有助于那些不是很积极的求职者了解到招聘信息 3. 极富灵活性 4. 比印刷广告能更有效地渲染招聘气氛 5. 较少因广告集中而引起招聘竞争	1. 只能传递简短的、不是很复杂的信息;缺乏持久性 2. 求职者不能回头再了解(需要不断地重复播出才能给人留下印象) 3. 商业设计和制作(尤其是电视)不仅耗时而且成本很高 4. 缺乏特定的兴趣选择;为无用的广告接受者付费	1. 没有足够的求职者看到你的印刷广告 2. 当职位空缺有许多种,而在某一特定地区又有足够求职者的时候 3. 需迅速扩大影响 4. 对某一地区展开"闪电式轰炸" 5. 引起求职者对印刷广告注意的时候
现场购买(招聘现场的宣传资料)	1. 在求职者可能采取某种立即行动的时候,引起他们对企业招聘的兴趣 2. 极富灵活性	1. 作用有限 2. 要使此种措施见效首先必须保证求职者能到招聘现场来	1. 在一些特殊场合,如为劳动者提供就业服务的就业交流会、公开招聘会、定期举行的就业服务会上布置的海报、标语、旗帜、视听设备等 2. 当求职者访问组织的某一工作地时,向他们散发招聘宣传材料

资料来源:(美)加里·德斯勒.人力资源管理.北京:中国人民大学出版社,1999.

(二)员工推荐

很多企业把内部员工的推荐作为最好的员工招聘来源之一。这种方式有几个好处：首先，员工在推荐其朋友来公司前，对于企业职位空缺的情况以及被推荐者的情况都非常了解，并且确信在被推荐者和职位空缺之间存在一种相互匹配性，然后才会推荐此人。有学者研究表明，那些承认自己利用了至少一种非正式信息来源对公司进行过了解的人，往往比那些完全依靠正式招聘来源获得信息的新员工在被雇用前对职位和企业有更深的了解，不仅如此，前者的流动率也比后者低一半左右。

一些企业甚至采取了这样的政策，即如果现有的员工向公司推荐了合适的应聘者，而且这些应聘者的在职工作也令人满意，那么公司会给这些原有员工提供一定的经济奖励。例如，在7天连锁酒店公司，只要主管级以上的员工被推荐者经公司正式录用，且工作满一个月，则给予推荐者以现金奖励，被推荐者级别越高奖金额越高。

(三)校园招聘

校园招聘是现在很多企业获得潜在管理人员以及初级专业、技术人才的重要途径。许多有晋升潜力的候选人最初都是企业到大学中直接招聘雇用来的。企业往往非常注重到那些他们极为需要的某一领域中有着很好声誉的大学中去招聘新员工。许多企业意识到，要想有效地挑选到最优秀的学生，除了通知这些在不久的将来要毕业的学生来参加面试之外，还需要做些其他的工作。如推行大学生暑假实习计划、校园宣讲会、参加大学举办的人才招聘会等。通过这些途径，企业让学生充分体验企业的环境、氛围和企业文化，达到提高企业知名度和吸引优秀大学生的双重效果。

(四)网络招聘

随着网络技术的发展和计算机的普及，越来越多的企业都开始通过因特网来发布自己的招聘信息甚至初步筛选求职者。企业或者自建招聘专栏或者委托其他招聘网站来吸引和筛选应聘者。一大批专业的招聘求职网站开始涌现，例如中华英才网(www.chinahr.com)、前程无忧(www.51job.com)等，他们成为越来越多的求职者和企业交流信息的平台。许多企业直接将简历接收和初步筛选工作外包给这些网站，由这些网站挑选出符合基本条件的应聘者，再由企业举办笔试和面试。网络招聘因其方便和信息量大的特点备受欢迎。

总之，以上所列出的几种常见的招聘来源各有各的优缺点，企业需要针对空缺职位选择最合适、最有效的招聘方式，很多时候还需要结合几种方式来扩大招聘来源，吸引优秀的人才。

第三节 甄选的原则

一、员工的配备应该做到使企业和个人的需求相匹配

员工配备是一个相互选择的过程：企业寻找那些能帮助他们赢利，促进企业发展的人；个人也寻找那些能帮助他们实现自己目标，并得到满意报酬的企业。

企业与个人之间的匹配表现在两个方面：个人的技能、素质与工作的需求相匹配；企业给予的工作报酬与对个人的激励相匹配。以下几种匹配程度可能出现：

（1）个人的技能、素质与工作需求匹配，企业的报酬与个人的激励也匹配。例如，一家五星级酒店想招聘一名总经理，给他提供高于市场平均水平、有竞争力的薪水，并根据酒店的业绩提供奖金。一个有丰富的酒店管理经验的人来应聘，他希望酒店能按照工作成绩而不单是员工资历来提供报酬。这时，企业和个人对双方的需求都达到了匹配，双方都从中受益。

（2）个人的技能、素质与工作的需求匹配，但企业的报酬与个人的激励不相匹配。例如，另外一个同样有丰富酒店管理经验的人来应聘，他更希望酒店能按照员工资历而不是工作成绩来提供报酬。如果被雇用，企业能从这次招聘中获益，因为招来的人符合它的要求，而应聘者却不能得到其想要的激励。

（3）企业的报酬与个人的激励匹配，但个人的技能、素质与工作的需求不相匹配。例如，一个没有酒店管理经验的人来应聘，他同样希望酒店能按照工作成绩而不是员工资历来提供报酬。虽然企业的薪酬机制能有效地激励他，但是他的个人技能却与工作的需求不相匹配。此时，双方都不能从这场招聘中获益，企业达不到既定的经营目标，个人也因此得不到想要的职位。

企业与个人之间的匹配对企业和个人都有益处，它能使企业与个人建立长期的关系，从而使双方的获益最大化。反之，任何一方的不匹配都将使企业或个人或双方难以得到理想的结果。

二、个人与工作匹配与个人与组织匹配

（一）个人—职位匹配

个人与职位之间的匹配包括两方面的内容：一是应聘者的能力与职位要求一致；二是职位附带的各种利益能满足应聘者的个人需求。如果个人与职位之间能"紧凑"匹配，也就是说上述两个方面都非常一致，这就意味着企业在对应聘者投入中，能通过最少的培训得到最多的回报，应聘者能迅速地为企业带来利润贡献。如果个人能力达不到职位的要求，或者个人的能力超出职位的要求，个人与职位之

间的关系就会比较"松散"。对于前者，企业就应该培训那些"不称职"的员工。如果培训也不能使员工达到要求，企业可能就要考虑解雇不合适的员工了。至于后者，如果员工能力比较强，而当前工作岗位又不能满足他们的需求，那么企业就应该考虑通过晋升或者轮岗的方式，让员工进一步发挥自己的才能。如果处理不当，这类员工可能会跳槽，从而造成人才流失。

旅游企业如果在招聘时就重视个人与职位的匹配，那么人才获取之后的开发、保留工作就会顺利很多。与空缺职位相匹配的合适人选进入企业后，其工作绩效和工作满意感会更高，缺勤率和流失率相对较低。

但完全按照这种个人—工作匹配标准来招聘和甄选，也会给企业带来一些问题。主要表现为：

（1）由于员工是严格按照某一特定岗位要求，而不是按综合素质招聘来的，招聘进来的人员不免缺乏灵活性。

（2）员工的技术和能力难以适应快速变化和技术进步的环境。

（3）企业的人力资源管理多停留在对求职者工作方面的资格审查，而忽视个人与团队、个人与组织之间的互动，也没意识到看似与职位不太相干的个性心理因素。然而，这些非智力性因素却直接影响着个人对组织的认可和接受程度、对工作的满意度。

在以下五种情况中，强调个人—职位的精确匹配非常合适：①新员工基本不涉及解决问题的工作；②新员工在企业或主管的紧密监督下工作；③新员工为企业带来的新技术和能力比他（她）可能在工作中学到的技能更重要；④新员工有充足的时间来学习，或能适应较小的变化；⑤新员工具备核心技术、能力显然优于其他人。

可以看出，这五种情形在现代人力资源管理中出现的可能性越来越小。个人与职位之间的匹配，给企业带来的多为短期利益。面对不断变化的内外部环境，旅游企业更应该从长远来看，招聘那些与企业相匹配且一专多能的复合型人才。

（二）个人—企业匹配

个人与企业相匹配是指个人的性格、目标、价值观和人际交往技能与企业的文化、氛围之间的一致。

这种招聘甄选原则的优势主要体现在：①个人—企业相匹配的情况下，员工可能有更好的工作态度（例如更强的工作满意感、企业忠诚感和团队合作精神）；②可能有更令人满意的工作结果（例如更高的工作绩效、低的缺勤率）；③能加强和改善企业的组织设计（例如员工能为工作设计、企业文化等提供支持）。

当然强调个人—企业相匹配也有一些潜在的弊端。包括：①招聘过程中投入的资源更多；②甄选的技术相对还不成熟；③招聘过程给员工带来的压力较大；④缺乏组织适应性。因此，在强调个人—企业匹配的同时，我们也要注重招聘那些有综合素质和技能,或者通过培训能从事不同工作的员工。如果一名员工很适合企业的文化,但不具备有效完成一项或多项工作任务的技能,那他充其量只能算是一名好的"拉拉队队长",而非称职的"队员"。

第四节 甄选的方法

通过各种途径吸引了足够的应聘者之后,企业要考虑选择合适的方法来甄选最合适的候选人。下面我们介绍几种企业常用的甄选方法。

一、认知能力测试

由于个人—企业匹配要求个人具备多方面的技能和较强的学习能力,认知能力测试能为挑选人才提供重要的依据。认知能力测试是根据个人的脑力特征而不是身体能力来对人进行区分的。认知能力主要包括三个方面:①语言理解能力,指一个人理解并使用书面或口头语言的能力;②数量能力,指一个人解决各种与数字有关问题时的速度与准确性;③推理能力,指一个人对各种各样问题找到解决问题的方法的能力。

能够测量出这些认知能力的商业性测试很多,这些测试通过设计不同的试题涵盖了语言理解能力、数量能力和推理能力的测试,它们通常能够很好地预测出求职者的未来工作绩效。然而,这些测试的效度与工作的复杂性有关,它们对于复杂性较高的工作比对于较为简单的工作更有效。表 4-3 为 SHL 测试示例。

表 4-3 SHL 测试示例

SHL 测试示例:
文字推理样题:
请您阅读以下一段信息,然后对文后多个可能的答案进行单项选择来评判一组陈述。
　　A-真(这段陈述的逻辑与段落蕴含的信息或观点相吻合)
　　B-假(这段陈述的逻辑与段落蕴含的信息或观点相矛盾)
　　C-无法判断(缺乏更多信息,无法确定陈述的真假)
"许多组织发现在夏季雇用学生好处多。随着夏季的到来,全职员工往往想在这段时间内外出度假。此外,公司业务量在夏季达到顶峰,因此需要额外人手可谓司空见惯。暑期招工计划也吸引了不少学生,当他们完成学业时可能已是非常合格的新员工。确保这些学生尽可能了解公司各方面的情况会激发他们从事全职工作的兴趣。公司支付给学生固定报酬,但后者无权享受全职员工通常拥有的带薪休假或病假。"

陈述1：度假的全职员工的工作有可能让学生来做。

陈述2：暑期打工的学生和全职员工享受相同的带薪休假福利。

陈述3：学生遵循公司的标准纪律处分程序和申诉程序。

陈述4：在学生可从事假期工作的夏季，部分公司有更多的工作要做。

资料来源：SHL 中国网站. http://www.shl.com/GlobalLocations/Pages/ChinaChinese.aspx.

二、人格测试

个人的智力和身体能力很少足以解释员工的工作绩效，相反，其他诸如个性、性格等因素也很重要。人格测试可以测量候选人个性、性格的基本方面，例如内向性、稳定性等。下面简单介绍两种国际上常用的人格测试。

（一）"大五人格"理论模型

"大五人格"理论把个体的人格归纳分为5个方面来描述，这五种人格特质是：外向性；调整性；愉悦性；责任性；开放性。表4－4列出了一些适合描述每个方面的相应形容词。

表4－4　人格特征的五个主要维度

维度	形容词
外向性	友善的、好社交的、健谈的、表情丰富的
调整性	情绪稳定的、不沮丧的、安全的、满足的
愉悦性	谦恭的、信任他人的、和善的、宽容的、合作的、仁慈的
责任性	可靠的、有组织的、坚持不懈的、细心周到的、成就导向的
开放性	好奇的、富有想象力的、有艺术敏感性的、宽宏大量的、活泼有趣的

（二）艾森克人格问卷

艾森克 Eysenck 人格问卷（Eysenck Personality Questionnaire，EPQ）是根据艾森克人格理论编写的测量人格的工具。艾森克提出的人格结构理论包括 N（神经质）、E（外向性）和 P（精神质）三个因素，EPQ 包括 P、E、N 和 L（社会赞许性）等四个维度。

然而西方心理测验的文化背景难以完全适合中国人。因此中国一些学者也纷纷在西方的量表基础上进行修改，按照中国人的特点设计更有效的问卷。例如，目前，EPQ 成人式的中文版已有陈仲庚、龚耀先、刘协和等的版本，这些量表被认为信度基本可靠，适合于中国人群，在国内得到了非常广泛的应用。下表为埃森克人格问卷的节选。

表4-5　艾森克人格问卷的节选

艾森克人格问卷（节选）：

请填写您的基本信息，为保证测验的可信度，请如实写（本测验适合16岁以上者）。

姓名：_____ *必填　　性别：　○男　○女　*必填　　年龄 16 *必填

文化程度：　○小学及以下　○中学　○大学及以上　　　职业_____

以下一些问题要求你按自己的实际情况回答，不要去猜测怎样才是正确的回答，因为这里不存在正确或错误的问题，也没有捉弄人的问题，将问题的意思看懂了就快点回答，不要花很多时间去想。现在开始吧！

第1题：你是否有许多不同的业余爱好？
○是　○否
第2题：你是否在做任何事情以前都要停下来仔细思考？
○是　○否
第3题：你的心境是否常有起伏？
○是　○否
第4题：你曾有过明知是别人的功劳而你去接受奖励的事吗？
○是　○否
第5题：你是否健谈？
○是　○否
第6题：欠债会使你不安吗？
○是　○否
第7题：你曾无缘无故觉得"真是难受"吗？
○是　○否
第8题：你曾经贪图过分外之物吗？
○是　○否
第9题：你是否在晚上小心翼翼地关好门窗？
○是　○否

资料来源：中国心理学家网. http://www.cnpsy.net/epq/epq.asp.

三、面试

面试是企业在甄选候选人时应用最为广泛的一种方法。甄选面试可以被定义为：由一个或多个人发起的以搜集信息和评价求职者是否具备被雇用资格为目的的一个对话过程。

（一）面试的类型

1. 非结构化面试

非结构化面试允许应聘者在最大自由度上决定讨论的方向，而面试官则尽量避免使用影响应聘者的评语。面试者可以问一些诸如"请谈谈你在上次工作中的经历"之类范围广泛、开放式的问题，并允许应聘者自由发表意见而尽量不打断。通常，在非结构化面试中，面试官听得很仔细，而且不争论、不打断或突然改变话题。面试官也用连续提问的方法让应聘者仔细思考，作出简明的回答，并允许谈话中出现停顿。

非结构化面试给予应聘者更大的自由，将应聘者的信息、态度或感情摆在面试官前有特别的意义，而这些却常常被更结构化的提问所掩盖。但是，由于面试的整个过程由应聘者所决定，不遵循特定的程序，从应聘者中得到的能让面试官做横向比较的信息就非常少。因此，非结构化面试的可靠性和有效性被认为是很小的。这种方法很可能被用于面试那些申请高职位的应聘者。

2. 结构化面试

也称标准化面试，是根据所制定的评价指标，运用特定的问题、评价方法和评价标准，严格遵循特定程序，通过测评人员与应聘者面对面的言语交流，对应聘者进行评价的标准化过程。其显著特征是：

（1）根据工作分析的结构设计面试问题

这种面试方法需要进行深入的工作分析，以明确该职位所需的知识、技术、能力和素质，在此基础上建立面试的题库，这样能够保证筛选的成功率。

（2）向所有的应聘者提出同一类型的问题

问题的内容及其顺序都是事先确定的。结构化面试中常见的两类有效问题为：以经历为基础的问题，这与工作要求有关，即求职者所经历过的工作或生活中的行为；以情景为基础的问题，在假设的情况下，求职者谈与工作有关的行为表现。提问的秩序结构通常有几种：①由简单到复杂的提问，逐渐加深问题的难度，使候选人在心理上逐步适应面试环境，以充分地展现自己；②由一般内容到专业内容的提问。

（3）采用系统化的评分程序

每个问题都事先制定出标准答案和评分标准，针对每一个问题的评分标准，建立系统化的评分程序，保证评分一致性，提高面试的有效性。

结构化面试不同于传统的面试，它更加注重根据工作分析得出的与工作相关的特征，面试人员知道应该提出哪些问题和为什么要提出这些问题，避免了犯主观上的归因错误，每个应聘者都得到更客观的评价，降低了出现偏见和不公平的可能性。

3. 情景面试

在情景面试中,面试官给应聘者一个假定的情景,请他/她作出相应的回答,应聘者的反应按事先建立好的评分标准衡量。现在,许多企业用这种方法来筛选刚毕业的大学毕业生。例如,"当你与老板的意见不一致,而且老板明显是错误的时候,你会怎么办?"

4. 行为描述面试

与情景面试相似,行为描述面试也是要求应聘者描述就既定情况作出的反应,不过这种方法考察的是应聘者以往的真实经历。例如,考察一个经理人开拓市场的能力时,面试官会问:"说说你上次是怎样把自己所在酒店的客房出租率提高20%的。"或者"请以过去的经历为例告诉我,在没有充分信息的情况下,你必须作出一项重要的决策,你是怎么做的?"这种基于对重要事件分析的面试方法认为过去的表现会是将来表现最好的预告。

(二)面试的方法

1. 一对一面试

在一般的面试中,应聘者一对一地会见面试官。由于面试对于求职者来说可能是一个非常情绪化的场合,所以单独面试给应聘者的压力通常较小,能使面试官有效地得到关于应聘者各方面的信息。

2. 小组面试

与一对一的面试不同,在小组面试中,几位应聘者在一个或几个公司代表面前会相互影响。这种方法虽然与其他类型的面试并不彼此排斥,但是它有助于对应聘者在参加小组讨论时人际关系能力的了解。该方法的另一优点是,可以为繁忙的专业技术和管理人员节省时间。

3. 多对一面试

在多对一面试中,由若干企业代表会见一位应聘者。在一些企业,应聘者需要由其所申请职位的同级别人员、下属和上级进行面试。例如酒店在招聘一位餐饮部主管时,可能由人力资源部、餐饮部各派一名代表,另外加上一名部门总监一起来面试。使用多重的面试者可以有效地降低雇佣决策的偏见性,同时应聘者在面试过程中能对公司的团队文化、人员和工作有更多的了解。

(三)提高面试的信度和效度

不同的面试方法有不同的优劣势,关于面试的很多研究表明,面试的信度和效度很低。要增强人员甄选面试的效用,人力资源管理者要注意以下几点:

第一,应该使面试结构化、标准化,并且不要使面试的目标过于分散。也就是说,人力资源管理应该事先制订出计划,在面试过程中根据少量的可观察维度(比如人际关系风格以及自我表达能力)来对应聘者进行量化的等级评价,同时尽量避免对那些通过测试手段就能评价其能力（比如智力，打字速度等）的方法用面试来评价。

第二，面试过程中尽量通过情景面试和行为描述面试，问一些与实际工作相关或者在实际工作中可能出现的特定情况相关的问题，因为这两种类型的问题可以比较有效地反映或预测出应聘者处理问题的能力。

第三，对参加面试官的培训也是十分重要的。通过这种培训，企业要让面试官知道怎样才能避免对应聘者进行评价时可能出现的许多主观性偏差。也就是说，面试者需要意识到他们个人在面试过程中，可能会出现哪些方面的偏差、持有哪些偏见以及自己的哪些个人特征有可能会影响到对应聘者的客观评价。

思考与练习

1. 招聘来源有哪几种？各有何优劣？
2. 企业可以通过哪些途径来进行招聘？
3. 招聘和甄选与企业战略之间有何关系？谈谈你的看法。
4. 假如你是这家酒店的人力资源部经理，前厅部主管突然跳槽了，针对这一状况，你会怎么做？
5. 某旅行社准备新开设一条广东省内温泉旅游线路，现急需一批导游。请为该旅行社设计一则招聘广告。你认为以何种途径来招聘更有效？

第五章

员工培训与开发

本章导读

员工培训是企业提高员工整体素质和能力的重要环节。本章对培训的含义、培训的角色分工以及培训与学习型组织的关系做了较为详细的阐述,重点介绍培训的过程。在本章中,学习者应重点掌握员工培训的意义以及培训过程的各个重要环节。

第一节 培训概述

一、培训的含义

培训是指企业有计划地实施有助于员工学习与工作能力的相关活动。这些能力包括知识、技能或对工作绩效起关键作用的行为。

企业培训具有以下的特点:
(1)企业培训的主体是个人或群体;
(2)企业培训的直接目的在于让员工掌握培训项目中强调的知识、技能和行为,并且能将其应用于日常工作当中;
(3)企业培训是由企业计划和安排的;
(4)企业培训本质上是一个循序渐进的过程。

越来越多的企业已将培训作为人力资源开发的重要手段,一方面通过培训向本企业的员工传授更广泛的知识技能,另一方面利用培训强化员工的献身精神,为员工不断地提供提高自我的机会。

二、培训的作用

如果将培训的受益人分成企业和员工,培训的作用体现在以下两个方面:

(一)培训对企业的作用

对企业组织而言,培训有利于:

(1)振作士气,增强企业的竞争力。公司在员工身上耗费培训开支,员工会感到自己的价值被公司认可和重视,从而有更强的动力去努力工作。培训将为企业造就一支目标明确、合作愉快、技能娴熟的大团队,在竞争中发挥重要作用,使企业面对变化游刃有余。培训帮助员工适应变化,从变革中获益。

(2)提高工作效率。员工通过培训,学会使用新的设备、新的工作方法或者适应新的体系,进而有可能有更高的效率。

(3)维持稳定的工作标准。培训有助于保证企业员工以同样的方法来工作,并且当员工群体出现新的特点时,培训可以保证工作标准的连续性。

(4)节省成本。如果不培训,尽管短期内企业暂时省下了培训支出,但未来要为旧员工离开后新员工付出更多的培训成本,同时招聘也是有成本的。

(5)留住企业宝贵的人才。培训也许会使员工不会再因缺乏公司的支持而"跳槽",而人才过于频繁的流动对于企业的损害是有目共睹的。

(二)培训对员工个人的意义

对员工个人而言,培训有助于:

(1)增强工作主动性。培训能使员工的工作主动性成为一种经常存在的力量。

(2)更深刻地认识自己的工作。培训提供一个使员工远离日常工作压力的机会,有助于员工理解自身在企业中的作用,同时更加认同企业的一些行为。

(3)增长知识,提高技能。员工仅仅从日常的偶然事件所带来的经验中学习是不够的,培训作为一种系统有效的训练可以弥补经验的缺陷。

(4)有助于职业生涯的发展。培训不仅使员工提高适应变化的能力,还使其在培训中明确未来的发展方向。

三、培训角色分工

一般企业中参与培训与开发的角色主要有四种:最高领导层、人力资源部、职能部门和员工。四种角色在培训活动中的职责和作用是有明显差异的(见表5-1)。

表5-1 不同角色在培训中的作用

培训活动	最高管理层	职能部门	人力资源部	员工
确定培训需要和目的	部分参与	参与	负责	参与
决定培训标准		参与	负责	
选择培训讲师		参与	负责	
确定培训教材		参与	负责	
计划培训项目	部分参与	参与	负责	
实施培训项目		偶尔负责	主要负责	参与
评价培训项目	部分参与	参与	负责	参与
确定培训预算	负责	参与	参与	

资料来源:胡君辰,郑绍濂.人力资源开发与管理(第二版).上海:复旦大学出版社,2003.

从表5-1可以看出,人力资源部门是培训工作的一个主要负责部门,但培训的相关工作不仅仅是人力资源部门的职责,还需要其他部门和人员的紧密配合。各个职能部门几乎都参与各项培训活动,而最高管理层主要负责培训的预算,以及一些重要培训项目的计划与评价工作,员工则主要是参与确定培训的需要和目的、实施培训项目和评估培训项目等方面的活动。

四、培训师的素质与培养

企业培训师是指那些掌握了现代培训理念和手段,能够结合企业的实际需求策划和开发培训项目,制订和实施培训计划,并从事培训咨询和教学活动的人。企业培训师素质的高低对企业的培训项目的成败起着非常重要的作用,具体来说,一个优秀的培训师应该具备以下的四方面素质和五种能力:

(一)四方面素质

(1)积极主动

培训师只有具备了积极主动的素质,才能很好地履行工作职责,才能较好地提供优质、高效的培训服务。积极主动有以下几点内含:一是积极主动与各方面保持良好的信息交流;二是主动协调培训资源(人、物等);三是积极主动、热情地为培训主办部门、培训学员等提供高效、优质的服务;四是积极主动、规范地履行培训管理职责。

(2)严谨细致

培训师需具备严谨细致的素质,才能在每个工作环节中保证高水平的正确率,避免给其他人后续工作带来不必要的麻烦;才能提高工作效率,避免不必要的时间、资金、人力、物力的浪费。

(3)善于合作

培训师应具备善于合作的素质,才能创造和谐的人际关系和工作环境,才能保持与培训相关方面的和谐气氛。

(4)追求卓越

培训师应具备追求卓越的素质,才能在培训工作的各个环节发现问题,保证培训质量与效果持续改进;才能不断提高自己及所在团队的能力,完成培训的使命。虽然,有些培训项目每年都在做,但每年都需要进行改进工作。

(二)五种能力

(1)观察分析能力

简单来说,观察分析能力就是培训师在课堂上善于"察言观色"的能力。学员有意无意表现出来的语言或形体、语言信号,培训师应该时刻注意,并随时调整自己的授课进度或方法以配合学员的心理状态。因为培训是以学员为中心的,培训的目的在于使学员理解知识、掌握技能,而非培训师单方面的灌输。时刻把握学员的状态和需求是培训师的基本功。

(2)思维表达能力

培训师应具备良好的思维表达能力,包括语言表达能力和文字表达能力。其中,最重要的是文字表达能力,想清楚了才能写出来。培训需求调研报告、培训方案、费用预算、培训指南、学员管理办法、培训项目总结等均需要用文字表达出来,才能让有关人员明白,才能实现具体培训项目的培训目标。

(3)沟通整合能力

良好的沟通技能是优秀培训师的基本能力。优秀培训师除了培训前期与管理层、各部门、学员和其主管领导进行沟通外,还需在培训开始前友善地与每个学员进行沟通,充分了解学员在培训现场的动机和心态。培训中培训师要运用各种沟通整合能力,来全面地表达培训内容。讲述时要条理清楚,内容充分,深入浅出;在和学员互动的过程中,要能用风趣的语言和生动的示范动作,打破课堂的沉闷,消除学员间的隔膜。在培训过程中和休息期间也要与学员进行交流,从而在整个培训过程中能准确把握好学员的需求。

(4)学习能力

对于培训师而言,学习是工作的一部分,或者说是工作的一种形式。学习可以达到两个目的,一是培训师自身的进步和提高,二是学员的学习进步。最重要的是拥有一个开放的学习心态,接纳新的理念和思维。

(5)应变能力

在培训中,人员、任务或环境发生变化是常有的事情。有时候,这种变化会很大而且很突然,但是无论发生什么,培训师都要排除困难以保持培训效果。例如电子投影仪突然失灵,或是电脑发生故障等,对于培训师来说都会打乱原定培训计划。这时就需要有灵活的方法,比如临时组织一个游戏,或者组织讨论团队等,做到适时应变。

社会在进步,环境在变化,企业的需求和学员的需求也日新月异,专职培训师及其团队必须不断提高以上四方面素质和五种能力,才能高效、优质地完成培训任务,才能保证优秀的培训质量与效果,才能确保高水平的培训满意率,完成其应该承担的历史使命。

第二节 培训的过程

企业的培训是一个系统的工程,主要由确定培训需求、制订和实施培训计划以及进行培训评估和控制这三个步骤组成。

一、确定培训需求

（一）培训需求分析三要素

培训需求分析是指在规划与设计每项培训活动之前，由培训部门、人事部门、其他工作人员等采用各种方法与技术，对组织及其成员的目标、知识、技能等方面进行系统的鉴别与分析，以确定是否需要培训及培训内容的一种活动或过程。

培训需求分析的科学性与否将直接影响到培训工作的成败，组织分析、人员分析和任务分析这三要素可以为培训需求分析计划打下良好基础，帮助我们得到一个明确、完整的培训需求，下面我们将对这三个要素分别进行阐述。

1. 组织分析

分析在给定企业经营战略的条件下，企业应决定哪些相应的培训方案，为培训方案提供可利用的资源，以及管理者和同事对培训活动应提供的支持。

培训的战略性角色影响着培训的频率和类型，以及企业培训职能部门的组建形式。在那些期望培训能有助于实现经营战略与目标的企业当中，在培训上的投资及培训的频率一般高于那些随意进行培训或没有战略目标理念的公司。同时，大量研究表明，管理者对培训的支持具有十分重要的作用，培训成功的关键在于管理者对培训活动的参与是否抱有正确的态度，他们是否愿意向受训者提供有关如何在工作中有效利用培训中学到的知识、技能、行为方式的信息，并为受训者提供在实际工作中应用培训所学内容的机会。如果管理者不采取支持的态度或行为，那么员工就很难将培训收获运用到实际工作中。

如果企业本身缺乏时间或能力对员工进行培训，那么选择一个能够提供高质量培训服务的供应商就十分重要了。培训供应商主要包括咨询公司、培训公司或科研机构。当由外部供应商来提供培训服务时，企业需要考虑的很重要的一点就是，供应商提供的培训项目是针对公司的特定需要，还是咨询者只准备根据以往在其他组织中应用的培训的基本框架来提供服务。

2. 人员分析

企业要弄清员工工作绩效令人不满意的原因是源于知识、技术、能力的欠缺还是属于个人动机或工作设计方面的问题，这就是帮助企业确定哪些员工需要培训的方法。通过分析员工目前实际的工作绩效与预期的工作绩效来判定是否有对其进行培训的必要。

影响员工绩效水平的因素包括个人技能、工作条件、工作结果和激励等。员工的个人技能又分为基本技能、认知能力和自我效能，员工不仅要具备胜任其工作岗位的技能，另外还需要有分析、解决问题的能力，以及对能够胜任某项工作所具有的自信心。为激励员工参加培训项目的学习，企业必须使他们清楚意识到自己的优势和弱点,以及培训项目与克服这些弱点之间的联系。管理者可以通过与员工开展绩效面谈、举办职业生涯设计讨论,或让员工完成一项有关自身优势和不足、职业兴趣和目标的自我评价来实现。

企业在做培训需求分析时还要判断是否需要通过培训来解决工作绩效问题。在员工不知道如何执行任务的情况下,培训可能是解决绩效问题的最佳途径。但如果员工具备执行任务的知识和技能,而工作条件达不到要求、业绩优秀的员工得不到奖励、员工不能得到及时准确的绩效反馈,培训也许就不是最好的解决问题的方案了。

人员分析重在寻找证据来证实能够通过培训来解决的问题,明确哪些人需要培训,以及员工是否具有基本技能、态度和信心以使他们可以掌握培训项目的内容。由于工作绩效问题是公司考虑对员工进行培训的重要原因之一,因此,如何将个人技能和其他因素联系起来也是很重要的。

3. 任务分析

包括确定重要的任务,以及需要在培训中加以强调的知识、技能和行为方式以帮助员工完成任务。对任务进行分析的最终结果是有关工作活动的详细描述。任务分析是一个耗时又乏味的过程,它需要投入大量时间来收集并归纳数据,这些数据来自公司内的经理、员工和培训人员。任务分析包括以下三个步骤:

(1)选择待分析的工作岗位,罗列出工作岗位所需执行的各项任务的基本清单,主要通过访问并观察员工的工作和与其他进行任务分析的人员共同讨论。

(2)确保任务基本清单的可靠性和有效性,让一组专门项目专家以开会或书面调查的形式回答有关各项工作任务的问题。问题类型如下:执行该任务的频率?完成各项任务需要多长时间?该任务对取得良好的工作业绩有多重要?学习各项任务的难度有多大?该任务对新员工的要求标准是什么?

(3)一旦工作任务确定下来,就要明确胜任一项任务所需的知识和技能。这类信息可通过访问和调查问卷的形式来收集,获取有关信息对于决定参加培训事先应具备的知识、技能及潜能等前提条件至关重要。对于培训而言,有关知识、技能的学习难度的信息才是重要的,正如员工在承担工作前是否应掌握知识、技能一样。

(二)培训需求调查方法

培训需求分析的过程必须精确。为保证信息的质量和精确性,选择一个收集信息的调查方法非常重要。现在有许多进行培训需求调查的方法,但是选择一个高质量收集信息的需求调查的方法还需要做出很大的努力。因为每种方法都有其自身的特点,影响到获得信息的种类和质量,同时一次彻底的培训需求调查需要采用多种方法。以下,我们对一些主要的培训需求分析方法进行简单的介绍:

1. 观察法

观察法即通过一段时间的详细观察,来确定哪些人需要培训,他们需要什么样的培训。一般来说,我们可以通过组织一个观察网络到各个部门定期收集信息,根据信息,把受训人分成几种类型,再根据不同的类型,设计不同的培训项目。

2. 调查问卷法

这种方法是使用最为广泛的方法。此方法成功的关键是要把问卷设计好,既要使问题合理,能体现出问卷的意图,又要使被调查人乐于回答、易于回答。

3. 阅读技术手册法

技术手册是企业的核心材料,里面记录了完成各项工作对员工技能的具体要求。培训部门的人员通过定期阅读技术手册和记录,能及时发现企业所急需的关键技能和员工所掌握的技术情况,从而设计出有效的培训体系和项目。

4. 访问专家法

专家是掌握一个企业的或整个培训市场信息的权威人士,通过咨询本公司的技术专家或培训市场的培训专家,企业可以较为清楚地了解到本公司的优劣所在,了解到培训市场的最新趋势和知识,有利于帮助企业设计出合理的培训项目。

5. 员工访谈法

培训需求分析人员以正式或者非正式的形式,对其选定的员工个人或群体进行访谈,访谈方式可以是通过电话沟通,也可以是在工作地点进行,访谈的问题可以是结构化的也可以是非结构化的。通过和员工的交谈,企业可以获得一些其意想不到的信息。

表5-2 常用培训需求调查方法的优缺点

方法	优点	缺点
观察法	1. 得到有关工作环境的数据 2. 将评估活动对工作的干扰降至最低	1. 需要高水平的观察者 2. 员工的行为方式有可能因为被观察而受影响
调查问卷法	1. 费用低廉 2. 可从大量人员那里收集到数据 3. 易于对数据进行归纳总结	1. 时间长 2. 回收率可能会很低,有些答案不符合要求、不够具体
阅读技术手册法	1. 有关工作程序的理想信息来源 2. 目的性强 3. 有关新的工作和在生产过程中新产生的工作所包含任务的理想信息来源	1. 分析人员可能不了解技术术语 2. 材料可能已经过时

续表

方法	优点	缺点
访问专家法	1.利于发现培训需求的具体问题,及问题的原因和解决方法	1.费时 2.分析难度大 3.需要高水平的访问者
员工访谈法	1.可以从员工情感的层次出发 2.为员工提供最大的机会来关注和表述他自己和他的团体的利益	1.费时 2.很难分析和得到定量的结果 3.需要高水平访问者

二、制订和实施培训计划

培训流程的第二个基础环节就是在对培训需求及其任务调查研究的基础上,设计和制订出相应的培训计划。对于不同的培训对象和不同的培训内容,培训计划也是各不相同的。但重要的培训计划至少应包括企业培训意义、培训任务和目的、培训内容和形式、培训方法、培训时间和步骤、培训的考核及其要求等内容。培训体系应根据实际情况提出若干可供选择的方案,以便于高层决策。培训计划体系是否具有可操作性,不仅有培训指导思想、培训方针政策正误问题,而且有培训策略、培训方案的安排妥否问题。如培训课程的适用性、培训方式的选择、培训时间的安排、培训人员的岗位填充等,都要考虑细致周到,否则将会影响其实施的顺利性。下面,我们就分别对培训内容、培训形式和培训方法进行一个简单的介绍:

（一）培训内容

培训从内容上大致上可分为以下四种:

1. 管理能力培训

其对象为公司的中高层管理人员以及具有发展潜力的员工,这是企业提高工作效率和竞争能力的根本办法。

2. 专业技能培训

其对象是不同业务、职能部门的专业技术人员。专业技能培训是提高企业核心竞争能力的重要基础。

3. 基本技能培训

其对象是全体员工,培训内容如团队内的沟通、协作等,这是保证团队健康有序运作的前提。

4. 基本素质培训

基本素质培训内容如公司文化传播、企业价值观灌输、诚信教育等,其培训对象也是全体员工,这是持续影响企业生存和发展的、具有深远意义的企业文化培育。

(二)培训形式

1. 脱产培训

脱产培训是企业根据实际工作的需要选派不同层次的、有培养前途的员工,集中时间离开工作岗位,到专门的学校、研究机构或其他培训机构脱产学习。这种培训比较正规,一般理论知识的学习比重大,是一种"充电式"的学习,一般限于高层管理者、技术骨干等。由于脱产培训时间长,培训成本较高,短期内会对企业造成一定的影响,但由于培训比较系统化、有深度,所以对提高管理人员和技术人员的素质非常有效,从长期来看,对企业非常有利。

2. 在职培训

在职培训是员工在企业内通过工作进行学习,或在工作过程中利用工余时间由上级领导有组织、有计划地进行培训。它是企业培训的主要形式,从高层管理者到一线员工,都要不断地进行有效的在职培训。这种培训形式一般针对性强、成本低,对生产影响小,对于改善企业的管理水平、提高员工的技术操作水平以及提高企业的生产率都非常有效。

3. 学徒培训

学徒培训是一种边干边学的培训形式,是在工作中直接培养后备人才的制度,它采用师父带徒弟,或导师制的方式,通过一定时间的实践,使新入职人员掌握相关的工作技能,更快速地成为有经验的员工。

4. 业余学习

业余学习是企业员工利用工作之外的业余时间,通过自学或函授教育等形式获得新知识,进行个人能力的开发。随着社会的快速发展和竞争的日益加剧,业余学习已越来越引起企业员工的重视。对于员工的这种自我学习行为,企业应制定相应的政策予以鼓励,必要时给参加学习的员工一定的补贴。这样可以激发员工的上进心和工作热情,提高企业的凝聚力。

(三)培训方法

1. 传统的培训方法

(1)讲授法

讲授法是最为传统的培训方式,也是培训中应用最普遍的一种方法。它是教师通过语言表达,系统地向受训者传授知识,期望受训者能记住其中特定知识和重要观点。其优点是运用起来方便,便于培训者控制整个过程;缺点是单向信息传递,反馈效果差,不符合成人经验式学习的特点,灵活性差。讲授法常被用于一些概念性知识的学习和培训。

(2) 视听技术法

通过视听技术(如幻灯片、录像片、投影仪等工具)对学员进行培训。其优点是运用视觉与听觉的感知方式,直观鲜明。但学员的反馈与实践差,且制作与购买的成本高,内容易过时。此种方法多用于介绍企业市场信息、传授技能等培训内容,也可用于概念性知识的学习和培训。

(3) 讨论法

讨论法是通过受训者之间的讨论来解决疑难问题,巩固和扩大学习的知识。依照费用与操作的复杂程度,讨论法又可分为一般小组讨论与研讨会两种方式。研讨会多以特色演讲为主,中途或会后允许学员与演讲者进行交流沟通。其优点是信息可以多向传递,与讲授法相比反馈效果较好,但费用较高。而小组讨论法的特点是信息交流方式为多向传递,学员的参与性高,费用低。多用于巩固知识,训练学员分析、解决问题的能力与人际交往的能力,但运用时对培训教师的要求较高。

(4) 案例研究

案例研究法是借助一定的视听媒介,如文字、录音、录像等,描述客观存在的真实情境,然后就其中存在的问题展开讨论、分析,从而提高员工观察问题和解决问题的能力的方法。这一方式使用费用低,反馈效果好,可有效提高学员分析解决问题的能力。案例、讨论的方式也可用于知识类的培训,且效果更佳。

(5) 角色扮演

角色扮演法是设定一个最接近状况的培训环境,受训者在培训教师设计的工作情境中扮演其中角色,其他学员与培训教师在学员表演后作适当的点评。由于信息传递多向化,反馈效果好、实践性强、费用低,因而多用于人际关系能力的训练。

(6) 企业内部网络培训

这是一种借助于计算机网络信息技术的培训方式,投入较大,对学员的监督较弱,但由于使用灵活,符合分散式学习的新趋势,节省学员集中培训的交通费用与其他费用,信息传递优势明显,更适合成人学习的特点等因素,为实力雄厚的企业所青睐。

(7) 自我指导学习

这一方式是由员工自己全权负责学习——什么时候学习以及谁将参与到学习过程中来。受训者不需要任何指导,只需按照自己的学习进度学习预定的培训内容。这种方式较适合于一般概念性知识的学习,由于成人学习具有偏重经验与理解的特性,让具有一定学习能力与自觉的学员自学是既经济又实用的方法,但此方式也存在监督性弱的缺陷。

(8) 冒险性学习

冒险性学习还被称为野外培训或户外培训。冒险性学习注重于利用有组织的户外活动来开发团队协作和领导技能。它适用于开发与团队效率有关的技能，如自我意识、问题解决、冲突管理和风险承担。

2. 现代培训方法

(1) 行动学习法 (Action learning)

"行动学习法"由英国国际管理协会 (International Management Center) 主席烈·睿文 (Reg Revans) 所创立，又称"干中学"，就是在行动中学习，即通过让受训者参与一些实际工作项目，或解决一些实际问题，如领导企业扭亏为盈、参加业务拓展团队、参与项目攻关小组，或者在比自己高好几等级的卓越领导者身边工作等，来发展他们的领导能力，从而协助组织对变化做出更有效的反应。一般情况下，行动学习包括 6~30 名员工，还可包括顾客和经销商。

行动学习法有两个着眼点：一是发展或重塑领导人，也就是企业的各级各类管理者；二是解决企业自身的战略或运营问题，其大规模的应用能够用来重塑整个企业的经营方式和组织文化。两个目标相互支撑，正是行动学习的立意独特之处。行动学习法将学与做紧密结合为一体，既可以培养人，又可以解决实际问题。因此，它是企业将重塑领导人及企业自身合二为一的方法，其功效是倍增的。

行动学习的过程有两种交替进行的活动：一是集中的专题研讨会，参与者在研讨会上得到促人警醒、发人深省的观点和信息，学习开展行动学习项目工作的方法；二是分散的实地活动，包括行动学习小组为解决实际的项目问题去实地搜集资料、研究问题的活动，也包括辅助性的团队建设活动。通过历时数星期乃至数个月的几聚几散，参与者的领导能力和解决问题能力得以提高，组织的战略和策略问题得以解决。

(2) 混合式培训法

混合式培训就是在信息技术迅速发展的今天，将传统培训方式与网络培训的方式相结合的一种有效的培训方式，分别利用两种培训的优势共同建立一套多元化的培训模式。

网络培训也称为 E-Learning，是指通过网络或其他数字化内容进行学习与教学的活动，它充分利用现代信息技术所提供的、具有全新沟通机制与丰富资源的学习环境，实现一种全新的学习方式。

混合式培训法是以传统培训为主，网络培训为辅的两者结合培训模式。具体实施方案如下：

①在企业内部建立网络培训平台，利用网络培训的平台实现有效的培训管理，将培训的资料、记录以及知识库进行科学的分类、管理，对培训更好地规划、安排。

②将大量、重复、快速更新的培训内容通过网络培训的方式迅速有效地传递给员工、经销商或者合作伙伴。

③对于一些实践性、参与性强的培训,企业仍然需要通过传统的培训方式如内训或者外训等来实现。

④即使是传统培训,为了加强培训效果,使培训效果更加持久,仍然需要将培训的部分内容放入企业知识库,通过网络培训的方式再次强化,扩充知识传递的渠道,亦可以让更多的员工参与,强化培训效果。

这种既能提供高度互动又能累积企业智慧的网络培训与传统培训结合方式,就是我们提倡的混合式培训法。

(3)教练辅导技术

教练辅导技术是一种目标定向的一对一式的学习和行为改变方式,主要用来提高个体工作绩效、工作满意感和组织效能。教练辅导技术主要应用于员工领导力提升培训中,它既可以是围绕提高某一特殊领导技能而实施的短期干预,也可以是通过一系列不同方式开展的一个较长期的过程。教练通常由学习者在组织中的直线管理者(line manager)担任。学习者一般为个体,有时也会是一个12~15人组成的团队。近年来,作为一种促进商业领域领导者发展的方式,教练辅导越来越流行,许多组织开始提供教练辅导的服务,即由组织之外的专业教练向管理者提供一对一个性化服务或一对多团队服务,通过教练的服务达到当事人需要实现的目标。目前,接受这种教练辅导技术培训的人士多为组织的高层管理者。

教练辅导得以流行的一个重要原因与其在提高管理者领导力方面的独特功能密不可分,具体表现为:一是个性化强,辅导时间也相对集中,有助于管理者提高自我认知,实现行为变化和自己的职业生涯规划;二是可以帮助领导者明确奋斗目标,将自己有限的精力和时间合理地用于学习和目标实现上;三是通过构建一种纽带关系来帮助高层管理者提高自己的能力,接受新的挑战,并减轻他们的孤独感;四是选拔和培养合格的领导者,使组织成功应对高层领导的继任问题。

三、培训的控制和评估

(一)确保培训成果有效应用于企业实践

无论采用何种培训方法,受训者在获得知识技能、理念上的进步之后,要巩固培训效果,就必须进行实践,通过实践有效且持续地将所学到的知识、技能等运用于生产、管理、研发工作中。经过一段时间的实践后,员工的行为习惯固定下来,培训才真正达到了目的。

受训者的上级管理人员应积极支持其下属参加培训,支持受训者将所学的技能运用到工作中去,为下属创造便利的环境。受训者也可以通过自愿组成一个小群体,利用在一起定期讨论的方式来强化培训成果的转化。企业也应向受训者提供或由受训者主动寻找来应用培训中所学的新技能和行为而得到加薪等外在奖励,也会因为运用在培训中所学的新技能和行为而得到上级同事的赞赏等内在奖励,从而提升受训者的工作积极性,很好地将培训成果转化到工作中去。

(二)柯克帕特里克四层次培训评估模型

有关培训评估的最著名的模型,是由柯克帕特里克(D. L. Kirkpatrick,1996)提出的。从评估的深度和难度看,柯克帕特里克的模型包括反应层、学习层、行为层和结果层四个层次。人力资源开发人员要确定最终的培训评估层次,因为这将决定要收集的数据种类,如表5-3所示。

表5-3 柯克帕特里克四级别方法

层次	可以问的问题	评估方法
反应层	受训人员喜欢该培训项目吗? 对培训人员和设施有什么意见? 课程有用吗? 他们有些什么建议?	问卷
学习层	受训人员在培训前后,知识以及技能的掌握方面有多大程度的提高?	笔试、绩效考试
行为层	培训后,受训人员的行为有无不同? 他们在工作中是否使用了在培训中学到的知识?	由监工、同事、客户和下属进行绩效考核
结果层	组织是否因为培训经营得更好了?	事故率、生产率、流动率、质量、士气

1. 反应层评估

反应层评估是评估受训人员对培训项目的看法,包括对培训材料、老师、设施、方法和内容等的看法。反应层评估的主要方法是问卷调查。问卷调查是在培训项目结束时,收集受训人员对于培训项目的效果和有用性的反应,受训人员的反应对于重新设计或继续培训项目至关重要。反应层评估的问卷调查易于实施,通常只需要几分钟的时间。如果设计适当的话,问卷调查也很容易分析、制表和总结。问卷调查的缺点是其数据是主观的,并且是建立在受训人员在测试时的意见和情感之上的。个人意见的偏差有可能夸大评定分数,而且,在培训课程结束前的最后一节课,受训人员对课程的判断很容易受到经验丰富的培训协调员或培训机构的领导者富有鼓动性的总结发言的影响,加之有些受训人员会考虑到情面,所有这一切均可能在评估时减弱受训人员原先对该课程不好的印象,从而影响评估结果的有效性。

2. 学习层评估

学习层评估是目前最常见、也是最常用到的一种评价方式。它是测量受训人员对原理、事实、技术和技能的掌握程度。学习层评估的方法包括笔试、技能操练和工作模拟等。培训组织者可以通过笔试、绩效考核等方法来了解受训人员在培训前后知识和技能的掌握方面有多大程度的提高。笔试是了解知识掌握程度的最直接的方法,强调对学习效果的评价,也有利于增强受训人员的学习动机。

3. 行为层评估

行为层的评估往往发生在培训结束后的一段时间,由上级、同事或客户观察受训人员的行为,了解员工的行为在培训前后是否有差别,员工是否在工作中运用了培训中学到的知识。这个层次的评估可以包括受训人员的主观感觉、下属和同事对其培训前后行为变化的对比,以及受训人员本人的自评。这种评价方法要求人力资源部门与职能部门之间建立良好的关系,以便不断获得员工的行为信息。培训的目的就是要改变员工工作中的不正确操作或提高他们的工作效率,因此,如果培训的结果是员工的行为并没有发生太大的变化,这也说明过去的培训是无效的。

4. 结果层评估

结果层评估上升到组织的高度,即组织是否因为培训而经营得更好了?这可以通过一些指标来衡量,如事故率、生产率、员工流动率、产品和服务质量、员工士气以及企业对客户的服务等。通过对这样一些组织指标的分析,企业能够了解培训带来的收益。例如人力资源开发人员可以分析比较事故率,以及事故率的下降有多大程度归因于培训,从而确定培训对组织整体的贡献。

(三)根据评估结果进行调整

基于对收集到的培训评估信息进行认真分析的基础上,人力资源开发部门就可以有针对性地调整培训项目。如果培训项目没有什么效果或是存在问题,人力资源开发人员就要对该项目进行调整或考虑取消该项目。如果评估结果表明,培训项目的某些部分不够有效,例如,内容不适当、授课方式不适当、对工作没有足够的影响或受训人员本身缺乏积极性等,人力资源开发人员就可以有针对性地考虑对这些部分进行重新设计或调整。

(四)沟通培训项目结果

在培训评估过程中,人们往往忽视对培训评估结果的沟通。尽管经过分析和解释后的评估数据将转给某个人,但是,当应该得到这些信息的人没有得到时,就会出现问题。在沟通有关培训评估信息时,培训部门一定要做到不存偏见和有效率。一般来说,企业中有四种人是必须要得到培训评估结果的。

1. 人力资源开发人员

人力资源开发人员需要这些信息来改进培训项目。只有在得到反馈意见的基础上精益求精,培训项目才能得到提高。

2. 管理层

管理层是另一个重要的人群,因为他们当中有一些是决策人物,决定着培训项目的未来。评估的基本目的之一就是为妥善地决策提供基础。应该为继续这种努力投入更多的资金吗?这个项目值得做吗?应该向管理层传递这些问题及其答案。

3. 受训人员

他们应该知道自己的培训效果怎么样,并且将自己的业绩表现与其他人的业绩表现进行比较。这种意见反馈有助于他们继续努力,也有助于将来参加该培训项目学习的人员不断努力。

4. 受训人员的直接管理者

受训人员的直接管理者承担着帮助受训人员将培训成果有效应用于实践的重要任务,如果没有他们对受训者的直接支持和鼓励,那么再好的培训效果也不能很好地付诸实践。

四、影响培训效果的因素

培训的有效性取决于培训的准备、实施和转化过程中的各种因素。比如员工过于劳累,缺少自我激励,管理层对培训缺乏有效的支持,企业对员工运用所学新知识、新技能缺乏奖励措施等,都有可能影响培训成效。

(一)个人因素

1. 个人能力

个人学习新知识和技能的能力对培训的准备和培训实绩有直接的影响。从企业培训设计内容和培训实施方法来看,不少培训计划要求参加培训的人能够对比较复杂的信息作出分析和判断。如酒店督导课程、管理课程中的"领导艺术""策略行动计划的制订"之类的主体,对受训者的判断分析能力、决策能力有较高的要求。如果受训者已经具备一定的判断推理、决策分析能力,那么其学习效率相对较高。管理者在设计培训课程和实施培训方案时,必须考虑受训者个人的能力,对其"可培训性"进行正确评估,充分重视每一个员工个人工作的"适合性";了解完成某一具体岗位工作任务所需要的知识和技能,确定哪些需要可以从现有的培训计划中获得,哪些人需要为其重新设计特别的培训计划。

2. 个人态度

个人对工作的态度也影响其对培训的看法和培训的准备。如果个人对工作有较高的投入和较强的责任感,那么他会更珍惜培训这一获得新知识和技能的机会,对获得和运用新知识和技能有着强烈的愿望,从而会自觉做好培训必要的准备工作。例如,与主管讨论哪种培训方法有助于较快提高工作业绩,在培训过程中积极主动提出问题,等等。管理者在策划培训时有必要分析个人对工作和组织的态度,并采取相应措施,鼓励员工投入工作,从而有效地增强培训效果。

3. 自我激励

具有自我激励精神的员工比较积极主动,能够从培训中获得更多的知识,而且在培训结束后,他们更乐于运用其所学到的新知识和技能,培训的转化会比较顺利。调查表明,受训者的个人动机与其在培训中所吸收的知识有直接的联系。企业管理者应该激发员工参加培训的积极性,通过与员工的交流,了解他们的价值取向和需求目标,把个人需求与培训成果直接联系起来,使员工明白组织培训目标和个人目标的内在联系,从而激发其积极性,为实现组织目标、同时也是实现自身目标而努力。假设一个员工参加了酒店"对客服务技巧"的培训,如果该员工更重视晋升,企业管理者就应明确地向他传递这样的信息:使用培训所获得的服务技巧,将有助于他提高整体工作业绩,为其晋升提供必要条件,使个人目标与酒店培训目标一致。

(二)工作环境因素

管理者必须考虑员工个人对工作环境和工作制度的看法,因为这两者对员工的学习和员工的行为有很大的影响。工作特点、企业文化和组织制度是属于工作环境的三个因素,这三个因素对企业培训的有效性有较大影响。

1. 工作特点

不少企业对员工提出了许多要求,这对员工造成了一定压力,对其运用新知识和技能也有一定的促进作用。但是,如果工作压力太大,每天疲于奔命,他们就无暇运用新知识和技能。因此,要使培训内容得以顺利转化,企业就应该创造条件让员工有机会实践和巩固他们学到的知识和技能。否则,时间一长,他们学过的知识就会逐渐淡忘。

2. 企业文化

如果一个企业有良好的学习气氛,企业的社会标准和价值取向是支持、提倡学习的,那么个人参加培训的积极性一定很高。管理者公开向员工表明自己的态度,指出在企业中获得和运用新知识和技能的必要性,员工学习的愿望会更大,学习的热情会更高。相反,如果管理者本身不重视培训,甚至把培训当儿戏,员工就不可能有学习和工作的热情。

3. 组织制度

组织制度,尤其是评估制度和报酬制度对企业培训的有效性有着直接的影响。

员工参加培训,运用新知识和技能,应受到企业管理层的重视。企业的评估制度和报酬制度应该体现这一点。例如,在确定评估方针和评估方式时,就应考虑到如何才能鼓励员工不断学习,大胆运用新知识、新技能,将报酬与员工通过培训所取得的工作业绩直接挂钩,使员工的进步得到承认。

第三节 旅游企业员工领导能力的培养

企业能否成功,很大程度上取决于企业领导者的素质。具备领导才能对于企业任何一个层次的管理人员来说都是很重要的。面对竞争越来越激烈的市场环境,企业更加重视服务质量管理,不少企业追求卓越的服务,留住忠诚顾客。培养旅游企业的领导者,尤其是中层领导者,是企业进行服务质量管理的关键一步。很多学者对领导问题进行了研究,但很少有人专门去探讨如何培养服务领导才能。

一、旅游企业领导者素质

尽管有些人把"领导"与"管理"两个术语作为同义词看待,但事实上,这两者之间是有区别的。并非所有的管理者都是领导者,同样的,并非所有的领导者都是管理者。领导者强调组织感情资源和精神资源,而管理者强调组织有形资源,诸如原材料、技术、资本。领导和管理对于企业实现最佳绩效具有同等的重要性,在企业经营管理过程中,两者不可或缺。但是,大多数企业过于强调管理,忽略了领导的重要性。他们只重视制订正式的计划,设计规范的组织结构,监督计划的实施情况,但忽视开发企业领导才能,利用企业情感和精神资源。重视领导才能的培养恰恰是追求卓越的服务企业的主要特点之一。

管理与领导之间存在清晰的界线,界线就在于要别人去做和激励别人想要去做。管理者可以要别人去做事情,领导者却激励别人去做。旅游企业领导者应具备以下四个方面的素质:

(一)服务观念

旅游企业领导者把为顾客提供卓越服务看成是企业经营的动力,是企业区别于竞争对手的重要手段之一。他们认为优质服务是企业参与市场竞争的基础,他们深知顾客购买的不仅仅是企业产品本身,而是服务。

旅游企业领导者提倡卓越的服务。他们不满足于为顾客提供良好的服务,而是重视服务细节和服务的细微差别,注意从那些在竞争对手看来价值不大、微不足道的细节中寻找市场的机会。他们相信,从企业如何处理小事中可以看出企业的管理风格,企业注重服务细节可以令顾客更加满意,可以使企业与众不同。

旅游企业领导者应确定企业的服务观念,明确企业发展方向。领导者要用语言文字清晰地表达企业的服务观念,生动、形象地描绘企业的发展前景,使广大员工了解企业观念的内容,理解企业观念的意义。领导者还应该在日常工作中做到言行一致,通过自己的一言一行,处处体现企业的服务观念,为员工树立良好的榜样,以便赢得追随者的信赖和尊重。

企业观念可使员工了解自己的工作与企业的工作之间的关系,理解自己可为企业做出哪些贡献。企业服务观念为服务提供者指明了工作方向。企业的观念越明确清晰,员工越容易接受,接受企业观念的员工会更努力地工作,齐心协力地实现企业的目标,企业也不需要一厚本一厚本的服务手册和规章制度来控制员工的行为。

(二) 信任员工

旅游企业领导者相信员工的判断力和工作能力,相信员工有能力实现企业的目标,并为员工创造发挥才干的机会。他们信任员工,善于与员工进行沟通,倾听员工的意见,帮助员工理解组织的目标和自己的工作,善于在服务中为员工排忧解难,为企业员工确立支持性的工作环境。旅游企业领导者最根本的服务工作便是为服务者提供服务,他们是员工的指导者而不是员工的老板。他们为员工指明工作方向,确立工作标准,为员工工作成功提供必要的工具,创造必要的条件。他们知道,个别指导是唯一有效的影响员工的方法,他们关心每一位员工,密切注意每一位员工的工作,以便为每一位员工提供必要的指导和支持,把员工指导工作看成是一项日常的工作。

优秀的领导者是足智多谋的教练员、热情的鼓动者、严格的评估者,而不是挑剔的监督员。规章制度并不能调动员工的积极性,规章制度只能强制员工去执行命令,任何规章制度都无法取代有经验的领导者。有效的领导者通过明确实现工作目标的途径来帮助员工清理各种路障,使员工顺利地实现自己的目标,而不是扼杀员工的创造力和创新能力。

(三) 敬业

优秀的旅游企业领导者热爱他们的事业,他们全心全意地投入到每一天的工作中,对工作尽心尽责,有强烈的职业责任感。对事业的热爱促使他们学习更多的知识,在工作上不断创新。真正的领导者把工作作为生活的乐趣,他们对工作充满热情,为顾客提供更加个性化的服务,对顾客有求必应,真诚待客。

敬业爱岗精神极大激发了旅游企业领导者的工作热情。他们对自己高标准、严要求,不但为其他员工提供业务上的教育、培训,而且身体力行地体现企业的价值观、企业的服务风格,在工作中当好员工的表率。

(四) 诚信

旅游企业的领导者坚持做正确的事,即使他要为此付出代价。他们始终如一,公平、诚实地对待顾客、员工、供应商、股东等企业的利益相关者。彼特·杜拉克1988年在《华尔街日报》上指出:有效的领导者能赢得他人的信任,没有信任感,就没追随者。而领导的唯一解释就是有一批追随者。诚信是旅游企业领导者的重要特点。诚信不仅仅是一种经营的哲学,也是经营的伦理。具备诚信品质的领导者,即使面对来自各方的压力和冲突,仍能保持正确的方向。

大多数顾客都愿意与那些诚实可信赖、尊重对方需求和利益的公司打交道。如果员工相信上司能公正地对待自己,感觉到组织运作公平,企业能充分尊重他们的权利和利益,他们就更愿意追随企业的领导者,继续留在企业工作。欺诈、违背承诺、半途而废、滥用职权等,这些不负责任的行为与追求卓越的旅游企业格格不入。旅游企业的领导者追求的不是以牺牲顾客及企业其他相关群体的利益为代价来谋取自身利益的机会,他们追求为顾客、为员工创造价值,留住忠诚的员工,赢得忠诚的顾客。

二、旅游企业领导能力的培养

领导才能是天生的还是习得的?答案是两者都是。特质论认为:具备某些特质确能提高领导者成功的可能性,但没有一种特质是成功的保证。行为理论学派则认为:如果领导者具备一些具体的行为,则我们可以培养领导,设计一些训练项目把有效的领导者所具备的行为模式植入个体身上。领导的一些基本技能可以学习,企业通过培训,可以拥有有效的领导。

旅游企业的领导者是企业改善服务质量,提高服务质量的带头人。如果没有领导者所确定的企业观念、企业应为之奋斗的目标,没有领导者对下属的训练指导和不断鼓励,改善服务质量只能是一纸空谈。追求卓越的服务是一种精神,这种精神也是一种领导的才能,它要求企业领导者用企业共同的价值观去引导员工,激励员工不断探索,不断改善服务质量,而不是用规章制度和操作手册去控制员工做好服务工作。

旅游企业可通过以下几个方面来培养员工的领导才能。

(一)晋升合适的员工

了解旅游企业领导者应具备的素质,把这些素质作为选拔人才的标准,把合适的员工提拔到更重要的岗位上,这是旅游企业培养领导者的最有效方式。

晋升合适的员工具有多方面的作用:

(1)企业让合适的员工随着职务的晋升承担更多的责任,可以使这部分员工的领导才能在实践中逐步提高,并得到更好的发挥。

(2)企业让具备领导素质的员工承担更重要的工作,可以使他们有更多的机会帮助企业改善服务工作。

(3)企业晋升有领导才能的员工,对其他员工有激励的作用,使其他员工意识到具备领导素质无论对企业还是对员工都有好处。

(4)企业让有领导才能的员工参与企业管理工作的同时,也为企业其他员工树立了榜样,对培养其他员工的领导观念和领导技巧有重要意义。

企业要晋升合适的员工,首先要发现具有领导潜质的员工。下面三种方法可以帮助企业发现、检验员工是否具备领导素质。

1. 个人过去的经历和表现

企业根据员工过去的工作经历,了解员工是否在工作中表现出领导才能。从员工个人过去的工作绩效往往可以预测员工个人今后的工作表现和工作能力。企业可以从质量和数量两个方面了解员工个人过去的表现,例如:

——该员工个人事业上曾取得的最大成就是什么?

——该员工在过去的岗位上曾有过哪些创新或提出过什么建设性的意见?

——该员工的服务观念是什么?哪些证据可以表明该员工将会是服务导向的领导者?

——是否有证据表明,该员工在以往的经历中具有非正式任命的领导能力,即不是来自于组织所赋予的职位而产生的对群体的影响力?

2. 个人追求

真正的领导者必须卓有远见,对自己的判断和自己的能力充满信心。他们对自己希望做什么,为什么要这样做非常清楚。他们对目标有坚定的信念,为了实现目标能够做出自我牺牲。作为一个领导者,经常要对复杂的情况作出迅速判断,并对自己的决策和行为负责。犹豫不决、优柔寡断、软弱无能的人不适合做领导者。企业在对员工进行领导才能测试时,应该了解他个人的信念,个人生活的首要准则,根据员工个人的追求和志向来考虑他是否适合做领导者。

3. 本职工作岗位以外的领导能力

在一些大中型企业中,处在非管理岗位员工个人的领导能力往往被埋没,不容易被发现。鼓励员工参与工作岗位以外的一些志愿活动有助于企业发现领导人才。企业可鼓励员工参加一些行业协会,如文化性、服务性组织、非营利性机构活动等,为员工表现领导能力创造新的天地。许多志愿者组织缺乏资金,需要克服种种困难,要成功地领导志愿者组织,需要有组织才能和政治才能,需要具备与其他成员沟通的能力,需有耐心、恒心,有良好的工作态度。因此,员工在志愿者组织中所表现出来的领导能力可以是旅游企业对员工领导才能的一种考验。

有志于培养员工领导才能的旅游企业,应提倡员工参与志愿活动,支持员工参与和完成志愿工作,并通过这一途径发现员工的领导才能。

(二) 参与服务质量管理

企业让员工参与服务质量管理工作可以增加员工的见识，为员工创造发挥才干的机会，充分调动员工的主动性、积极性、创造性，增强员工敬业爱岗精神，培养员工的领导能力。企业的每一位员工都应参与到服务质量改善工作中。与顾客直接接触的员工应参与质量管理工作，因为他们直接了解顾客的需求；为内部顾客提供内部服务的员工也应参与服务质量管理工作，因为他们的工作实绩直接影响企业为外部顾客提供的服务质量；中层管理人员也应该参与质量管理工作，因为企业中的每一个人（除了最高层管理者）都要与他们打交道，企业信息上传下达都要通过他们，高层行政管理人员也应参与服务质量管理工作，他们是确定企业发展方向、使企业取得更大成功的关键人物。

企业可采用不同的方法，鼓励不同层次、不同部门的员工参与质量管理工作。

1. 员工演讲比赛

企业可以通过举办演讲比赛，由各个部门的员工代表上台介绍他们是如何改善服务质量、如何提高服务水平的，由台下的同事、管理层对演讲者进行投票，选出优胜者。企业通过演讲比赛，肯定员工在服务质量改进工作中所起的作用，承认工作优秀的员工，鼓励员工提出创新的设想，集思广益，调动员工的工作积极性。

2. 员工建议制度

许多旅游企业系统地收集员工改善服务质量的意见，奖励员工提出的建议，实施员工提出的合理化建议。企业建立良好的员工建议制度，使管理层有机会倾听来自服务一线员工的意见，以便更好地帮助员工、顾客和企业解决服务上的问题。管理层对员工提出的意见应尽快答复，对提出建议的员工给予奖励，这些做法能进一步刺激企业的创新能力。员工受到鼓励会更加主动地寻找解决问题的新办法，更乐于参与到改善企业服务质量工作中。

3. 读书报告

鼓励员工撰写读书报告是另一种激励员工参与管理措施的手段。企业管理层可以为下属提供一些服务质量管理方面的著作，指定章节，要求员工阅读。企业任命读书小组组长，各小组每周抽出一个单位时间来讨论读书心得，每个员工在讨论之前必须自己先看书。读书小组组长的任务是引导组员讨论所指定的有关章节的内容，结合书中内容，探讨在企业服务质量管理中怎样应用，并以读书报告的形式向企业作口头或书面的汇报。读书报告不仅使员工提高了理论水平，而且能使员工站在新的角度学以致用，解决服务工作中面临的一些问题。

4. 内部服务质量竞赛

激励员工参与服务质量改进工作的另一种手段是进行企业内部服务质量竞赛。内部服务质量竞赛让企业更多的员工参与到服务质量管理工作中来，促使企业不同部门发现服务的不足之处,找出改进服务质量的方法,增强员工的合作精神和集体荣誉感。

5. 服务质量改进工作小组

成立服务质量改进工作小组是培养旅游企业领导能力的另一种有效方法。面对服务上的困难,大部分企业的习惯做法是由企业高层管理人员去解决。实际上,成立一个专项任务小组,由熟悉该问题的员工去解决可能是一种更成功的办法。参与服务质量改进工作小组,对员工来说是一种有效的激励方式,员工认为自己受到管理层的重视,有机会接受富有挑战性的工作,工作热情会更高。服务质量改进工作小组促使员工在解决问题的过程中更好地学习,也培养了员工的团队合作精神,锻炼了员工的领导能力。

6. 顾客角色扮演

有的企业在员工的培训计划中,让员工扮演顾客去亲身体验本企业或竞争对手的服务,然后把他所经历的、所了解到的好与不好的服务向其他学员进行介绍,让员工站在顾客的角度去理解为什么要改进服务,考虑企业应如何改进服务质量。通过这种方式,也可以使员工增强服务意识。

改善服务质量不仅是员工个人的工作,也是企业的工作。企业实施一系列员工参与服务质量管理措施,可表明企业尊重员工、尊重员工的意见。员工参与决策不仅有助于企业管理人员作出更好的管理决策,而且有助于企业领导者形成正确的价值观,培养和发挥领导能力。

(三) 强调信任感

相信员工的判断、员工的能力和员工的信誉是培养员工领导才能的方法之一。信任员工可以增强员工的主人翁意识,鼓励员工的领导行为。员工有了主人翁意识,会更多地去考虑如何把工作做得更好,更愿意为企业的成功承担风险。信任员工是真正的领导者的领导方式之一。

美国 SRC 公司(Springfield Remaufacturing Corporation)向员工公开财务报表,教会员工看懂企业资产负债表和损益分析表,与员工共同分享企业的财务信息,员工 100% 拥有 SRC 公司的股份。企业每周召开一次称为"The Great Huddle"的协商会,讨论有关公司财务及其他方面的问题。SRC 公司的总裁和首席执行官认为,员工工作的安全感与损益分析表有关。如果企业将财务报表公开给员工看,让员工自己做决策,员工将会从雇员的角度换为从雇主的角度来思考问题。

塔特德·卡夫尔书店(Tattered Cover Book Store)的总经理林达·米勒曼(Linda Milkman)指出,我们相信 98% 的员工是忠诚的,我们为 98% 的员工而不是 2% 的员工而工作。在新员工入职的第一天,书店就给所有的员工都配了钥匙,钥匙象征着书店是员工的,员工不仅仅是雇员,还是书店的主人,书店还允许员工从书店借书回家看,这些措施充分表明了企业对员工的信任。

企业强调信任感有利于培养员工领导能力。大部分员工是诚实的,向员工公开企业重要的信息,给予员工表现自己才能的机会,让员工相信管理人员会倾听自己的意见,这些做法让员工有当家做主的感觉。作为企业的主人,员工更热心于领导企业前进。

(四)鼓励领导能力的学习

领导才能、领导技巧是可以学习的,追求卓越服务的企业应该鼓动员工学习、发展领导能力,并为员工学习提供必要的帮助,进行不断的投资。

1. 挑战性学习

企业可以将员工安排在需要学习新知识、新技术,采用新思路、新工作方式去解决问题的特定工作情境,让他们从事挑战性的工作,接受全新的考验。工作的难度和工作的压力是对员工个人能力的一种挑战。员工在接受挑战的过程中积累工作经验,增强工作能力,训练自己的创造性思维,挖掘自己的领导潜能。

2. 模仿他人学习

模仿他人是学习领导技巧的另一种形式。模仿是一种有效的学习方法。企业领导者的行为是员工学习领导技巧的活生生的榜样,对员工有强烈的、积极的影响。员工可以在模仿他人行为中学习、发展和提高自己的领导能力。

企业应为员工树立学习的榜样,为员工提供方便模仿他人、学习他人的条件。例如,企业聘请榜样人物为员工进行入职教育培训,举办领导才能研讨会,聘请出色的领导者为员工作演讲,这些办法可以鼓励员工向榜样学习。企业把具有领导潜质的员工提拔到更高的职位,为他们提供更多与领导者接触的机会,让他们在模仿中确立自己的目标,自觉向榜样人物学习,这样做对培养员工领导才能也有很大的帮助。

3. 集体学习

挑战性学习、模仿学习等方式可用于对个人领导能力的培养,集体学习方式更适合于以群体为单位的领导能力的培养。企业不但要鼓励个人领导能力的学习,也要鼓励群体领导能力的学习。企业可以分期分批对管理人员领导才能进行集体的有计划的培训。对于企业来说,虽然同时选派一批身居要职的人员外出学习培训有一定的困难,但企业如果希望现状有较大的改变,只派一两个人去接受培训是没有多大意义的,集体培训才能达到企业改革的预期的目的。

领导才能并不总是天生的,旅游企业领导能力的培养不能坐等机会,旅游企业应采取一系列相应的措施,挖掘、发现、培训和培养自己的领导者,提高企业的质量管理水平,为企业向顾客提供卓越的服务创造必要内部环境。

思考与练习
1. 培训在旅游企业人力资源管理中有何作用?
2. 什么是培训三部曲?
3. 培训需求调查可以采用哪些方法?各有何有缺点?
4. 如何进行培训效果评估?
5. 影响培训效果的因素有哪些?旅游企业如何增强培训效果?

第六章

绩效管理

本章导读

绩效管理为员工晋升、解雇、培训等企业人力资源管理决策提供依据，同时起到鼓励员工改进绩效的作用。本章介绍绩效管理的基本理念，从指标设置、绩效信息来源和评估方法的选择、评估结果的应用等角度阐述旅游企业在绩效管理过程中应注意的问题。学习者应重点掌握绩效管理系统的构成、有效绩效管理系统的标准，以及绩效管理的评估方法。

第一节 绩效管理概述

绩效管理的概念出现于20世纪70年代。至今，虽然绩效管理的重要性已经得到广泛的认同，但如何有效地发挥绩效管理的作用仍是困扰学术界和企业界的难题。不少旅游企业把绩效管理当作一项流于形式的评估工作。对绩效管理认识不足，评估方法和技术使用不当，绩效管理过程中沟通不良等原因使这些企业无法把绩效管理与企业的战略和人力资源开发结合起来，发挥绩效管理对组织行为的积极作用，甚至由于评估结果失真而阻碍效率的提高。

一、绩效管理的含义

有效地调动员工的工作积极性和创造性，持续地提高他们的绩效水平，是人力资源管理的核心目标。根据阿姆斯壮(Michael Armstrong)的观点，绩效管理是指管理者与员工在相互理解的基础上确定绩效目标与达成绩效目标所需的知识、技能和能力，并通过人员管理和人员开发使组织、团队和员工取得更好的工作成果的管理过程。这种观点把员工的绩效视为组织绩效的基石，依据组织的战略目标确定员工绩效评价的内容和标准，并把保证组织目标的实现作为员工绩效改善的根本目的。换言之，绩效管理是综合组织和员工绩效管理的系统。

二、绩效管理系统的组成

在卓越的绩效管理中，管理者关注员工成长的动力和条件，通过与员工持续动态的沟通,将个体绩效与团队绩效、组织绩效联系起来,最终推动组织目标的实现。绩效管理包括向员工表明绩效期望、达成计划共识、跟踪员工执行绩效计划的进程、指导员工解决工作问题、向员工提供反馈信息并共同拟订绩效改进计划等环节。绩效管理系统的关键组成部分如图 6-1 所示。

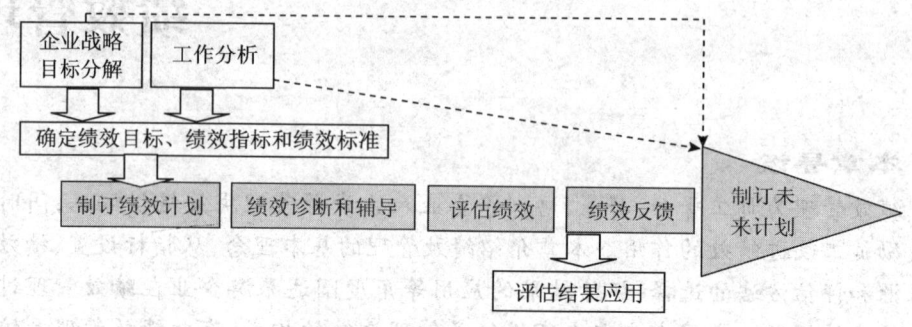

图 6-1　开放式的绩效管理系统

(1) 制订绩效计划

管理者与员工就员工在该绩效考核期内应履行的工作职责、各项任务的轻重缓急、预期达到的工作效果、衡量绩效的标准、员工的自主权限、可能遇到的障碍及解决方法等问题进行探讨并达成协议。绩效计划是整个绩效管理体系中重要的前馈控制环节。其作用是使员工理解并接受管理者和组织对他的绩效期望,认清目标,找准路线。在制订绩效计划的过程中,人力资源管理人员有责任向直线主管和员工提供必要的指导和帮助,以确保计划中确定绩效目标和绩效标准与企业战略一致。

(2) 绩效诊断和辅导

绩效诊断和辅导指管理者与员工共同分析引起绩效问题的原因,帮助员工克服工作困难。善于绩效管理的管理者会在整个绩效管理的实施过程中,以教练的身份与员工保持绩效沟通,追踪员工的工作进度和工作质量,及时排除遇到的障碍,必要时修订计划。由于旅游服务与消费同时进行,顾客引起的不确定因素较多,管理者还要关注突发性的非例行事务,及时纠正员工工作过程中的偏差,帮助员工更好地完成绩效计划。

(3) 评价绩效

根据绩效计划拟定的指标和标准,采用合理的评价方法,衡量员工各方面的绩效。在员工充分参与绩效计划和绩效沟通的基础上进行绩效考核,有助于员工对自己的绩效评估结果形成合理预期,减少员工对正式绩效评估的抵触心理。

(4) 绩效反馈

绩效反馈指管理者与员工进行绩效评估面谈,使员工充分了解和接受绩效评估结果,并共同探讨绩效改进计划。绩效管理不仅是为了得出一个评价等级,而且要确保员工的工作活动和产出为实现企业的目标服务。绩效反馈是实现绩效管理最终目的不可缺少的一个部分。

但要注意的是,并不是按顺序完成上述四个部分的工作,就意味着完成了绩效管理。上述四个部分在发生的时间和方式上既有一定的连贯性,又存在许多交叉的地方。绩效管理通常要求管理人员同时开展两项或多项上述活动。

绩效管理的概念和构成表明,绩效管理并不简单地等同于绩效评估:

(1)绩效管理是一个系统,它包括制订绩效计划、绩效诊断和辅导、绩效评价、绩效反馈和绩效改进等内容。绩效评估是绩效管理系统中的一部分。

(2)绩效评估系统的作用是向员工和管理者提供有关工作绩效情况的信息,为相关决策提供依据。绩效管理除了提供工作绩效的信息外,还要帮助员工改进他们的绩效,提高他们的工作能力,从而实现企业的目标。

(3)绩效管理具有前瞻性,能帮助企业和管理人员前瞻性地看待问题,有效规划企业和员工的未来发展。绩效评估是一个阶段性总结,具有回顾性。

(4)绩效管理有着完善的计划、监督和控制方法,注重对员工能力的培养。绩效评估侧重于获取绩效信息,注重成绩的大小。

三、绩效管理的目的

一般说来,绩效管理的目的主要有三方面:

第一,向员工传达企业的目标,通过提高员工的个人绩效提高企业整体生产率和竞争力。绩效管理的首要任务是将员工的活动与企业的战略目标结合起来,使每个员工围绕企业目标开展工作。通过明确每个成员对企业的贡献,确保企业在公正的基础上分享利润,绩效管理起到了激励员工提高生产效率的作用。此外,绩效管理不仅要让员工认识到自己工作中的成绩和不足,还要帮助员工更好地完成未来的工作,提高员工的工作技能和自我管理能力,从而为企业开发自身的人力资源提供保障。

第二,以绩效评估结果为基础,作出调薪、晋升、调职、解雇、奖励等人力资源管理决策。绩效管理可以通过评估环节对员工的绩效表现予以评价,并给予相应的奖励或惩罚。

第三,对员工的表现予以及时、明确的反馈,并依据绩效考核情况,发掘人员潜力,制订员工的发展计划。员工一般都想知道自己的工作表现如何,如果不能定期得到反馈,他们可能对自己的表现有不切实际的估计,比如,觉得自己做得很好或担心自己做得很差。管理人员应通过绩效管理使员工能及时了解自己的表现,肯定员工的贡献,帮助员工找出改进工作的方法,提高技能,完善职业生涯发展。此外,绩效管理还可以用于确定培训需求。例如,根据评估结果判断前台部门是否需要接受关于新电脑记账系统的培训。

第二个目的着眼于员工过去的工作表现,旨在作出总结;第三个目的着眼于员工将来的发展,重在未来。因此,有人用"双面神"来比喻绩效管理,认为绩效管理是既能看到过去,又能看到未来的管理方法。

四、有效的绩效管理系统的标准

几乎所有旅游企业都有员工业绩考核办法或考核体系,但是并非所有企业都能有效地进行绩效管理。旅游企业可通过以下五个标准来评价绩效管理系统是否科学有效。

(一)战略一致性

绩效管理的战略目标就是通过提高员工的个人绩效提高企业的整体绩效,从而实现企业的战略目标。因此,有效的绩效管理系统无论在评价内容,还是在评价标准上都应与企业的发展战略目标和企业文化一致。譬如,一家强调顾客导向的旅行社就应把员工对客服务质量作为员工绩效管理的重要内容,而不是仅考核员工的销售额或带团数量。此外,绩效管理系统应能够随着企业战略和目标的变化而变化,适应新的组织战略。

(二)明确性

尽管绩效评价是衡量员工业绩以及培养和激励员工的有用工具,但如果绩效评价内容不确定或含糊其词,它也可能使管理者和员工产生严重的焦虑与挫折感。明确性要求在绩效管理的系统设计和运行过程中向员工提供明确的信息,让员工领会组织对他们的期望,了解如何通过正确的工作行为帮助企业实现战略目标。绩效管理系统所设立的绩效标准应明确、具体,使员工准确地理解企业的要求,提高绩效评价的客观性和公正性。例如,"接到旅客投诉后应在24小时内处理完毕"的标准要比"尽快处理旅客投诉"的标准更明确具体。此外,绩效评估和反馈应让员工确切地了解自己的绩效问题,对症下药改善绩效,达到预期的业绩目标。

(三)信度

信度是指绩效管理系统对于员工业绩评价的一致性程度。我们一般从两方面考察绩效管理系统的信度:一是评估者信度,即不同的评估者对同一员工的业绩评价结果的一致性程度;二是再测信度,即不同时间对同一员工的业绩评价结果应该一致或相似。如果管理人员发现对同一员工的评价结果在较短的时间内发生了较大的变化,就应探寻出现这种情况的原因,以检验评价系统本身是否存在问题。例如,用某一个时间点上的数据计算人均销售业绩,评估餐饮服务员的生产率,则可能由于其他不可控因素的影响使评估缺乏信度。为了提高信度,评估者应根据一段时间内的业绩数据来评估餐饮服务员的生产率。

绩效指标和标准不明确、评估者凭主观判断评价员工、评估者缺乏必要的业绩评估培训、评价指标没有反映影响业绩的所有方面等原因都会降低绩效管理系统的信度。

（四）效度

绩效管理系统的效度是指绩效管理系统准确考核员工绩效的程度，主要指评估手段能否很好地体现员工的实际工作情况，是否对与绩效有关的所有方面进行了评价。一个有效的绩效管理系统能够恰如其分地将被评估对象工作绩效的各个方面纳入绩效指标体系，排除与业绩无关的内容。

如果绩效评价系统无法全面反映实际工作绩效，那么这个系统就有缺陷。例如，不能仅用营业额来衡量餐厅服务员的绩效，因为服务员的服务态度、服务熟练程度、顾客满意度等因素也很重要。如果绩效评价系统存在与实际工作绩效无关的评价内容，该系统就是受到污染的系统。与实际工作绩效无关的评价指标不仅会降低绩效管理系统的效度，还会误导员工的行为。

（五）公平与可接受性

绩效管理系统使用者（包括评估者与被评估者）对系统的接受程度，在很大程度上决定了该系统是否有效。影响绩效管理系统可接受性的原因是多方面的，包括系统的设计和运作成本、评估技术的可操作性以及绩效管理的公平性等。通常情况下，如果人们认为绩效管理系统不公平，他们就会拒绝绩效管理系统，或者对绩效管理敷衍了事。

组织公平性包括三个方面：①结果公平，即员工对绩效评估体系的设计结果、评估结果及评价结果的运用是否公平；②程序公平，即员工对绩效管理系统的开发和实施过程是否公平；③交往公平，即员工对评估者在使用绩效评估系统过程中是否公平地对待每一名员工。

为了提高绩效管理系统的公平性和可接受性，企业应给予管理者和员工参与绩效管理系统设计过程的机会；对评估者进行培训，尽可能地减少评估者的误差和偏见，对所有被评估者一视同仁；被评估者就绩效评价内容、绩效标准、评估结果、薪酬和调职等人事决策与员工沟通，使他们了解企业的期望以及自己能从绩效管理中获得什么；设置申诉机制和再评估机制，允许员工对绩效评价结果提出质疑，由更高一级管理者审核评估者做出的评估结果；要求管理人员在尊重和友好氛围中，及时全面地向员工提供反馈。

五、绩效管理过程中的职责分工

直线经理不应把绩效评估及管理视为人力资源部门的要求，而应把绩效管理视为必要的管理工作,这一点非常重要。为了有效地运作绩效管理系统,直线经理与人力资源部门通常按表6-1所示的模式进行职责分工。经理人员最重要的职责是指导员工开展工作。在绩效管理中,经理人员要经常性地向人力资源部门提供信息,直至系统能够正常运作,并根据系统要求考核和管理员工的绩效,继续提高称职员工的工作绩效,并努力帮助表现较差员工改善现状。人力资源部门不主导绩效管理,但要协助各负责评估的经理开展绩效管理工作。

管理人员在绩效管理中要身兼"教练"和"裁判"二职,既要帮助、鼓励、指导员工提高业绩,又要找出员工的不足之处,为企业薪酬调整、人员调动等决策提供依据。然而,有效地提出建设性批评是很困难的。大多数人都会把批评视为一种威胁,产生防御、对抗心理。在受到批评时,许多员工会寻求各方面的帮助以保护自己,听不进管理人员的反馈。此外,由于对员工的评估会影响到员工未来的职业发展,如果反馈面谈处理不当,员工可能会心生愤恨,由此导致冲突,甚至影响今后的工作。因此,一些管理人员宁可对下属作出偏袒性的正面评价,回避对下属作负面反馈时的棘手状况。管理人员应该深思熟虑,对员工作出负责任的评估。

表6-1 绩效管理的职责分工模式

人力资源部门	直线经理人员
• 设计与维护正式的绩效管理系统 • 为评估者提供培训 • 及时追踪、接收评估报告 • 对已完成的评估报告进行复审,以确保一致性 • 参与规划员工的发展	• 设定绩效目标 • 评估员工的工作表现 • 填写正规的评估文档 • 提供绩效反馈,与员工共回顾评估结果 • 帮助下属找出培训和开发需要,参与下属的职业生涯规划 • 提出改善绩效管理系统的意见

第二节 绩效评估指标体系的设计

开发一种绩效评估体系,必须首先明确绩效的含义是什么,应从哪些方面来衡量,衡量的标准又是什么。

一、绩效的含义

人们往往认为绩效就是员工完成职位任务的情况。大多数岗位的工作绩效体现在工作数量、工作质量、工作效率、出勤率等方面。1983年,美国学者奥根(D.

W. Organ)等人指出企业正式奖酬制度不直接奖励的、员工自发的组织公民行为（如主动帮助顾客、同事和主管等）在整体上也有助于企业取得更好的经营效果。奥根的研究引发了理论界和实业界对员工职位任务之外的工作行为的关注。1993年，玻曼(W. C. Borman)和摩托维罗(S. J. Motowidlo)提出了绩效的二维模型，即绩效包括任务绩效和关系绩效两方面。任务绩效指工作任务的完成情况。关系绩效指员工自发的、有助于形成良好工作氛围、有利于完成工作任务的行为，如努力保持与同事之间的良好关系、为准时完成某项任务而付出额外努力等。目前，绩效是一个多维概念的观点已经得到越来越多学者的认同。

不少学者认为，旅游业员工的关系绩效非常重要，在绩效管理中仅关注员工职务说明书中规定的工作行为和技能是不够的。旅游企业是感情密集型服务企业，员工必须发自内心地为顾客的需要着想，必须喜欢为他人服务，抱着助人为乐的态度与他人共事。即使顾客的举止表现令人厌恶、要求苛刻或反复多变，旅游企业员工都要善于自律且彬彬有礼，耐心、负责地为顾客提供优质服务。在许多情况下，旅游企业需要员工自觉地承担一些分外工作。因此，这些学者认为绩效是一个多维概念，旅游企业在绩效评估和管理中应适当地拓宽"绩效"的含义，把员工在一定时间内对企业目标的贡献都纳入绩效管理的范畴。

与任务绩效不同，关系绩效往往是员工在特定工作情境下处理特殊问题的行为表现。所以，企业难以系统全面地设置衡量关系绩效的指标，或科学地对关系绩效指标进行归档分级。目前，旅游企业常用的方法是根据员工的职务工作要项，确定关键绩效指标和绩效标准，衡量员工的任务绩效；采用关键事件法，记录员工为适应特定工作情境表现出来的关系绩效，作为对个体绩效结构的扩充。如何在评估程序和方法等方面完善对关系绩效的衡量，还有待进一步探索。

二、绩效评价指标的设计

企业要对员工各个方面的工作状况进行评价，因此必须设立评价指标。只有通过评价指标，绩效管理工作才具有可操作性。评价指标是对员工绩效定量化或行为化的标准体系。企业在设计评价指标时要注意以下几个问题：

（一）绩效指标评价内容的选择

具有不同特征的员工往往会表现出不同的工作行为，从而导致不同的工作结果。企业可以从特质、行为、结果三个方面构建评价指标，获取员工的绩效信息。如表6-2所示，这三类反映不同绩效内容的评价指标各有优缺点。

表6-2 特质、行为、结果三种评估指标比较一览表

	特质评估指标	行为评估指标	结果评估指标
适用范围	适用于选聘和预测未来工作成功与否	被评估者要通过单一方法或一整套程序达到企业所要求的绩效目标	被评估者可通过两种或多种方法达到企业要求的绩效目标
不足	1. 未考虑情境的影响，预测效度通常较低 2. 不能有效反映实际工作表现，容易使被评估者产生不公平感 3. 将评价焦点放在被评价者短期内难以改变的特质上，对绩效改进作用不大	1. 当可通过不同行为方式达到同一目标时，不能有效区分哪一种方式才真正符合企业的需要 2. 当员工认为工作任务不重要时，行为指标的意义不大	1. 许多工作结果不在个人、组织控制的范围内，会受与工作无关的其他影响因素影响 2. 过分注重结果导向可能会误导员工为达目的不择手段，忽视重要的过程和人际因素，使企业丧失长期利益

资料来源：杨杰,方俐洛,凌文辁. 关于绩效评价若干问题的思考. 自然辩证法通讯,2001,23(2):46.

特质评估指标衡量员工的态度和个性特征。通常的特质评估指标包括员工对企业忠诚度、沟通能力、团体合作能力、决策能力、主动性、创造性等。采用这类指标可降低评估系统的开发成本。因为，从高级主管到基层员工的绩效表现都可以用忠诚、独立、果断等指标来衡量，设计这类指标不需要花大量时间去斟酌修饰语。但是，这类指标往往词义比较模糊，评估时容易产生误差，而且难以向管理人员和员工提供绩效反馈和绩效改进的建设性意见。

行为评估指标衡量员工为达到目的所需采取的各种行动，如销售人员是否按要求拟订工作计划、拜访大客户、致电新客户，服务人员是否乐于帮助客人、服务效率是否达到客人的要求，等等。与特质指标相比较，行为指标与员工的工作内容紧密相联，可以明确员工的工作职责，引导员工开展工作。如果员工的表现不佳，其主管可以运用考评工具来诊断该采取哪些措施来提高其绩效。但行为指标也有不足之处，一是开发成本较高，二是缺乏灵活性。例如，主管用行为指标对餐饮服务员进行评分时，可能会遇到困难。因为有些行为不在评估指标的范围内，但客人常要求服务员表现出这类行为。如果主管严格按照企业的标准评分，这名员工可能得分很低，但客人对这个服务员的工作评价却很高。

结果评估指标衡量员工的工作完成情况，如销售经理在考核期内完成部门销售总额的进度、对市场的拓展情况、销售款项回款率等。结果指标通常比较明确，易于操作，但也存在一定的缺陷。主管可能会过分重视结果而忽视了员工的工作行为和态度。例如，根据一定时间内接待顾客的人次对前台服务人员进行业绩评

估时,评分的结果可能是接待人数多的员工得高分,接待人数少的员工得低分。但接待多的员工可能因为在压力下工作,没能给顾客留下好印象,不能对针对顾客的需要提供个性化服务,使饭店丧失了未来的销售机会。结果指标无法提供与员工工作过程相关的信息。

决定使用哪一类评分指标是一个复杂的决策过程。旅游企业应根据被评估者的职务特征,有所侧重地选取绩效指标或兼顾这三方面内容。一般来讲,应以结果为基础评定总经理、部门经理等管理人员和专业人员的绩效,而基层员工则适宜以工作行为和工作态度为基础加以评定。例如,赫德林(M. D. Hartline)和范里尔(O. C. Ferrell)认为企业应根据服务人员的行为,而不是量化的服务结果(如服务人次)来制定服务人员的绩效评估指标。因为量化的服务结果往往超出了服务人员能控制的范围。旅游企业以服务行为作为评估指标,可使服务人员相信自己努力满足顾客的需要将能影响管理人员对自己的评估结果,提高服务人员对服务过程质量的重视程度,激励他们尽力适应顾客不断变化的需要。此外,为了在企业内形成灵活的服务氛围,旅游企业还应设置人际交往和谐度、客户服务态度、团队合作精神等特质评估指标。

(二)谨慎地使用主观和客观指标

通常来说,关键绩效指标有数量、质量、成本和时限四种类型,这些指标可以分为客观指标和主观指标两大类。客观指标可直接量化,如客房的销售数量、销售金额;主观指标较难量化,需要评估者判断,如员工的态度,评估者很难直接看出员工的态度如何。不少管理人员以为主观指标容易掺杂与工作无关的内容,或导致随机性错误,只有客观指标才能准确衡量绩效。其实不尽然。与主观指标相比较,客观指标覆盖的范围往往较窄,有时会无法充分反映员工的绩效。企业可综合应用两种指标以弥补各自的不足,使评估指标可接受和可操作。

(三)注重指标体系的完整性和系统性

评价指标的设计应以企业目标、工作分析中的职务描述和职务说明书为依据,不要遗漏对员工重要工作职责的考核,也不要包含与工作不相关的因素。例如,仅考察一名面试考官录用求职者的数量,而不考察其录用的员工的质素,这种绩效评估是有缺陷的。再如,考评从不与顾客面对面接触的电话接线生的外貌,这种指标是没有必要的。

企业可以围绕企业的绩效目标和关键成功要素,分解出一个包含多重绩效评价指标的集合,然后针对被评估职务的各个绩效维度,从集合中选取相应的评价指标。由于不同评价指标对实现企业目标的重要性可能不一样,企业可根据工作要求的相对重要性,设定评价指标的权重。例如,在一家重视培养和开发员工的企业里,考核管理人员在员工学习能力、创造性等方面的绩效指标可能比其他绩效指标更重要。通过以上方法设计的绩效评价指标体系能基本涵盖员工责任范围,可以较全面、系统地衡量员工的绩效。

三、绩效标准的确定

绩效标准是员工在工作中应达到的绩效水平。它是在职务分析基础上针对工作本身制定的,体现的是企业可以接受的工作绩效水平。对企业内同一类职务而言,应只有一套绩效标准,以确保绩效评价的公正性。

设计好绩效指标后,企业就可以进一步确定每项绩效指标上的绩效标准,以评定员工的工作实绩是令人满意还是差强人意,是可接受还是无法接受。明确的绩效标准可确保员工了解企业对他们的角色期望,知道怎样才算令人满意地完成他们的工作任务。绩效标准包括量化标准和非量化标准。以下举例说明这两种绩效标准。

表6-3　绩效指标与绩效标准示例

绩效指标:日平均房价(Average Daily Rate)
绩效标准:日平均房价在300~400元
绩效指标:及时了解旅游中间商的需求
绩效标准:每个季度参加一次旅游展销会,定期召开旅游中间商交流会
绩效指标:正确地进行价格和成本分析
绩效标准:员工遵循价格和成本分析程序的所有要求,其表现就是可接受的

对于非量化标准,企业通常用评分(1、2、3、4、5)或评语(如"优秀""不满意"等)来表示员工符合绩效标准的程度。为了尽量减小人们对考评标准的理解差异,企业可以附上文字说明,详细阐明每个绩效级别的范畴和具体含义(如表6-4所示)。

表6-4　绩效标准示例

绩效指标: 正确地进行价格和成本分析 绩效标准: 遵循价格和成本分析程序的所有要求	优秀	该名员工在这项指标上的工作表现非常出色。与常见的绩效水平和部门其他人的表现相比较,他的业绩排名在部门的前10%以内
	良好	与平均绩效水平和部门结果相比较,该名员工在这项指标上的表现达到部门的中上水平
	称职	该名员工在这项指标上的工作表现优于最低绩效水准,符合公司对大多数有经验、有能力员工的期望
	勉强及格	该名员工在这项指标上的工作表现稍微低于最低绩效水准的要求,但他显然可以在合理的时间内改善业绩,达到最低要求
	不满意	该名员工在这项指标上的工作表现达不到绩效标准的要求,而且无法确定他能否提高到绩效标准的最低水平

第三节 绩效评估的方法

绩效评估可选择的方法很多,它们各有优缺点。迄今为止,没有一种方法能够满足实践中的所有要求。本节将介绍一些常用的绩效评估方法。

一、比较法

比较法是参照部门或团队内其他员工的工作业绩或工作结果,确定每人的相对名次。企业可据此作出精简组织、人事调整的决策。

(一)排序法

排序法包括简单排序法和交替排序法。简单排序法指评估者把所有员工从最优到最差直接排序。交替排序法指评估者首先把绩效最优的员工列于榜首,把最劣者列于名单末尾;然后在剩下的员工中挑选最好的员工列于名单第二位,把业绩最差的列在倒数第二位,循此程序,直至全部排完。

排序法可以为人事决策提供一份简单明了的人选名单,但难以反映员工之间的业绩间距。例如,第二名与第三名之间的差距很小,但第三名与第四名之间的差距却可能很悬殊。此外,评估者往往只能按某个绩效指标,如顾客投诉、服务效率等对员工进行排序。若要全面评估员工的工作状况,则需在多个绩效维度上轮番对员工排序。当员工数量较多时,采用排序法进行绩效评估就比较困难。

(二)两两比较法

两两比较法指在每项绩效标准上,将所有员工两两相比,记录每位员工优于其他员工的次数,按员工被评为较优的总次数确定他们的排名(如表6-5所示)。两两比较法和排序法有一个共同问题:每个人在排序中的位置唯一,任何两个员工必要分出先后。但事实上某些员工的表现往往差不多,难分伯仲。此外,两两比较法的工作量较大,当管理幅度较大时,采用两两比较法就会更耗时。

表6-5 两两比较法示例

评价项目:业务知识	张三	李四	王五	陈小
张三	—	1	1	0
李四	0	—	0	0
王五	0	1	—	0
陈小	1	1	1	—
积分	1 较差	3 最优	2 中	0 差

注:两两相比的员工中,较优的员工得1分。

（三）强制分配法

强制分配法不限定评分方法,但评估者通常要比较小组中员工的业绩,使所有员工的绩效等级分布情况大致符合正态分布。例如,酒店工程部在年终考核时,要评出5%的"劳动突击手",10%的优秀员工,15%良好,40%合格,15%较差,10%差,5%不及格。这种方法可以在一定程度上避免绩效评价过程中过严或过松的现象。强制分配法假定小组成员的绩效水平符合正态分布,但事实不一定如此。如果员工的绩效都比较好,一定要把30%的员工归入"较差""差"或"不及格"就不合理,反之亦然。经理为了满足分布规则而不按员工实际业绩归类,会导致员工的不满。此外,在人少的小组中,按正态分布给员工分类就很困难。

二、描述法

描述法指评估者用文字描述和评论被评估者的能力、态度、行为、成绩、优缺点等。这种方法使用简单、成本低,实用性非常广,但是缺乏统一的标准,难以对多个被评估者进行客观公正的比较。因此,描述法通常被作为其他评估方法的辅助方法,以减少评估误差,为绩效反馈提供必要的事实依据。

（一）评语法

评语法要求管理人员用一段简短的书面鉴定,描述员工在考评期间内的绩效表现。有些评语没有规定格式,有些则要求评估者按事先列好的问题,逐项评论员工的绩效情况。与其他方法相比较,评语法较为灵活,便于操作。如果管理人员认真撰写评语,评语法能成为定量评估方法的有效补充,为员工改善业绩提供书面建议。然而,许多管理者不愿花时间认真描述每位下属的业绩,给员工的绩效评语往往千人一面,流于形式。此外,评语法的有效性在很大程度上依赖管理人员的书面表达能力。一些主管不能很好地用文字表达他们的想法,结果把对员工绩效评语写得一塌糊涂。

（二）关键事件法

关键事件法是由美国学者弗兰根和伯恩斯共同创立的一种客观地收集评估资料的方法。它要求评估者通过观察,分别记录每位员工在工作中的关键性行为,以此为据对员工进行绩效评价。评估者既要记录员工的有效行为(如下大雨时,泊车服务生把自己的雨伞借给顾客),也要记录员工的无效行为(如服务员与顾客发生争执),形成"考核日志"形式的书面报告。

关键事件法对旅游企业尤为适用。因为员工的许多看似细微、寻常的举动会直接或间接地影响顾客对旅游企业的印象,影响顾客感觉中的服务质量和满意程度。所以,旅游企业必须重视考察员工的行为表现。关键事件法的优点是它能为绩效评估和反馈提供有用的信息。管理人员尽量准确地记录员工在考核期间的行为,可避免依据模糊的记忆来评价员工。因为关键事件法所记载的是与工作业绩相关的具体事件与行为,而不是对某种品质的评判(如"此人工作认真负责")或笼统抽象的评价,所以在绩效反馈时容易被员工接受,并且能让员工清楚地知道自己哪些方面做得好,哪些方面需要改进。此外,企业可以利用关键事件法记录下来的事例,树立员工应仿效的行为典范,向员工灌输企业推崇的行为准则。

但是,关键事件法也有不足之处。首先,评估者对何为关键事件的理解可能不一致;其次,评估者每天或每周都要用大量的时间去记录其下属的工作行为,所以许多管理者并不愿意采用这种方法;第三,员工会非常担心主管如何记录他们的行为,对经理的"记过簿"充满恐惧。

三、量表法

量表法是参照客观标准,制定不同形式的评估尺度进行绩效评估的方法。企业采用量表法进行绩效评估,首先要根据被评估者的工作要求建立绩效评估指标体系,给每项评价指标设定权重,然后由评估者根据被评估者在各项评估指标上的表现以及各项指标的标度含义,给被评估者打分,最后汇总计算评价对象的绩效评价总分。常用的量表法包括图评价量表法、行为锚定量表法、行为观察量表法等。

(一)图评价量表法

评价者可采用图评价量表法从不同的业绩维度对员工进行评价。这些评价维度通常是反映员工工作质量、工作数量、工作独立性、业务知识水平、人际关系、出勤情况等方面的工作特征指标,或根据员工的工作行为分类,列出具体行为,以便评估者评价被评估者在每类行为上的表现。每一维度都根据业绩评价的需要划分出若干等级刻度,以便评估者在一个连续区间内评价被评估者的业绩。这些等级刻度可粗可细,通常用三点刻度或五点刻度代表员工在各项绩效指标方面的优劣程度,如"1、2、3、4、5""优异、良好、一般、合格、不合格"。由于各个维度对业绩的作用往往并不相同,企业可以根据每个维度的重要性分别给予不同的权重,使评价结果更为科学、准确。

图评价量表法的好处之一是评价内容结构化,便于员工之间的业绩比较。此外,该方法的开发成本和使用成本相对较低,简单易行,便于理解,因而得到广泛的应用。

但是,图评价量表法也有一些缺点,如评价的准确性受评价者主观影响较大,特别是当评价维度和维度等级没有明确界定和说明时,容易导致宽松化、严格化、晕轮效应等评价失误。如,"独立性""创新性""可靠性""合作性"等描述绩效指标的词汇可以有多种不同的解释,尤其是这些词与"优秀""一般""差"等词搭配在一起时,其含义更为模糊、笼统。不同评估者对量表上描述的内容可能有不同的理解,这就很难保证评价结果客观、准确和公正。因此,有效的图评价量表法不仅应该明确地定义每一个评价维度,而且对维度等级也要有明确的界定和说明。

此外,在向员工提供业绩评价反馈时,图评价量表法也容易令员工产生抵触情绪。例如,当被评价者得知其人际关系的评价只有2分时,他的第一反应很可能是抵触,继而拒绝接受任何有关业绩反馈的信息。评估者在评分后加入注解有助于缓解这一问题。表6-6是评估前厅领班工作绩效的图评价量表。评估者可以根据量表上列出的每条职责,对员工的工作表现打分,并在每一单元后的空白处补充更为详细的评语。

表6-6 图评价量表示例

```
发表日期:15/07/2014              交表日期:30/07/2014
姓    名:李卫健                   职务名称:前台领班
部    门:前厅                     主    管:吴亚鹏
全 日 制: √        兼职:_____    聘 请 日:15/06/2013
考核期间:从01/01/2014 到30/06/2014
评估的原因(单选):常规考核 √   新员工考核___  咨询建议___  免职考察___
```

根据以下定义,评出I、M、E三个绩效等级。
I——业绩低于工作要求,工作有待改进
M——业绩符合工作要求和标准
E——在大多情况下,业绩都超过了工作要求和标准

具体的工作职责:根据每项工作职责评价员工的绩效,在评分尺度上合适的位置打"√";在评分后加注适当的评语,阐明打分的依据。

I———————M———————E

工作职责1:销售和分配客房
解释:_____

I———————M———————E

工作职责2:及时准确记录客房利用的情况,编制预测报告表
解释:_____

(略)

I———————M———————E

出勤情况(包括缺勤和迟到): 缺勤次数:____ 迟到次数:____
解释:_____

总体评价:根据总体的业绩的情况,在以下的方格内填入I、M或E,以最恰当地描述员工的总体业绩。

I———————M———————E

解释:_____

(二)行为锚定量表法

行为锚定量表法实际上是将图评价量表法和关键事件法结合起来的一种业绩评价方法。与图评价量表法一样,它要求评估者在一个连续区间评估被评价者的业绩,但它不是简单地把绩效维度划分出若干等级刻度,而是用具体的行为事件明确地界定每个等级刻度的含义。如表 6-7 所示,每一个绩效维度都存在着一系列的行为事例,每一种行为事例分别代表这一维度中的一种特定业绩水平。这种方法克服了图评价量表法中评估项目比较抽象、难以掌握的弱点,使评估者能参照较直观、具体的绩效标准作出评价。

行为锚定量表的编制过程较为复杂,一般步骤如下:第一步,从员工的职务描述中找出重要的绩效维度,明确每个工作绩效维度的含义;第二步,由熟悉该工作的人组成小组,为每个维度列出一系列关键事件(行为锚),描述理想的和不理想的工作行为,并设定这些行为锚代表的绩效水平;第三步,由了解该工作的另一个小组,根据绩效维度对行为锚重新分类,并确定每一个维度等级与行为锚之间的对应关系;第四步,将每个绩效维度所包含的行为锚从好到坏进行排列,建立起行为锚定法评价体系。由于行为锚定量表法在设计过程中会涉及许多人,尤其是该职位的员工能参与绩效标准的确定,因此,这种方法较容易赢得员工的认同。此外,由于被评价的员工参与了开发过程,他们会更明确地知道在其岗位上应该表现出哪些行为,不应表现出哪些行为。这就使绩效管理更为有效。

尽管行为锚定量表法比较系统完善,但是,建立和维护行为锚定评估量表需要花费大量时间与精力。而且,企业内部不同工作岗位的职务描述不同,所包含的关键事件不同,因此,企业必须针对不同的岗位设计相应的行为锚定评估体系。开发成本较高,这在很大程度上影响了行为锚定量表法的实用性。

表 6-7 行为锚定量表示例

职位:餐厅服务员	评价指标:服务绩效

评价等级:

优秀	10——在服务过程中,根据顾客的需要,有效地向顾客推介菜肴
	9 -
良好	8——恰当地回答顾客的问题,为顾客提供额外的相关信息
	7 -
一般	6——有问必答,当无法供应顾客点的菜肴时,向顾客推荐类似菜式
	5 -
较差	4——被动地回应顾客的要求,动作拖沓,回答含糊
	3 -
	2 -
差	1——缺乏服务技能,发生服务差错时,与顾客发生争执

(三)行为观察量表法

行为观察量表法与行为锚定量表法的区别在于,它不是把关键事件作为界定绩效级别的标度,要求评价者评价哪一种行为最确切地反映了员工的绩效,而是要求评价者根据被评价者在考核期间表现出特定行为的频率,选择与频度相应的分值。例如,餐厅服务员在一个月之内没有与顾客发生争执得3分,争执1~2次得2分;争执3~4次得1分;争执5次或5次以上得0分。对每项行为评定分值后,按各项行为指标的权数加权平均,就得出总体的绩效评价等级。表6-8是行为观察量表法的示例。

行为观察量表法的突出优点是直观、可靠,有助于绩效信息的反馈,帮助被评估者提高绩效。但这种方法的缺点也是显而易见的,评价者要记住被评估员工在评价期内每种行为的发生频率,工作量极大,若观察的目标较多,就容易出现较大的失误。此外,员工的工作行为非常多样化,而行为观察评定量表只能涵盖有限的几种行为方式,可能无法全面地衡量员工的绩效。

表6-8 行为观察量表法示例

1. 对客人态度一贯良好	1 　　 2 　　 3 　　 4 　　 5 几乎从不　　　　　　　　　　几乎总是
2. 一贯帮助其他服务员	1 　　 2 　　 3 　　 4 　　 5 几乎从不　　　　　　　　　　几乎总是
3. 一贯很好相处	1 　　 2 　　 3 　　 4 　　 5 几乎从不　　　　　　　　　　几乎总是
4. 一贯尽力增加销量	1 　　 2 　　 3 　　 4 　　 5 几乎从不　　　　　　　　　　几乎总是

四、目标管理法

目标管理评价法是最典型的成果导向型评价法。它的核心内容是目标的设定及科学地对目标完成情况进行评价。企业与员工在共同协商基础上,将企业目标层层分解,形成部门目标乃至个人目标;然后通过充分授权、适时监督、不断给予支持和帮助的方式,激发员工进行有效地"自我控制",努力实现目标;最后,根据每项目标最终的执行情况进行绩效评估,给予相应的奖励或惩罚,激励员工在下一个周期更好地完成目标任务。

这种评估法的最大优点在于为员工树立了明确的目标。管理人员与员工一起建立具体、细致且具有挑战性目标，可激励员工尽量向目标靠拢，对提高业绩水平有积极作用。从公平的角度来看，目标管理的绩效标准是按照相对客观的条件来设定的，因而评价结果较为公平。此外，管理人员与员工要共同协商，对目标及实施方法达成一致，有助于加强上下级之间的沟通。

但是，目标管理也存在一些不容忽视的问题。这种方法要求每个考核周期都制定一套完整的绩效评估标准，需要花费较多的时间和精力。由于绩效标准因员工不同而不同，管理人员必须花较多精力评估员工的目标完成情况，而且评估结果不能用于员工之间的比较。有些管理人员为了取得较好的评估结果，投机取巧，故意设定一些看起来很难但实际上容易达到的目标。此外，由于目标管理过分关注目标实现，容易导致员工为追求结果而采用短期行为甚至错误的行为。例如，有的旅行社营业厅销售人员为了完成销售额对顾客采用欺诈行为，做出不切实际的服务承诺。所以，在目标设定和目标实现的评价时必须考虑这些影响因素。

五、选择合适的绩效评估方法

尽管绩效评估的方法多种多样，但许多研究人员认为旅游企业应尽量采用内容具体、定义严密的评估方法，如行为锚定评价法等。这类量表可以减少评估者的理解偏差，而且有助于员工理解他们应表现出哪些行为，避免哪些行为。但是，行为导向的绩效评估可能会限制人们的视野，使员工不愿意承担评估量表中未列出的工作。上文介绍的多种评估方法各有优点，也各有不足。我们很难断言哪一种方法最适合旅游企业。总的说来，一种评价方法是否有效取决于该方法提供的信息是否能够满足绩效管理的需要。企业只能在实际运用中，选择较为合适的评估方法。合适的评估方法应符合以下几个要求：

(1) 最能体现企业目标和绩效管理目的；
(2) 能比较客观地评价员工工作；
(3) 对员工的工作起到正面引导和激励作用；
(4) 评估方法的运作成本低；
(5) 评估方法实用性强，易于操作。

第四节 绩效评估者的选择与绩效反馈

一、绩效评估的信息来源

由谁评价被评估者的业绩，对评估信息的有效性有一定影响。在大多数旅游企业中，员工的上级是最主要甚至是唯一的考评者。但实际上，由于服务工作的特性,主管不可能掌控每位员工的工作情况,顾客与员工的同事往往更了解员工的工作实绩。因此,近年来一些旅游企业开始从多种渠道收集信息,以确保评价信息的客观公正。参与评估的人员包括上司、顾客和考评专家、同事、员工自己、下属等。

(一)主管评估

传统的评估方式假定直接主管是评估员工绩效的最佳人选。主管比较熟悉下属员工的工作,能够判断员工的绩效是否有助于实现部门和企业的目标。由主管评估下属员工还可促进双方的沟通,更好地挖掘下属的潜力。一些主管坚持用工作日志记录员工的工作完成情况,为绩效评估提供事实依据。

但是,直线主管的考评也存在一些问题。首先,主管有时可能没有足够的时间和机会去监督下属的工作。例如,在旅行社中,直线主管与导游的实际接触很少,主管掌握的信息不一定足以做出准确的评估。其次,主管的个人偏好或偏见常常会带到员工的业绩评价中,影响业绩评价的客观性。另外,某些员工在主管面前会努力表现出最佳行为,而这种行为并非是日常工作表现,却容易给主管留下错觉。因此,在上司对员工进行评估之后,企业通常规定由更高一级的管理人员对评估结果进行复核。

(二)顾客评估

在市场经济中,顾客是旅游企业服务质量的最终裁判。许多旅游企业将顾客满意作为组织的目标之一,顾客的意见也就成为业绩评价的重要依据。由于顾客是企业外部人员,不受企业内部利益机制左右,因此评估会更加真实、公正。企业采用顾客评估员工的绩效,能够增强员工市场导向的服务意识,有助于企业树立良好的公众形象。

但是,顾客评估一般只适用于与顾客接触较密切的员工,而且较难操作。每个员工接触的顾客可能不同,不同顾客的评估标准又有所不同。此外,说服顾客配合本公司的业绩评估活动相当费时费力。除非顾客对服务特别不满或特别满意,他们通常不愿填写《顾客意见卡》。其结果是顾客评估可能集中在两极而不是一般水平。因此,有些旅游企业安排外界专家或专职调查人员以顾客的身份接受服务,通过暗访评估员工的服务能否达到顾客的期望。

(三)同事评估

在旅游企业中,团队合作非常重要。同一班组的同事与被评估者朝夕相处,最熟悉被评估者的业务、方法和成果,最了解被评估者对团队工作的贡献。有学者研究发现,在评估客户服务水平时,员工同事的评估结果与顾客的评估结果密切相关。这表明同事是评估服务人员绩效的重要考评信息来源。

此外,接受被评估者服务支持的其他员工作为"内部顾客",也可以提供被评估者的日常工作态度、时间观念、人际交往技巧、计划和协调能力等方面的信息。

例如,人力资源部门为经理人员招聘和培训员工提供服务支持,经理人员就可为人力资源部门员工的业绩评估提供十分有用的信息。因此,同事评估的优势在于掌握全面、真实的信息,对揭露问题、鞭策落后有积极作用。

但是,如果同事间存在利益之争,如业绩评价结果可能会对职位提升、工资调整或奖励产生影响时,同事评估的公正性和有效性就会降低。此外,同事评估往往顾及"个人交情",把评估当作走过场,造成评价偏差。

（四）自我评估

在自我评估中,人们往往会宽己严人,高估自己的绩效。因此,自我评估往往不足以作为加薪、晋升等管理决策的评判标准。但是,自我评价为员工提供了反思工作表现,陈述自己对工作业绩看法的机会。因此,员工的自我评估有助于减少他们对其他考评的抵触情绪,确立培训和开发目标,改善和提高他们的业绩。

（五）下属评估

下属员工对上司的领导能力与风格、业务水平、团队协调能力、关心下属的程度等有最直接的了解,因而能提供有价值的信息。下属评估上司能够促使上司完善领导方式,达到权力制衡的目的,对企业民主作风的培养起着重要作用。

但是,下属评估上司要求员工、经理、企业之间相互信任,而且尽可能采取匿名、定量的评估方式。否则,下属为了避免上司报复,可能不敢实事求是地表达意见,隐匿对上司的不满。此外,下属不可能全盘了解上司的工作,难以准确评估上司的计划与预算、创造力、分析能力等方面的能力。

（六）360°绩效评估

360°绩效评估又称全方位绩效评估,即由上司、顾客、同事、自己和下属作为评估者,每个评估者站在自己的角度对被评估者进行评估。多方位收集反馈信息可以避免一方评估的主观武断,可增强绩效评估的信度和效度。因此,从20世纪90年代以来,许多国际知名企业都开始采用360°评估或类似的多渠道收集评估信息的方法。

但是,360°评估收集信息的成本很高,需要花大量时间分析从不同渠道获得的信息,还要为评估者保密,请专家进行数据分析。此外,当评估方意见分歧较大时,还要注意权衡各方面信息的权重。目前,我国成功实施360°评估的旅游企业并不多见。企业与其简单地增加信息来源,不如谨慎地根据评估指标选择恰当的评估者。例如,由顾客评估员工的服务业绩,由同事评估员工的团队合作精神及其与团队氛围的匹配程度。

二、评估者常犯的错误

绩效管理过程中有许多因素可能导致评估误差。除了绩效评估系统本身的缺陷之外,还有一个主要的误差来源就是评估者所犯的错误。由于评估过程受人的情感和判断影响,评估者总是不可避免地带有这样或那样的偏见,影响绩效评估的公正性、客观性。

(一)中心化趋势、宽松化和严格化误差

中心化趋势误差指评估者对所有员工的评价都差不多,员工的评估成绩拉不开距离,即使业绩很差的员工也能得到与大家差不多的成绩。宽松化误差指对所有员工的评价都偏高。有些管理人员给员工打分时会多给几分同情分,使员工的得分偏高。严格化误差指评估者对所有员工的评价结果都偏低。例如,用一个5点刻度的量表评价员工的业绩(1表示非常差,5表示优秀),宽松化的评估者对大多数员工的评分都较接近5,而严格的评估者对大多数员工的评分都较接近1。

旅游业管理人员的工作变动较为频繁。通常,每年都是由新任经理对员工进行绩效评估。如果前任经理比较宽松,新经理比较严格,很容易让人误以为员工的绩效下降了。反之,如果新经理评分比较宽松,就容易让人以为员工的业务水平得到了提高,新经理管理有方。此外,为了避免冲突,经理往往也会给员工高于他们实际绩效的评分。如果企业不对经理的评估结果进行复审,这种"拔高评分"的现象就更为突出。

(二)近因/首因效应

近因效应指评估者在评估员工绩效时注重考察近期发生的事件。例如,经理对员工近两周的工作表现印象较深,对员工在六个月或八个月前的工作业绩印象模糊,他很可能仅根据员工的近期业绩作出评价。首因效应恰好相反,评估者着重考察考核期间前期所发生的事件。减少这种误差的办法是管理者认真记录员工在整个考核期间的业绩,然后根据记录对员工进行评估。

(三)晕轮效应

晕轮效应指由于员工在某一方面的绩效突出,管理人员就推而广之,对该员工在所有工作指标上的表现予以好评。例如,一名员工出勤率高,其主管可能因此评价其值得信赖,在服务质量、数量等各项工作指标上都给这名员工打高分,而不是就事论事地认真考察其各方面工作实绩。又如,不少饭店在评先进、树典型时,总是千方百计地给"先进人物"加上优点,有的甚至将别人的优点移植过来,把他们打扮成一个个"完人"。晕轮效应往往使管理者难以真正了解和公正地评价员工,妨碍集体团结,影响人际关系。

(四)偏见误差

偏见误差指评估者的价值观念或偏见歪曲了评估结果。评估者可能会有意无意地根据对某类人比较固定而笼统的印象,按年龄、性别、信仰、资历、外貌等因素武断地对被评估者分类,把这类人共有的典型特征归属到被评估者身上。例如,有的经理认为漂亮、高挑的青年女员工比男员工更能胜任前台工作,在评估时不自觉地给男员工较低的评价,而忽视了考察员工实际的工作绩效。高层管理者审核经理所作的评估结果,有助于纠正这一问题。

(五)标准不一

在评估员工的绩效时,经理应避免对从事相同工作的员工抱有不同的期望,用不同的标准来衡量他们的工作业绩。无论是真实的还是感觉中的评估不公正,都会激怒员工。评估标准模糊不清和主管的主观臆断,通常会导致这类问题出现。

除了上述误差外,评估者的蓄意操纵也是造成评估错误的原因。有的主管出于保持员工积极性、对员工付出的努力予以奖励、让评估结果看起来比较漂亮,出于对某名员工有好感、避免与员工发生直接冲突等方面的考虑,会蓄意把评分拔高;有的主管出于惩罚员工、刺激员工辞职、杀一儆百以强调纪律等方面的考虑,会蓄意把评分压低。这要求我们在设计评估系统时,要设置复审和申诉环节,以约束评估者的操纵行为,确保评估系统的公正性。

尽管完全消除评估者误差是不可能的,但是,让评估者意识到这些误差的存在有助于解决问题。企业应注意挑选熟悉被评估者工作、公正客观的评估者,并对评估者进行培训,让他们熟悉评估方案,统一对评估标准的认识,掌握减少评估误差的方法。

三、绩效评估培训

为了成功导入绩效管理系统,人力资源部门应根据评估者可能遇到的问题开展培训。

(一)评估者误区培训

管理人员很难在评估工作中做到完全没有偏见。评估者培训中的一项重要内容就是通过培训告诉评估者在评估过程中可能会产生的评估误差都有哪些,以防止这些误差的发生。比如说,人力资源部培训经理先为评估者们放映一部反映员工实际工作情况的录像带,然后要求评估者对这些员工的工作绩效做出评价,接着,将不同评估者的评估结果展示出来,逐一分析在绩效评估中可能出现的晕轮效应、宽松化倾向等问题。

(二)关于收集绩效信息方法的培训

评估者需要在绩效期间充分收集各种与员工的绩效表现相关的信息,以便增强评估结果的说服力,为绩效反馈和改进提供依据。因为不同岗位的工作性质不同,获取有关工作绩效信息的渠道也各不相同。培训者应根据被评估者的不同情况,有针对性地对评估者进行培训。

(三)绩效评价指标培训

人力资源部培训经理要帮助评估者熟悉在评估过程中将使用的各个绩效指

标,了解每种绩效维度的意义,每一种维度各代表什么样的工作行为,每一种行为会产生什么效果。评估者在正确理解各个绩效维度的基础上对被评估者做出评价,有助于减少系统误差。

(四)有关如何确定绩效标准的培训

绩效标准是评估者在评估过程中用来衡量被评估者绩效水平的尺子。人力资源部培训经理向评估者阐明评估时的参照系,以便评估者做到一视同仁。因此,进行绩效标准培训是实现绩效管理的程序公平的前提条件之一。

(五)评估方法培训

绩效评估中可能采用的具体方法多种多样,每种方法都有其优点和缺陷。评估者在实际评估时掌握需要采用的各种操作方法,有助于充分发挥该评估方法所具有的优势,并有助于增强评估者和被评估者对评估方法的认同感。

(六)绩效反馈培训

绩效反馈并不是一个简单的谈话,而是评估者通过与被评估者的沟通,帮助被评估者更好地认识自身工作的不足和已取得的成果。评估者需要能够掌握绩效反馈面谈中应运用的各种技巧,才能使绩效管理系统达到预期的目标。

四、绩效反馈

(一)绩效反馈的目的

绩效反馈对绩效管理非常重要。管理人员对员工进行正式和非正式的绩效反馈,目的在于:①就被评估者的表现达成双方一致的看法;②让员工认识到自己和所取得的成果,鼓励他们取得更好的成绩;③指出员工工作中有待改进的地方,向他们提出建设性批评;④与员工共同探讨改善绩效的方案,制订绩效改进计划;⑤确定下一个绩效管理周期的绩效目标与绩效标准。

有效的绩效反馈不仅可以使员工获得有关绩效评价的信息,而且可以消除绩效反馈过程中可能产生的种种矛盾、对立和员工的不满情绪。

(二)绩效反馈的原则

在绩效反馈中,管理人员要扮演好"教练"的角色,了解下属的心理,以恰当的方式进行反馈,否则,可能会导致绩效管理系统的失败。管理人员应遵循以下绩效反馈原则:

1. 经常性向员工反馈绩效问题

在完善绩效管理系统中,虽然管理人员每年至少会安排一次正式的绩效讨论,但管理人员不应忽视经常性的非正式绩效反馈。经常性的非正式绩效反馈可以使员工不断了解组织对他的业绩评价,及时帮助业绩不良的员工,鼓励业绩良好的员工。这样可以及时控制因员工绩效恶化给企业带来的损失,并减少员工面对正式反馈时的压力和抵触情绪。

2. 利用自我反馈机制，鼓励员工参与绩效反馈过程

绩效反馈不是单方面的评价信息传递过程，而是信息的交流过程，员工参与到绩效反馈过程中，可以使双方比较容易地就评价结果达成共识。管理者可以在评价面谈之前，让员工先进行自我绩效评价，并事先告诉员工进行评估面谈的时间，让员工有所准备。

有效的自我评价机制可以让员工有机会认真思考自己以往的工作表现、培训需求和职业发展的设想，使员工感到他们是绩效管理的参与者，而不仅是被评价者，更不是旁观者，从而消除他们对绩效管理的抵触情绪。此外，管理人员也有机会了解组织和员工个人在绩效评价方面的分歧，便于绩效评价信息的交流与反馈。

3. 做好充分准备，营造良好环境

无论是正式反馈还是非正式反馈，管理人员都要事先做好谈话的准备，确保以正确的方式与员工沟通。管理者可以选择一个恰当的时间和良好的环境，消除员工的紧张、恐惧和对立，使他们乐于倾诉他们的想法和感受。此外，管理人员要注意控制自己在面谈时的情绪，不要把对某人的愤怒或敌意带到面谈中来。简而言之，平等互信有利于绩效反馈工作的顺利开展，讽刺和威胁性的批评会使绩效反馈工作付诸东流。

4. 依据员工的工作行为和结果，提供具体的绩效反馈信息

管理人员在对员工进行绩效反馈，尤其是进行负面反馈时，切勿针对员工的个性特征妄加评价，也不应予以笼统、空泛的主观评价，如"你没能力""你真笨""你没有把主要精力放在工作上""你的工作态度很不好"等。这类反馈难以获得员工的认同。管理人员针对员工的具体行为或事实进行反馈，能够帮助员工清楚地认识到自己的工作行为和结果存在哪些有待改进之处。管理者可以用关键事件法记录的文件作为评估面谈的依据，在反馈时客观地描述事实及自己对该事实的看法。

5. 把重点放在解决问题上

绩效反馈的目的是要帮助员工不断改善和提高业绩。然而，许多管理人员在发现了业绩问题后并没有采取积极有效的解决措施，甚至有的管理人员把绩效反馈看成惩罚员工的机会。这样不仅无助于员工业绩的提高，而且会使员工对绩效管理产生抵触情绪。管理人员应谨记自己在绩效管理过程中，不仅是评价者，还应该是教练。

如果员工的绩效未达到管理人员的期望，管理人员必须与员工一起找出导致不良绩效产生的原因，帮助员工找到改善绩效的方法，并设定具体改善目标和检查改善进度的日程。必要时，管理人员还应与员工一起，根据当前的经营环境及其他情况，适当修改原定的目标和任务。

6. 将绩效评价与员工发展和绩效奖励结合起来

　　管理人员向员工反馈评价信息的同时，也应该了解员工对培训、职业发展的需求和想法，将绩效管理与员工发展、绩效奖励等结合起来，从而使员工感到绩效管理给他们带来的好处，更愿意参与到绩效管理中。

7. 以积极的方式结束绩效反馈面谈

　　在绩效面谈时，双方存在不同观点和见解是不可避免的。但是无论发生什么情况，在结束会谈之前，要将气氛缓和下来，以积极的方式结束会谈。

思考与练习

1. 绩效管理包含哪些关键的组成部分？有效的绩效管理系统具有哪些特征？
2. 绩效管理的作用体现在那些方面？企业在设置绩效评估指标时，要注意哪些问题？
3. 为什么行为锚定评价量表法能够更准确地评估工作绩效？请你在饭店业或旅行社中，选择一种你非常熟悉的工作岗位，列出10种可用于行为锚定评价量表法评定的行为表现。
4. 假如你现在要设计一个针对导游的绩效管理系统，那么你将对被评价人的哪些方面进行评价？采用什么指标进行评价？从哪些渠道收集信息？通过什么方法进行评价？你将通过何种形式向被评价人反馈绩效评估结果？

第七章

员工职业生涯管理

本章导读

职业生涯管理是企业用人和留人策略中非常重要的一个环节,贯穿员工职业发展的始终。本章在对职业锚、职业生涯发展阶段、职业生涯分类等职业生涯的相关概念进行了简要介绍的基础上,对职业生涯管理理论进行了较为详细的阐述。学习者应着重掌握职业锚的概念、职业生涯的发展阶段,以及职业生涯的管理等内容。

第一节 职业生涯的相关概念

经济全球化、信息化使得企业组织的兼并、破产、裁员层出不穷,员工的职业安全感下降。面对这种形势,无论是组织还是个人,都不得不采取措施提高各自的竞争力,增强适应性以应对外界的变化。20世纪70年代,欧美越来越多的企业意识到员工需要获得职业满足感,他们希望建立一套机制,使得员工可以在企业内部实现他们的个人目标,职业生涯管理便应运而生。

一、职业生涯的定义

职业生涯(Career)源自拉丁文的"路径"之意,犹如一条火车的轨道,是个人生命的进程,结合每个人一生扮演的各种角色,统合各种职业和工作、休闲等角色,表露个人独特的自我发展形态。传统上,不同的人对职业生涯有不同的描述。职业生涯的英文Career在牛津辞典上的解释是"一生的经历、谋生之道、职业,或称为事业前程、生涯"。职业生涯概念的演变,可追溯到20世纪50年代以前的工作选择(Occupation Choice),此后又转变为职业(Vocation),直到60年代以后,职业生涯一词才被广泛引用。

在20世纪70年代以前,学者们对于职业生涯的定义多偏向于职业生涯是一连串工作的顺序,其中不包括个人在此过程中所受的影响,而仅仅是对客观的工作经历的描述。在20世纪70年代以后,学者们对职业生涯的定义,包含一个人的生活经验,即职业生涯代表着此历程带给人的种种影响。随着时代转变,职业生涯的概念从单纯的个人终生所从事的工作,扩展为个人一生的发展历程,亦即整体生活形态的发展。

本书给出的职业生涯的定义为:职业生涯包含一个动态的过程,是指一个人一生在职业岗位上所度过的、与工作活动相关的连续经历,但并不包含在职业上成功与失败或进步快与慢的含义。也就是说,不论职位高低,不论成功与否,每个工作着的人都有自己的职业生涯。

二、职业锚

(一)职业锚的定义

锚,是使船只停泊定位用的铁制器具。职业锚,实际就是人们选择和发展自己的职业时所围绕的中心,是指当一个人不得不做出选择的时候,他无论如何都不会放弃的职业中的那些至关重要的东西或价值观。

职业锚起源于美国教授施恩(Schein,1974)对美国麻省理工学院44位管理研究所男性毕业生所进行的长期追踪访谈的研究结果。施恩认为,职业生涯实际上是一个持续不断的探索过程,在这一过程中,每个人都在根据自己的天资、能力、动机、需要、态度和价值观等慢慢形成较为明晰的与职业有关的自我概念。随着一个人对自己越来越了解,这个人的心中就会越来越明显地形成一个占主要地位的职业锚。

职业锚的核心内容是职业自我观,它包含三个层面:位于表面、易于观察到的是自我知觉的天赋与能力;位于核心部分的是自我知觉的态度与价值;位于深层的是自我知觉的动机与需求。

(1)自我知觉的天赋与能力:指自己从不同工作情境中所获得的成功经验里,感受到的个人能力的部分,属于表面的、易观察到的、明显的职业生涯行为。

(2)自我知觉的工作态度与价值观:指经过自我与组织、工作情境、工作规范等相互抗衡、协调及互动后,逐渐形成的个人对自我的工作态度和价值观的感知,这些都是从真实情境中所获取的经验。这个层面主要用来解释职业生涯发展经验中较为稳定的自我知觉的部分,属于个人职业生涯导向的核心部分。

(3)自我知觉的动机与需求:指个人在真实工作情境中不断尝试、不断反省的自我对话,或经过他人的反馈所感受到的个人对职业发展的深层动机与需求部分。

(二)职业锚的特点

(1)职业锚可以帮助个人更好地确定其工作价值观和工作动机。

(2)职业锚不能靠各种测试来预测。职业锚是个人与工作环境互动作用的产物,在学校中表现出的潜在才干和能力,在经过实际工作的多次确认和强化之前,并不能成为职业锚的一部分。个体的一系列职业选择的偶然性,体现出从不适应、无法满足需要的工作环境向更和谐环境移动的必然性。在实践中选择、认识和强化，这就是"锚"的比喻。

(3) 职业锚强调了能力、动机和价值观的互动作用。我们可能喜欢某类职业，并不断提高相关能力，对此职业的擅长又使我们更喜欢它。或者，我们可能发现自己适合从事某类职业，渐渐培养起兴趣和感情，后来与职业相关的技能就越发精通了。职业取向中单独的动机、能力、价值观作用并不大，重要的是突出三者相互作用的整合。

(4) 职业锚在个人正式工作若干年后才能发现。职业锚是个人和工作情境之间相互作用的产物，只有经过若干年的实际工作后才能发现。职业锚需要在各种情境下实践工作的反复验证方可确认。职业取向的必然性需要一定时间内变化的偶然性的累积方可突现。

(5) 职业锚不是完全静止的，它可能会随着个人对职业自我观的认知的改变而改变。

(三) 职业锚的类型

1. 技术/职能型职业锚

这一类型的人在做出职业选择和决策时的主要精力放在自己正在干的实际技术内容或职业内容上。他们认为自己的职业成长只在有特定的技术或职能领域中，才能持续地进步。这些领域包括工程技术、财务分析、营销、系统分析等。比如说，一个技术/职能型职业锚的财务分析员希望成为公司的会计或审计，其最高理想是公司的财务副总裁。但是他们可能只对同自己的区域有关的管理任务加以接受，对全面管理则抱有强烈的抵触心理。

2. 管理型职业锚

这一类型的人在职业实践中相信自己具备胜任责任管理所必不可少的技能和价值观。他们根据需要在一个或多个职能区展现能力，但他们的最终目标是管理本身。他们具有三种能力的强强组合：分析能力——在信息不全或不确定的情况下识别、分析和解决问题；人际交往能力——能影响、监督、领导和操纵组织内各级人员更有效地完成组织目标；情感交流能力——能够为感情危机和人际危机所激励，而不被打倒，能承担较重的责任，而不是变得软弱无力，能使用权力而不感觉内疚或胆怯。其他类型的人可能拥有一两项更强的单项能力，但是管理锚型的人拥有最完善的三项能力的组合。

3. 创造型职业锚

这一类型的人时时追求建立和创造完全属于自己的成就，他们以自我扩充为核心。他们对于创建新的组织、团结新组织的人员、克服初创期难以应付的困难而废寝忘食和乐此不疲。而组织一旦建成，他们就会厌倦或不适应正规的工作而退出领导层,自愿或不自愿地让位于总经理。成功的企业家大多出自这种锚型,但他们大多无法成为出色的职业经理人员。

4. 自主/独立型职业锚

这一类型的人追求的主要目标是随心所欲地制定自己的步调时间表,调整自己的生活方式和工作习惯,尽可能少地受组织的限制和制约。在选择职业时,他们似乎被一种自己决定自己命运的需要所驱使着,他们希望摆脱那种因在大企业中工作而依赖别人的境况。他们可能是自主性较强的教授、自由职业者,或者是小资产所有者、小型组织的成员。创造锚型的个体同样会拥有很多自主权,但他们关心的不是自由本身,即使是全力以赴地建立自主的职业目标。

5. 安全型职业锚

这一类型的人追求稳定安全的前途,比如工作的保障、体面的收入、有效的退休方案和满意的津贴,等等。安全锚的人仰赖组织或社区对他们能力的需要的识别和安排,为此他们会冒险,也愿意高度服从组织的价值观和准则。安全锚的人也可以区分出两种不同类型:有些人的安全、稳定源是以地区为基础,对于这些对地理安全性更感看重的人来说,如果追求更为优越的职业,意味着将要在他们的生活中注入一种不稳定或保障较差的地域因素的话,如迫使他们举家搬迁到其他城市,那么他们会觉得在一个熟悉的环境中维持一种稳定的、有保障的职业对他们来说更为重要。而对于另外一些追求安全型职业锚的人来说,安全则是意味着所依托的组织的安全性,他们可能优先选择到政府机关工作,因为政府公务员看来还是一种终身性的职业。这些人显然更愿意让他们的雇主来决定他们去从事何种职业。

三、职业生涯的发展阶段

职业生涯是个人的态度和行为发展和变化的过程,强调的是终生性与连续性,包括一个人从职业的探索阶段至退休阶段所从事的一切活动。职业生涯发展指个人选择或决定进入某一行业时,为适应此行业的种种规范或要求,扮演该行业中的工作角色,其工作岗位由低层升至高层的历程。个人在其一生所从事的行业之中,与环境交互作用,随时间的推移会产生很多的变化,如工作性质的改变、职位的晋升以及工作态度的变化等。职业生涯发展是一个连续不断的过程,包含不同的阶段。

职业生涯发展阶段的划分,不同的学者有不同的标准。下面我们对几个重要的职业生涯发展阶段理论进行简要的介绍。

(一)休普职业生涯发展阶段理论

休普(Super,1957)以人类的发展阶段为基础,将职业生涯发展分为五个阶段:成长阶段、探索阶段、建立阶段、维持阶段和衰退阶段。

1. 成长阶段(0~14岁)

在此阶段的初期,个人凭想象和模仿形成职业观念,后期逐渐培养其职业兴趣。

2. 探索阶段(15~24岁)

在这个阶段,个人尝试寻找适合自己的职业领域,学习工作必备的相关知识和技能,同时建立良好的自我职业概念。个人开始了解职业的价值、认识自我需求,选择未来的职业发展方向。

3. 建立阶段(25~44岁)

在这个阶段,个人能成功地在某一特定职业中建立其事业,能更自主地完成工作,并发挥创造力以求产生较佳的工作成果,以获得升迁和平衡家庭与事业之间的冲突。在这个阶段的初期,个人试探各种职业的特性来确认自己具体的职业目标,后期则专心从事已经选定的职业,期盼在该职业领域能有所成就。

4. 维持阶段(45~65岁)

在这个阶段,个人已逐渐取得相对较高的地位,开始思考如何维持现有的一切,同时会对其事业做出一番评估,以维持较高的绩效水平。

5. 衰退阶段(65岁以上)

在这个阶段,个人已经完成了其事业,为退休做准备。许多人开始寻找兼职工作以代替原来的全职工作,或者停止工作,转向休闲的生活。

(二)戴尔通等人的职业生涯发展阶段理论

戴尔通等人(Dalton,Thompson,& Price,1977)以科学家、工程师、金融财税人员及大学教授为对象,归纳个人职业生涯发展所经历的四个专业阶段。

1. 学徒阶段(Apprentice Stage)

个人的主要活动为学习,依照指示思考如何将各种专长和能力运用在组织的要求或程序之中,属于依赖性质的发展阶段。

2. 同事阶段(Colleague Stage)

个人表现成熟稳健的时期,能够独立负责并有所贡献,力求独立自主,以发挥个人的优点和专长,并能和其他人进行较好的合作。

3. 指导者阶段(Mentor Stage)

随着个人经验不断增加,能够通过协调分工来完成各种工作任务,并能为别人作决定和指导新进人员,为资历较浅的同事的工作成败负责。

4. 合伙人阶段(Sponsor Stage)

这个阶段个人已经具有专业的权威性,并准备为组织寻觅接替人选,在组织中具有举足轻重的影响力与权威。

(三)格林豪斯的职业生涯发展阶段理论

格林豪斯(Greenhaus,1987)根据各学者对职业生涯发展阶段的研究,探讨其相似性,整合归纳出职业生涯发展的五阶段论。

1. 职业选择阶段(0~18岁)

这个阶段的主要任务是思考、评估各种不同的职业,对最初的职业进行选择,接受必要的教育。

2. 进入组织阶段(19~25岁)

在这个阶段中,个人进入所期望的组织工作、依据正确的信息选择合适的工作。

3. 早期职业生涯阶段(26~40岁)

在这个阶段,个人的主要任务是学习如何更好地工作、学习组织的规则,以使自己符合所选的职业与组织,提高自我的能力,追求自我的梦想。

4. 中期职业生涯发展阶段(41~55岁)

处于这个阶段的个人的主要任务是重新评估其早期的职业生涯,再次确定或修改自己的职业定位,做出中期职业生涯的适当选择。

5. 晚期职业生涯阶段(56岁~退休)

这个阶段的主要任务是在工作中保持精力,维持自尊,为退休做准备。

本书综合了不同学者对职业生涯发展阶段的界定,将职业生涯发展划分为以下七个阶段:

1. 职业准备期——学生

此时应当以学业为主,在此基础上个人可以对社会作一些了解,发现及发展个人的价值兴趣和能力,为将来从事的职业打下知识储备的基础。除此之外,个人需要不断地进行知识积累,并有意识地培养自己的职业知识。

2. 职业探索期——走向职场的学生

个人应在此阶段分析自己的优缺点,明确职业定位,对自己的职业生涯进行规划和理性分析,不因个人的喜好而影响自己对职业的分析。

3. 职业选择期——应征者

学业完成后走上社会,寻找第一份相对稳定的工作作为事业发展的起点。在做好了充分的自我分析和环境分析的基础上,选择适合自己的职业,设定人生目标,制订以后的职业计划,对个人的抉择负责。

4. 职业进入期——职场新人

这个阶段是个人初涉职场的头两年,在新的环境中能调节自己,建立初步的人际关系,掌握本职工作的流程,学会不完全依赖别人,能面对现实和组织真相所带来的冲突,克服不安全感。

5. 职业适应期——同事

在这个阶段个人应当做到四个学会:学会做事,在找到合适工作后,要学会如何去做,成为岗位的行家里手;学会共事,学会与人相处,树立个人形象,创造良好的工作氛围;学会求知,工作后的人学习更有方向性和目的性,要知道学什么来弥补过去学习的漏洞;学会生存,学会如何被同事、环境所接受。此阶段,个人能根据自己掌握的新知识和组织的发展潜能重新评估自己的职业生涯规划,能独立思考和接受个人的成败,勇于承担个人责任,建立稳定的工作形态。

6. 职业稳定期——指导者

这是职业生涯中时间最长、劳动效果最好、发展和成就事业最宝贵的时期。此时个人要根据形势的变化和自身的条件,不断修订事业目标,攀向新高度。要看一看自己所选择的职业路线和人生目标是否符合现实,如有出入,应尽快调整。处于这个阶段的人能够指导他人,并从中获得满足,能够关切组织的利益、平衡工作和家庭之间的关系。

7. 职业衰退期——退休人员

此阶段是事业的收获期和人生的享受期。

四、职业生涯的分类

国内外学者通常将职业生涯划分为外职业生涯与内职业生涯两部分来分别进行研究。

(一)外职业生涯

外职业生涯是指个人从事一项职业时的工作单位、工作地点、工作内容、工作职务、工作环境、工资待遇等因素的组合及其变化过程。

外职业生涯的构成因素通常是别人给予的,也容易被别人收回。外职业生涯因素的取得往往与自己的付出不相符,尤其是在职业生涯初期。有的人一生疲于追求外职业生涯的成功,但内心极为痛苦,因为他们往往不了解外职业生涯的发展是以内职业生涯发展为基础的。

(二)内职业生涯

内职业生涯是指从事一项职业时个人所具备的知识、观念、心理素质、能力、内心感受等因素的组合及其变化过程。

内职业生涯各项因素的取得可以通过别人的帮助而实现,但主要还是要通过自己的努力追求来实现。与外职业生涯的构成因素不同,一个人一旦拥有了内职业生涯各项构成因素,别人便不能收回或剥夺。内职业生涯的发展是外职业生涯发展的前提,内职业生涯发展带动外职业生涯的发展,它在人的职业生涯成功乃至人生成功中具有关键性的作用。因而在职业生涯的各个阶段,个人都应重视内职业生涯的发展,尤其是在职业生涯早期和中前期,个人一定要把对内职业生涯各因素的追求看得比外职业生涯更重要。内职业生涯因素匮乏的人总是担心裁员名单中会有自己的名字，内职业生涯丰富的人会抓住每一次发展的机会，甚至能主动地为自己、为别人创造发展机会。

第二节　职业生涯管理

职业生涯管理是现代企业人力资源管理的重要内容之一，是企业帮助员工制定职业生涯规划和帮助其职业生涯发展的一系列活动。职业生涯管理应看作是竭力满足管理者、员工、企业三者需要的一个动态过程。在现代企业中，个人最终要对自己的职业发展规划负责，这就需要每个人都清楚地了解自己所掌握的知识、技能、能力、兴趣、价值观等。而且，还应对职业选择有较深入的了解，以便制定目标、完善职业计划。管理者则必须鼓励员工对自己的职业生涯负责，在进行员工工作反馈时提供帮助，并提供员工感兴趣的有关组织工作、职业发展机会等信息。企业则必须向员工说明企业自身的发展目标、政策、计划等，还必须帮助员工作好自我评价、培训、发展等。当个人目标与组织目标有机结合起来时，职业生涯管理就会意义重大。

职业生涯管理工作主要依靠员工和企业两方面的共同作用。因此，国内外的研究通常将职业生涯管理工作划分为员工个人职业生涯规划和组织职业生涯管理两个方面的内容。我们在下文中将对这两个方面分别进行详细的阐述。

一、员工个人职业生涯规划

(一) 员工个人职业生涯规划的基本内容

1. 了解自己

一个有效的职业生涯规划，必须是在充分认识自我和相关环境的条件下进行的。对自我及环境了解得越透彻，职业生涯规划就会越实际。个人需要认识自己，并做出自我评估。自我评估包括自己的兴趣、特长、性格、学识、技能、智商、情商、思维方法、道德水准以及社会中的位置等内容。个人需要详细估量内外环境的优势与制约因素，设计出适合自己的、合理且可行的职业生涯发展方向。通过对自己以往的经历和经验进行分析，找出自己的专业特长与兴趣点，这是职业规划的第一步。具体可以从以下几个方面进行分析：

(1) 优势分析。首先分析自己曾经做过什么？即个人已有的人生经历和体验，如在学校期间担当的职务、曾经参与或组织的实践活动、获得过的奖励等。在自我分析时，要善于利用过去的经验选择，推断未来的工作方向与机会。其次分析学习了什么？在学校期间，从学习的专业课中获得了什么？专业或许在未来的工作中并不起多大的作用，但在一定程度上决定你的职业方向。再次分析自己做过的最成功的事情是什么？你可能做过很多，但最成功的是什么？为何成功？是偶然还是必然？通过以上这些分析，个人可以发现自身性格的优点，比如坚强、果断、具有领导力等。

（2）劣势分析。首先分析自己的性格弱点。一个独立性强的人会很难与他人默契合作，而一个优柔寡断的人则很难担当管理者的重任。其次分析经验或经历中所欠缺的方面。也许你曾经多次失败，就是找不到成功的捷径，也许你对某项工作从前从未接触过，这都说明个人经历的欠缺。欠缺并不可怕，怕的是自己还没有认识到，而一味地不懂装懂。

（3）环境分析。首先是对社会大环境的认识与分析。如当前社会政治、经济发展趋势，社会上较热的职业门类与需求状况，自己所选择职业在当前与未来社会中的地位情况，社会发展趋势对自己职业的影响等。其次是对自己所选企业的外部环境分析。如所从事行业的发展状况及前景，在本行业中的地位与发展趋势，所面对的市场状况等。

（4）人际关系分析。个人在工作过程中将与哪些人交往？其中哪些人将对自身发展起重要作用，是何种作用？这种作用会持续多久？如何与他们保持联系？可采取什么方法予以实现？工作中会遇到什么样的同事或竞争者，如何与之相处，以及采用何种方式对待？

面对这些问题，除了自我探索、找朋友分析外，找专业的人才测评和职业咨询机构将是未来的发展趋势，他们的经验非常丰富，对个人的帮助将更加专业和直接。目前比较权威的职业测评工具为霍兰德职业兴趣测试。霍兰德测验量表可以帮助求职者发现和确定自己的职业兴趣和能力特长，从而更好地做出求职择业的决策。对于已经考虑好或选择好了自己职业的人，该测验可以分析这种考虑或选择的理论基础，或向人们展示其他合适的职业；如果你至今尚未确定职业方向，该测验将帮助你根据自己的情况选择一个恰当的职业目标。

2. 确立切实可行的目标

制定自己的职业目标并没有想象中那么难，只要考虑一下希望在多少年内达到什么目标，然后一步一步往回算就可以了。目标的设定要以自己的最佳才能、最优性格、最大兴趣、最有利的环境等信息为依据。通常目标分为短期目标、中期目标、长期目标和人生目标。确立目标是制定职业生涯规划的关键，也是职业生涯规划中最重要的一点。有效的生涯规划需要切实可行的目标，以便排除不必要的犹豫和干扰，全心致力于目标的实现。

3. 选择适合个人特点的职业

职业选择正确与否，直接关系到人生事业的成败。据统计，在选错职业的人当中，80%是事业上的失败者。在职业确定后，个人还要选择发展路线，即向行政管理路线发展,还是向专业技术路线发展;或是先走技术路线,再转向行政管理路线。发展路线不同,对职业发展的要求也不相同。因此,在职业生涯规划中,须作抉择,以便使自己的学习、工作以及各种行为沿着职业生涯路线前进。

4. 制定确实可行的生涯策略

生涯策略是指落实目标的具体措施,主要包括工作、训练、教育等方面的措施。个人在选择企业时,要考虑诸如企业能否为员工提供适当学习与训练的途径和机会,让员工能够以市场需求来衡量自己的技能与经验等因素。同时,在设定基准和提升技能方面,企业与员工双方应持合作态度,共同进步。

5. 不断反省和修正生涯目标

员工经过学习取得进步后,会有更高的职业期望。如果企业管理者能够根据员工技能、知识的进步程度及时调整其岗位,那么经过多种岗位锻炼的员工必然具有更强的综合创新能力,能给个人生涯带来新的生机。同时,员工应经常和管理层沟通有关企业市场变化的情况,以使自己能够预测企业未来发展中可能需要的技能,及时调整自己的职业计划。

(二)员工个人职业生涯规划的重要性

1. 可以增强个人对工作环境的把握能力,对工作出现困难时的控制能力

员工个人进行职业生涯规划既能使员工了解自身长处和短处,养成对环境和工作目标进行分析的习惯,又可以使员工合理计划、分配时间和精力,以更好地完成任务、提高技能。这些都有利于强化员工个人对环境把握能力和困难控制能力。

2. 有利于个人处理好工作和生活的关系

良好的员工个人职业生涯规划可以帮助个人从更高的角度来看待工作中的各种问题和选择,将各个分离的事件相联系,服务于职业目标,使职业生涯更加充实和富有成效。它更能考虑职业生涯同个人追求、家庭目标等其他生活目标的平衡,避免顾此失彼、两面为难的困境。

3. 可以实现自我价值的不断提升和超越

工作的最初目的可能仅仅是找一份养家糊口的差事,进而追求的可能是财富、地位和名望。员工对个人职业生涯进行规划,可以对其职业目标进行多次提炼,使工作目的超越财富和地位之上,追求更高层次的成功,满足实现自我价值的需要。

二、组织职业生涯管理

(一)组织职业生涯管理的主要内容

职业生涯管理作为组织的一种长期、动态的管理过程,贯穿于员工职业生涯发展的全过程和组织发展的全过程。而具体到每一个组织成员,他是处于个人发展及组织发展的不同阶段,由于其发展特征、发展任务以及应注意的问题不同,每一

阶段都有各自的特点、目标和发展重点，因此，企业必须抓住员工的每一个职业发展阶段的不同关键点，实施不同的职业生涯管理策略。

1. 职业选择阶段的管理

在职业选择阶段，职业生涯管理的重点是帮助员工选择一个满意的职业，这就如同棋手下棋时的排兵布阵，体现了企业的用人策略。

（1）帮助员工选择匹配的职业。在职业选择过程中，员工是主体，是择业行为能动的主导方面，各种职业则是被选择的客体，但择业者受自身条件和职业要求的限制，也不可能任意进行选择。一方面，人们不可能具有从事一切职业的能力和兴趣；另一方面，由于各自的劳动对象、手段和作业环境不同，各项职业对从业者能力也有特定的要求。美国学者弗鲁姆提出的期望理论和帕森斯提出的"职业—人"匹配论就分别对这两方面做出了合理的解释。对于企业来说，这两大理论较为简单、易于操作，对职业选择过程具有重要的指导意义。

一般来说，企业在招聘过程中一定要把有关的职位需求、职位特点、职位要求和该职位的发展方向等明确地告诉求职者，并充分了解求职者学识、态度、兴趣和爱好、职业价值观等内容，并指导其正确选择所提供的职业，做到职业与人的能力、特长相匹配，也与求职者的从业愿望相符合。

（2）开展基础的职业培训。新员工并非一开始就具备完成规定工作所需的知识和技能，也缺乏对企业的习俗、价值观和相关理念等文化方面的认同，还没有形成在特定集体中进行协作的工作态度和行为习惯，这就需要对他们进行培训教育。

培训内容包括三方面：①职前教育。职前教育包括企业文化教育、公司规章制度教育、营运和操作规程教育及岗位知识和技能教育。开展这些教育培训不仅是为了对新员工进行文化观念的同化、补充员工进入岗位从事工作的必备知识，同时培训教育的效果还是企业对员工进行定岗安排职务的依据。②职业生涯管理培训。其主要内容包括职业生涯管理对员工个人的重要意义、员工进行个人职业生涯管理的方法、员工在职业生涯管理过程中的权利及义务、如何处理与职业生涯管理发展相关角色的关系等，从而使员工做到"自知"。③轮岗培训。通过轮岗培训，企业一方面可以培养员工的综合能力，另一方面可以使员工充分了解各个职业和岗位的能力、素质等方面要求，了解相应的职业发展通道和发展策略，并根据员工所表现的职业适应情况进行能岗匹配定位。同时也可以根据企业实际情况，做出可行性调整，逐步制定出适应于特定员工的职业发展策略，以适应员工个人的发展。

（3）准确把握员工的职业锚。在上一节中我们描述了美国施恩教授提出的五种职业锚，这五种职业锚之间的划分不是绝对的，相互之间可能有明显的交叉，如自主—独立型职业锚的人可能同时具有技术—功能型职业锚，或者同时具有创造型职业锚。企业在实际的职业生涯管理工作中,可以通过对员工的调查,了解员工的职业兴趣、能力和人生价值观,提供必要的培训指导和其他条件,帮助员工确定其职业锚,并针对员工的不同情况,设法使员工特别是核心员工"抛锚",这样有利于企业正确选择、使用和留住所需要的人才。

2. 职业稳定阶段的管理

在职业稳定阶段,员工的职业愿望已基本停留在某一固定的职业上,个人职业生涯管理也有一个固定的目标。企业职业生涯管理的重点趋向于以员工的职业锚特征为依据,根据每个员工特定的需求,引导员工自我发展并吸引员工稳定地"抛锚"。

(1)对不同职业锚的员工进行不同的职业发展能力素质考评。例如,对有管理能力型职业锚、想走管理型职业发展通道的员工,应根据其发展,不断考评其在某些能力方面的进步,如计划能力、组织能力、指挥协调能力、控制能力、专业技术能力、商务能力、金融财会能力、交际能力等。

(2)开展有针对性的职业培训。职业稳定阶段的职业培训一般在业绩、能力考评的基础上进行,以帮助员工达到职业发展目标。主要包括:①知识补充培训,及时给员工补充新产品、新设备的知识和其他一些必备知识的更新等;②提高业务能力的培训:对基层员工来说,主要是技能培训;对管理人员来说,还必须有思维、观念方面的培训;③专业人才的培训,即企业根据需要,开展有关专业技术或管理技能的素质培训;④人员晋升的培训,即在员工晋升之前对其进行相关知识、技能、态度等方面的培训,以满足其即将就任的更高职位的要求。

(3)进行职业激励。根据员工的职业锚特征,采用各种方式逐步帮助其实现职业发展,但对业绩持续不佳的员工则要果断地淘汰。

(4)及时、准确地评估员工职业的发展。具体包括:①员工职务变动情况分析。职务变动又可以分为晋升和轮岗两种形式,其中,晋升是常见的职业发展形式,其发展过程是一个爬阶梯的过程,员工总是在能力达到一定水平之后才能上升到一个更高的职务水平。②员工非职务变动情况分析。随着组织结构的扁平化趋势,组织的下层空间越来越大,而上层空间越来越小,大量有才干的中、低层人员得不到提升,那么,企业就必须通过工作丰富化、改变观念及方法创新或逐步让员工分享组织秘密等方式来实现员工的职业发展。一般来说,这种方式对创造型、自主型的员工较适用。但是目前国内的观念普遍还把职务向上流动等同于职业发展成功,不提升就意味着职业发展的失败或受挫,因此管理者在运用这种方式前应及时修正员工的这种观念。③对员工进行职业成功评价。职业成功是员工个人职业生涯目标的实现,当然它的含义也因人而异,具有很强的针对性。表7-1是一个职业生涯成功评价体系表,根据这一体系,每个人都可以对自己的职业生涯成功明确地界定一个独特的标准,包括成功意味着什么,成功时发生的事和一定要拥有的东西、成功的范围、被承认的地位和被承认的方式等。由于职业生涯成功方向和标准的多样性,企业应根据员工的具体情况来制定个性化的职业生涯开发和管理策略,这是对员工人格价值的尊重。同时,企业也要根据自己的需要和特点来制定适应自身发展的职业生涯开发与管理的目标和措施,通过这两者之间的平衡,找到企业发展与员工发展的最佳结合点,促进企业和员工的共同发展。

表7-1 职业生涯成功评价体系

评价方式	评价者	评价内容	评价标准
自我评价	本人	1.自己的才能是否充分施展？ 2.对自己在企业的发展中所作的贡献是否满意？ 3.对自己在职称、职务、工资待遇等方面的变化是否满意？ 4.对处理自己职业生涯发展与其他活动的关系的结果是否满意？	根据个人的价值观念及个人的知识、能力水平
家庭评价	父母等家庭成员	1.是否能理解和肯定？ 2.是否能够给予支持和帮助？	根据家庭文化
企业评价	上级 平级 下级	1.是否得到下级、平级同事的赞赏？ 2.是否得到上级的肯定和表彰？ 3.是否有职称、职务的晋升或相同职务权力范围的扩大？	根据企业文化及其总体经营结果
社会评价	社会舆论 社会组织	1.是否得到社会舆论的支持和好评？ 2.是否得到社会组织的承认和奖励？	根据社会文明程度、社会历史进程

资料来源:姜真.职业生涯管理是企业的一盘棋.中国人力资源开发,2004(9):36.

职业选择阶段与职业稳定阶段这一划分是以员工职业锚的出现为依据的。很显然,这种划分并不是绝对的,对于有些员工来说,其职业生涯可能经过一次选择就可以适应并从此稳定下来,而对于另一些员工来说,可能要经过多次选择、适应才能最终稳定,甚至其整个职业生涯都处于不断地选择过程中。员工的职业选择过程也并不局限于企业的某一职位层级,而往往不少人在能力达到较高层次时,并没有确定自己的职业锚。员工在具体的某一职位上,也存在着从逐渐适应到稳定的过程。这就需要人力资源部门根据员工个人的不同情况,不断调整职业生涯管理的侧重点,以适应组织成员职业生涯发展的这些变化。

（二）组织职业生涯管理的意义

1. 职业生涯管理是企业资源合理配置的首要问题

人力资源是一种可以不断开发并不断增值的增量资源,因为通过人力资源的开发能不断更新人的知识、技能,提高人的创造力,从而使无生命的"物"的资源充分尽其所用,特别是随着知识经济时代的到来,知识已成为社会的主体,而掌握和创造这些知识的就是"人",因此企业更应注重人的智慧、技艺、能力的提高与全面发展。因此,加强职业生涯管理,使员工人尽其才、才尽其用,是企业资源合理配置的首要问题。离开人的合理配置,企业资源的合理配置就是一句空话。

2. 职业生涯管理能充分调动人的内在的积极性,更好地实现企业组织目标

职业生涯管理的目的就是帮助员工提高在各个需要层次的满足度,使人的需要满足度从金字塔形向梯形过渡最终接近矩形,既使员工的低层次物质需要逐步提高,又使他们的自我实现等精神方面的高级需要的满足度逐步提高。因此,职业生涯管理不仅符合人生发展的需要,而且也立足人的高级需要,即立足于友爱、尊重、自我实现的需要,真正了解员工在个人发展上想要什么,协调其制定规划,帮助其实现职业生涯目标。这样就必然会激起员工强烈为企业服务的精神力量,进而形成企业发展的巨大推动力,更好地实现企业组织目标。

3. 职业生涯管理是企业长盛不衰的组织保证

任何成功的企业,其成功的根本原因是拥有高质量的企业家和高质量的员工。人的才能和潜力能得到充分发挥,人力资源不会虚耗、浪费,企业的生存成长就有了取之不尽、用之不竭的源泉。发达国家的主要资本不是有形的工厂、设备,而是他们所积累的经验、知识和训练有素的人力资源。通过职业生涯等管理活动,为员工提供施展才能的舞台,充分体现员工的自我价值,是留住人才、凝聚人才的根本保证,也是企业长盛不衰的组织保证。

第三节　旅游企业新生代员工职业生涯发展策略

新生代员工正成为旅游企业的就业主力。对旅游企业而言,新生代员工的知识技能和学习能力是企业不可多得的宝贵资源。但是,新生代员工往往表现出一些独特的工作价值观与行为方式,也给企业人力资源管理工作带来了不少挑战。本节主要在分析旅游企业新生代员工特点的基础上,从职业生涯发展角度提出新生代员工管理的对策与建议。

一、旅游企业新生代员工的特点

在我国,社会各界通常把80年代之后、90年代之后出生的青少年称为新生代。

美国社会学界则把1980年以后出生的青少年称为Y代,或千僖一代、数字一代。与父辈或祖辈相比,新生代(Y代)员工具有得天独厚的成长环境:他们通常接受过良好的教育,伴随着多媒体、电子邮件、移动电话长大,得到家庭更多的关爱,因而他们通常具有开放的思维、无穷的活力和无止境的期望,喜欢尝试新鲜事物,喜欢迎接挑战。在现实的旅游企业职场环境中,新生代员工兼具积极与消极的特点,主要表现在以下四个方面:

(一)新生代员工通常持有多变的职业观念

新生代员工通常对职业持有多变的观念,这是旅游企业人才流动频繁的重要原因之一。传统的职业观念强调员工应对企业忠诚,企业应为员工提供工作保障。而新生代员工持有多变的职业观念,他们渴望尝试不同的职业领域,同时他们认为企业的责任是为员工提供职业发展机会,他们更看重企业是否能培育自己具有"可转移"的竞争能力。全球著名的美世人力资源咨询公司的大规模调查表明,与年长员工相比较,新生代员工无论对工作的满意感,还是对企业的满意感和忠诚感都明显更低。在该公司的调查中,一半以上的新生代员工认为,只要其他公司提供更好的薪酬待遇和发展机会,他们就会选择跳槽。

(二)新生代员工通常不太喜欢循规蹈矩的服务工作

不少旅游企业新生代员工讨厌重复性的服务工作,希望从事有挑战性、有趣味的工作。如果管理人员希望年轻员工严格遵照职务说明书履行指责,那通常是不切实际的,因为这些年轻员工可能每隔一段时间就希望改写自己的职务描述书。在很大程度上,他们是以任务为导向的,但前提是他们认同企业所分配的任务,并认为这些任务是重要的、有价值的。他们通常对自己的工作表现和技能比较自信,但在工作中有时缺乏耐心,在沟通、倾听、时间管理等方面的技巧还需要不断提升。很多新生代的一线服务人员厌恶烦琐的决策过程,喜欢企业领导能快速、明确地做出决策。

(三)新生代员工对成功有独到的见解,重视职业生涯发展

新生代员工渴望有所成就,强烈期望得到社会的认可,他们更热衷于具有挑战性的工作,把攻克难关看作一种乐趣、一种体现自我价值的方式。他们期望得到更好的发展机会、更高的待遇、弹性化的工作岗位、持续的学习机会,重视企业是否公平地对待自己,而且他们希望自己对时间和精力的投入马上见到成效。新生代员工与年长员工在某些需求上是相似的,但不同的是,他们会更主动、更直接地向组织提出自己的要求。他们对权威有自己的看法,不会因为职务级别而尊重自己的上司或公司前辈,甚至有时会藐视权威,他们看重上司是否具有良好的个人修养与领导能力,更看重上司能否帮助自己获得职业发展的机会。

(四)新生代员工具有独特的工作价值观

美国学者Gursoy等(2013)对酒店行业一线员工进行了大规模调研,发现新生

代员工有自己独到的工作价值观,与年长员工的价值观差异体现在以下几方面:通常不以工作为导向,不太愿意把工作放在首位;更喜欢打破常规,不喜欢受到酒店制度与流程的约束;喜欢在工作中应用新的科学技术;更重视工作与家庭的平衡;喜欢在团队中追随强势,并能有效指导自己的领导;非常重视自己在工作中的控制权,并希望得到他人的认可。在旅游企业,新生代员工往往不希望因为繁忙的工作而牺牲自己与亲友相聚的机会,以及自己在休闲、爱好、社交、教育等方面的享受与追求。由于服务行业的性质,旅游企业的工作比较繁忙,经常需要加班或在节假日工作,不少新生代员工由于不习惯这样的工作方式,选择离职,就是典型的例子。

二、新生代员工的职业生涯发展策略

以酒店为例,针对新生代员工的职业发展路径包括技术类与管理类两大类别。技术类典型代表如厨师、工程师等,其主要职业路径是初级工、中级工、高级工等;管理类的主要职业路径通常从领班开始,到主管、部门副理、部门经理、总监、总经理等。新生代员工如果选择以管理类的路径在酒店行业发展,通常需要在一线业务部门的亲身实践中累积管理经验。

旅游企业人力资源管理工作必须适应新生代员工的需要,做出积极、有远见的反应与决策,才能更好地吸引、激励、留住新生代中的优秀员工,其中为员工做好职业生涯发展规划是非常重要的管理途径。除了上节所谈到的人岗匹配、职业培训、职业评估与发展等基本策略之外,本节主要介绍有关旅游企业新生代员工职业发展的几个重要途径与项目。

(一)管理培训生的发展计划

管理培训生(Management Trainee)是主要提供给应届大学毕业生,旨在培养"企业未来领导者"的人才发展项目。该项目实质上是自主培养企业中高层管理人员的人才储备计划。训练对象一般是毕业三年之内的大学生,主要是应届毕业生。典型的管理培训生项目一般都会包括培训和实践两个部分:培训部分一般包括领导力培训、企业文化培训、业务培训等内容;而实践部分则会安排在企业的核心部门,以跨部门轮岗的形式,让培训生较为全面地接触企业运营的实际情况与运作流程。最后,企业再根据其个人专长安排有挑战性的岗位。该项目培养的人才通常可以较快地胜任部门、分公司负责人。

许多世界著名酒店集团,例如喜达屋、希尔顿、四季等都专门针对大学生设置管理培训生的发展项目,不仅为企业甄选优秀的领导梯队,而且吸引了大批优秀的人才,帮助新生代人才步入职业发展的快车道。以喜达屋为例,其管理培训生计划为应届大学毕业生提供丰富的培训课程,以及在酒店真实环境中实践的机会。培训时间从12到18个月不等。培训结束后,每位管理培训生通常会被安排在一家新的酒店开始担任助理经理、经理或同等职位,来继续发展他们的职业生涯。培训期结束后,管理培训生被分配到更能发挥其专长的酒店部门工作,包括人力资源部、收益管理部、财务部、市场销售部和信息技术部等。集团会为每位管理培训生提供一位导师,能与喜达屋酒店最成功的领导人进行直接沟通、学习经验,使他们快速成长。喜达屋对包括管理培训生在内的职业经理人提供了良好的职业生涯发展帮助,包括跨部门的领导力培养和发展、继任规划、帮助建立下一步的前进方向、年度绩效评估和职业生涯规划技术指导、领导和同事的360°绩效沟通反馈、参与其他开业酒店项目的工作机会等。

(二)接班人计划

接班人计划(Succession Planning),又称管理继承人计划,是指企业确定和持续追踪关键岗位的高潜能人才,并对这些人才进行开发和培养的过程。企业接班人计划归根究底是一种内部提升的方式,对于高效地获取和整合组织人力资源,激励和提升新生代潜力人才,以及企业的持续发展有至关重要的意义。接班人计划的基本流程一般包括确定职位的素质要求、运用科学工具对潜在候选人进行评估、提供量身定做的职业生涯发展规划、持续关注候选人发展状况、提供合适的岗位机会等。在接班人计划中,企业不仅为潜在候选人提供培训与指导,还要为其分配具有挑战性的关键任务,这样双重的压力及动力使真正优秀的未来领导人能够脱颖而出。

不少知名的旅游企业都建立了接班人计划,对企业的中高级岗位的人才进行规划与培养。以麦当劳公司为例,其拥有一支庞大的以大学生兼职为代表的年轻人才后备军。这些后备人才将有50%的机会成为公司未来的高级管理人员。在职业发展规划方面,麦当劳要求管理人员预先培养自己的接替者,否则他们在公司里的升迁将不被考虑。在旅游企业,发掘新人既是为了企业全局考虑的需要,同时也是一个成功的管理人员所应该具备的素质之一,每位管理者都应保证发掘、指导、培养其继承人并为之尽力。

(三)导师制

针对新生代员工特别希望在工作中得到上级的指导与培养的特点,导师制(Mentor System)是引导新生代员工,特别是新员工尽快进入职务角色的一个有效的办法,在旅游行业也得到广泛推行。在不少旅游企业,员工进入企业开始就会被自动分配一位专职导师,负责日常的业务指导,帮助新进员工熟悉各项操作流程与企业管理制度,使员工能够在数月之后脱离导师独自上岗。导师制的优点不仅在于帮助新生代员工尽快熟悉工作环境与业务,而且能在心理上给予新员工支持。例如,通过与导师的沟通,新员工能减少他们入职后因工作期望与实际落差造成的失落情绪,尽早地树立工作目标。导师能用身边的成功事例激励新生代员工,使他们在入职时就保持良好的心态和斗志。不少著名酒店集团,例如喜达屋、希尔顿等都对新员工采取"师傅带徒弟"的做法。在辅导过程中,辅导者与员工进行开放式的沟通,帮助新员工制定清晰的工作目标,诚恳地评价新员工的工作表现,使新员工尽快熟悉工作环境,融入工作角色,更主动地接受企业的文化与价值观。

思考与练习

1. 什么是职业锚?它有何特点?
2. 职业锚包括哪几种类型?分别具有什么特点?
3. 职业生涯管理对组织有何意义?如何进行职业生涯管理?
4. 员工个人职业生涯规划包括哪些内容?
5. 假设你是一名应届毕业生,你将如何规划自己的职业生涯?

第八章

薪酬与工资制度

本章导读

本章的重点是了解如何设计薪酬体系。薪酬体系除了决定如何分配工资外，常常被看作是推动旅游企业实现战略目标的一个强有力的工具，并且是确立企业文化的主要战略手段。如何以公平的方式对资金回报进行有效的分配，是薪酬制定者面临的主要挑战。学习者应了解可供选择的工资制度，并懂得如何设计新的薪酬体系方案。本章第一节阐述了薪酬和薪酬体系的基本概念，第二、三节介绍了设计薪酬制度的具体方法和步骤，第四节讨论了薪酬战略是否需要与企业战略匹配的问题，第五节描述了知识经济时代旅游企业应该选择怎样的薪酬制度。

第一节　薪酬和薪酬体系

一、薪酬定义和薪酬要素

"薪酬是指雇员作为雇佣关系的一方得到的所有形式的货币收入，以及各种有形的服务和福利之和。"(Milkovitch, Newman, 1996)有学者认为薪酬是指支付给以脑力劳动为主、要求工作质量的劳动者的基本报酬形式，工资是支付给以体力劳动为主、要求工作数量的劳动者的基本劳动报酬形式。我国旅游企业习惯上将劳动者的基本报酬都统称为工资。由于二者在本质上很难区分开，本章薪酬与工资可以互换使用。

从狭义的角度来看，薪酬的构成包括个人获得的以工资、奖金以及金钱或实物形式支付的劳动回报；从广义的即全面薪酬的观点来看，薪酬还应该包括雇员分别从工作任务、团队成就和组织声誉中获得的心理的、社交的和文化的利益之和，即薪酬是由经济性报酬和非经济性的报酬构成的，其结构见图 8-1。

(一) 经济性报酬和非经济性薪酬

经济性薪酬是员工从组织获得的各种货币形式的收入和可以间接转化为货币或可以用货币计量的其他形式的收入，它可分为直接薪酬要素和间接薪酬要素两部分。

非经济性薪酬是指无法用货币等手段衡量的由于组织的工作特征、工作环境和组织文化带给员工的愉悦的心理效用。如工作本身的趣味性和挑战性、个人才能的发挥和发展的可能、团体的表扬、舒适的工作条件以及团结和谐的同事关系等。非经济性薪酬之所以称为薪酬,是因为这些非经济性的心理效用也是影响人们职业选择和进行工作的重要因素,并和经济性薪酬结合在一起成为组织吸引人才、保留人才的重要手段。

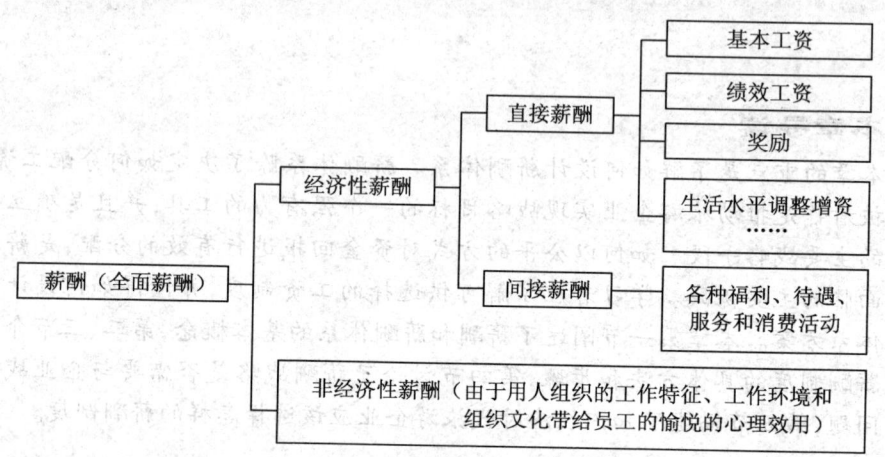

图 8-1　薪酬的构成

(二)直接薪酬要素

直接薪酬是指直接以现金形式支付的报酬,如基本工资、绩效工资、生活水平调整增资(cost-of-livings adjustment)、个人奖励、团队奖励、组织奖励、短期津贴和长期激励(包括管理人员或员工持股计划)。主要要素有:

1. 基本工资

基本工资是雇主为每项工作支付的现金薪酬,是一项工作中所有任务能够顺利完成的支柱。

2. 绩效工资

绩效工资是对基本工资的一种调整,根据个人绩效评价体系结果来进行分配。企业可以将绩效工资一次性付清,即提高雇员的总体薪酬,但基本工资没有改变。或使绩效工资成为基本工资的一部分,即根据绩效情况,对基本工资进行调整。

3. 奖励

奖励是雇员因其业绩超出计划所制订的标准而赚取的那部分额外酬劳。通过销售和生产更多产品和服务以及付出更多的精力等,雇员可以赚取一次性支付的酬劳,如津贴、分红等。

4. 生活水平调整增资

主要是根据消费者价格指数(CIP)变化而进行的薪酬调整。这种方式主要在有工会的企业或者是在政府的收入保障项目(如社会保障)中出现,通过一次性支付来提高雇员薪酬。

(三)间接薪酬要素

间接薪酬要素是组织对员工给予的,不直接以货币形式发放,但可以转化为货币或可以用货币计量的各种福利、待遇、服务和消费活动,也称福利薪酬或员工福利。主要要素有:

1. 劳动福利保障

劳动福利是雇员的生活标准的保障,可使雇员免受突发事件带来的风险。例如,表8-1中列出了各种工作风险和用来保障员工或员工的家庭收入的一些企业和社会福利保障。第九章将对雇员福利进行详细的阐述。

2. 非工作时段报酬

非工作时段报酬是为员工没有工作的时间(如休息、洗漱时间、吃饭时间等)或不工作的时间(如休假、假期、周期性休息日和离职等)支付的酬劳。

3. 雇员服务和额外补贴

额外补贴、服务和补助,包括吸引人的工作地点、健康俱乐部、现场日常护理、自助餐补助、雇员购物折扣、儿童看护、咨询服务、理财计划及雇员所重视的相关福利等。

间接薪酬要素作为整体薪酬的一部分,对全面理解雇员和旅游企业之间的心理契约有很重要的作用,第九章中对其将有详细介绍,本章主要关注直接薪酬要素。

表8-1 工作风险和相应的福利工具

风险	企业相关福利工具	社会相关福利工具
退休	退休金 养老金 持股计划	老年人社会保障福利
死亡	人身保险(包括意外死亡和旅游保险) 利润分享、抚恤金或节约计划 相应的遗嘱福利	遗嘱社会保障福利
残疾	短期的事故及医疗保险 长期的残障保险 健康计划	工作津贴 残疾人社会保障福利 残疾人地区福利
解雇	追加的失业福利和/或解雇费	失业福利
医疗费用	医院/手术保险 其他医疗保险 视力保险	工作津贴 医疗保险

二、薪酬体系

（一）薪酬制度

旅游企业薪酬体系主要由三个部分构成：基本薪酬制度、激励制度和福利制度。

1. 基本薪酬制度

基本薪酬制度也称工资制度，是以工资核定为中心建立起来的一整套关于工资发放的制度，主要包括岗位工资制度、技能工资制度和绩效工资制度，三者相互并不排斥，可互为补充。

（1）岗位工资制度

岗位工资制或职位工资制，是按照职工所在工作岗位的不同，并根据职工完成规定岗位职责情况来支付薪酬的工资制度，也称"基于工作的工资制度"。岗位工资要考虑知识与技能、劳动强度、劳动条件和责任等因素以确定各个职位的工资水平。

（2）技能工资制度

技能工资制度是指根据劳动者的知识和技能确定工资的制度，也称"基于人的工资制度"。它有两种表现形式：一种是以多元技能为基础的宽化型技能工资制度（Multiskill—Based Pay），它根据员工能够胜任的工作种类的数目，即技能的宽度来确定工资；另一种是以知识为基础的深化型技能工资制度（Increased Knowledge Pay），它根据员工完成工作所需要知识的深度来确定工资。通常我们所说的技能工资制度多指宽化型技能工资制度。

（3）绩效工资制度

旅游企业经常配合使用一些绩效工资制度，以区别员工个人贡献的大小，从而达到对工作价值和个人贡献的某种平衡。绩效工资有多种形式，常见的形式有激励工资（Incentive Pay）、绩效增资（Merit Pay）、收益分享（Gaining Sharing）、利润分享（Profit Sharing）、所有权计划（Ownership）等。其中，激励工资和绩效增资属于对个人绩效支付的绩效工资，收益分享、利润分享和所有权计划属于对集体（部门或企业）绩效支付的绩效工资。

2. 激励制度

激励制度是企业为了长期发展而提供的工资外利益。这些利益是多样化的，不仅包括物质利益，也包括归属感、成就感和自由度等非物质利益。但是，一般人都只把与薪酬相关的激励制度局限于物质利益，将其分为短期激励薪酬和长期激励薪酬。短期激励薪酬主要指奖金，而长期激励薪酬包括员工持股、收益分享和股票期权和所有权计划等。

3. 福利制度

福利制度是现代企业薪酬制度的重要组成部分,福利制度不仅是企业生存和发展的必需制度,而且也是现代企业承担社会责任的基本要求。福利制度的设计需要考虑企业的实际情况以确定福利水平,尽可能地了解员工的偏好,使同样的投入能带来更高的员工满意度,注重福利对于员工的心理意义与价值,将福利制度与企业文化的建设以及培养员工忠诚度相结合,尽可能地使福利制度也发挥出激励效应。

从上述薪酬体系的主要构成可以看到,薪酬体系策略及决策可以向雇员表明企业重视的是什么。如何使雇员的基本工资、激励薪酬、福利之间达到平衡,对企业来说是一项最重要的决策。在许多方面,各项制度的平衡问题是和企业的生命周期息息相关的。例如,一个新生旅游企业通常没有能力为它的雇员提供很高的薪酬及完善的福利,因此就会强调激励薪酬,如雇员的优先认股权。随着企业逐渐成熟,它可能会提高薪酬和福利水平并减少激励薪酬比例(战略性人才和高层管理者除外)。而成熟企业的特点是永久性的、高水平的基本工资和非常完善的福利体系,并在管理层以下很少或不使用激励薪酬。维持旅游企业各种薪酬制度之间适当的平衡,也是薪酬制定者最重要的工作之一。

(二)薪酬体系模型

设计合理的薪酬制度,不但可以控制企业成本,还可以促进员工提高绩效,改进产品和服务质量,增强旅游企业的竞争力。具体薪酬制度的建立应在系统的薪酬体系模型下进行:①明确目标,目标具有导向作用(如当目标是鼓励员工提高业绩时,企业就提高绩效工资在总薪酬中的比重),同时还是衡量薪酬制度成功与否的标准。②重视薪酬设计的基本策略或原则,它们是薪酬制度功能有效发挥的保证,也是指导薪酬管理达到既定目标的行动纲领。③了解具体的设计技术,以实现薪酬制度的建立。

本节将给出一个薪酬体系模型,该模型强调了薪酬体系中那些关键的策略、技术和目标,可以帮助读者清楚地了解薪酬体系建立的过程和缘由。如图8-2所示,薪酬体系模型可以分为三大部分:薪酬体系目标,构成薪酬体系基础的战略,薪酬技巧。

1. 薪酬目标

旅游企业设计和管理薪酬体系都是为了达到组织特定的目标,图8-2最右侧列出了薪酬体系最基本的目标:合法、公平和效率。

(1)合法目标。合法即遵守各种国家性和地方性的法律法规。当国家相关法律规定发生变化时,薪酬制度也应该随之调整,以保持一致。

(2)公平目标。公平是薪酬体系的基础,薪酬的公平目标试图确保每一名员工获得公平的薪酬,它强调薪酬制度既要体现员工的贡献(如给业绩突出的员工支付更高的薪酬),又要能够满足员工需求(如支付公平薪酬,且分配的工作具有程序公平性)。员工主要关注的公平性目标有内部公平性、外部公平性和个人公平性三个方面。因此旅游企业需要建立一个促进各方面公平性的系统。

(3)效率目标。具体指提高员工绩效,改进产品和服务质量,增强对市场的反应能力,促进员工学习和团队建设,降低劳动力成本等。

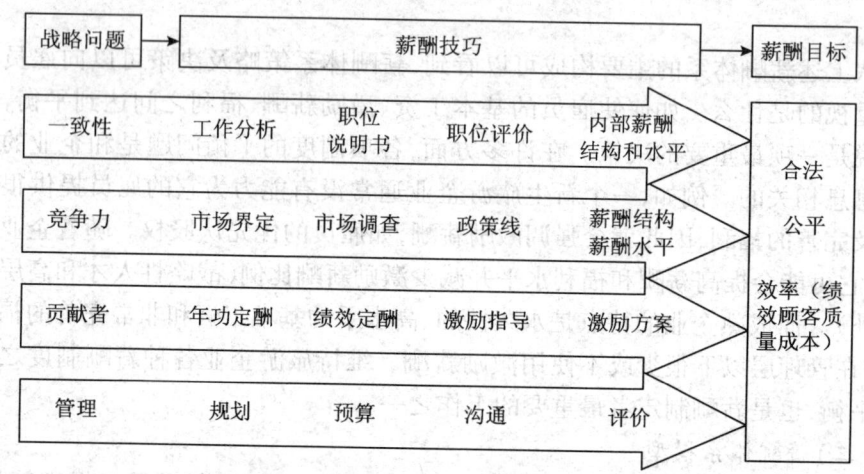

图8-2　薪酬体系模型

2.薪酬体系设计的基本原则

旅游企业管理者在设计薪酬制度时,必须认真考虑薪酬体系模型左侧所列的薪酬战略原则,它包括:内部一致性,外部竞争力,员工贡献和薪酬体系管理。

(1)内部一致性

内部一致性,又称内部公平性,是指在同一组织内部不同职位之间或不同技能水平之间的比较。这意味着企业内部的薪酬水平的相对高低应该以工作的内容或者是工作所需要的技能的复杂程度为基础,并且以各自对组织目标的贡献大小为依据。因此,内部一致性影响薪酬结构和薪酬水平,能够拉开从事不同工作的员工之间的收入差距,决定着薪酬制度目标的实现与否。由于雇员十分关注薪酬的内部公平性,因此组织内部的薪酬差距决定着员工的去留,决定着他们是否愿意额外地进行培训投资以使自己具有更高的适应性和工作效率,决定着他们是否会承担更大的责任进而提高整个组织的效率等。

(2)外部竞争力

外部竞争力,是指管理者如何参照竞争对手的薪酬水平给自己的薪酬水平定位。视外部竞争情况而定的薪酬决策对薪酬目标具有很大的影响。以公平性目标为例,雇员十分关注薪酬的外部公平性,如在相应的劳动力市场中,旅游企业的工作和其他企业的同种工作支付的薪酬是否是一样的? 员工一旦发现他们的薪酬低于行业内其他同行,他们就很有可能会降低工作效率或离开。旅游企业可以做出支付"低于""等于"或者"高于"市场工资的战略选择。但需要注意的一个重要问题是:相对于竞争性劳动力市场的薪酬,雇员是否对他们的薪酬感到满意?

(3) 员工贡献

员工贡献一般以员工业绩和/或工龄来表示,它是企业中个人公平性表现的基础。某个服务员业绩突出,或工龄较长,他/她是否应该比其他人得到更多薪酬? 或者是否所有员工都应该通过利润共享来平均分担公司的盈亏? 生产率高的团队是否应该得到更为丰厚的薪酬(如用增加工资或发放奖金的方式来奖励其贡献)? 这些都是企业应该考虑的因素。对绩效和/或工龄等方面的重视程度是一项重要的薪酬决策,因为它直接影响员工对个人公平性的感知,进而影响其工作态度和工作行为以及组织的效率。

(4) 薪酬管理

旅游企业可能设计出一种考虑到上面三种策略即内部一致性、外部竞争力和员工贡献的薪酬制度,但如果管理不善就不可能达到预期的目标。管理者必须把各种形式,如基本工资、短期和长期激励工资规划在薪酬制度内,做好与员工的沟通,还要对薪酬制度能否达到目标做出判断。如员工是否认为企业的薪酬体系达到内部公平性、外部公平性和个人公平性? 与同行比较,企业的劳动成本是高还是低(效率目标)? 本章对薪酬体系管理的内容不做详细的介绍,但是并不意味着薪酬管理对企业来说不重要,相反,在现在多变的环境下,旅游企业需要对整个薪酬体系进行持续、审慎的管理。

3. 薪酬设计的技巧

图 8-2 中间部分只是给出了薪酬设计技巧的概况。薪酬设计技术能够把薪酬体系的四种基本策略和薪酬目标,特别是公平性目标联系起来。后面几节内容,我们将围绕着具体的薪酬设计技巧展开。

内部一致性策略的建立一般从工作分析开始,把有关某人和/或某职位的信息收集、组织起来并加以评价,在这些评价的基础上我们才能设计工作结构[①]和由工作结构决定的内部薪酬结构[②]。设计薪酬结构的目标既能支持组织实现目标,又能维护组织的内部公平。薪酬制度公平性的实现反过来会影响员工的工作态度和

---

① 工作结构描述的是组织内部的职位、技能或者能力之间的关系。它是以某项工作在完成组织既定目标的过程中所体现出的重要性为基础的。

② 薪酬结构是指在同一组织内部不同职位或不同技能薪酬水平的排列形式。它强调薪酬水平等级的多少,不同薪酬水平之间级差的大小,以及决定薪酬级差的标准。

工作行为，也有利于旅游企业遵守法规。

外部竞争力是通过参照同行给类似职位所定薪酬水平[①]而建立起来的。确定薪酬水平首先应界定相互竞争的劳动力市场；然后组织调查，弄清其他旅游企业支付的薪酬；最后利用以上信息和公司的决策确定一个薪酬水平。以这个薪酬水平为基础的薪酬制度影响公司吸纳和留住人才的能力，也影响公司控制劳动成本的能力（效率）。

员工贡献重视的是绩效和/或工龄加薪、激励方案和其他以业绩为基础的工资形式。越来越多的旅游企业采用某种形式的激励方案和员工共同分享胜利果实。这些方案除了影响管理成本，还能影响员工的态度和行为，尤其是影响员工加入该企业并留下来努力工作的意向。

总体而言，旅游企业无论采用何种薪酬设计技术，在建立工资制度时，都需要以薪酬战略策略为纲，以实现薪酬目标为奋斗方向。第二节、第三节将在本节所介绍的薪酬体系下，分别以基本薪酬制度中的岗位工资制度和技能工资制度为例，给出其设计过程和要点。

第二节 旅游企业岗位工资制度设计

在建立薪酬制度前，旅游企业需要认真考虑的一个问题是，企业应该建立哪种薪酬体系——是基于岗位的薪酬制度还是基于雇员技能的薪酬制度？这是一个有关薪酬体系应该由谁来控制的问题。在基于职位的薪酬体系中，旅游企业对薪酬水平和劳动力成本有着更大的控制力，而基于技能或知识的薪酬体系常常是企业通过有效的方式将控制力交予雇员手中。本节将讨论旅游企业岗位工资制度的具体设计过程和方法，即企业应如何通过设计基于内外部及个人公平性的薪酬体系达到提高员工工作积极性、提高企业竞争力等战略目标。

一、岗位工资制度的内部一致性决定薪酬结构

在岗位工资制度下，旅游企业主要通过两个步骤来决定工资结构和工资水平：一是通过工作分析和工作评估来决定岗位的价值度，为建立工资等级结构提供依据；二是结合市场工资调查的结果来确定不同工资等级的工资水平。这样做是为了使工资关系能够同时实现内部和外部公平性，即使企业内部的各种岗位之间保持合理的工资比例关系，同时又使各种岗位的工资水平能够在劳动力市场上保持竞争力。我们先讨论第一步，通过工作分析和工作评估建立内部薪酬结构。

---

① 薪酬水平是指企业支付给不同职位和/或技能的平均薪酬。

（一）工作分析

岗位薪酬制度就是通过设计工作评估系统，并根据任职者在工作中所需要的技能、努力、职责和工作条件等来评估各项工作的相对价值以确定薪酬水平并创建内部公平性。

实行岗位薪酬制度需要对工作和任务进行大量的分析和研究。如第二章内容所述，工作分析是获取与工作有关的详细信息的过程。工作分析的结果就是形成工作描述和工作规范。工作描述是关于一种工作中所包含的任务、职责以及责任的一份目录清单。工作规范是一个人为了完成某种特定的工作所必须具备的知识、技能、能力以及其他特征。

进行工作分析时，与工作相关的信息来源主要有：以前的工作描述、管理者、现任工作者、专业职业字典（Dictionary of Occupational Titles，DOT）中的工作描述、专家和咨询人员、经销商和客户。获得相关工作数据的方法有：问卷、小组访谈、个人访谈、工作观察以及工作日志（记录工作实施情况）。

管理者一旦获得、组织并整理完工作数据，评估并总结工作任务之后，一项新的工作描述也就产生了（工作描述是岗位薪酬体系设计的基础），接着，就可以开始着手进行工作评估。

（二）保持内部公平性的工作评估方法

工作评估是确定工作之间相对重要性的过程。旅游企业需要确定应该为哪项工作支付更高的薪酬：前台收银员还是递送行李的门童？收银员处理现金，同顾客谈话必须准确无误，虽然在室内工作，但工作时一直要保持站立；门童处理顾客沉重的行李，同顾客交流，大部分时间在户外工作，需忍受天气的冷热变化。根据内部公平性，哪项工作更繁重？工作评估可以提供一个答案。

常见的工作评估方法有三种：排序法、分类法和要素记点法。表8-2给出了几种工作评估方法的优缺点。

表8-2 工作评估方法比较

评估方法	优点	缺点
排序法	快、简单、方便、容易理解	随着工作数量增加变得烦琐；比较基础不明确；对评价者要求较高
归类法	在一个体系中能包含很多工作，执行速度快	工作描述留有太多的自由空间；对组织变革的反应不太灵敏
要素记点法	报酬要素就是对比的基础，而且它能指明什么是有价值的	操作起来比较复杂

1. 排序法(Ranking Method)

排序法是指评价人员根据工作描述,对所有工作岗位的价值给出高低排序,是一种最简单的职位评价方法。通常有三种排序方法:直接排序法、交替排序法与配对比较法。

(1)直接排序法

直接排序法是指简单地根据职位的价值大小从高到低或从低到高对职位进行总体上的排序,如表8-3所示。

表8-3 直接排序法示例

高	大堂副理
	风味餐厅经理
	……
低	总台服务员
	普通服务员

(2)交替排序法

交替排序法是在每个极端交替排列工作说明书。所有的评价者对于哪项职位最有价值、哪项职位最没有价值达成一致意见,然后确定下一个最有价值、下一个最没有价值的职位,以此类推,直至所有的职位都已排列在内,如表8-4所示。

表8-4 交替排序法举例

排列顺序	职位价值高低程度	职位名称
1	最高	营销部部长
2	高	人力资源部部长
3	较高	财务审计主管
……	……	……
3	较低	安全生产主管
2	低	行政采购主管
1	最低	总经理办公室行政秘书

(3)配对比较法

配对比较法是将每一个需要被评价的职位都与其他所有职位加以比较,然后根据职位在所有比较中的最终得分来划分职位的等级顺序。评分标准是,价值较高者得 X 分,价值较低者省去 X 分,价值相同者得 0 分。如表 8-4 所示,5 种职位分别在水平和垂直两个维度上排列,"X"表示方格水平维度上的职位比垂直维度上的职位重要。"X"数目的多少代表行所对应的职位的重要程度。在表 8-5 中,最重要的职位是 A,最不重要的职位是 D。

表 8-5 配对比较排序法举例

	A	B	C	D	E	总计
A		X	X	X	X	4
B				X	X	2
C		X		X	X	3
D						0
E				X		1

2. 分类法(Classification Method)

分类法是一种将各种职位放入事先确定好的不同职位等级之中的一种职位评估方法。操作方法是:首先对总体职位进行分类,确定合适的职位级别的数量;其次编写每一职位等级的定义;最后,根据已确定的职位级别定义对所需评估的职位进行对照,为各种工作找到合适的岗位级别。

3. 要素计点法(Point-factor Method)

要素计点法是确定了一系列的报酬要素,对这些要素的等级加以量化,并根据它们对企业的重要程度赋予适当的权数。每个要素的权重都被给予相应的点数,每项职位的总点数决定了它在职位结构中的地位。操作步骤如下:

(1)选取适当的报酬要素

报酬要素是被企业认为有价值的一些重要的工作特征。报酬要素的选择是以大规模组织开发活动(如焦点小组和各种审查小组为高层管理者提供建议)为基础的。企业合理的报酬要素也可以通过薪酬顾问提供给管理者,接着,薪酬顾问就可以给管理者提供必要的薪酬计划。最常见的报酬要素包括:①技能要素,是指完成某种工作所需具备的经验、培训、能力以及教育水平等。如分析能力、专业知识、受教育程度、人际关系以及技能经验等;②职责要素,是指企业对员工按照预期要求完成工作的依赖程度,强调任职者所承担职责的重要性,如对现金、设备、内部和外部沟通担负责任;③努力要素,是对完成某种工作所需要的体力或者脑力进行的衡量。如任务的多样性、思考的创造性、视力耗费、身体协调性、体力耗费等;④工作环境和风险要素,是指工作的伤害性大小及物理环境。如工作过程中的不舒服感、暴露性等。

需要注意的是,报酬要素的选择必须以工作为基础,以旅游企业的战略和价值观为导向,并且最终能够被那些受工资结构影响的利益相关者所接受。

(2)界定报酬要素的等级

报酬要素一经选出,就需要对每一个报酬要素的不同等级水平进行界定。确定等级的关键是:确定要素的等级数量并确保各个等级之间是等距的。一般情况下,报酬要素的等级数量取决于所有被评价职位在该报酬要素上的差异程度。差异程度越高,报酬要素等级数量就越多。确定各等级的原则是:①区分各类职位时不宜划分太多的层次;②运用容易理解的术语;③使用基本职位的名称来规定等级的名称;④让人们非常清楚地知道如何将这些等级运用于各类职位。

(3)确定报酬要素的权数

报酬要素的权重是由百分比形式表示的,反映不同报酬要素对职位评价结果的贡献程度或是反映管理者对各要素的重视程度。一般使用经验法和统计法来确定权重。经验法是由企业开发的或基于咨询顾问的方法,让管理者、雇员、设计小组及焦点小组对所有选定的报酬要素分配百分比。经过讨论和商议,得出最终结论,如表8-6所示。

表8-6 报酬要素与权重

报酬要素	权重
分析能力	25%
教育/经验	20%
财务职责	10%
设备职责	10%
内部沟通	15%
外部沟通	10%
风险/环境	10%

统计法运用非加权报酬要素来对基准职位进行评价。基准工作是指可以作为统一"标准"的那些职位。其特点是:①存在于大多数组织中,可以在组织内部以及组织之间进行薪酬比较;②内容相对稳定,相关员工能够对职位的理解达成一致;③供给和需求相对稳定,不会经常发生变化;④能够代表所研究的工作结构的全貌。统计法的操作要点是:对于每一种基准职位都需要确定一个总价值公式,总价值可以用市场价值、当前薪酬、总点数或者通过排序法获得的序数价值(如所在等级)等来表示,然后就可以运用多元回归等统计技术来确定每一种报酬要素在这些职位中所占的权重。

(4)确定报酬要素的点值

确定报酬要素的权重后,旅游企业还需要为工作评估体系确定一个总点数以及为每个报酬要素确定不同等级的点数,即将百分比转换为点数的过程。例如,在一个总点数为1000点的计划中,用整个计划中的百分比乘以1000点,就可以将每个要素的百分比转化为点数,如分析能力得250点。接着,我们将分析能力要素划分为5个等级,这里的最高等级即第五级的点数250就为该报酬要素在工作评估体系中的总点数,将其除以5,就得到分析能力要素在不同等级之间点差值,再用第五级点数250依次减去点差值,计算出其他级别的点数。这个过程重复进行,以计算出计划中每个报酬要素的点数。

(5)运用报酬要素评价每个职位

评价者需要确定被评价职位在每一个既定的报酬要素上处于哪个等级,并根据等级所代表的点数确定被评价职位的点数,依次得到该职位在其他要素上的点数并相加,就得到了该职位的最终评价点数。

(6)建立职位等级结构

将评估职位按照其点数高低进行排列,然后根据等差的方式来将职位进行等级划分,制作职位等级表。进行工作评估的目的就是要建立职位等级结构。而薪酬水平控制每级工作的最高支付薪酬。现在,旅游企业就有了一个反映内部公平性的工作结构和内部薪酬结构了。

二、岗位工资制度的外部竞争性决定薪酬水平

岗位薪酬制定的第二步,是结合市场工资调查的结果来确定不同工资等级的工资水平以建立外部公平性。外部公平性强调的是企业支付的薪酬与外部组织支付的薪酬之间的关系,即与竞争对手相比企业的薪酬水平。

(一)薪酬水平的外部竞争性决策

1. 关注目标

旅游企业在确定薪酬水平的时候主要关注两个目标:控制劳动力成本和吸收及维系员工。

2. 影响因素

影响薪酬水平的因素大致包括以下几个方面:

(1)劳动力市场竞争

劳动力市场竞争是指企业为了与雇用类似雇员的其他公司进行竞争而必须付出的代价。如果旅游企业在劳动力市场上不具有竞争力,那么它将不能吸引和保留足够数量和质量的员工,所以劳动力市场上的竞争给企业的薪酬水平确定了一个下限。

(2)产品或服务市场的竞争与企业的支付能力

产品和服务市场的竞争为企业的薪酬水平规定了一个上限,即在很大程度上

决定了企业支付能力,比如客房价格不变,而开房率下降,收入减少,那么酒店确定薪酬水平的能力就受到限制。

(3)组织因素

组织因素对薪酬水平决策的影响表现在三个方面:一是企业所处的行业类型,如旅游企业属于劳动密集型行业,所以比技术密集型行业(如IT行业)的薪酬水平低;二是企业规模的大小,一般来说,规模大的组织比规模小的组织薪酬水平高;三是企业的战略,比如采取低成本战略和采取双向承诺战略的企业在薪酬水平确定上有很大的差异。

(4)相关劳动力市场状况

相关市场的因素通常包括:职业,即对从业人员技能和资格要求;地理位置,比如员工的移居意愿,地域差异带来的薪酬差异;与企业在同一产品和服务市场上的竞争对手数量等。

3. 薪酬策略

考虑了以上因素之后,为了提高竞争力旅游企业还需要做出一个重要的战略性决策,即企业是将薪酬水平定在高于、等于或者低于市场平均工资水平上,还是采用混合型的策略。

(二)薪酬水平及薪酬结构确定

旅游企业建立薪酬水平外部公平性的过程是:界定劳动力市场并进行薪酬调查、建立具有竞争性的薪酬水平和薪酬结构。

1. 薪酬调查

薪酬调查是采集、分析竞争对手支付的薪酬水平的系统过程。进行薪酬调查可以使企业不断调整薪酬水平和结构以适应竞争对手不断变动的薪酬,可以了解其他企业薪酬管理实践的发展变化趋势,并估计产品市场竞争对手的劳动力成本。薪酬调查的主要任务有:

(1)界定劳动力市场范围,明确薪酬调查对象(旅游企业劳动力市场及产品和服务市场上的关键竞争对手及数量等)。

(2)确定调查的职位及层次,并确保这些职位在层次、职能领域以及所处的产品和服务市场等方面都具有代表性(基准职位和非基准职位的区分等)。

(3)选择需要收集的数据并设计、实施调查(其他组织的信息,总体薪酬体系的信息,任职者信息,如年度奖金、期权、福利、相关制度,设计问卷等)。

(4)分析调查数据并将其运用到现行的薪酬结构中(检验数据、数据频数分布、居中趋势、离中趋势、回归分析等)。

2. 内部薪酬结构与外部市场薪酬率的结合

实际上旅游企业最终的薪酬结构决策是把外部公平性和内部公平性结合起来

权衡的结果,即把以外部竞争市场数据为基础的外部薪酬水平与本企业以工作分析和工作评价为基础的职位结构结合起来。有的旅游企业可能会考虑内部一致性多些,有的则侧重外部竞争性。

完整的薪酬结构包括:薪酬政策线,反映了调整后的组织工作结构和薪酬水平决策的市场薪酬率;同一等级内薪酬浮动幅度;相邻两个薪酬等级之间的交叉与重叠,如图8-3示。建立薪酬结构的主要步骤如下:

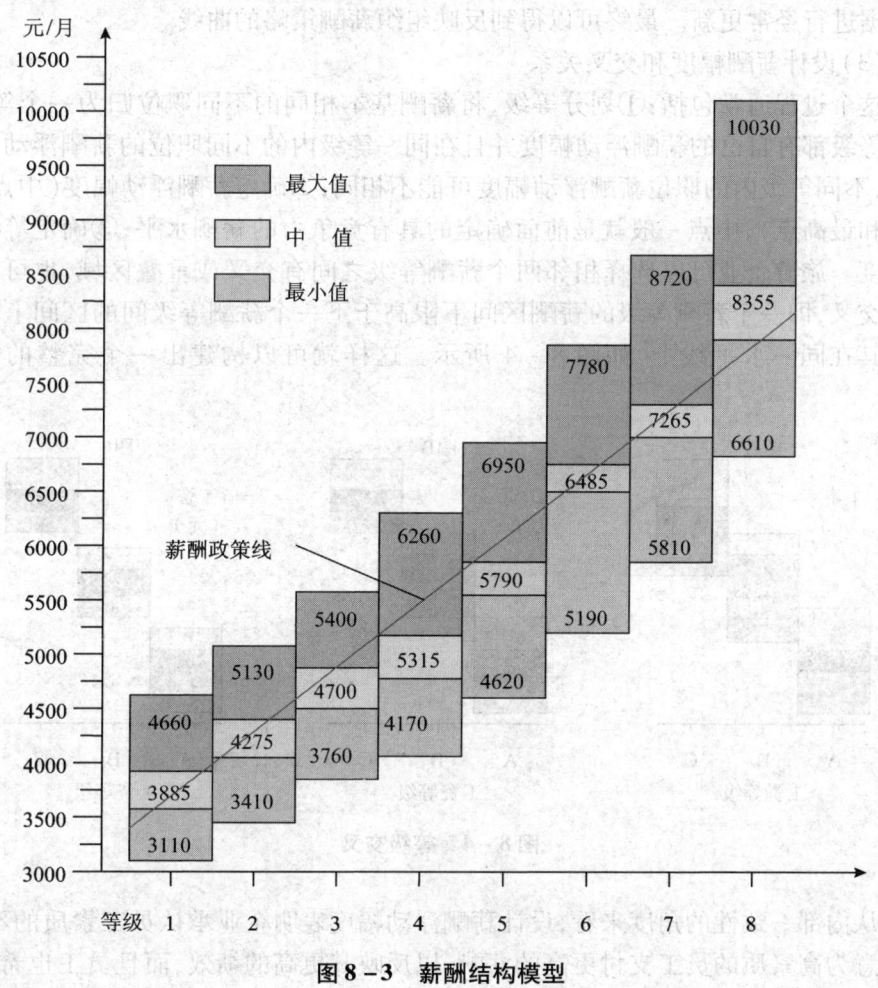

图8-3 薪酬结构模型

(1)绘制薪酬政策线

根据薪酬调查得到的基准职位的市场薪酬水平数据(频数分布、平均数等)以及这些工作的内部评价数据(点数),可以估计出一条反映不同等级的薪酬趋势线(市场薪酬政策线 Pay Policy Line)。薪酬政策线以职位评价的点数为X轴,市场薪酬水平为 Y 轴。将职位的点值带入 X 而得到的 Y 值就是该职位的薪酬水平。最后就可以得到与各个职位等级相对应的薪酬区间中值。

(2) 将薪酬区间的中值同外部市场水平进行比较和调整

把薪酬区间的中值和当前市场的薪酬率相比较,就可以看出当前薪酬水平的竞争力。旅游企业只需要根据自身选择的薪酬水平策略(滞后、跟随或领先)进行调整。需要强调的是,竞争者的薪酬水平是不断变化的,所以旅游企业应该对调查的数据进行经常更新。最终可以得到反映组织薪酬策略的曲线。

(3) 设计薪酬幅度和交叉关系

这个过程通常包括:①划分等级,将薪酬基本相同的不同职位归为一个等级,每个等级都有自己的薪酬浮动幅度并且在同一等级内的不同职位的薪酬浮动幅度相同,不同等级内的职位薪酬浮动幅度可能不相同;②确定薪酬浮动幅度(中点、最低点和最高点),中点一般就是前面确定的具有竞争力的薪酬水平;③确定等级交叉程度。旅游企业可以选择相邻两个薪酬等级之间有交叉或重叠区域,也可以选择不交叉,即一个薪酬等级的薪酬区间下限高于下一个薪酬等级间的区间上限或者与其在同一水平线上,如图 8-4 所示。这样就可以构建出一个完整的薪酬结构。

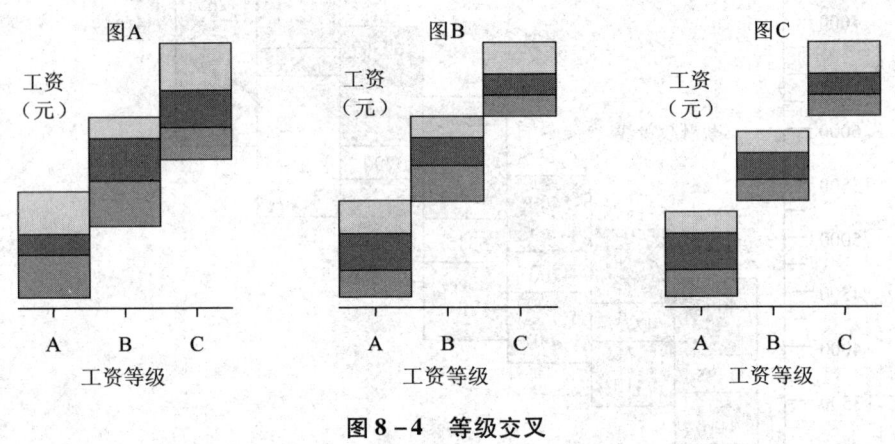

图 8-4 等级交叉

从内部一致性的角度来看,设计薪酬浮动幅度表明企业承认员工素质的不同,并愿意为高素质的员工支付更高的薪酬,以反映其更高的绩效,而且员工也希望自己的薪酬不断上升。从外部竞争角度来看,浮动幅度可以作为一种控制薪酬高低的工具。这里需要指出,旅游企业不是必须使用薪酬浮动幅度,也可以根据该职位薪酬调查并调整后的中值作为薪酬。旅游企业需要根据自身及职位的状况选择不同的策略。

3. 扩展薪酬带

把薪酬结构中的几个等级重新划分为少数几个跨度范围更大的等级,也被称为宽带薪酬。

薪酬带设计分为三个步骤:(1)确定工资带的数目。工资带通常根据旅游企业对职位或技能/能力需求方面的不同要求来划分。典型的职位名称被用在每一个工资带前来反映主要的区分,如助理(代表新进该职位的个人)、总监等。每个工资带包含不同职能部门的职位。(2)确定工资带的价位。即确定每个工资带中每个职能部门的市场薪酬率参照标准以作为管理人员决策的依据。参照的薪酬率是根据市场数据来确定的,反映了竞争对手支付的薪酬情况。这个参照标准类似于为每一个工资带确定等级浮动幅度。(3)工资带内横向职位轮换。如图8-5所示。

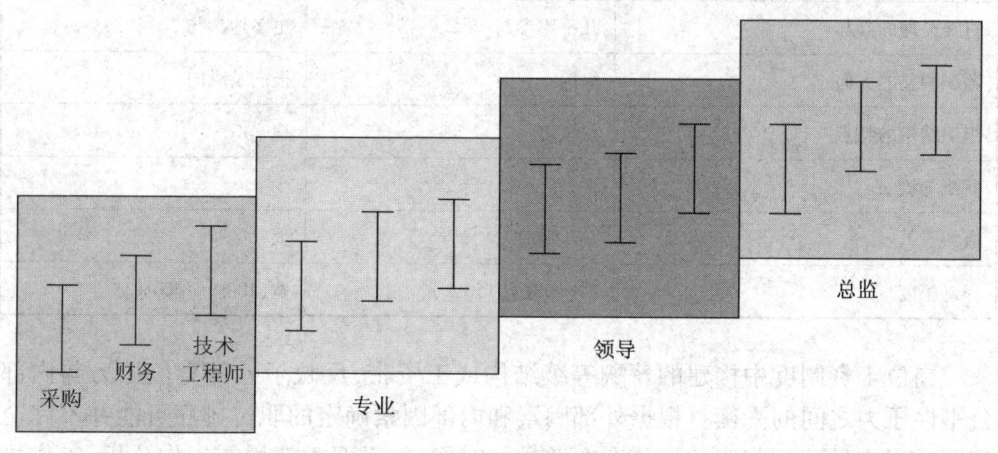

A.四个工资带

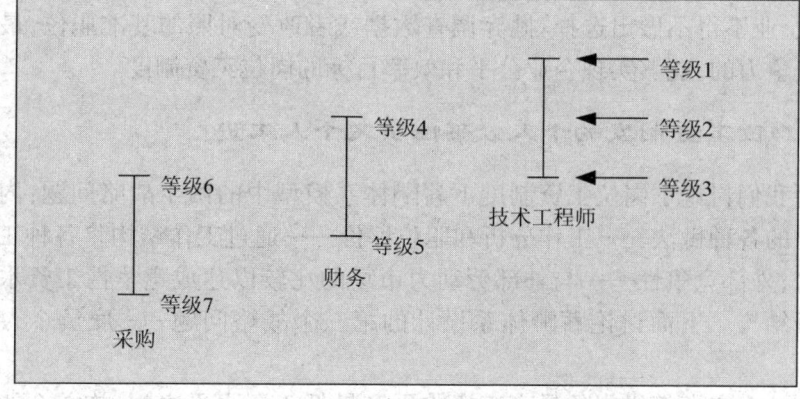

B.每一个工资带中各部门所参照的薪酬率

图8-5 宽带薪酬

宽带薪酬的工资浮动范围较大,每个岗位带所覆盖的岗位数量较多,岗位带内的岗位移动与晋升、降职无关,较少需要进行工资调整。因此,这种结构最大的优点就是能够减轻管理者区分和界定不同职位的时间,延长了员工在每个等级获得绩效增薪的时间(员工工资可以在更长的时间内不依赖晋升而得到增加),缓解了因晋升机会不足而带来的激励减退问题,而且还使得雇员在进行岗位轮换时更具有灵活性。表 8-7 对浮动幅度和宽带薪酬进行了一个简单的对比。

表 8-7 薪酬浮动与薪酬带的比较

比较内容	薪酬浮动幅度	薪酬带
薪酬战略与企业发展战略	较难配套	较易配套
直线经理的参与	几乎不参与	更多地参与
薪酬调整的方向	纵向	横向及纵向
组织结构的特点	层级多	扁平
薪酬等级	多	少
级差	小	大
浮动幅度	窄(一般为150%)	宽(100%~400%)

岗位工资制度中构建的薪酬等级结构或工资带,反映了外部竞争压力与内部公平性压力之间的平衡。根据外部因素和内部因素确定的职位排序可能并不完全相同。当市场薪酬与职位评价存在差异的时候,就需要重新检查工作分析、工作描述和职位评价,或者检查市场调查数据是否存在问题。如果再次分析,矛盾继续存在,旅游企业不得不做出选择:抛弃调查数据或者改变对照的基准职位,最终建立起具有竞争力的,能够实现企业公平和效率目标的岗位工资制度。

三、岗位工资制度的个人公平性决定个人工资

前面我们讨论了岗位工资制度下薪酬体系模型中的两个战略问题:内部公平性及采取的各种做法——工作分析和职位评价——通过工作结构将各种工作彼此联系起来;外部竞争性——与外部劳动力市场的比较以达成竞争性工资水平和公平性工资结构。下面讨论薪酬体系设计的第三个战略问题——雇员个人的工资支付。

在同一个工资等级内的最高工资水平和最低工资水平之间,旅游企业会根据员工个人情况进行工资调整,调整的方式有:第一,进行全面的调整,如薪酬专家按照一定的百分比将所有雇员的薪酬提高,这个百分比的选择必须与旅游企业在劳

动力市场中希望保持的定位相一致（结构性调整）或者根据国家通过的方案（如消费者价格指数变化）进行薪酬调整（生活费用增加）。第二，年资增薪，即根据雇员在岗的时间或资历进行调整。第三，基于绩效进行调整。这个过程涉及通过个人绩效反馈系统获得个人的绩效评价（参看第六章绩效管理和评估部分），并将这一评价和基本工资的增加（以固定或可变比例）相挂钩。

在评估个人公平性的时候，目前旅游企业最常用的方法就是将雇员的薪酬与绩效相结合。基于岗位的薪酬制度主要通过绩效增薪、资历增长及激励计划将个人贡献和工资的增加联系起来。

在考虑了内外部及个人公平性后，旅游企业的岗位工资制度就建立起来了，企业的薪酬设计以及管理要激励员工达到优良的绩效，使员工的目标与企业目标相一致，从而保证旅游企业整体经营目标的实现，最终促进企业的长期发展。

第三节 旅游企业技能工资制度设计

第二节讨论了岗位工资制度的设计过程和方法，本节将讨论另外一种基本薪酬制度——基于技能/能力的工资制度的设计过程和方法。

一、技能工资制度的内部一致性决定薪酬结构

技能工资制度是指企业根据个人所掌握的与工作相关的技能、能力以及知识的深度和广度来支付薪酬的一种报酬制度。而第二节中的岗位薪酬制度是根据雇员所从事的工作支付薪酬，与他们具备的技能无关。在基于技能/能力的薪酬体系中，雇员经常在六到八个相关的工作中轮换。雇员可以通过精通多项工作或提高其技能水平来赚取更多的薪酬。这种薪酬制度根据雇员的学习情况分配薪酬，这就给雇员传递了一种信息：他们的学习是必要的而且是有价值的。员工们支持技能薪酬制度的原因是：这个制度使他们能够通过积极、努力的学习来增加自己的薪酬。

一些学者也支持企业岗位薪酬制度向技能/能力薪酬制度的转变，他们认为，最终的薪酬结构应该具有更大的灵活性，并且能够促使人们不断地学习，而内部薪酬结构的差异也应该是人们在与工作相关的技能或能力方面的差别。但无论是基于岗位还是基于技能的体系都需要评估和建立内部公平性，如图8-6所示。

建立技能/能力薪酬体系的内部公平性结构需要以下几个步骤（部分步骤与基于岗位的薪酬体系步骤相似）：①进行技术及能力分析，这类似于进行工作分析和工作描述。②建立技能或能力要素，与创建报酬要素的过程相仿。③计量技能或能力要素的等级，这个过程好比将报酬要素划分等级并分配权重。④开发测试工具并建立行为标准，使得企业能够确保其雇员真正掌握所需评估的技术和能力。

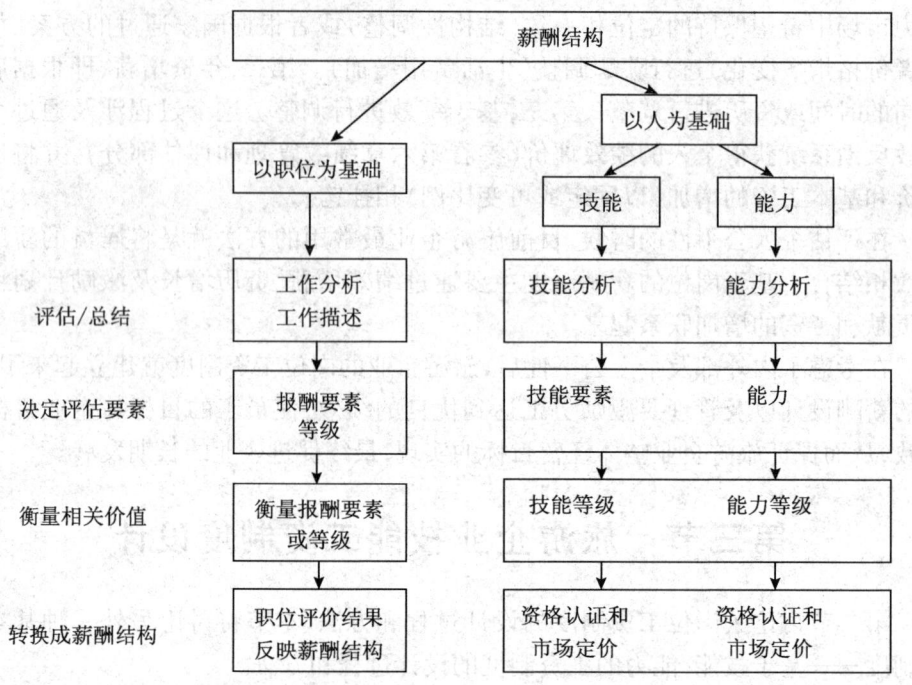

图8-6 建立薪酬体系内部公平性结构的途径

和职位评价一样,基于技能/能力的评价方法最终得到的结果是具有组织内部一致性的工作等级。当组织环境变化时,管理人员还必须通过对工作技能进行再次评估,确保这个工作等级保持内部一致。这一过程完成后,旅游企业就建立了具有内部公平性的内部薪酬结构,企业还需要考虑外部的公平性,即根据市场情况来最终制定各项技术/能力要素的薪酬水平和等级。

二、技能工资制度的外部竞争性决定薪酬水平

在建立外部公平性过程中,基于技能的薪酬制度是在基于岗位的薪酬制度的基础上进行。这里同样需要界定劳动力市场、进行薪酬调查、建立具有竞争性的薪酬水平和薪酬结构。

由于工资调查大多是以基准职位为基础进行的,以技能为依据的工资数据很少,在进行薪酬调查时,最简单的办法就是确定相关劳动力市场上与技能相关的基准职位的最低薪酬和最高薪酬,以这些基准职位的薪酬作为最终的基于技能的薪酬结构的参照物,其他各个等级的技能岗位就可以放在这两个参照点之间。具体做法是:首先,把适用于多个岗位的技能合并为若干个技能块,并根据技能评估的结果给予相应的等级。然后,以非熟练技工工资作为最低技能块的工资,以管理人

员的最高工资作为最高技能块的工资。最后,那些处于最低技能块和最高技能块之间的技能块的工资则根据各技能块的相对重要性来决定。同一个技能块的工资具有一定浮动范围。在技能工资制度下,员工通过工作轮换和各种培训来掌握各技能块的技能。旅游企业需要对掌握每个技能所需要的最长时限进行规定,并按照一定标准对工人的技能掌握情况进行考核。新进员工一开始拿劳动力市场的入口工资,以后每当他多掌握一门技能,工资就相应上涨一部分。图 8-7 是技能工资结构的一个例子。

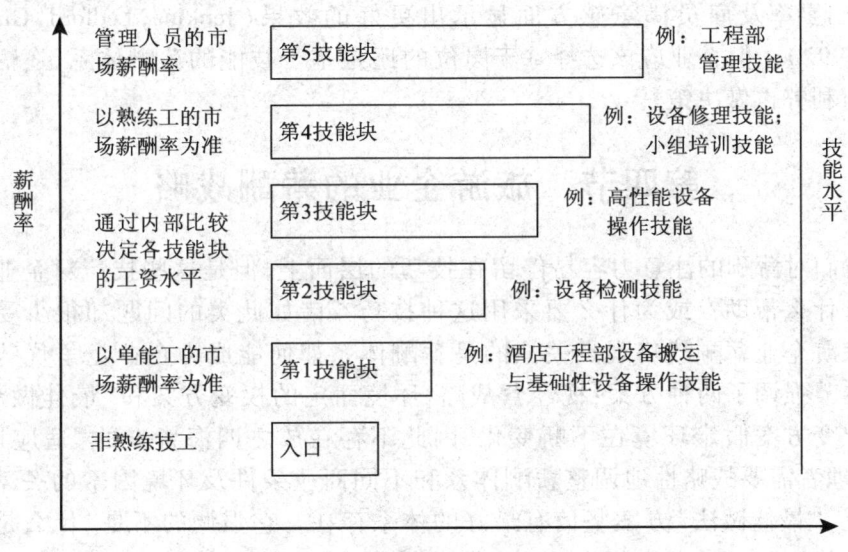

图 8-7 基于技能的工资结构

旅游企业可能希望员工能够覆盖"宽频",具有多种技能和能力,在组织需要的时候能够完成多种工作任务。第二节介绍的薪酬宽带的概念可以应用于岗位薪酬体系,但更适用于技能和能力体系。因为员工职业生涯的变化更多的是跨职能的,而从低工资带到高工资带的跨部门流动则很少。但是只要他们获得新的技能、能力,承担新的责任,或者改善绩效,他们就能够获得更高的薪酬。

需要指出的是,薪酬结构的形式多种多样,且各有其特点和适用情况。旅游企业在做出最终的薪酬结构决策时,应该从本企业的情况和特点出发,找到能最大限度调动员工工作积极性和发挥企业竞争优势的结构。

三、技能工资制度的个人公平性决定个人工资

旅游企业对雇员薪酬的调整可以通过全面的调整、年资增薪和基于绩效三

种方式进行。在评估个人公平性的时候,目前旅游企业最常用的方法就是将雇员的薪酬与绩效相结合。但是基于岗位和基于技能这两种制度的侧重点有很大的不同:基于岗位的薪酬制度主要使用绩效增加、资历增长及激励计划将个人贡献和工资的增加联系起来;而基于技能的薪酬制度则集中于使用学习系统、测试、再测试及相关工作课程培训来提高雇员的薪酬(只要他们学习并通过了测试)。有些企业管理者更偏向基于技能的薪酬体系,因为这一体系强调将雇员学习及学习动机和现代企业的战略紧密联系起来。这一薪酬体系在促进雇员工作质量、出勤率及雇员满意感方面显示出更好的效果(Jenkins, Ledford, Gupta & Doty, 1992)。但企业应该选择基于岗位的还是基于技能的薪酬体系,还需要仔细权衡利弊再做决策。

第四节 旅游企业的薪酬战略

我们对薪酬的注意力容易停留在技巧的层面上,但是这些技巧对企业达到目标有什么帮助?或为什么要采用这种技巧?诸如此类的问题却很少受到关注。旅游企业薪酬战略观点关注的是薪酬体系如何能成为企业竞争优势的源泉。本节强调了两种方案:视经营战略/环境而定的权变方案和"最佳做法"方案。权变方案假定环境在不断变化,因此不存在放之四海皆准的"适应性"体系,管理者需要战略性地调整薪酬体系和不同商业条件及环境因素的关系。与此相反,"最佳做法"方案坚信有最好的体系存在。它强调的不是"什么是最好的薪酬战略"而是"如何最有效地实施薪酬战略"。所以旅游企业管理者在制定薪酬战略时首先需要考虑的一个问题是:企业的薪酬战略如何才能与组织的经营战略相匹配?

一、战略性薪酬体系

很多学者认为,管理者应该调整他们的薪酬体系以适应本企业的战略环境。这个理论的前提条件是,企业和薪酬战略之间联系越紧密或彼此越适应,企业的效率就会越高。基于这种"权变观念",旅游企业应该选择和企业战略相匹配的薪酬体系(Montemayor, 1994),我们称之为战略性薪酬体系。

战略性薪酬体系就是把薪酬体系和经营战略联系起来,薪酬体系要随着企业战略的改变而改变,旅游企业管理者的任务就是使环境、企业战略、薪酬计划三者之间相互匹配。如图8-8所示,成功的薪酬体系可支持旅游企业的经营战略,能承受周围环境中来自社会、竞争以及法律法规等各方面的压力。它的最终目标是使企业赢得竞争优势,保持竞争优势。

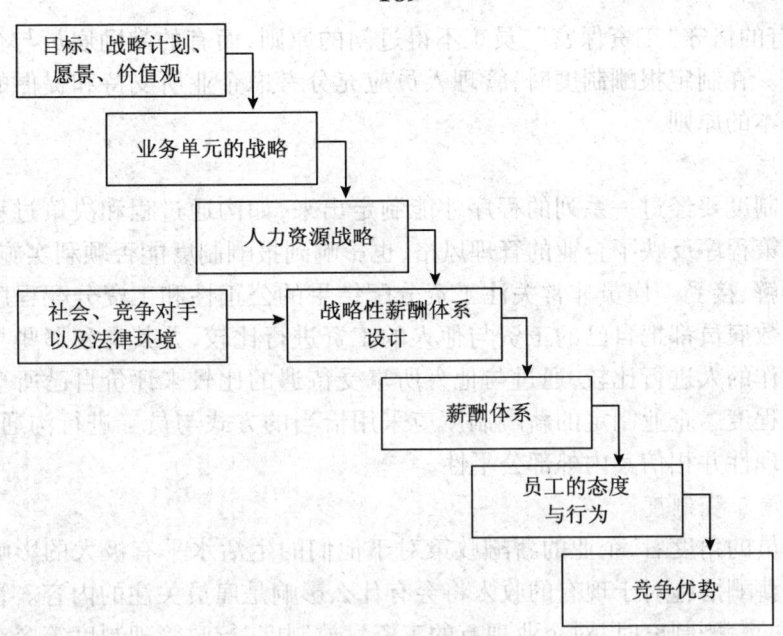

图 8-8 薪酬体系的战略性视角

(一)战略工资制度的设计

在进行战略性薪酬制度的设计时,管理人员应围绕企业的经营战略,考虑组织结构特点,而不是去照搬其他企业的"成功"做法。在一家企业取得成功的报酬方案在另外一家企业未必能够取得成功,有时甚至会失败。因此,在设计薪酬制度的过程中,旅游企业管理人员必须考虑企业的战略、企业所希望的行为、企业所坚持的报酬准则、现有的工资制度以及工资决策的程序等。

1. 经营战略

企业的经营战略明确了企业的使命、宗旨、企业的发展目标和方向,指出了企业存在和发展的根本原因以及企业发展所需要的核心能力。企业战略是企业制定薪酬制度的基础,薪酬制度也被用来推动企业远景的实现。

2. 关键行为

企业战略明确了企业需要的核心能力,也确定了对企业发展有重要影响的关键行为。薪酬制度应支持企业所希望的行为,企业通过业绩考核和奖励制度,向雇员表明企业追求的目标,有效地影响雇员的行为和态度,而雇员个人的行为和态度又反过来影响企业战略目标的实施。

3. 报酬准则

不同的企业对工资制度有不同的看法,有的强调报酬必须以员工个人的绩效为基础,有的恪守"工资保密"、员工不得过问的原则,而有的鼓励雇员与企业成为合伙人等。在制定报酬制度时,管理人员应充分考虑企业所支持和提倡的关于报酬的最基本的原则。

4. 程序

薪酬制度要经过一系列的程序才能制定出来,如沟通过程和决策过程。薪酬制度的决策程序反映了企业的管理风格,也影响到报酬制度能否顺利实施,能否被雇员所理解、接受。雇员非常关注工资分配结果的公正性和工资分配程序的公正性。大多数雇员都把自己的工资与他人的工资进行比较,尤其是和那些与自己从事相同工作的人进行比较,通过与他人所享受待遇的比较来评价自己所享受待遇的公平性程度。企业制定的薪酬制度应采用恰当的方式与员工进行沟通,让雇员理解其合理性并相信其内外部公平性。

5. 现有工资制度

从雇员的角度看,企业的薪酬政策对于他们的生活水平有极大的影响。企业实施新的薪酬措施对于现有的收入将会有什么影响是雇员关注的内容。管理人员在制定新的薪酬制度时,对企业现有的工资发放制度、行政管理制度等应有全面的了解,充分考虑到新的薪酬制度对雇员现有利益的影响。

总的来说,管理人员应在报酬准则、企业期望行为、现有工资制度三者之间取得很好的协调,才能制定出有效的薪酬制度。如果管理人员出尔反尔、言行不一,可能会导致员工对薪酬制度的误解,这样制定的薪酬制度也达不到激励员工行为的目的。

(二)薪酬设计方案的选择

企业在制定薪酬制度时,并不是简单地在一种或另外一种报酬方案之间进行选择。有的工资方案可能鼓励个人对组织的贡献,有的工资方案可能具有培养团队合作精神的作用,各种工资方案结合在一起,往往能取长补短,达到企业的激励目标。由于战略薪酬体系的重心是以一系列薪酬选择帮助组织赢得并保持竞争优势,企业在选择某一具体的薪酬计划时,必须考虑如何将其有效地融入到企业的整体战略中。

1. 按照工作职位/员工能力支付相应的报酬

大多数企业采用职务工资制。这种工资制假定每个职位的价值是可以确定的,从事某一职位的雇员应得到的报酬与其所在的职位价值是一致的。采用职务工资制,报酬的标准参照了市场薪资调查的数据,工资政策往往与特定的工作岗位联系在一起,看起来比较客观。但在职务工资制中,可能存在不切实际的工作责任描述,当任务改变时,需要不断地进行工作评估,因此极大地降低了管理者的灵活性。此外,这种工资制度忽视了知识和技能不同的员工可能给企业带来不同的贡献、创造不同的财富这一事实,不利于鼓励员工学习和掌握企业所需的知识和技能。

有的企业不是将工资与工作联系在一起,而是将个人掌握的特定技能或知识作为支付工资的依据。这种工资制度鼓励雇员更好地掌握技术、接受更多的培训,重视个人成长和个人自我发展,对于员工将获得什么样的才能和能力有直接的影响。企业在设计技能工资制时,必须明确企业需要发展的能力与雇员提薪所需要掌握的新技术、新知识之间的联系,确认员工是否真正掌握了企业所期望的相应技能,企业如何有效地利用这些技能,真正使企业的报酬制度与经营战略更好地结合起来,摆脱工资制度与个人才能没有任何联系的状况。技能工资制有利于企业提高适应不断变化的外部环境的能力。企业通过技能工资制,鼓励雇员学习新技术、新知识、发展新的能力,从而帮助企业实现新的战略目标。

当然,实施技能工资制可能会导致企业支付给个人的工资水平过高,但技能工资制同时也增加了员工工作的灵活性,因雇员流动或缺勤而留下的工作空缺可以由那些掌握了多种技能的现有雇员填补。同时,技能工资制有利于降低员工流动率,掌握新技术和新知识的员工的工作更加丰富,企业为雇员应用知识和技术提供了更大的空间,员工对自己的知识和技术能得到企业的承认也更加满意。但实施技能工资制过程中,如何对不同的技能和知识进行评估,进行市场定价是一个难题,管理人员要从其他企业获得可比较的数据非常困难。此外,为了鉴定雇员是否确实掌握了某种技能,企业还必须建立起相应的资格测试体系。

技能工资比较适合于希望拥有一支灵活的、相对稳定的、善于学习的、注重个人成长和个人发展的员工队伍的企业。在处于起步阶段的企业或员工高度参与的企业里,这种工资制度被广泛地应用。这种工资制度比较适合企业中的管理人员和专业技术人员。采用技能工资制可使组织中的优秀技术人才安心于本职工作,不必再为谋求高报酬而放弃自己的技术专长去争取那些自己并不擅长的管理职位。如果企业的策略是强调为顾客提供一次性完成的服务,提高顾客的满意度,采用技能工资制可以激励雇员学习多种技能,如技术能力、分析能力、沟通能力、解决问题的能力,等等。

2. 以绩效为基础支付工资

为了将奖励直接与个人、团队业绩或企业绩效联系起来,旅游企业可以采取各种手段,包括绩效工资、奖金、利润分享、股票所有权等手段,将工资增长与绩效评价结果联系起来。企业采用这种工资制,必须使雇员真正感觉到他们的报酬确实与业绩有密切的联系。如果雇员认为二者联系不密切,就会导致绩效低下,工作满意感降低,流动率、缺勤率也会随之上升。

企业应结合自身的经营战略,审慎地确定企业鼓励的行为,使薪酬制度真正起到提高员工绩效的目的。企业应考虑衡量绩效的标准是什么，例如是长期绩效还是短期绩效，是客观评价标准还是主观评价标准，是让雇员与企业分担风险还是避免风险，是衡量群体的绩效还是整个企业的绩效等。管理人员应确定绩效评价等级和奖励的幅度，将工资增长与绩效评价等级挂钩。

个人奖金强化雇员为改进绩效而做出的努力，同时还能控制工资计划的固定成本，在企业中得到越来越普遍的应用。奖金具有大幅度提高绩效的潜在作用，但也可能会导致雇员只做那些有利于他们获得报酬的事情，导致过于个人主义化和过分竞争行为的产生。近年来，企业用于奖励团队绩效的奖励方案数量快速增长，如收益分享计划、集体奖励计划、团队奖励等。收益分享计划常常在整个企业的范围内进行，该计划提供了一种使企业与雇员共同分享收益的可能，集体奖励计划和团队奖励计划通常是深入到范围更小的工作群体之中，强调了群体与成员之间的互相支持、互相合作。

3. 市场定位

企业在决定雇员工资水平时需要做出的一个重要的战略决策是：到底将工资水平定在高于市场平均工资的水平，还是将它定在与市场平均工资水平相等或者是稍低。企业的工资水平定位影响到企业会吸引、留住什么样的人，从而影响企业员工的流动率和企业的竞争力。

不少企业通过支付高于市场平均水平的工资来吸引并留住一批高素质的人才，但这样又会给企业带来成本的增加。企业可以对不同的人才采取不同的招聘策略，确定不同的工资水平。有的企业愿意比竞争对手付出更高的人力成本，以拥有一支优秀、高效的员工队伍为荣，把自己定位为培养精英人才的企业，并以此来吸引更多优秀的应聘者。而有的企业则以强调一些非金钱要素，如良好的工作环境、富有挑战性的工作、符合个人乐趣的工作等来突出自己在人才市场上的竞争优势，吸引优秀人才。如果企业在劳动力市场上有很强的竞争力，那么它将有可能吸引并留住足够数量的高素质的人才。

4. 集权化/非集权化

采用集权化薪酬策略的企业，往往会为各个部门制定具体的工作职责，在整个企业实施标准化、统一化的工资制度，划定标准化的工资等级。企业拥有一整套标准化的评估制度和员工晋升制度。此时，企业的工资制度是由少数专家或高层管理人员决定的，统一化的工资制度减少了企业由于部门之间的差异带来的矛盾，管理人员对工资制度有较多的控制，组织内部的人员流动由企业统一安排。

采用非集权化薪酬策略的企业，工资制度的设计和管理授权到企业各个部门，企业基层人员参与程度较高。企业可能会为各个部门制定工作指南或基本原则，但具体的制度制定和薪酬管理办法则由各个部门自己去完成。如果企业经营范围广,各个分部或分公司面对不同的市场,处在不同的发展期,各个部门的具体情况不同,薪酬管理问题往往不是企业某一个权威能解决得了的问题,采用非集权化的薪酬结构是比较合适的。另外,发动企业各个部门参与薪酬制度的制定,可以充分调动雇员的积极性,有利于薪酬制度的顺利实施。

5. 划分等级的程度

传统的以工作为基础的工资结构强调工资的等级。在等级工资制中,当雇员从较低的职位晋升到较高的职位时,他的工资也随着职位的提高而提高,工资往往被看成地位和成功的标志,等级工资制强化了地位的差别。在典型的等级工资制中,实际的工资等级可能比正式的组织结构图所显示的等级还要多。根据工作以及与之相关的职责来建立工资结构的方法在实践中仍是运用最为广泛的一种方法,这种方法与一般的企业组织结构如直线职能制相一致。

有的企业却倾向于缩小基于职务的工资差别,尽量减少工资等级,压缩层级,使每个层级的跨度更宽。诸如为管理人员预留的停车位置、行政人员的专用餐厅、特别通道等做法通常被取消。企业不会墨守自上而下决策的程序和信息传递机制,而是支持团队合作和跨部门的横向联系。随着组织结构的扁平化,企业每个工资等级的跨度也可能会更宽,工资体现地位差别的传统观念也会逐渐淡化。

6. 沟通政策

薪酬制度的沟通对于雇员的态度和行为会产生较大的影响。当企业准备改变薪酬管理措施,重新确定哪一种工资计划最适合企业时,让雇员了解这种工资决策是如何做出的,告知雇员改变报酬的原因是什么,让员工了解企业奖励什么,取得雇员的理解和支持,这些都是非常重要的。企业如果不对员工进行最低限度的沟通,薪酬制度也就很难发挥激励员工的作用。

实行开放式沟通的企业和实行封闭式沟通的企业在怎样与雇员沟通薪酬制度上有很大的区别。

在开放式沟通的企业文化中,工资可能是公开发放,大家对彼此的工资收入一目了然,晋升机会对所有的员工都是开放的。工资公开发放可以让员工知道他们的报酬是否合理,如果雇员确信工作努力程度同报酬直接挂钩,他们会更加努力地工作。企业鼓励雇员提出问题,分享信息,参与企业的决策。

实行封闭式沟通的企业,工资制度是保密的。企业禁止员工之间谈论工资报酬问题,企业也很少向员工沟通工资决策是怎样进行的,更不会公开诸如企业工资与市场同行业工资水平相比较之类的信息。工资水平的确定、市场薪资调查数据、工资预算的变动等信息都是不公开的。保密制度让员工更加独立,企业的权力集中在企业的高层管理者,企业有更多的自主决策权。但保密制度可能会引起员工对现有工资的猜测、误解。

需要强调的是,工资公开发放政策可以提高雇员对工资的满意感,并有可能促使他们努力工作。但如果条件不具备,如报酬制度中有任何造成不公平的内在因素,推行公开发放政策可能是不明智的。

7. 决策程序

工资决策程序与企业的沟通政策密切相关。采取封闭式沟通政策的企业,薪酬制度由高层管理者设计,薪酬制度从组织的最高层扩展到最低层,通过命令链严格进行管理,这种决策程序适合于官僚结构的企业。但这种决策方法不适于采取开放沟通政策的企业。实施开放式沟通政策的企业,企业发动员工参与工资计划的制定,向员工了解如何奖励才是公平的,哪些奖励才能促使员工作出卓越贡献等。管理人员向员工提供关于工资计划、工资实施等方面的信息,他们更愿意发动员工参与,更乐于听取专家的意见。员工参与有助于企业报酬计划更好地执行,更容易得到员工的接受和认可。为了显示薪酬制度的公平性,企业往往将参与工资制度设计决策的人与实际执行工资政策的人区分开来。随着信息技术的发展,雇员越来越容易接触到薪资调查信息,企业应更加重视在薪酬方面与员工进行沟通,让员工参与到决策过程中。

(三)明确薪酬制度目标

1. 企业希望吸引和留住什么人

企业所提供的报酬对于企业想吸引和留住什么样的人也有重要的影响。显而易见,高风险的报酬制度与强调安全和高福利的工资制度所吸引的人不同,高于行业水平的报酬和低于行业水平的报酬所吸引的人才也不同。

企业在设计薪酬体系里,必须首先明确企业希望吸引什么人,留住什么人,企业目前最需要具备哪些方面技术和才能的员工。企业的报酬制度应该使员工在与其他企业中从事同样工作的雇员所获得的工资水平相比较时,觉得满意,使优秀员工愿意继续留在企业中而不是到其他地方另谋高就。

2. 绩效激励作用

工资方案通常被用来激发、引导或者控制员工的行为。员工高绩效的表现如果能够得到有价值的奖励,那么他们就更有可能在将来达到更高的绩效水平,反之亦然。企业必须让员工真正感觉到自己对企业的贡献与企业的奖励有实质性的联系,让雇员充分感受到潜在奖励的吸引力,认为值得为之努力。因此,企业应了解员工个人目标是什么,了解员工工作努力与工作绩效,工作绩效与企业奖励,企业奖励与个人满足目标之间的关系,以便更好地激励员工。

3. 技术和知识

薪酬制度对于企业学习能力的提高有直接的影响。薪酬制度可以激励员工提高工作绩效,激励员工不断学习。例如,以技能为基础的工资计划有利于在企业中创造一种学习的气氛,鼓励员工学习更多的与企业参与市场竞争所需要的技能和知识。相反,许多以工作为基础的工资计划不是直接激励员工学习新知识,对工作等级和地位差别的强调会强化雇员采取有利于自己晋升的行动,而不是鼓励员工进行横向流动,鼓励员工学习新技术、新知识,发展企业所需要的能力。

4. 企业文化

企业的薪酬制度对于塑造、强化组织文化有显著影响。各种各样的企业文化,如以人为本的企业文化、创新的企业文化、以能力为主的企业文化、公平的企业文化、强调参与的企业文化等,在企业的薪酬制度中可以得到不同程度的体现。同时,薪酬制度对企业希望获得的核心能力、提高企业员工满意感、改善组织与员工之间的关系等也有重要的影响。薪酬制度所激励的行为往往被看成是企业的支持的行为模式,它体现了企业的信念、企业的价值观,反映了企业所推行的文化。在某些企业,如果员工富有进取精神并明确表现出雄心壮志,他们会得到较高的绩效评价和报酬。而在另外一些企业,勤勤恳恳、老老实实做好本职工作的员工才可能得到企业的嘉奖。

5. 对组织结构的影响

企业在制定薪酬制度的时候,往往不会考虑到它对于企业组织结构的影响,但这并不意味着薪酬制度对组织结构没有任何影响。在一个组织中,享受同一工资级别,接受同一种报酬方式的雇员更容易团结到一起;而当雇员的工资级别有较大的差别,接受的报酬方式不同时,他们可能不再被视为同一群体。薪酬制度帮助确定组织中不同群体的层级地位,从而影响企业的组织结构。

6. 成本

工资是企业的主要成本。在企业的经营成本中,工资在成本中所占的比例占一半以上,企业制定薪酬策略应充分考虑到工资的最高成本可能会达到多少,及如何根据企业的支付能力来调整工资。比如,当企业经济实力较强时,与报酬有关的成本也会有相应的增加;当企业经济状况不好时,工资成本可能会相应降低。有的企业可能会考虑如何控制工资总成本,使工资总成本比同行竞争对手更低。

企业在设计报酬体系,选择工资制度时,必须从自身的实际情况出发,同时考虑到内、外部各种因素的综合作用,明确薪酬制度希望达到的目标,考虑如何将薪酬制度融入到企业的整体经营战略中,使薪酬战略与企业的经营战略相匹配。

二、"最佳实践"

一些学者对"与经营战略一致"的权变观点提出挑战,他们认为无论环境怎样,都存在一套"最佳实践"可以提高几乎所有组织的战略绩效。这种观点的前提是采取最佳实践方案将更有利于企业获得高级人才和才能。这些高级人才反过来会影响组织采纳的战略决策,并增强其竞争优势。这种观点强调人力资源是企业最大的财富。这里概括了两种方案:"新薪酬"和"高度忠诚感薪酬"。

(一)"新薪酬"(New Pay)

舒施特和曾海姆(Schuster & Zingheim,1992)以及劳拉(Lawler,1990)提出的"新薪酬"的理论逻辑是雇佣双方是一种共享成功(和风险)的伙伴关系。在这种实践方式中,员工的薪酬主要根据市场工资率而定;薪酬随绩效上升(不是生活费上升或工龄增长)而提高,员工的雇佣关系不确定,工作稳定性低。在设计薪酬体系时,可供旅游企业管理者借鉴的一些"新薪酬"的实践原则包括:

(1)薪酬制定时,主要考虑外部劳动力市场工资率,内部公平性其次。

(2)薪酬应该是基于绩效的并且是可变的(和资历无关)。可变薪酬意味着企业可以根据绩效来调整员工的工资。若企业没有达到绩效目标,员工工资就会降低;当公司达到财政或收入目标时,员工就可以得到更多的薪酬。

(3)共同承担风险是员工和企业薪酬关系的基础。薪酬不只是员工的权利。

(4)正式的工作描述应该被淡化。员工期待更加灵活的工作,并希望可以在本职工作和拥有大量自主权的项目中都有所成就。

(5)增加横向轮换的机会(Lateral Opportunity to Contribute)以取代正规的等级晋升。与工作头衔相比,职责和薪酬的关系更紧密些。所以通往高层的职业道路以及特殊的晋级手段都显得不那么重要了。

(6)淡化工作稳定性。企业应提高员工的受雇就业能力(Employ Ability)而不是职业忠诚。受雇就业能力是指企业尽可能地为员工提供机会,诸如企业让员工在前沿项目中或企业自身建立尖端的科技系统中工作,以确保员工能够持续增强技能,进而提高其未来受雇潜力。这完全不同于那些将雇佣看作是对员工进行职业生涯承诺的企业。因为那些企业希望雇员能够忠诚,并在其职业生涯中不断地学习和进步,最终为实现企业的目标做出最大的贡献。

(7)企业更重视的是团队而不是个人的贡献。"新薪酬"方式的倡导者认为,这些薪酬策略优化了企业的竞争战略。因为企业在薪酬支付方面更具有灵活性,所以在经济困难期可以控制人力成本,并且可以促进员工从事具有高附加价值的任务和项目。

(二)"高度忠诚感薪酬"(High Commitment Pay)

杰夫瑞·普雷佛(Jefferey Preffer,1994)提出的"高度忠诚感薪酬"方案开出了很高的基本工资,员工仅仅分享成功,不分担失败,保证工作的稳定性、内部晋升等。这种方案的目的是吸引和留住有高度忠诚感的员工,并最大化人力资源的贡献,因为他们是组织竞争优势的源泉。旅游企业在设计薪酬制度时,可以借鉴的"高度忠诚感薪酬"的实践原则包括:

(1) 支付高工资。高工资政策可以吸引、保留和激励企业各个层次最好的员工。这个策略基于这样的信念,即你付出多少就得到多少。

(2) 重视并保障工作稳定性。员工会觉得那些有裁员和精简机构倾向的公司不是久留之地,于是将时间都投入到寻找其他工作上面。工作安全感是员工工作高质量的基础,也是员工在执行企业任务中愿意更具灵活性和创新性的基石。

(3) 采用激励工资。通过利润分享来鼓励员工努力工作、不断创新,但员工不用分担风险。

(4) 激发企业员工的主人翁精神。可以使用赠送股票(Stock Gift)、节约奖励计划、自由选择合作伙伴、员工持股计划等方式,将企业的成功和员工财富的增加长期地结合起来。

(5) 培育领导者为员工授权和员工高度参与的企业文化。鼓励员工将企业的成功视为自己的成功。

(6) 团队而不是个人是开展工作和实施领导职能的基本单位。

(7) 缩小工作间和等级间的薪酬差异。企业应该使每个员工都感觉到自己是在进步的、成功的,并且要尽力避免员工产生等级差距心理。

(8) 采用内部晋升以激励员工对企业的忠诚感。

(9) 采用严格的且特殊的方式对人员进行招聘和安置。除了考虑员工需要具备的必要知识、技术和能力外,还要考虑员工是否愿意接纳本企业的文化和价值观。

(10) 重视企业范围内的信息分享。"权利游戏"(Power Game)(上下级不沟通)和各部门的单独运作都是不可取的。

(11) 培训、交叉培训(跨部门培训)和技术开发是企业成功的基础。

(12) "象征性的平均主义"(Egalitarian Symbols)和"特殊待遇"。企业的每个成员在同一个餐厅用餐、有统一的制服等都能缩小等级差异。

(13) 关注长期战略是企业的基本原则。如果企业没有更好的理由或者不改变那种短期导向的薪酬策略,就不可能留得住员工。

(14) 企业应仔细研究薪酬设计程序和系统,并保持程序和系统的持续改进。这需要企业密切关注薪酬战略的执行及其结果的衡量。

"新薪酬"和"高度忠诚感薪酬"这两种薪酬战略看起来都很有道理,令人很难取舍。前者强调管理者和全体员工之间的互动作用,认为雇员的角色将会更灵活,更能适应企业变化的需要。而后者强调雇主和雇员之间社交和心理上的契约,并使用稳定性导向(Security-Oriented)的薪酬作为基础。那么哪种薪酬战略更适合各种环境,哪种实践方式最好呢?虽然很少有学者就这个问题进行研究,但是麦可杜菲(MacDuffie,1995)、胡斯雷德(Huselid,1995)及贝克和哥哈特(Becker & Gerhart,1996)所做的研究工作支持以下观点:即企业需要把薪酬实践方式和高绩效的工作结合起来考虑而不是分裂开,薪酬战略才会达到更好的效果。

无论旅游企业采用的是成本控制/成本导向的战略,还是差异化/创新战略,管理者只需要根据自己企业的状况选择不同的薪酬战略,既可以选择与企业整体战略框架相匹配的薪酬策略(战略性薪酬),也可以选择不与企业战略相匹配的薪酬战略("最佳实践方式")。

三、薪酬制定的战略思考

知识经济时代下,薪酬制度在复杂的企业管理中所起的作用越来越受到重视,被看作是推动企业实现战略目标的一个强有力的工具。因此,薪酬制度的设计必须同时与企业战略及其他管理制度相吻合。目前,许多企业的薪酬制度不能适应企业经营环境和劳动力市场的变化。传统的薪酬制度根据员工的职位和工资级别支付薪酬,并不能充分激励员工和组织追求卓越的业绩。在知识经济时代,企业的人力资本是决定企业竞争实力与经营业绩最重要的因素。要吸引并留住优秀的员工,充分调动员工的工作积极性,企业必须制定更有效的薪酬制度。

因特网技术改变了企业的信息传递和管理方法,为企业创造了新的销售渠道。在竞争日益激烈的市场里,企业越来越需要借助先进的信息技术系统,改变传统的等级制管理组织结构,采用横向经营管理程序,以便尽快适应市场的变化,为顾客提供更优质的产品和服务。因此,企业越来越需要掌握先进知识和技能的员工。

以前,不少企业的绝大多数员工是终身制员工。近年来,企业雇用的临时工、合同工、钟点工、兼职工不断增加,使不少员工不再有稳定的职位,他们不再与企业签订传统的长期雇佣合同。他们尽力争取最高的报酬,并希望能在工作中提高自己的才能。他们往往不再忠诚于某个企业,越来越可能为寻求更好的工作而"跳槽"。

在劳动力市场里,关键性技术人才和管理人才往往供不应求。众多企业愿意以较高的薪酬和良好的工作条件竞争这些"紧缺"人才。在许多企业里,随着员工队伍日益多样化,不同员工对工作条件和薪酬的要求也有越来越明显的差异。电子商务和因特网的飞速发展进一步加快了企业国际化发展进程,因而员工流动性会继续增强,员工队伍会变得更加多样化,企业对"紧缺"人才的需求也会进一步增大。

要适应社会、市场环境、劳动力市场的变化,企业应改变目前的薪酬制度。劳勒(Edward E. Lawler III)认为,企业可采用以下三类基本战略思想,制定有效的薪酬制度。

(一)按照员工的能力而不是按照员工的职位支付薪酬

许多企业采用职务评估方法,根据员工的职务和工资级别,确定员工的薪酬。

在不少企业中,员工有稳定的职责,劳动力的市场价值主要是由企业的工作职务设计与管理方法决定的。但也有一些企业的员工不再有稳定的职位,员工的工作岗位流动性比较大,在这种情况下,知识和技能水平较高的员工往往能为企业创造较大的价值。如果企业仍然按照员工的职位,而不是按照员工的价值给员工支付薪酬,就必然会引起一系列严重的问题,因为这种职务薪酬制度既忽视知识和技能不同的员工为企业创造不同的价值,也无法激励员工努力掌握企业需要的知识和技能。

在知识经济时代里,人力资本是企业最重要的资本。与企业的其他资本一样,人力资本也必须获得合理的报酬,否则,人力资本会寻找更高的投资收益率。因此,企业必须按照劳动力市场价值,给员工支付薪酬。企业根据员工目前的职位确定员工的薪酬,并不是确定员工价值的最好方法。企业应根据员工拥有的知识、技术和能力,确定员工的价值。另一方面,与企业内部劳动力市场相比较,管理人员也应考虑企业外部劳动力市场。因为如果管理人员只是着重考虑企业内部劳动力市场,很可能会为知识和技能水平较低的员工支付过高的工资。

员工的工资等级与他们掌握的知识和技能挂钩,可激励员工学习知识和技能,更好地履行他们的职责。企业根据角色知识和技能说明书规定的知识和技能,确定员工的薪酬,可实现两个非常重要的目的:其一创造学习型企业;其二增加宝贵的人力资本。根据员工在外部劳动力市场的价值,晋升员工的工资等级。

要按照劳动力市场价值确定员工的薪酬,企业的薪酬体系必须计量员工的知识、技术和能力,确定员工在企业外部劳动力市场的价值。迄今为止,这类计量技术尚处于初步研究阶段,但企业仍可根据其他企业实际支付的薪酬数额,了解员工的市场价值。

需要指出的是,对于采用知识或技能的薪酬制度,如何正确计量员工的知识、技术和能力可能是企业面临的最大挑战。许多企业往往会计量员工的领导能力、沟通能力等通用的能力,却并没有根据员工需扮演的角色,计量员工是否具有必要的具体知识和技能。

在知识经济时代,越来越多的企业会推行知识和技能工资制。卓越的企业会深入分析员工应掌握哪些知识和技能,才能有效地履行他们的职责,会详细编写角色知识和技能说明书,并在内联网上公布这些具体的任职条件。这些企业还会尽力改进员工的知识和技能计量工作,以便正确确定员工的市场价值,更好地做好员工工作任务分配与人力资源开发工作。

(二) 奖励卓越的业绩

绩效工资制是企业调动员工的工作积极性、吸引并留住优秀员工的一项重要管理措施。近年来不少企业采用绩效工资制,调动了广大员工的工作积极性。但在实际工作中,也有一些企业实施绩效工资制,却未能激励员工更努力地工作,为企业作出更大的贡献。

国内外学者对绩效工资制的激励作用进行了大量研究。他们的研究结果表明:(1)员工的薪酬与员工的业绩挂钩,可激励员工更努力地工作。(2)企业未能做好绩效工资制设计工作,是绩效工资制无法调动员工工作积极性的主要原因。(3)企业未能做好员工业绩考核工作,不愿大幅度地提高优秀员工的薪酬,是传统的考绩制度不能调动优秀员工积极性的主要原因。

尽管绩效工资制并不是所有企业都必须采用的薪酬制度,但它仍应是大多数企业奖励制度的一个重要的组成部分。管理人员应根据企业战略、组织结构、业务流程、管理风格,决定本企业应采用的绩效工资方案。

任何一类绩效工资方案都不可能实现奖励制度要达到的所有目的,个人绩效工资制、团队绩效工资制、企业绩效工资制各有不同的作用。奖金计划和股票报酬计划对一个企业的不同部门也会有不同的影响。知识经济时代下,要吸引并留住优秀的人才,企业管理人员应设计一整套绩效工资方案。

在新世纪里,越来越多企业可能会采用以下集中绩效奖励计划:(1)广泛的员工持股计划。这种奖励制度既符合员工参与管理和企业内部横向合作等管理思想的要求,又不必收集企业不易计量的员工个人业绩数据。(2)团队绩效奖励计划。团队绩效与现金奖励挂钩,可直接调动员工工作积极性。(3)利润分享计划和业务单位绩效奖励计划。许多企业会采用收益分享计划和目标分享计划,在业务单位(特别是小型业务单位)的业绩达到规定的标准时,奖励业务单位的广大员工。企业可通过教育培训工作,使广大员工了解他们的工作业绩对他们的奖金的影响。因此,这类绩效奖励计划可有效地调动员工的工作积极性。

(三)实施个性化薪酬制度

长期以来,企业采用统一的薪酬制度,员工几乎无法选择报酬形式与计酬方式。统一的薪酬制度通常符合同类劳动力的需要,却无法适应多样化劳动力的需要。企业采用这种统一的薪酬制度,既无法调动员工的工作积极性,也无法吸引并留住优秀的员工。

传统的标准化、统一化的人力资源管理措施无法适应知识经济时代人力资源管理工作的需要。人力资源管理工作是企业内部智力型服务工作,企业员工是企业的内部顾客。企业在市场营销中采用的一切措施,在内部营销活动中同样适用。要吸引和留住顾客,企业的产品和服务必须满足顾客的需要;要吸引并留住优秀的员工,企业同样必须满足员工的需要。管理人员必须改变传统的标准化人力资源管理思维方法,采用"一把钥匙开一把锁"的个性化薪酬制度,尊重员工的智力和情感,深入了解员工的需要、愿望、态度,关注员工关心的问题,根据每位员工的特点和需要，为员工提供优质的个性化服务，提高员工的工作满意感，留住优秀的内部顾客，以便在人才竞争中赢得持久的优势。

要调动员工的积极性，管理人员应深入了解员工重视哪些奖励，并根据员工的工作实绩奖励员工。不同的员工重视的奖励不同，员工不重视的奖励并不能激励员工努力工作。管理人员制定的奖励制度既应适应不同员工的不同需要，也应体现员工创造的价值。近年来，不少企业管理人员已意识到，不同的员工喜欢不同的报酬形式。因此，他们制定灵活的员工福利制度，提供多种福利计划供员工选择。然而，很多情况下企业只为员工提供有限的选择，使这些福利计划的效果并不明显。要满足多样化劳动力的需要，企业应提供多种薪酬计划供员工选择。例如，企业可让员工选择现金报酬、成套福利计划、绩效奖励方案。企业采用个性化薪酬制度，满足员工的多样化需要，可更有效地吸引和留住优秀的人才。然而，个性化薪酬制度也可能会造成员工队伍过分多样化，企业较难做好一元化企业文化建设工作，无法在全体员工中形成统一的价值观念、信念和行为准则。

薪酬制度是企业吸引并留住员工的重要工具。虽然统一的薪酬制度往往会导致员工队伍同质化，企业可能会因此而无法吸引并留住足够多的优秀员工，无法深入理解多样化市场的需要，无法做好适应性企业文化建设工作，然而，如果同类劳动力最能增强企业为某个特定的专业化细分市场服务的能力，企业就应采用统一的薪酬制度。

管理人员应分析同质员工队伍和多样化员工队伍的利弊，再根据企业需要的多样化程度，确定新薪酬制度。随着高新科技的飞速发展，企业加速国际化经营进程，员工队伍日益多样化，越来越多的企业会采用灵活的个性化薪酬制度。

在新世纪，企业的薪酬制度会发生以下三类战略性变化：(1)企业会按照员工在外部劳动力市场的价值，根据员工的技能、知识和能力，确定员工的薪酬。(2)企业会采用多种绩效工资与变动奖励、股票奖励相结合的薪酬方案。(3)企业会根据自己需吸引并留住的员工的特点，采用个性化薪酬制度，允许员工选择他们需要的报酬形式。

需要指出的是，在企业的薪酬管理工作中，上述三类基本战略措施有普遍适用性。但这并不等于说个性化薪酬制度对所有企业都适用。这三类措施只是企业设计更有效的薪酬制度的基本措施。采用个性化薪酬制度，将增加企业人力资源管理工作的难度，增加管理成本。采用这种制度之后，部分员工可能会提出过高的要求，部分员工可能会认为管理人员不公平。如何通过决策、交往程序公正性，减轻部分员工对结果不公平的看法，在薪酬制度决策、实施过程中争取员工积极或自觉的配合，是管理人员面临的一大挑战。此外，管理人员与员工之间的高度信任感是企业实施个性化薪酬制度的必要保证。一方面，管理人员赢得员工的信任，才能更好地了解员工的需要、能力和自我目标,真正为员工设计个性化的薪酬制度;另一方面,管理人员充分信任员工,才会授予员工必要的决策权,让员工自主选择奖励和报酬的方式。管理人员还应根据企业的组织结构、竞争战略、管理风格,确定具体的薪酬方案,奖励卓越的业绩,以便吸引并留住优秀的员工,增加企业的智力资本,进而增强企业在新经济时代的竞争实力。

思考与练习

1. 如果你所在的酒店需要在外地新建连锁酒店,薪酬制定者应该考虑哪些方面的因素?

2. 如果酒店的高层管理者注重外部竞争力,你可以为他们提供什么建议?

3. 许多旅游企业的薪酬职责属于企业的财务职能,还有一些旅游企业的薪酬职责属于人力资源职能。讨论一下如何将薪酬职责和人力资源职能联系起来。

4. 如果你所在旅行社高层管理者认为企业的层级过多,妨碍了企业的竞争,希望你能够对现有基于岗位的薪酬体系进行创新和变革,给出最佳方案,你该怎么做?

第九章

员工福利

本章导读

员工福利作为企业传统薪酬体系的有效补充,具有保障员工权益和激励员工的功能。因此,制定一个合理的、具有吸引力的员工福利计划就成了旅游企业人力资源管理的一项重要工作。本章将从理论和实践两个方面全面、深入地阐述旅游企业应如何进行员工福利管理。学习者应着重掌握员工福利的基础理论、员工福利方案、员工福利制度设计与管理等要点。

第一节 员工福利的基本概念

提起福利,人们也许会想到养老、医疗等基本社会保险,也许还会想到各种住房补贴、交通补贴,以及带薪假期、集体旅游等。那么究竟什么是员工福利?员工福利是不是就是社会保险?福利与人们所关注的薪酬存在什么样的关系呢?本节讨论涉及员工福利的基本概念。

一、员工福利的概述

(一)员工福利的概念

旅游企业员工福利(Employee Benefits)是旅游企业为了改善员工生活和解决员工特殊困难而支付的社会消费基金的一种表现形式。与工资、薪金和奖励不同,福利通常与员工工作绩效无关。奖金是付给那些工作超过预定标准的员工的货币报酬,而福利则对所有员工都适用,它是企业为了维护员工身心健康、生活安定、为解除员工后顾之忧,而采取的工资以外形式的各种保障措施,同时也是一种对员工感情投入的很好形式。

(二)员工福利与薪酬的区别

在旅游企业人力资源管理中,员工福利经常是与薪酬密切相关的,它们都是员工报酬系统的一个部分。员工的福利和薪酬都是以具有员工身份和参加企业生产劳动为前提,都是对员工贡献的一种回报。二者的区别表现在以下几个方面:

1. 从产生渊源来看

薪酬是员工在企业生产或其他经济活动中投入的活劳动的货币资金表现形式,是产品和服务的最终成本构成要素。而福利则是雇主为改善劳动条件、解决员工及其家庭的生活问题提供的一种间接的物质或服务方式。

2. 从分配过程来看

薪酬严格地遵循按劳分配原则。公平性是薪酬分配的首要原则,企业往往根据员工的投入(如技能、教育、努力等)来支付员工的薪酬。而员工福利尽管在分配过程中也存在着一定的差别,但这种差别远远不如薪酬分配明显。员工福利分配遵循普遍性原则,一些福利设施的使用和福利津贴的发放只强调企业内部员工的身份,不过多考虑员工职务及付出劳动的多少。

3. 从管理目标实现方式来看

薪酬管理目标的实现主要是用高额的金钱报酬作为诱因,激励员工取得良好绩效。而员工福利更多的是以对员工基本生活的关怀为出发点的。它强调的是一种人情味,通过体贴入微的方式来使员工感受到组织的温暖,以此来吸引员工,提高员工的工作效率。

(三)员工福利的特点

相对于员工报酬体系的其他一些组成部分而言,员工福利具有自身的一些突出特征。

1. 强制性

员工福利中某些项目的提供要受到国家法律的强制性约束,如基本的社会保险、法定休假等。其他一些可以由企业自行决定的福利项目尽管不受到法律约束,但是都要受到一些重要规章制度的制约或者必须满足某些条件才能获得政府优惠的税收待遇,这些福利项目包括养老金、储蓄计划、各项企业补充保险等。

2. 复杂性

员工福利的给付形式多样,包括现金、实物、带薪假期以及各种服务,而且可以采用多种组合方式,要比其他形式的报酬更为复杂,更加难以计算和衡量。这导致员工对福利组合的真实价值的理解要困难得多。一般情况下,要想理解不同类型的医疗保健福利、养老金计划、伤残保险等福利项目的优缺点是很困难的,这些福利项目所具有的价值很少会像一个人所拿到的货币工资那样让人一目了然。很多时候,企业在福利上花了大量的金钱但是员工却对福利并不理解或者并不认为福利有太大价值。因此,企业要想提高员工福利投资的收益,首先应该让员工意识到各种福利项目的价值。

3. 普遍性

企业无论其规模、性质如何,总会为员工提供一些福利,因此福利已经变成了一种制度化的东西。提供某种类型的医疗和退休福利几乎已经成为许多企业的一种强制性义务，不向自己的全职员工提供这些福利的企业已经很少。

二、员工福利的基本类型

员工福利是一个复杂的概念，其项目繁多、形式多样，根据不同的标准可以划分为不同的类型。

（一）根据福利项目的提供是否具有法律的强制性，可划分为法定福利和企业福利

法定福利指根据政府的政策法规要求，所有在国内注册的企业都必须向员工提供的福利，如养老保险、医疗保险、失业保险、公积金、病假、产假、丧假、婚假、探亲假等政府明文规定的福利制度，还有安全保障福利、独生子女奖励等；企业福利则是企业根据自身特点，有目的、有针对性地设置的一些符合企业实际情况的福利，包括商业保险、住房福利、带薪休假、教育福利、员工持股、利润分享以及其他服务项目等。

（二）根据福利项目的实施范围，可以将员工福利划分为全员性福利、特种福利以及特困福利

全员性福利是为所有员工提供的福利；特种福利是为企业高层人员设计的福利，如高层人员的轿车、星级宾馆、出差待遇等；特困福利是为企业特别困难员工提供的福利。

（三）根据福利的表现形式，员工福利可以分为经济性福利、设施性福利、工时性福利、娱乐性及辅导性福利

经济性福利包括社会和企业提供的各种保险、企业分红或员工持股、节日礼金、健康检查、亲属的抚恤补助、子女助学金、伙食补助、特约商店等；设施性福利包括员工餐厅、公司福利社、图书馆或阅览室、公司幼儿园或托儿所等；工时性福利包括年度特别休假、探亲假、产假等；娱乐性及辅导性福利则包括员工旅游、员工教育训练、员工社团活动、文体活动等。

三、员工福利的作用

员工福利作为一项广受欢迎的人力资源管理策略，对于旅游企业而言具有十分重要的价值。

（一）税收优惠

福利与薪酬相比，明显的优势就是可以使企业享有税收优惠。政府为了减轻社会保障体系负担，往往鼓励企业实施员工福利计划，对这类计划采取了税收优惠政策。以员工福利而非薪酬形式支付的劳动报酬，一方面可以为企业起到避税的

作用,另一方面则可以减少企业所应缴纳的法定社会保险费。

（二）吸引和留住优秀人才

对于旅游企业来说,各种企业福利项目在具有一定社会功能的同时,也成了企业吸引人才、留住人才的主要激励方式。现金和员工福利都是留住员工的有效手段,但是两者特点不同。尽管看得见、拿得着的现金可以对人才产生快速的冲击力,短时间内消除了员工福利的差异化要求,但其非持久性的缺点往往会使其他企业可以用更高的薪水将人挖走,尤其对于资金实力不足的中小企业而言,如果仅仅依靠现金留人,将很难幸免人才大流失的灾难。而具有延期支付性质的员工福利,不但可以避免财力匮乏的尴尬,还可以很好地维系住人才,成为减缓企业劳动力流动的"金手铐"。

（三）激励员工,提高员工工作绩效

福利对员工的激励作用可以表现在以下三个方面:

首先,员工福利可以满足人们在生理上、安全上的低层次的物质需要。例如养老保险和企业年金可以使员工免于为年老后的生活担忧,失业保险可以减少员工由于失业而遭受到的经济损失,各类健康保险则能够在员工由于生病或受伤而暂时或永久丧失劳动收入时提供基本的生活保障。

其次,员工福利可以满足人们在情感上的社会需要。这主要体现在各种各样的实物性福利项目上。例如目前许多企业都提供带薪休假,这种福利形式可以使员工在长时间的紧张工作之后可以调整生活节奏、放松身心,还可以利用这段时间与家人、朋友相处,丰富感情生活,满足亲情和友情的需要。此外,各种精心策划的集体旅游、定期举办的各种宴会可以使员工彼此之间在工作之外有更多的接触机会,从而增进员工之间的了解,融洽企业内部成员间的关系。

最后,某些员工福利项目还能在一定程度上使员工获得成就感,例如员工持股计划。通过这一计划,员工拥有了企业的股票,能够共同分享企业的经营利润。员工能够真正以主人翁的精神投入工作,将企业的成功视为自己的成功,从而获得更大的成就感。

综上所述,员工福利对于旅游企业而言存在着有别于薪酬所带来的不同效用。随着经济的发展、企业间竞争的加剧,深得人心的福利待遇比高薪更能有效地激励员工。因此,员工福利是企业报酬体系的一个必不可少的重要组成部分。

第二节　员工福利计划和管理

目前,大部分企业都为员工提供了各种各样的福利,而且福利开支在整个报酬支出中所占的比重也越来越大。据统计,美国企业为员工所提供的福利占整个报酬支出的30%~40%。虽然员工福利在企业中已经成为一种普遍的制度安排，但是在实践中，企业对员工福利投资的收益远远没有达到预期的目标。根据美国"食品企业研究论坛"对旅游业的调查报告，员工离开旅游行业的第三大理由是福利不好。报告显示健康保险对这个行业是很重要的，但实际上有64%的员工不受这个险种保护的。退休福利也很重要，而62%的饭店行业从业人员不享受该福利。可见，虽然大多数企业增加了员工福利的投入，但由于缺乏对员工福利的合理规划和有效管理，员工福利的作用并没有得到充分的发挥。

一、旅游企业员工福利计划

（一）旅游企业员工福利计划的内容

员工福利计划（Employees Benefits Plans，EBP），是指企业对实施员工福利所做的规划和安排。在旅游企业的具体实践过程中，一般来说，一个相对完备的员工福利计划的制订应当主要考虑以下七个方面的问题：

1. 福利的水平

在实践中，企业福利水平的确定主要包括两个层次的内容：一是确定企业整体的福利水平；二是确定员工个人的福利水平。

2. 福利的内容

福利的内容直接决定着员工需求的满足程度，是员工满意度的主要影响因素。因此企业必须要合理地确定福利的内容，这样才能保证福利实施的效果。在实践过程中，有些企业对这个问题并没有给予足够的重视，因此往往会出现"吃力不讨好"的尴尬，虽然耗费了大量的财力、物力来实施员工福利，但是员工并没有感到满意。

3. 福利提供的形式

与薪酬不同，福利的发放形式更具灵活性。按照企业给员工提供福利的形式的不同，可以将员工福利计划划分为实物型和货币型这两种模式。

实物型模式是指企业主要以直接发放实物的形式或者以直接提供服务的方式为员工提供福利。在传统的计划经济体制下，由于国家实行的是"低工资"的政策，因此国有企业采取的主要就是实物型的福利模式，以各种实物和服务的形式给员工提供福利，以保证工人正常的生活。在实物型模式中，由于企业需要给员工发放实物或提供服务，企业可以采取团体采购的方式来集中购买，因此在价格上就比员工个人购买要具有优势，这样在同样的成本支出条件下，员工就可以享受到更多的福利待遇；或者说在同样的福利待遇条件下，企业就可以支付更少的福利成本，这可以说是实物型福利计划模式最为明显的优点。

货币型模式是指企业向员工提供的福利主要是以货币或者准货币的形式出

现。目前在大多数外资企业中,员工福利的实施采取的主要就是这种模式,企业将员工的福利折合成货币,与薪酬一起发放给员工;此外,这些企业还向员工提供各种准货币形式的福利,例如给员工办理健康保险、建立补充养老保险制度、实施员工持股计划等。这种模式相比实物型模式也具有明显的优点:首先,由于不需要企业再来直接地发放物品或者提供服务,这样就大大降低了福利管理的复杂程度,减轻了企业的管理负担,节约了管理成本;其次,在这种模式中,福利是以货币形式提供给员工的,这样他们就可以根据自身的实际情况来购买自己需要的物品和服务,从而能够更好地满足员工不同的需求;再次,以货币的形式向员工提供福利,除了可以满足员工较低层次的需求之外,还可以满足他们较高层次的需求,比如用股票期权的方式向员工提供福利,就是对他们工作成就的肯定,这样可以满足员工的尊重需求和自我实现需求。

4. 福利实施的主体

按员工福利实施主体的不同,可将员工福利计划划分成自主型和外包型这两种模式。

自主型模式是指由企业作为员工福利的实施主体直接来向员工提供各种福利。采取自主型的员工福利计划模式,由于责任主体和实施主体是统一的,企业既负责制订福利计划,同时又负责实施这些计划,这样就保证了福利计划执行的有效性和灵活性。当然,这种模式的实施不可避免地也存在一些问题。对于企业来说,这种模式增加了工作量,加重了管理负担;对于整个社会而言,这种模式的实施也会造成社会资源的一定浪费,很多员工福利的项目,特别是一些服务性的福利设施(如职工幼儿园)由单个企业建设往往就会失去其应有的规模效应,无论从企业的角度还是从社会的角度来看,这都是一种资源的浪费。

外包型模式是指企业将员工福利的实施责任全部或者部分地委托给外部的组织或机构,由这些机构或组织作为员工福利的实施主体或者部分的实施主体来进行具体的实施。也就是说,员工福利的责任主体和实施主体是分离的,责任主体仍然是企业,但是实施主体却不再是、或者不完全是企业,而是外部的组织或机构或者有它们的参与。现在,随着专业人事咨询管理公司的出现和发展,外包型模式的应用越来越多,很多企业都将员工福利的事务或多或少地对外进行委托。

5. 福利实施的对象

福利实施的对象应当是企业全体员工,但是这并不是说每一项具体的福利都要针对全体员工实施。由于不同的福利项目具有不同的特点,其适用的对象也是不同的,因此企业应当根据福利的具体内容来选择实施对象;此外,为了增强福利的激励作用,也需要对员工享受福利的资格条件作出规定。

6. 福利成本的支付

随着员工福利成本的快速上升,企业面临着控制劳动力成本的压力,不得不就福利问题做出战略性的决策:究竟让员工负担多少费用？在进行这个问题的决策时,企业文化、企业战略、员工权利和企业责任等观念是企业要牢记的。如果企业希望能以提供一个全面的一揽子福利计划而感到自豪,那么就不能要求由员工来负担大部分费用。同样,如果企业采用一种成本控制政策,就不要负担一揽子福利计划的所有成本。但是,当企业要求员工为福利计划负担一定的费用时,员工也许会选择不参加福利计划。最近一个调查发现,600万美国人拒绝了由雇主提供的保险,因为所要支付的费用太高了。

7. 福利的灵活性

企业需要确定是向所有的雇员提供一套标准的福利项目,还是允许员工在所提供的福利项目中自由地选择所需要的项目。由于员工的情况(如年龄、性别、婚姻状况、收入水平等)不同,如果增加员工根据自己的需求选择福利项目的权利,就可以提高员工的满意度。这种做法被称作弹性福利制度(Flexible Benefits Plan)。弹性福利制度目前在旅游企业中的应用较少,但值得借鉴。

(二)影响旅游企业员工福利计划制订的主要因素

1. 国家的法律法规

在前面的章节中已经指出,员工福利是由两个部分构成的,即法定福利和企业福利(也可以叫作自愿福利)。法定福利具有强制性的特点,任何企业都必须遵守,企业对此并没有太多的选择权和决策权。所以企业在制订福利计划时,首先需要考虑的就是要在法律规定的范围内进行考虑。

2. 竞争对手的福利状况

竞争对手的福利状况对企业福利计划制订的影响最为直接,这是员工进行横向公平性比较时非常重要的一个参照系数,它几乎可以影响到福利计划所有内容的决策。当其他竞争对手的福利水平、福利内容、福利形式等发生变化时,为了保证外部的公平性,企业也要相应地对自己的福利计划做出调整,否则就会造成在职员工的不满意,当不满比较严重时甚至会造成员工的流失。

3. 企业的经济效益

员工福利是企业的一项重要成本开支,因此企业的经济效益就直接制约着福利水平的确定,它是各项福利计划决策得以实现的物质基础。良好的经济效益可以保证福利水平的竞争力和福利支付的及时性。

4. 员工的个人因素

除了企业自身的一些因素之外,员工个人的一些因素也会对福利计划的制订产生影响。企业制订福利计划时,往往应考虑员工个人的因素,这些因素主要有员工的需求、个人的绩效、工作的年限等。

员工的需求主要会影响到福利内容的确定,为了更好地激发员工的工作积极性，企业应该根据员工的需求来提供福利，这样才能提高福利的针对性和有效性。比如：有的员工生活负担较重，希望现金福利多些（实质是希望高薪金、低福利），如果企业将奖励旅游、代金券、实物换成现金，会更受这些员工的欢迎；相反，有些高收入的员工则希望有带薪休假形式的福利，这样可以缓解工作的压力，增加与家人团聚的机会；年纪大的员工多希望有足够的保险金，增加职业安全感，减少自己失业、就医的担心，有些员工未婚，负担少，但由于竞争的压力，他们可能更希望有灵活的工作时间，那么企业可能不必投入一分钱，只要工作时间灵活就能使这些员工满意。因此，福利制度的设计应考虑员工的需要，使员工得到更大的满足。

员工的绩效主要影响福利提供对象的确定。虽然相比激励薪酬，福利并不完全以绩效为基础来支付，但是这并不意味着福利就与绩效完全没有关系。采取平均主义的方式向员工提供福利，只会削弱福利的激励效果，计划经济体制下国有企业工资福利管理的弊端就很好地说明了这个问题。因此为了提高福利实施的效果，福利还是应该在一定程度上与绩效挂起钩来，目前越来越多的企业在福利管理中采取了这种做法。

工作年限主要是指员工的工龄，也就是员工在本企业中的工作时间。工作年限影响的主要是员工个人福利水平，一般来说，工龄越长的员工，企业提供的福利水平往往也越高。

二、旅游企业员工福利管理

（一）员工福利管理的含义

员工福利管理是指为了保证员工福利按照预定的轨道发展、实现预期的效果而采用各种管理措施和手段对员工福利的发展过程和路径进行控制或调整的活动。

员工福利管理有广义和狭义之分。广义的员工福利管理是对员工福利从产生到发展的整个过程进行全方位的管理，包括：员工福利发展的各个阶段即从低级阶段到高级阶段，从不成熟阶段到成熟阶段，员工福利管理所涉及的各种资源的配备和制度的建设，以及各种管理方式和手段的运用等。狭义的员工福利管理与狭义上的员工福利规划相对应，是为了完成一个既定的中长期的发展目标而采取的各种措施和手段。鉴于本章旨在对员工福利进行一个全面系统的介绍，故本章所讲的员工福利管理都是广义上的员工福利管理。

（二）旅游企业员工福利管理的基本流程

员工福利管理是一个较为复杂的过程，它不仅要与企业发展目标相适应，与国家有关法律法规相协调，还涉及企业各部门的参与、员工福利信息的沟通等，其基本流程如下：

1. 员工福利需求分析

员工福利需求分析是了解企业福利计划的必要性及其规模、确定员工有哪些福利愿望并设置福利项目的过程。从内容上来看,员工福利需求分析需要从企业和员工两个层面来进行:(1)企业范围内的福利需求分析,应从生产率、事故率、疾病、辞职率、缺勤率和员工的工作行为等不同方面,分析企业目标与员工福利之间的联系,确定员工福利的必要性和具体项目。例如:美国电报电话公司和其保险公司一起进行了一项研究,将1600名参加了健身项目的员工的医疗索赔数据与1800名没有参加健身项目的员工的数据进行比较。结果他们发现健身项目的参加者更少地使用医院和请病假,大量地节省了医疗费用。因而,企业有必要为员工提供健身项目之类的福利。(2)从员工个人角度来考察福利需求,企业应该依据社会时尚和竞争对手的员工福利状况,从提高员工生活质量出发,考察员工的福利需求。员工个人层面福利需求分析的信息来源于绩效考核的记录、员工个人填写的福利问卷、员工平时意见的收集以及工会代表员工的请求等。

2. 确定员工福利宗旨

与人力资源计划的其他组成部分一样,员工的福利计划应该设立特定的宗旨和目标。一个企业设立的福利计划管理目标取决于多个因素,包括:企业的规模、工会联合化程度、赢利的能力及行业伙伴。最重要的是,这些目标必须与企业的战略报酬计划一致。

在实际工作中,大部分福利管理的主要目标是为了改善员工的满意度,满足员工的健康与安全保障要求,吸引和鼓励员工,减少人才流动,以保持一个有利的竞争地位。

3. 制订员工福利计划

企业制订员工福利计划要综合考虑多方面因素,根据企业的具体情况合理地确定福利的水平、形式、具体内容、实施对象等。为了提高员工对福利计划的满意度,企业在制订福利过程中应做好以下两个方面工作:(1)提供员工所重视的福利。企业只有提供员工所重视的福利,才能提高员工的满意度。因此,企业应深入了解员工对各类福利的重视程度。例如,如果员工高度重视安全、生活保障等基本福利,企业就应尽量提高员工对基本福利的满意度;如果员工高度重视自己的职业发展前途,企业就应为员工提供职业发展型福利,为员工创造更多的学习和发展机会,以提高员工的满意度。(2)向员工提供参与福利制定和管理工作的机会。在福利制度制定过程中,企业可采用内部调查、专题座谈会、建议信箱或热线电话等方式,广泛听取员工的意见,了解员工对福利制度的看法。表9-1列举了××大酒店的员工福利待遇管理规定。

表 9–1 ××大酒店员工福利待遇管理规定

第一条 为提高酒店员工的凝聚力,依据国家有关法律法规,结合酒店实际情况,特制定以下员工福利待遇管理规定。

第二条 伙食补贴:酒店每月为员工提供 120 元的伙食补贴。

第三条 住宿:酒店为员工提供倒班宿舍,并为部分非本市的员工提供宿舍。

第四条 工服:酒店为员工提供工作制服。

第五条 加餐:酒店逢重大节日为员工加餐。

第六条 防暑降温费:酒店每年六月至九月为户外工作或工作场所气温超过 35 度的员工发放一次防暑降温费(标准为每月 20 元/人)。

第七条 年终奖金:酒店根据当年的经济效益确定发放年终奖金标准。

第八条 生日会:由人力资源部定期组织同月生日的员工共庆生日,赠送生日员工生日礼物。

第九条 贺喜:员工结婚、生子,酒店向员工发放 200 元的贺喜金。

第十条 慰丧:员工本人之(祖)父母亲、兄妹、配偶或子女,配偶之(祖)父母亲过世,酒店向员工发放 200 元的慰丧金。

第十一条 员工文体活动:酒店或部门将不定期地组织员工参加各项文体活动。

第十二条 员工活动室:为丰富员工业余生活,酒店向员工开放员工活动室,并会不定期购买各种书籍和娱乐器材供员工使用。

第十三条 劳保用品:酒店或部门按照相关规定为员工发放劳保用品。

第十四条 社会养老保险:酒店为符合条件的员工办理社会养老保险,负担规定部分的社会养老保险费用,员工个人应缴纳的养老保险金由酒店从员工每月工资中代扣。

第十五条 工伤保险:酒店为员工办理工伤保险,负担全部工伤保险费用。

第十六条 医疗保险:酒店为符合条件的员工购买医疗保险,负担规定部分的医疗保险费用,员工个人应缴纳的医疗保险金由酒店从员工每月工资中代扣。

第十七条 意外保险:酒店为员工购买人身意外保险。

第十八条 培训:酒店全资或部分资助员工参加在职教育或培训。

第十九条 奖励旅游:酒店全资或部分资助员工参加出国旅游和国内旅游。

第二十条 健康检查:酒店原则上每年为入职一年以上的员工做一次健康检查,费用在酒店福利费用中列支。此项工作由人力资源部负责具体安排。

第二十一条 员工享有的各类假期:

1. 酒店员工享受国家规定的各种有薪假,如:国家法定节假日、公休假、婚假、丧假、计生假、病假和工伤假等。

2. 病假:员工患病可凭市级以上医院出具的证明或急诊书,按酒店规定程序申请病假。

3. 事假:员工如遇特殊原因确需请假者,可按酒店规定程序申请事假。

4. 工伤假:员工因工受伤,凭医院出具工伤证明及部门书面证明报告安排休假。

5. 审批权限:员工休假必须按程序和权限审批,具体按《员工考勤管理规定》执行。

6. 各类加班的补偿按照《员工加班管理规定》执行。

第二十二条 本管理规定由人力资源部负责解释。

第二十三条 本管理规定从发文之日起执行。

4. 控制员工福利成本

在员工福利持续增长的趋势下,企业对员工福利计划管理的关键问题在于如何降低福利成本。企业降低福利成本的主要措施如下:

(1)共同负担,即由雇员承担部分购买福利的费用;
(2)设置起付线和封顶线,即规定福利上下限;
(3)区别对待不同职工,根据需要采取差别福利待遇;
(4)针对双职工家庭,与职工配偶方的企业协商分摊福利费用;
(5)审查员工享受福利的资格和条件;
(6)降低购买福利的成本,例如大批量地采购。

5. 员工福利计划的实施

员工的福利在组织与实施过程中,应做好以下两方面的工作:一是利用各种有效的渠道宣传各项福利,做好福利沟通工作,了解员工的福利需要;二是组织实施福利计划,这是关键的一步,也是企业人力资源管理的重要组成部分。所以,要落实每项福利计划与预算,定期检查实施、反馈和改进情况。

许多员工不了解企业为他们提供了哪些福利,不知道自己应如何使用这些福利项目。因此,在福利实施过程中,企业要与员工进行沟通,利用各种方法,如内部刊物、员工大会等,向员工介绍他们所享受福利的种类及具体内容,让员工认识到福利的存在。例如:企业可以印制《员工福利手册》,向员工介绍本企业福利的基本内容、享受福利待遇的条件和费用的承担。此外,企业还可设置员工福利管理办公室或安排专职人员负责福利管理工作,回答员工的问题,为员工提供准确的信息,指导员工更好地使用企业提供的各种福利项目。

6. 员工福利效果评价

员工福利效果评价主要包括对福利项目设计、福利计划实施方式和实施效果的评估,以及对福利享受者的定期跟踪反馈。应重视以下两点:一是建立每个员工的福利档案,对员工进行定期的跟踪反馈,为以后制订福利计划提供现实依据;二是注意福利计划的及时调整和修改。企业是一个经济组织,"每分钱都应花在刀刃上",如果花了很多钱却没有取得预期的效果,应该对员工福利的管理进行调整。

效果评估的方法可以采用问卷调查法、访谈法、合理建议法、意见反馈法等。例如问卷调查法可以设置调查这样一些内容:员工福利项目种类是否丰富;水平是否合理;对员工福利的管理人员、管理方式是否满意;对整个员工福利系统有什么建议等。

三、弹性福利计划

由于员工偏好的不同,自20世纪70年代起,一些公司开始提供弹性福利计划

(Flexible – benefit Plans)。

（一）弹性福利计划的含义

弹性福利计划也称为自助福利计划(Cafeteria Plan)，是指企业提供一份福利"菜单"，由每一位员工参与，在一定的金额限制内，员工依照自己的需求和偏好可自由选择、组合，其中包含现金及指定福利在内的两项或两项以上的福利项目。福利"菜单"上一般包括有社会保险、法定休假、收入保障计划、健康保障计划和员工服务计划等福利项目。因为每个人的具体情况不同，需要的福利也不同。例如，有的员工可能需要住房，有的关心医疗费用问题，有的担心长期就业问题。实施弹性福利计划，企业应根据每个员工的薪水层次设立相应金额的福利账户，每一时期拨入一定金额，列出各种可能福利选项供员工选择，直至福利金额用完为止。

（二）弹性福利计划的评价

对企业而言，采用弹性福利计划有一定的好处，但是也有一定的弊端，并不是每一个企业都能适用，应根据企业自身的特点灵活运用。因此，每个企业都应当认真检查其福利制度的激励作用，从正面和负面加以分析（如表9－2）。

表9－2 弹性福利计划的优缺点

	优点	缺点
企业方面	1. 便于控制福利成本 2. 提升企业形象与竞争力 3. 调整公司人力结构并降低福利规划人员负担 4. 激励制度的新方法 5. 使企业福利资源得到最有效的运用	1. 员工因对福利制度了解不够，而做出错误的选择 2. 增加管理的复杂性 3. 实施初期行政费用可能会上升 4. 工会反对
员工方面	1. 满足员工个人福利需求 2. 增进员工对福利制度的了解 3. 提升员工的工作满意感 4. 节税	

第三节 员工福利项目

一、法定福利

法定福利是国家通过立法强制实施的对员工的福利保护政策。从基本体系结构来说，员工福利大致可以分为社会保险制度和各类休假制度。

(一)社会保险

社会保险是国家通过立法手段建立的,旨在保障劳动者在遭遇年老、疾病、伤残、失业、生育及死亡等风险和事故,暂时或永久性地失去劳动能力或劳动机会,从而全部或部分丧失生活来源的情况下,能够享受国家或社会给予的物质帮助,维持其基本生活水平的社会保障制度。对于企业员工来说,社会保险主要包括养老保险、医疗保险、失业保险、工伤保险和生育保险等。

1. 养老保险

养老保险是依据国家法律规定,在员工因年老而丧失劳动能力并离开工作岗位之后,对他们提供维持基本生活保障的一种社会保险制度。养老保险制度的建立,有利于保障老年人晚年的生活,有利于社会的安定团结。为了更好地保障和完善员工养老福利待遇,旅游企业应做好以下两方面的工作:

(1)逐步建立基本养老保险、旅游企业补充养老保险和个人储蓄性养老保险三结合的制度。随着经济的发展,我国逐步建立起基本养老保险、企业补充养老保险和职工个人储蓄性养老保险相结合的制度,改变养老保险完全由国家、企业包办的状况,实行国家、企业、个人三方共同负担。

基本养老保险费用由企业和员工共同担负,实行社会统筹与个人账户相结合的方式。企业缴纳的基本养老保险费,按本企业员工工资总额和当地政府规定的比例在税前提取,由企业开户银行按月代为扣缴。员工个人缴纳基本养老保险费的标准,开始时可不超过本人标准工资的3%,以后随着经济的发展和员工工资的调整再逐步提高。员工个人缴纳的基本养老保险费由企业在发放工资时代为扣缴。旅游企业应在理顺分配关系上,加快员工收入工资化、工资货币化进程的基础上,逐步提高员工基本养老保险缴费比例。

企业根据自身经济能力,为本企业员工建立企业补充养老保险,所需费用从企业自有资金中的奖励、福利基金内提取。个人储蓄性养老保险由员工根据个人收入情况自愿参加。个人储蓄性养老保险既可以进一步强化员工自我保障的意识,又可以将一部分个人即期或近期的消费资金转化为积累基金,使员工将来退休时获得更多的生活来源。国家提倡、鼓励企业实行补充养老保险和员工参加个人储蓄性养老保险,并在政策上给予指导。同时,国家允许试行将个人储蓄性养老保险与企业补充养老保险挂钩的办法。补充养老保险基金由社会保险管理机构按国家技术监督局发布的社会保障号码(国家标准GB11643—89)记入员工个人账户。

(2)进一步扩大养老保险的覆盖面。伴随着旅游企业的竞争、联合、兼并,出现了不同所有制旅游企业的相互渗透与转换,因此,养老保险制度不仅包括国有旅游企业的固定员工、劳动合同制员工、临时工,还应包括集体制旅游企业的员工、"三资"企业中方员工,使各种所有制、各种用工形式的旅游企业员工都能享受社会养老保险待遇,以充分体现宪法中赋予劳动者在养老待遇上的平等权利。

2. 医疗保险

医疗保险是依照国家有关法规,当劳动者生病或受到伤害后,由国家或社会给予的一种物质援助,即提供医疗服务或经济补偿,以恢复和保障劳动者身体健康的一种社会保障制度。目前我国的社会医疗保险体制正处于起步阶段,劳保医疗制度种类很多,但是弊端也不少。

近几年来,有些旅游企业针对劳保医疗制度的弊端提出一些大胆的设想和探索:一是实行以保障员工基本医疗和加强医疗制度管理为重点的医疗费用与个人利益适当挂钩的办法;二是在一定范围内实行定点医院医疗,费用由医疗单位定额包干使用,在职员工和退休人员就医时个人负担少量医药费用;三是针对医疗费紧张的情况,建立员工大病医疗费用社会统筹、小病医疗费用放开的医疗保险制度;四是实行退休人员医疗费用社会统筹。

3. 失业保险

失业是指劳动者由于种种原因非自愿性地失去工作。失业保险是为保障失业者在失业期间的基本生活而发放的一定数量的救济金。失业保险制度既保障了失业者在重新就业前的基本生活要求,又确保了社会的稳定。

失业保险的主要内容包括:①失业保险覆盖范围是所有城镇企业、事业单位的失业员工,即包括国有企业、城镇集体企业、外商投资企业、城镇私营企业以及其他城镇企业的职工。②失业保险基金由单位和职工共同缴纳。单位按照本单位工资总额的2%缴纳失业保险费,职工按照本人工资的1%缴纳失业保险费。③失业保险基金的支出范围包括:失业保险金、领取失业保险金期间的医疗补助金、丧葬补助金和抚恤金、接受职业培训和职业介绍的补贴等。④享受失业保险待遇的条件为:参加失业保险,单位和本人已按规定缴费满1年的;非自愿性失业的;已办理失业登记,并有求职要求的。⑤领取失业保险金的期限:根据缴费时间长短来定,最长为24个月,最短为12个月。⑥失业保险金的标准:按照低于当地最低工资标准、高于城市居民最低生活保障标准的水平,由省、自治区、直辖市人民政府规定。⑦由各地劳动保障行政部门负责失业保险的管理工作。

失业保险基金由国家、企业、职工三方出资,合理分担,是未来几年内失业保险制度改革的一个基本方向。

4. 工伤保险

工伤保险是指劳动者因公受伤、患病、致残或死亡,依法从国家和社会获得经济补偿和物质帮助的社会保险制度。工伤职工在工伤医疗期内停发工资,改为按月发给工伤津贴。工伤津贴标准相当于工伤职工受伤前12个月内本人平均月工资收入。

在现代工伤保险制度中，普遍实行"补偿不究过失原则"或"无责任补偿原则"。根据该原则，员工在工作时发生事故，只要是在工作现场，就可以获得补偿，并不追究责任方是否为员工本人。因此，企业应该特别注意应把员工的安全摆在重要的位置，经常对员工进行安全教育。此外，与养老保险、医疗保险、失业保险不同，工伤保险费只由企业缴纳，员工个人不缴纳。

一般来说，工伤待遇包括以下几项：①医疗期间的医疗费、护理费、伙食费和工伤生活费；②医疗结束确定残废等级后的一次性残废补偿金、护理费、残废退休金和离岗退养费；③因工死亡的丧葬费、一次性抚恤金和供养直系亲属抚恤费。

5. 生育保险

生育保险是国家通过立法，筹集保险基金，对生育子女期间暂时丧失劳动能力的职业妇女给予一定的经济补偿、医疗服务和生育休假福利的社会保险制度。生育保险的内容一般包括：①产假。给予生育女员工不在工作岗位的时间期限，通常是产前和分娩后的一段时间。②生育津贴。在法定的生育休假（产假）期间，对生育者的工资收入损失给予一定的经济补偿。③生育医疗服务。生育保险承担与生育有关的医疗服务费用，从女员工怀孕到产后享受一系列的医疗保健和治疗服务，如产前检查、新生儿保健、哺乳期保健等。

目前国家强制企业参加的员工社会保险制度主要是以上介绍的养老保险、医疗保险、失业保险、工伤保险和生育保险，其中发展比较快、制度相对比较完善的是前三项保险制度。

（二）法定假期

企业员工依法享有的休息时间。在法定休息时间内，员工仍可获得与工作时间相同的工资报酬。我国《劳动法》规定，有条件的单位应实行"双休日"制度，因工作性质和生产特点不能实行"双休日"的，用人单位应当保证劳动者每周至少休息一日（连续二十四小时）。按我国有关劳动法要求，员工有权享受国家法定节日、带薪假期。

1. 法定节假日

根据2013年12月11日国务院修订发布的《全国年节及纪念日放假办法》，我国的法定节假日包括：（1）全体公民放假的节日：①新年，放假1天（1月1日）；②春节，放假3天（农历正月初一、初二、初三）；③清明节，放假1天（农历清明当日）；④劳动节，放假1天（5月1日）；⑤端午节，放假1天（农历端午当日）；⑥中秋节，放假1天（农历中秋当日）；⑦国庆节，放假3天（10月1日、2日、3日）。（2）部分公民放假的节日及纪念日：①妇女节（3月8日），妇女放假半天；②青年节（5月4日），14周岁以上的青年放假半天；③儿童节（6月1日），不满14周岁的少年儿童放假1天；④中国人民解放军建军纪念日（8月1日），现役军人放假半天。

(3)少数民族习惯的节日,由各少数民族聚居地区的地方人民政府按照各民族习惯规定放假日期。在法定节假日,劳动者有权享受休息,工资照发。按《劳动法》规定,如果在法定节假日安排劳动者工作,应支付不低于日工资收入的300%的劳动报酬。

2. 带薪休假

带薪休假是指劳动者连续工作一年以上,就可以享受一定时间的带薪年假。中国《劳动法》对带薪年休假作了原则性规定,但没有规定带薪年休假的休假时间及具体操作办法,而是指定由国务院制定相应的具体办法。2007年12月7日国务院第198次常务会议已经通过《职工带薪年休假条例》,自2008年1月1日起施行。从此,职工带薪年休假就有了法律保障。条例规定:职工累计工作已满1年不满10年的,年休假5天;已满10年不满20年的,年休假10天;已满20年的,年休假15天。国家法定休假日、休息日不计入年休假假期。同时,条例还规定:单位确因工作需要不能安排职工休年休假的,经职工本人同意,可以不安排职工休年休假。对职工应休而未休的年休假天数,单位应按该职工日工资收入的300%支付年休假工资报酬。

二、企业福利

企业福利是指企业自主建立的,为满足员工的生活和工作需要,在工资收入之外,向员工本人及其家属提供的一系列福利项目,包括货币津贴、实物和服务等形式。企业福利项目比法定福利项目种类更多,也更加灵活。

(一)收入保障计划

旨在提高职工的现期收入(利润分享和员工持股计划)或未来收入(如企业年金、团体人寿保险等)水平的福利项目和方案。

1. 企业年金

也叫企业补充养老保险、私人养老金、职业年金计划等,是一项企业自主举办的养老保险计划,是员工退休后获得的收入。员工在工作期间,通过缴纳一定的保险费和投资运营进行资金积累,直到老年时才可以享用,因此它是一笔延期支付的工资收入。它作为老年收入(主要是社会养老保险金)的一个补充来源,已经成为养老保险体系中的一个重要支柱。

从给付结构来看,企业年金主要有缴费确定型(Defined Benefit,DB)和待遇确定型(Defined Contribution,DC)两个基本类型。

(1)缴费确定型企业年金,又称为"个人账户计划",是指企业或者由企业与员工共同缴纳一定比例的费用,进入员工个人的补充养老金账户。缴费比例是预先确定的,雇员退休后根据个人账户上历年的缴费及资金的积累情况领取养老金。

这种模式都是完全积累式的,其年金给付水平受制于积累基金的规模和投资收益,雇员要承担基金的投资风险。在 DC 模式中,常见的年金项目有:

①员工持股计划(Employee Stock Ownership Plan)。由企业内部员工出资认购本企业的部分股权,委托员工持股会或特定的托管机构管理和运作。同时员工持股会或相应的托管机构作为社团法人,进入企业董事会,参与决策和按股分红的股权制度安排。员工持股计划是一种长期激励方式,它与重奖、年薪制等短期激励方式一起构成了对员工和经营者的物质激励体系。

②利润分享退休金计划(Profit Sharing Plan)。由企业建立并提供资金支持,让其员工参与利润分配的计划。这一计划必须规定事先确定的公式,在一定的年限以后,或者雇员达到一定的年龄,或者在特定的情况下如解聘、生病、伤残、退休、死亡以及劳动关系终止时,在受益者中间分配缴费(从企业利润中提取)和积累的基金。

③401(K)计划。这是美国一个著名企业补充养老计划,这个计划是根据联邦税务局税则的相应条款来命名的。它规定个人收入中的一部分可以存入企业补充养老保险计划,而且这部分收入可以免税。大多数企业都对员工 401(K)计划中的每 1 美元存款加存 0.5 美元,以鼓励员工参加该计划,增加退休后的收入。[①]

④股票期权计划(Stock Option Plan)。又称认购股权计划,是指公司给予职业经理人在一定期限内按既定施权价购买一定数量本公司股票的权利。若公司经营状况良好,股价上涨,经营者认购股权可以获得可观的资本收益,以此激励经理人员努力改进公司经营管理,促使公司资产增值。股票期权计划实际上也是员工持股计划中的一种。从 20 世纪 80 年代起股票期权计划在我国得到了广泛的推广,其种类和实施股权的方式日益丰富。

(2)待遇确定型企业年金。又称为养老金受益确定计划,是指缴费并不确定,无论缴费多少,员工退休时的待遇是确定的,而退休待遇取决于退休前员工的收入水平和就业年限。一般根据设定的公式计发补充养老金。在待遇确定型企业年金中,不实行个人账户制度,一般情况下职工不缴费,费用全部由企业负担。

目前,大多数工业化国家的企业年金计划还是待遇确定型的,但从近年来的发展情况看,待遇确定型有向缴费确定型转变的趋势。

2. 人寿保险

由雇主为雇员提供的保险福利项目,是市场经济国家比较常见的一种企业福利形式。团体人寿保险的好处是,由于参加的人多,相对于个人来讲,可以以较低的价格购买到相同的保险产品。企业为员工提供人寿保险福利计划不仅可以享受

---

① 乐章,陈璇. 福利管理. 深圳:海天出版社,2003:135.

所得税方面的优惠,提高企业竞争优势,而且可以作为一种员工激励的方案,吸引和留住优秀的员工。为了鼓励员工为企业长期工作,几乎所有的企业在员工离开企业时都会取消享受该项福利的权利。

3. 住房援助计划

住房援助计划包括住房贷款利息给付计划和住房补贴。住房贷款利息给付计划是针对购房员工而言的,指企业根据其内部薪酬级别及职务级别来确定每个人的贷款额度。在向银行贷款的规定额度和规定年限内,贷款部分的利息由企业逐月支付,也就是说,员工的服务时间越长,所获利息给付越多;住房补贴是指无论员工购房与否,每月企业均按照一定的标准向员工支付一定额度的现金,作为员工住房费用的补贴。

在我国,企业实行住房公积金制度。企业和员工都要按照员工工资的一定比例缴纳住房公积金,记入员工的公积金账户。员工在购买住房时,可以使用公积金,没有动用的公积金,或公积金账户有剩余资金的,在员工退休时按规定返还给员工。

此外,旅游企业(如饭店)可根据经济承受能力,建设好员工夜寝宿舍和工间休息场所,并采用多种方式解决员工住房困难,以解除员工的后顾之忧。

(二)健康保健计划(商业健康保险)

企业健康保险计划,也叫企业补充医疗保险计划或企业医疗保障计划,是企业为员工建立的、用于提供医疗服务和补偿医疗费用开支的福利项目和方案。社会医疗保险保障的范围和程度的有限性,客观上为企业建立补充医疗保险留下了空间。在发达国家,企业健康保健计划已经成为企业的一项常见的福利措施。在国外,有许多种健康保险计划供企业选择,如商业保险(团体保险)、健康保险组织、保健计划等。

1. 商业保险

一些企业会选择为员工集体性地投保商业健康保险,即团体保险。团体保险是使用一份合同向一个团体的许多成员提供保险,通常不要求体格检查,发给每个成员一份保险单。在进行团体保险时,保险费是根据保险精算师的分析决定的,而不是根据对每个员工的健康评估来决定的。

2. 健康保险组织

为了控制医疗费用的快速增长,美国在20世纪80年代出现了一些新型的医疗保险机构,比较知名的是健康维持组织(Health Maintenance Organization,HMO)和优先供应组织(Preferred Provider Organization,PPO)。健康维持组织(HMO)是将医疗保险机构和医院的职能合二为一,即一站式、预付费用的医疗服务概念。企业与健康维护组织签订合同,按某一固定价格为员工提供所需的所有基本医疗服务。

健康维护组织可以有多种构成形式,有一些健康维护组织拥有自己的设备和医生,有的与一个医生团队和个别医生签订合同来照管病人,在他们自己的办公室就诊。HMO 的医生把工作重点放在健康教育上和强化预防措施方面,目的是节约医疗费用开支,如加强预防性出诊、加强健康检查、开办戒烟和减肥等服务、尽量缩短平均住院日等。据调查,实行 HMO 的企业,医疗费用下降 10%～40%。此外,HMO 的费用通常低于那些传统的医疗保险。优先供应组织(PPO)是 20 世纪 80 年代出现的又一种可供选择的有控制的医疗保障形式。这种组织是通过与医生或医院签订合同,按折扣价格或其他有吸引力的价格提供服务而形成的。作为交换,这些提供者被指定为健康保障的优先提供者。PPO 在管理上比 HMO 更加灵活,它给予员工更多的自由去选择他们自己的医生(一般保险公司提供 3 家医院供选择)。[①]

3. 保健计划

保健计划鼓励员工享受更健康的生活方式。通常健康计划包括戒烟课、节食与营养咨询、健身房的提供与健身计划的制订以及健康教育。很多企业也采用简报、正式上课等方式对员工进行保健成本教育,并教导员工如何降低这些成本。有些企业甚至提供经济奖励来改善员工健康习惯,如对戒烟、参与锻炼及其他活动的员工进行奖励。

(三)员工服务计划

除了以货币形式提供的福利以外,企业还为员工或员工家庭提供旨在帮助员工克服生活困难和支持员工事业发展的直接服务的福利形式。

1. 雇员援助计划(Employee Assistance Programs,EAP)

这是一种治疗性福利措施,是针对员工酗酒、赌博、吸毒、家庭暴力或其他疾病造成的心理压抑等问题提供咨询和帮助的服务计划。据研究,大多数员工的心理问题会影响到工作绩效。因此,企业有必要建立一套雇员援助计划。在计划的组织和操作方式上,有以下三种形式:一是由内部工作人员在本企业进行的援助活动;二是公司通过与其他专业机构签订合同来提供服务;三是多个公司集中资源,共同制订援助计划。

2. 员工咨询计划

类似于员工援助计划。企业从一个组织中为其员工购买一揽子咨询时间,可由员工匿名使用。咨询服务范围包括:财务咨询(例如怎样克服现存债务问题)、家庭咨询(包括婚姻问题)、职业生涯咨询、再就业咨询、法律咨询以及退休咨询等。例如,就业帮助计划是针对下岗和被解雇的员工提供技术和精神支持,帮助雇员寻找新的工作。具体服务包括:职业评估、求职方法培训、简历和求职信的写作、

---

① 仇雨临.员工福利管理.上海:复旦大学出版社,2004:257.

面试技巧以及基本技能的培训等。这些服务是作为员工福利来提供的,目的是使员工在个人或家庭生活出现问题时,可以将对工作的影响降到最小化。

3. 教育援助计划

教育援助计划是通过一定的教育或培训手段提高员工素质和能力的福利计划,分为内部援助计划和外部援助计划。前者主要是在企业内部进行培训,开设一些大学课程,如 MBA 课程,并聘请大学教授、大公司经营管理的专家来企业讲课。有能力的企业甚至自己开办大学,如希尔顿酒店集团就创办了自己的大学培训员工。外部援助计划是对到大学或其他培训组织接受培训的员工给予适当学费补偿的福利方式。

4. 家庭援助计划

企业向员工提供的照顾家庭成员的福利,主要是照顾老人和儿童。由于老龄化和双职工、单亲家庭的增加,员工照顾年迈父母和年幼子女的负担加重了。因此,为了保障员工安心工作,企业应向员工提供家庭援助福利,主要有老人照顾服务和儿童看护服务。企业提供的老年照顾福利包括:

(1)弹性工作时间和请假制度。弹性工作时间是允许压缩每周的工作时间(每天工作 10 小时或 12 小时),这样就可以每周多出 1 天到 1 天半时间用于照顾家庭。旅游企业一般有明显的淡旺季,在旅游旺季工作量大一些,在旅游淡季工作量小一些。因此,企业可以根据经营情况合理安排员工的工作与休息,也可以根据员工所从事的工作的需要调整工作时间,以达到提高工作效率和使员工得到最好的休息的目的。请假制度是允许员工在上班时间请假去照顾亲属或处理突发紧急事件。此外,有些企业还允许雇员延长法定福利规定的请事假时间。

(2)向员工提供老人照顾方面的信息,推荐老人护理中心等。

(3)企业对有老人住养老机构的员工出资进行经济补偿,或资助老年人照顾中心等。

儿童看护计划与老年人照顾计划类似,除了弹性工作时间、请假制度以及信息服务外,有些企业还提供日托(Day Care)服务。一种形式是资助儿童进社区托儿所,或为雇人看护儿童的员工提供补贴;另一种形式是企业自办托儿所看护儿童。多项调查都表明,提供老年人照顾和儿童看护服务的企业,员工的缺勤现象大大减少,劳动生产率也有一定程度的提高。

5. 家庭生活安排计划

企业安排专门部门帮助员工料理生活中的各种细节、杂事,类似于后勤服务。据报道,中国微软全球技术中心有专门部门(行政部)负责料理员工的生活事物,承担"保姆"的职责。他们的工作包括:帮员工缴水电费、接外地来的亲戚、找房租房、为信用卡充值、房屋按揭月缴款、私人物件快递等,只要是能叫人代办的私事,微软员工都可以请行政部安排人员去办。实行这项一揽子福利的目的,就是尽量减少员工不必要的麻烦,让他们更好地工作和休息。

6. 员工交通服务

为员工提供上下班班车是大多数旅游企业(尤其是饭店)一项较传统的做法,企业可以专门购买一定数量的巴士,沿固定路线、按特定时间接送员工。随着人们生活水平的提高,私人购车比率增加,这一做法显然不能适应一些企业的需要。一些新型交通服务,如给高级管理人员配备车辆,给普通员工私人购车提供津贴或贷款、交通费补贴等措施开始流行。

7. 员工伙食服务

多数旅游企业都建有员工食堂,提供某种形式的伙食服务,其伙食经营是非营利性的,有的企业以低于成本的价格甚至免费提供伙食服务。这种做法深得员工欢迎,而对企业来说,员工食堂为员工提供方便可以节约员工用餐时间、增进员工之间的沟通与了解。搞好员工食堂首先要确定员工伙食标准,在规定标准下使员工伙食尽可能保持品种多样、质量上乘、营养丰富;其次,要创造舒适优雅的就餐环境,并规定适当的就餐时间,使员工食堂成为员工调剂生活的良好场所。

8. 工作制服

工作制服是员工享受企业特殊福利待遇的一种具体形式。企业在定做员工制服时,应从劳动保护角度出发,根据不同工种的工作环境条件,充分考虑到制服的美观、保暖、安全等功能。有条件的旅游企业(如饭店)可以利用自己的洗衣房为员工免费提供洗涤、熨烫服务,布草房定期为员工更换工作制服。

9. 其他福利计划

除上面福利计划外,旅游企业员工服务福利措施还有:创建员工俱乐部、提供员工休息或娱乐的场所、支付员工搬家费用、提供内部购物优惠、发放实物、免费或优惠美容美发、发放度假旅游补贴、生活困难补贴、赠送生日礼品、举行社交和娱乐活动等。

思考与练习

1. 大多数管理人员认为各种福利会有助于吸引、激励和留住员工,你对这个观点是否认同,为什么?
2. 什么是社会保险?试评价社会保险的五种类型及各自的优缺点。
3. 什么是"自助式福利计划"?为什么这种福利计划这么受欢迎?
4. 由于资金的限制和企业福利成本的持续增加,很多旅游企业管理人员面临着放弃一些福利的选择。假设你必须做这样的选择,列出你选择的顺序,从你最有可能放弃的福利一直到你最不可能放弃的福利,并做出解释。

第十章

员工的职业安全健康

本章导读

人力资源管理诸要素中,安全与健康管理是一个不可忽视的要素。作为企业领导或雇主,要努力保障员工的安全与健康,进而保持企业的高绩效和竞争力。通过本章的学习,你可以了解到管理人员如何保障员工的安全与健康。

第一节 职业安全健康问题

职业安全健康已成为企业人力资源管理过程中越来越受关注的一个问题。为了保障员工在工作中的安全健康权益,美国、英国、日本等发达国家较早地制定了职业安全健康法。我国也在一些基本法和相关专项法律、法规中,规定了企业有保障员工职业安全健康的责任。自从1995年引进西方职业安全健康管理体系以来,国内越来越多的企业开始以此为标准,逐渐增加在员工职业安全健康方面的管理投入,例如一些建筑公司、医院、交通企业等。但我国每年的工伤事故、人员伤亡统计数字仍然让人触目惊心。究其原因,除了工作本身的危险程度和不可控的自然因素之外,这与企业对员工职业安全健康的重视程度不够不无关系。

一、职业安全健康的含义

职业安全健康是指工作场所中影响员工、暂时性工作人员、承包商、参观者及其他人员健康的条件与因素。当然,在工作场所之外也存在一些意外人身伤害,其中一部分根据《工伤保险条例》规定可以被鉴定为"工伤"。尽管这部分危害因员工的工作而起,却是企业无法控制的。所以,我们对旅游企业员工职业安全健康问题的关注,主要针对工作场所的环境和条件。

二、旅游企业员工的安全问题

作为服务型企业,绝大多数的旅行社、酒店、旅游景区景点都非常重视服务过程中顾客的安全与健康问题,但却忽略了同在一个服务环境中的员工。事实上,根据职业安全健康的定义,旅游服务场所中所有影响顾客安全健康的因素,同样会影

响到员工的安全与健康。根据危险来源,我们将旅游企业员工工作中的安全问题分为以下五种:

(一)顾客带来的不安全因素

例如,有些客人可能违反酒店规定,在客房内使用各种电热设备,进而引发火灾。这样不仅给其自身的安全带来危险,也威胁到其他客人和酒店的员工的生命安全。

(二)其他员工带来的不安全因素

例如,饭店工程部员工在室内明火作业后,如果不彻底清理现场,极有可能导致火灾事故的发生,这同样给酒店的客人和其他员工带来危险。

(三)员工本人失误带来的不安全因素

一部分安全危害可能是酒店或旅行社员工本人失误造成的。例如,2003年2月,哈尔滨市天谭酒店发生特大火灾,造成33人死亡,直接原因就是酒店员工违规操作,在明火状态下向煤油炉注油引起燃爆。

(四)企业硬件设施带来的不安全因素

因酒店或旅游景区的一些公共设施欠佳,而导致一些安全事故发生。危害较小的例如地板太滑、楼梯不整、照明不够而造成员工跌伤。损失严重的例如2005年长沙帝都酒店因消防设施设备年久失修,又未按要求配备自动喷淋设施,致使厨房火势蔓延。

(五)其他不可控因素

在上班或外出工作途中,企业员工的人身和财产安全都有可能面临威胁。对于旅行社的导游来说,他大部分的工作都是在"外出途中",各种自然或人为因素引发的交通事故都可能危害到他们的人身安全。这类问题确实非企业所能控制,但旅游企业应该体现出对员工的负责,主动帮他们购买相关保险;同时在工伤赔偿方面,更应该保证员工利益而不是推脱责任。

三、旅游企业员工的职业健康问题

尽管大多数旅游企业在选聘员工的时候都会将"身体健康"作为基本的素质要求,但往往在之后的人力资源管理过程中,却忽视了对员工健康的管理。这里,员工的健康不仅指身体健康,还包括心理健康。

(一)身体健康问题

身体健康和人身安全息息相关。除了安全问题给员工造成的健康危害之外,旅游企业员工也可能受工作本身性质、其他员工的健康以及不可控因素的影响。

虽然,与一些工业、制造业企业相比,旅游企业员工因粉尘、放射性物资、有毒有害物质引发职业病的可能性相对较小,但因其服务工作性质而产生的一些职业相关疾病同样不容忽视。例如,酒店前台服务人员一般要"三班倒"轮班,一部分员工可能会因生物钟紊乱而处于亚健康状态,或者因为经常上夜班而导致神经衰弱。又比如旅游大巴司机,尤其是长途汽车司机,可能因为经常开车而患上腰椎病。而餐厅或宴会服务人员也会因为站立过久而导致腰肩疼痛。其次,若有员工身患传染病,其他员工和顾客的健康也会受到威胁。所以,在招收新员工时,酒店通常都会要求他们办理卫生单位签发的"健康证"。另外,也存在一些企业不可控的因素,影响旅游企业员工的健康,例如非典、禽流感等大型危机。对此,旅游企业应通过培训教育和积极的防范措施来维护员工的健康。

(二)心理健康问题

与身体上的疾病相比,心理疾病更具隐蔽性。心理疾病可轻可重,轻度的可能因压力和紧张造成一些员工心态失衡、情绪不稳;稍严重一点则会导致精神抑郁症;最严重的就是患有精神性障碍疾病。

相关调查研究显示,加班时间长、工作强度高、精神压力大已经成为影响饭店员工心理健康的主要原因;生活不规律、生活习惯不良、睡眠质量差、健康知识欠缺也成为影响饭店员工健康状况的重要因素;不适当的劳作方式和工作环境、不科学的操作流程也是威胁员工身体健康的因素之一。

另一方面,工作中的人际关系也会影响员工的心理健康。和谐的人际关系可以让人减少孤独感、恐惧感和心理上的痛苦,并能宣泄不快情绪,从而缓解心理压力。相反,人际关系紧张则容易造成抑郁、烦躁、焦虑、孤独、憎恨及愤怒等不愉快的情绪,不利于员工心理健康。

心理健康水平与个人特征有关。不同的员工其心理承受能力不同。有些员工会因为压力而更积极努力地工作;也有些员工会因为工作压力大或者工作节奏过快,出现情绪不稳定的现象,进而影响工作效率,甚至造成生产事故。而由于存在传统偏见,一部分员工即使出现心理问题也不愿意找专业人士咨询,结果导致心理健康状况越来越差。另一方面,企业对员工心理健康的关注也不够,没有给予积极的引导和适时的帮助。

(三)职业倦怠

职业枯竭或职业倦怠(Job Burnout),也可能是员工心理健康的另一"杀手"。职业枯竭一般表现为:无端地担心自己的人际关系,进而影响到对自己工作的满意度;困惑自己究竟会走向何方,对前途缺乏信心;抱怨所在单位的人事、组织结构等。表10-1为职业倦怠示例。

表 10-1 职业倦怠测试示例

小测试:你是否患了职业倦怠症?
以下是一套职业倦怠测试题,请不要犹豫,看懂题意后马上作答,然后计分。
1. 你是否感觉工作负担过重,常常感觉难以承受,或喘不过气来?
   A. 经常　　B. 有时候会　　C. 从来不会
2. 你是否感觉工作缺乏自主性,老板让做什么就做什么?
   A. 经常　　B. 有时候会　　C. 从来不会
3. 你是否认为自己待遇微薄,付出没有得到应有的回报?
   A. 经常　　B. 有时候会　　C. 从来不会
4. 你有没有觉得组织待遇不公,常有受委屈的感觉?
   A. 经常　　B. 有时候会　　C. 从来不会
5. 你是否会在工作上常发生与上层不和的情况?
   A. 经常　　B. 有时候会　　C. 从来不会
6. 你是否觉得自己和同事相处不好,有各种隔阂存在?
   A. 经常　　B. 有时候会　　C. 从来不会
7. 你是否经常在工作时感到困倦疲乏、想睡觉、做事无精打采?
   A. 经常　　B. 有时候会　　C. 从来不会
8. 你是否以前很上进,而现在却一心梦想着去度假?
   A. 经常　　B. 有时候会　　C. 从来不会
9. 你是否在工作上碰到一些麻烦事时急躁、易怒,甚至情绪失控?
   A. 经常　　B. 有时候会　　C. 从来不会
10. 你是否在用工作餐时感觉没食欲,对美食也失去兴趣?
    A. 经常　　B. 有时候会　　C. 从来不会
11. 你是否对别人的指责无能为力,无动于衷或消极抵抗?
    A. 经常　　B. 有时候会　　C. 从来不会
12. 你是否觉得自己的工作不断重复、单调乏味?
    A. 经常　　B. 有时候会　　C. 从来不会

【计分及分析】
选 A 5 分,选 B 3 分,选 C 1 分。
总分为 12~20 分:很幸运,你还没有患上职业倦怠症,工作状态不错,继续努力。
总分为 21~40 分:你已经开始出现职业倦怠症的前期症状,要警惕,请尽快调整,你需要为职业状况进行反思和规划,以提升职业竞争力。
总分为 41~60 分:你很危险,你对现在的工作几乎失去兴趣和信心,工作状态很不佳,长此以往极不利于个人职业发展。

资料来源:新浪教育. http://www.sina.com.cn. 2010 年 07 月 12 日。

　　职业倦怠的产生与员工的工作特征、个人因素以及社会因素有关。以导游为例,导游工作时间长、体力消耗大,而且要承受较大的心理压力,接一次团必须连续工作十几个小时，带团过程中要带领游客"跋山涉水、翻山越岭"，还要负责安排游客的饮食起居和连续的景点讲解服务等工作，这些都造成了导游员身体上的疲劳。另一方面，在与游客交往的过程中，导游要控制自我情绪，压抑自己的负面情绪，而且还要协调与旅行社、游客、同行、景点、司机等不同利益主体的关系。这无形之中又增加了导游人员的心理压力。当然，职业倦怠感也因人而异。具有外倾性、开放性人格特征的导游善于沟通、处理人际关系，能够通过与他人交流获得情绪上释放，不易产生职业倦怠；而属于神经质人格特征的导游员情感细腻敏感、情绪的自控能力不强，相比而言更容易产生职业倦怠。另外，一些社会因素也是导游职业倦怠感的来源。一些人认为导游是吃青春饭、伺候人的职业，该职业社会地位低而且没什么发展前途。有关导游的负面报道，如"回扣""小费""宰客""强制性购物"等，也使从业人员面临着强大的社会压力。

第二节　旅游企业员工的职业安全健康管理

　　从上一节的论述中可以看到，员工的职业安全健康问题源自旅游企业和员工本身。因此，要保障员工的职业安全健康，需要企业和员工共同努力。下面从人力资源管理的角度考虑企业如何做好员工的职业安全健康管理工作。

一、遵守相关法律法规中对员工职业安全健康的规定

　　我国目前尚未制定专项的职业安全健康法，但现有的法律法规中也有一些涉及员工职业安全健康的内容。主要包括以下方面：

（一）工作时间和休息放假方面

　　自1995年起，企业职工每周法定工作时间修改为40个小时。关于加班时间，1994年颁布的《劳动法》中规定："用人单位由于生产经营需要，经与工会和劳动者协商后可以延长工作时间，一般每日不得超过一小时；因特殊原因需要延长工作时间的，在保障劳动者身体健康的条件下延长工作时间每日不得超过三小时，但是每月不得超过三十六小时。"

　　而针对企业中的临时工或兼职人员，2013年7月1日最新颁布的《劳动合同法》规定："非全日制用工，是指以小时计酬为主，劳动者在同一用人单位一般平均每日工作时间不超过四小时，每周工作时间累计不超过二十四小时的用工形式。"

　　在一些旅游企业，例如酒店，员工需要24小时为客户服务，不可能像其他企业一样朝九晚五，从周一到周五工作。倒班、轮休是很正常的，但旅游企业应该保证员工的总休息时间。

（二）女职工保护方面

　　一般来说，旅游企业工作的劳动强度不会触犯《劳动法》中对女职工劳动保护

的规定。但对于孕期和哺乳期的女职工,在工作时间和工作强度的安排上企业仍应给予照顾。

(三)劳动安全卫生方面

1994年颁布的《劳动法》中还规定:"用人单位必须建立、健全劳动安全卫生制度,严格执行国家劳动安全卫生规程和标准,对劳动者进行劳动安全卫生教育,防止劳动过程中的事故,减少职业危害。"同时《劳动法》还强调了企业的劳动安全卫生设施,包括生产性辅助设施如女工卫生室、更衣室、饮水设施等,都必须符合国家规定的标准。

而在新的《劳动合同法》中,再次强调了一旦企业中出现"劳动条件恶劣、环境污染严重,给劳动者身心健康造成严重损害"的情形,将依法给予行政处罚。

(四)伤亡事故和职业病统计、报告、处理制度

《劳动法》中第57条规定:"县级以上各级人民政府劳动行政部门、有关部门和用人单位应当依法对劳动者在劳动过程中发生的伤亡事故和劳动者的职业病状况,进行统计、报告和处理。"旅游企业应及时统计、发现和处理职业病和伤亡事故,积极采取预防措施,防止和减少职业性危害,防止伤亡事故的发生。

(五)火灾预防方面

酒店、旅行社或旅游景区应严格遵守《消防法》的有关规定,在建筑工程竣工时,必须经公安消防机构进行消防验收,合格后才能投入使用。

而且,在安全生产管理方面,旅游企业必须履行消防职责,具体表现为:(1)制定消防安全制度、消防安全操作规程;实行防火安全责任制,确定本单位和所属各部门、岗位的消防安全责任人,对职工进行消防宣传教育;(2)组织防火检查,及时消除火灾隐患;(3)按照国家相关规定配置消防设施和器材、设置消防安全标志,并定期组织检验、维修,确保消防设施和器材完好、有效;(4)保障疏散通道、安全出口畅通,并设置符合国家规定的消防安全疏散标志。

在实际经营过程中,旅游企业还应该建立安全事故预警机制和危机管理制度,同时借助定期的安全检查来发现危险源,解除安全隐患。另一方面,旅游企业不仅要做好消防安全宣传教育,而且要在设施设备的使用方面对员工进行培训和监督,避免因员工失误而引发安全事故。

(六)劳动防护用品的配备和使用方面

《劳动法》第52条规定:"用人单位必须为劳动者提供符合国家规定的劳动安全卫生条件和必要的劳动防护用品。"

所谓劳动防护用品是指劳动者在生产过程中为免遭或减轻事故伤害和职业危害,个人随身穿戴或佩戴的用品。例如酒店客房清洁服务人员应配备橡胶手套,避免一些强清洁剂伤害皮肤,工程部电工可能需要配备一些绝缘手套或绝缘鞋等。

旅游企业应该制定劳动防护用品发放标准、审核劳动防护用品供货厂家资质、产品质量检验，并负责检查员工在日常生产过程中是否按要求正确佩戴和使用劳动防护用品。

（七）工伤保险

2010年修订的《工伤保险条例》中规定了中华人民共和国境内的企业、事业单位、社会团体、民办非企业单位、基金会、律师事务所、会计师事务所等组织和有雇工的个体工商户（以下称用人单位）应当依照本条例规定参加工伤保险，为本单位全部职工或者雇工（以下称职工）缴纳工伤保险费。而2007年5月1日开始施行的《劳动能力鉴定职工工伤与职业病致残等级》，则成为工伤鉴定分级的新标准。实际上，一部分旅游企业未给临时员工缴纳工伤保险，或者在工伤事故发生后，推脱责任，拒不赔偿。工伤保险事关员工的潜在权益，旅游企业应严格遵守相关法律。

二、为员工创造一个安全健康的工作场所

在保障员工安全的条件下，旅游企业管理者应着眼于改善工作环境，改进工作组织与文化，鼓励员工个人发展，同时促进员工积极参与，进而促进工作场所健康。

（一）创造舒适的物理环境

工作场所的环境条件直接影响员工的健康。工作场所的物理环境，例如空气质量、温度、湿度、噪声、照明条件、装饰风格、整洁度、拥挤程度等，都会给员工带来一些健康问题。大多数旅游企业都非常重视服务场景中的有形环境，却对后台员工的办公场所的物理环境不予重视。因此，旅游企业应该像对待外部顾客一样，为企业的内部顾客——员工提供舒适健康的办公环境。

（二）营造良好的工作场所文化

工作场所的文化因素，例如管理方式、政策、行政程序、沟通方法、工作群体的凝聚力与沟通等，也会影响员工的健康。一些不利的文化因素会给员工带来心理压力，进而影响员工的身心健康。旅游企业可以通过举办一些集体活动，例如员工卡拉OK大赛、知识竞赛、技能比拼等增强员工的凝聚力。另一方面，旅游企业管理者也可以通过让员工参与决策，或者增加员工的工作职权等方式，鼓励和帮助员工个人成长。

（三）合理地设计和安排工作

工作任务与活动也是影响员工健康重要因素。工作任务的类型、工作特点（例如手工操作）、工作负荷、重复性动作、不良工作姿势、工作速度、轮班、工作的设计、设备等，都会影响员工的健康。对此，旅游企业管理者在工作设计过程中应考虑员工的劳动限度，而在安排工作时可以适当结合不同员工的个人特点。此外，工作设

施设备还应该符合人体工程学,以免工作场所中的不良体位、局部紧张、不合理劳动组织等对员工健康造成不良影响。

三、关注员工的心理健康

近年来,一些IT企业和高等院校职工自杀、猝死等事件,让更多的企业和社会人士开始关注心理健康这一问题。旅游企业的管理者不仅要关心员工的身体健康,更应该关注员工的心理健康状况。目前,国内外一些企业通过"员工帮助计划(Employee Assistant Program,EAP)"来促进员工心理健康,提升组织文化。所谓员工帮助计划,是指由组织为员工设置的一套系统的、长期的福利与支持项目。通过专业人员对组织的诊断、建议和对员工及其直属亲人提供的专业指导、培训和咨询,旨在帮助解决员工及其家庭成员的各种心理和行为问题,提高员工在组织中的工作绩效。要实现这一目标,旅游企业可以从以下几个方面着手:

(一)注重培训和宣传

旅游企业可以利用海报、健康知识讲座等多种形式,加强职业心理健康宣传,进而让员工树立对心理健康的正确认识,并了解通过哪些途径来获得心理健康帮助。旅游企业还可以开展压力管理、挫折应对、保持积极情绪等培训,帮助员工提高心理素质,增强对心理问题的抵抗力。不仅如此,企业还要加强对主管人员的培训,了解心理问题的表现形式,掌握心理管理的技术,提高沟通、冲突管理等方面的技巧,在员工出现心理问题时,能够科学、及时地进行缓解和疏导。当然,有一些员工的心理问题可能因工作挫败感或人际关系等原因引起,可以开展相应的技能培训,以求治本。

(二)进行职业心理健康评估

旅游企业通过调查问卷(如表10-2)、访谈、座谈会等方式,大致了解员工的职业心理健康状况,了解员工的压力、人际关系、工作满意度等。也可以借助专业的心理健康评价量表来进行全面而严谨的调查,并聘请心理学专家对员工的心理健康状况进行评估,分析导致心理问题产生的原因。

表10-2 员工职业心理健康调查表

序号	频繁程度 表现方面	没有 1	偶尔 2	有时 3	较多 4	很频繁 5
1	做任何事情都能集中注意力	○	○	○	○	○
2	因为担忧而失眠	○	○	○	○	○
3	感觉自己在不少事情中都担当着有用的角色	○	○	○	○	○

续表

序号	频繁程度 表现方面	没有 1	偶尔 2	有时 3	较多 4	很频繁 5
4	处理事情时,很容易拿定主意	○	○	○	○	○
5	总是有精神上的压力	○	○	○	○	○
6	觉得自己无法克服困难	○	○	○	○	○
7	觉得日常生活是有趣的	○	○	○	○	○
8	能够勇敢地面对问题	○	○	○	○	○
9	感觉不开心、有点郁闷	○	○	○	○	○
10	对自己没有信心	○	○	○	○	○
11	觉得自己是一个没有价值的人	○	○	○	○	○
12	总的来说,感觉非常快乐	○	○	○	○	○

资料来源:中国人力资源开发网. http://www.chinahrd.net/investigate/psy_health.asp.

(三)疏导和缓解员工心理压力

旅游企业还应采取一些积极的、人性化的管理措施来缓解员工心理压力。例如,九龙香格里拉大酒店特别为员工设计了一本"健康护照",以配合酒店推行的一连串身心康泰计划。这本"健康护照"搜集了一些专业的健康指引,例如舒缓压力、戒烟提示、营养小常识、身体质量指数及职业健康指引等,为员工提供了一些贴心的健康资讯。

旅游企业管理者可以多关注员工生活上遇到的困难,在发现一些员工因情绪不好影响工作时,不妨借鉴某些企业的做法,给员工放一两天"情绪假"。国内一些企业规定,若员工感觉情绪不佳,严重影响到了工作状态,可申请1~3天的"情绪假",请假期间工资、奖金不受影响;请假方式类同病假、事假,假期以补班方式充抵。旅游企业也可以参考国外一些企业的做法,设立一些放松室、发泄室、心理聊吧等机构,用以缓解员工的紧张情绪和压力;有些企业甚至为员工制定一些心理康复计划,帮助员工克服心理疾病。

(四)加强沟通

有效的人际沟通是释放和缓解压力、增强自信心、营造良好的人际关系、提高团队凝聚力的重要途径。加强工作中的人际沟通,有助于避免因人际关系而引起的心理问题。而企业也可以开设职工心理咨询室,或者不定期组织一些非正式的茶话会,为管理层与普通员工搭建交流沟通的平台。

四、建立职业安全健康体系

职业安全健康管理体系(OSHMS)和ISO9000、ISO14000等标准化管理体系一起,被称为是后工业化时代的管理方法。1999年,我国颁布了《职业安全健康卫生管理体系试行标准》并在企业开展认证试点工作。2001年底,又结合国际劳工组织《职业安全健康管理体系导则》的要求,相继发布了职业安全健康管理体系国家标准以及相关实施指南等。

就其内容结构而言,职业安全健康管理体系实质上是一个PDCA(计划、实施、监测、改进)管理循环。也就是说,通过计划、执行、监测和纠正的动态循环,来促进企业在员工职业安全健康管理绩效上的持续改进,以实现预防和控制工伤事故、职业病及其他损失的目的。其核心内容是方针、计划、实施、审核、改进这五个方面的要素,而这五个要素又具体细分为17个基本要素(如图10-1所示)。

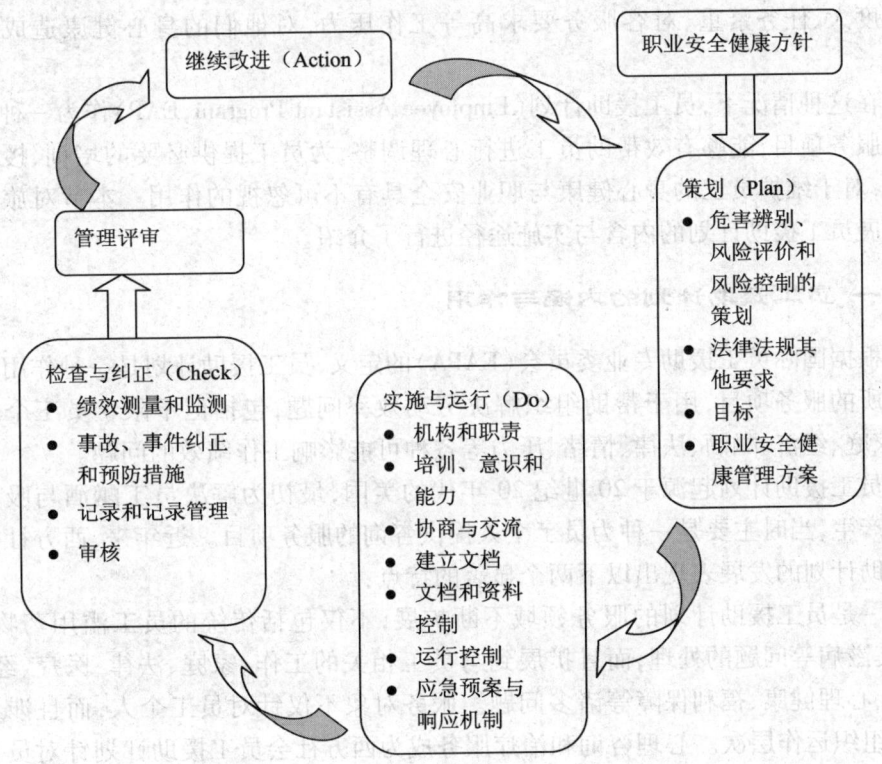

图10-1 职业安全健康管理体系的内容要素

资料来源:朱伏平.职业安全健康管理体系(OSHMS)应用研究.中国期刊网优秀硕士论文数据库.略有改动。

对于企业的最高管理者而言,职业安全健康管理体系实质上是一种损失控制机制,即监控和管理所有可能导致企业损失的环境和公司运作的关键环节。不仅如此,建立职业安全健康管理体系一定程度上意味着企业对人权的关注,这将有助于避免企业在国际贸易中遭遇一些壁垒。

第三节 旅游企业的员工援助计划

进入21世纪,员工精神健康、工作压力、职业安全等问题成为全球企业管理者面临的共同挑战。2009年,美国存在精神疾病与滥用药物问题的员工约占劳动力总数的四分之一,由于该问题造成的劳动效率低下与旷工给企业造成每年约800亿~1000亿的巨大损失。在我国,员工职业健康问题也变得愈加严峻。国家安全生产监督管理局的数据表明,我国每天会产生五千个职业病人,而企业界每天为他们付出约2000万人民币的损失。旅游企业员工和管理人员也往往面临着劳动强度大、任务繁重、对客服务要求高等工作压力,对他们的身心健康造成严重影响。

在这种情况下,员工援助计划(Employee Assistant Program,EAP)作为一种比较新的服务项目,能够有效帮助员工进行心理调整,为员工提供必要的培训、援助与支持,对于维护员工的身心健康与职业安全具有不可忽视的作用。本节对旅游企业发展员工援助计划的内含与实施途径进行了介绍。

一、员工援助计划的内涵与作用

根据国际员工援助专业委员会(EAPA)的定义,员工援助计划是一种作用于工作场所的服务项目,用于帮助组织解决劳动效率问题,包括但不限于员工个人健康、家庭、经济、酗酒、法律、情绪、压力等各种可能影响工作绩效的问题。

员工援助计划起源于20世纪20年代的美国,最初为解决员工酗酒与吸毒问题而产生,当时主要是一种为员工个人提供咨询的服务项目。近年来,西方社会员工援助计划的发展表现出以下两个显著的特点:

一是员工援助计划的服务领域不断扩展,不仅包括传统的员工滥用药物、酗酒、艾滋病等问题的处理,而且扩展到与员工相关的工作、家庭、法律、医疗、经济、压力、心理健康、福利保障等诸多问题。服务对象不仅针对员工个人,而且涉及团队与组织运作层次。心理咨询和治疗服务成为西方社会员工援助计划针对员工层次的主要服务形式,并逐步发展为一种卓有成效的压力管理手段。

二是20世纪80年代起,危机干预成为员工援助计划的一个重要内容。特别自美国9·11事件以及2008年席卷全球的金融危机爆发以来,组织危机时期的创伤治疗成为人们日益关注的问题。不少企业与咨询机构针对特殊时刻提供员工援助计划应急性解决方案,帮助组织与员工共同度过困难。为此,员工援助计划纳入"关键事件压力管理"方法,并专门把危机干预作为员工援助的特殊服务领域与核心技术之一。

如表10-3所示,员工援助计划的内容既包括个人层次与组织层次的服务,也包括日常服务与危机时期的援助服务。无论哪种层次或哪个时期的服务,员工援助计划的作用都不容小觑,它能在一定程度上提高员工的士气与组织效率。例如,美国约四分之一的企业员工享受员工援助计划服务,其劳工部近期调查结果表明,企业年均在员工援助计划的投入约为12~20美元/人,其中每投资在员工援助计划项目中1美元,就能为雇主节约5~16美元。美国金融危机之后,一些公司为因财务状况产生精神压力的员工提供理财咨询,56%的员工认为能改善困境,而这种专项的员工援助计划服务投入能带来大约3倍的回报。

表10-3 员工援助计划的主要内容

	个人层次	组织层次
日常服务	工作场所、人际冲突、职业生涯发展、家庭—工作平衡、工作场所、性骚扰、工作压力、酗酒等不良习惯、健康问题、社会人际关系、家庭关系、理财咨询、法律诉讼等	劳工关系、团队凝聚力、组织氛围、组织健康等
危机时期	员工压力疏导、心理援助、家庭成员创伤援助、紧急医疗援助、物质援助、信息与技术援助等	团队危机干预、管理危机咨询、组织悲伤与恐惧氛围处理等

二、员工援助计划的日常运作模式

西方企业实施员工援助计划的运作模式主要分为以下五种:第一种是公司内部模式,即在企业内部设立专门的员工援助计划服务部门为员工提供相应的服务;第二种是公司外部模式,即企业将此服务外包,委托具有专业能力的机构或顾问提供相应的服务;第三种是联合模式,即数家企业共同委托外部机构提供员工援助计划服务;第四种是工会模式,由行业工会组织实施员工援助计划服务,员工以会员的身份加入相关的服务机构接受服务;第五种是整合型模式,即企业可能综合采用上述多种运作模式,为员工提供援助服务。

目前,以国际大型连锁酒店为代表的部分旅游企业较多地在员工福利与职业安全管理中考虑员工援助的部分内容,例如员工压力疏导、特困员工扶持、人际冲突疏导、心理咨询等。总体而言,我国大多数旅游企业目前还不具备独立实施员工援助计划的能力。考虑到我国社会保障体系、企业人事管理水平、员工援助计划在中国的发展状况等问题，我国旅游企业适宜采用整合型的员工援助计划模式。特别在当前市场竞争环境较严峻的情况下，旅游企业应充分利用内部资源与外部免费的公共资源，在有限的成本投入下，提高员工援助计划实施效果。

具体而言，旅游企业人力资源部一方面应努力发掘企业内部资源，争取员工主管、领导、社团等部门和组织的配合。值得注意的是，企业高层领导的参与是保障员工援助计划项目成功的重要因素之一，他们应审慎地制定和实施各项可能影响员工利益的决策，并亲自对员工进行充分解释与沟通，努力为员工提供情感支持和实质性帮助。

另一方面，企业应充分争取和利用政府公共单位、行业协会、社区服务资源甚至员工亲朋好友等外部资源的支持。当前，我国各省市地区的劳动局、工会组织、妇联等相关部门都为劳动者提供了相应的技能培训、信息资源、法律援助、物质援助以及员工心理健康保护的正式宣传等。旅游企业在内部经济资源或专业人力资源受限的情况下，可以充分借助外部的公共资源实施员工援助计划。

三、基于危机管理的员工援助计划策略

旅游企业容易受到政治、经济、自然灾害等外部环境的影响与冲击，如2003年"非典"、2008年金融危机给我国旅游业带来了巨大冲击。此外，当前不少旅游企业正在面临兼并、重组、削减机构等重大的组织动荡，因而被迫通过裁员、减薪、轮岗等方法来压缩人力成本，使得未被裁员的员工也可能产生"幸存者综合征"，背负巨大的压力，不断滋生工作不安全感，出现愤怒、焦虑、愤世嫉俗、士气低落、消极怠工等状况，严重影响了员工个人健康和工作绩效。

应对危机是员工援助计划的一项重要内容。根据不同的组织危机形式，员工援助计划一般也包括心理、物质、医疗、法律、信息等多种援助形式。危机时期，企业实施员工援助计划不仅是企业社会责任的体现，而且是帮助人力资源"修复"的重要手段。美国学者Shakespeare Finch（2004）调查表明，处在危机中的员工能够清晰感受到组织、领导、同事对自己的支持，并认为有关危机防范的培训能帮助自己更有效地应对危机事件，员工援助计划能够有效地缓解危机中的心灵创伤。

自20世纪80年代起，员工援助计划技术纳入"关键事件压力管理"方法，以应对组织危机的处理，其核心在于"危机干预"。该方法是一个综合的危机处理与干预机制，主要为组织危机时期的个人、团体提供服务支持，特别是缓解心理压力的服务支持。EAPA协会提出，危机时期的员工援助计划一般包括危机前防范、事发中支持、危机干预、后续心理疏导与反馈等主要阶段。根据该危机处理流程，旅游企业在实施员工援助计划时应注意以下策略：

(一) 加强培训,提高员工抵御危机的心理能力和反应能力

在日常工作中,旅游企业应重视危机意识教育,加强员工危机防范能力的培训。例如,人力资源部可以组织员工进行风险管理、灾害防范、减压放松、自信恢复等训练,定期进行各种危机模拟演习,提高员工抵御风险和压力的能力。企业要训练员工了解各种危机事件产生与恶化的因素,学会识别和捕捉不同危机征兆,提高危机处理技能。此外,职业技能的培训也是必不可少的,它不仅可以帮助减少员工个人的事故发生率,而且在组织遭遇重大变革时期(如裁员和人事调整动荡等),可以帮助"幸存者"掌握新的职业技能,进而缓解焦虑、失落等常见的心理问题。

(二) 在危机应变预案中纳入员工援助计划方案

旅游企业遭遇危机的情况是千变万化的,尽管危机应变预案没有固定的形式,但应把员工援助纳入考虑范畴。具体而言,企业必须对潜在灾难和危机对员工可能造成的影响进行预先评估,事先测定危害的广度与强度、危机承受者的抵御能力,最终确定最大风险因素。企业应成立"危机处理小组",纳入跨领域的小组成员,包括人力资源管理者、公关人员、保安人员、沟通专家、企业领导、员工援助计划专家等。同时,在制定危机处理程序时,企业要制定具体、可操作性的程序与细节,考虑"何时""何地""何人"以及"如何"应对危机,从而才能最大化地减少危机对员工的威胁,实施对员工的援助。

(三) 危机时期保持渠道畅通,及时向员工传递准确信息

2004年,美国政府责任署向国会提交了一份有关"人力资本如何应对组织危机"的报告,多位专家提出危机时刻组织保持畅通沟通的重要性。在通信与网络日益发达的今天,企业如果在危机处理过程中不能向员工提供准确、可靠的信息,而刻意隐瞒真实情况,任由小道消息、流言蜚语在组织内部蔓延,则可能给员工造成更大的心理恐慌。在组织危机时期,确切、及时的信息能获得员工的理解,帮助员工对当前与将来的困难做好心理准备。而且,有效的双向沟通、员工参与能增强他们"与企业共渡难关"的理念,增强员工的凝聚力和斗志。

(四) 采用科学方法,缓解员工心理压力

"关键事件压力管理"的一个重要步骤是压力疏导,并创造结构化的环境,帮助员工减少焦虑情绪。因为员工的情绪困惑往往能在相同处境的团体中得到释放,所有遭遇危机的"幸存者"能互相体谅对方面临的相似困境和遭遇,因而能减少他们的负面情绪。

企业可以采用"SAFE-R"模式对危机承受者的压力进行缓解,具体如下:

S——Stimulation Reduction,减少危机对员工的刺激反应,带领员工回避危机环境或事故现场,增强安全感。

A——Acknowledgement of Crisis,帮助员工正确认识危机,例如发生了什么、如

何发生的,让他们情绪得到放松。

　　F——Facilitation of Understanding,帮助员工理解各种焦虑、恐惧反应是正常的,通过沟通教育,让他们恢复正常的认知。

　　E——Encourage Effective Coping,鼓励有效地处理危机,通过各种咨询、辅导技术,为员工处理危机确定一个解决方案。

　　R——Restoration of Independent Functioning,需要的情况下循环以上步骤。

　　(五)针对员工需要,处理好关键事件

　　在组织危机管理中,旅游企业人力资源管理者必须针对员工的需求,给予特殊关怀。例如,裁员事件中的被裁人员通常重视的是经济补偿、心理平衡和再就业问题,企业可以结合自身的资源能力,设计具体方式及措施,为被裁员工提供心理疏导、职业发展指导建议、再就业资源介绍与再就业技能辅导等服务;对经历恐怖事件、工作场所暴力事件、自然灾害而产生巨大心理压力的员工,企业可以提供针对性的心理咨询与辅导,帮助缓解焦虑不安、情绪低落;对于危机时期岗位变动的员工,应着重提供岗位发展的援助,帮助他们重新定位、适应新的工作岗位,重新描绘职业生涯路径;对于因为组织危机或自然灾害陷入生活困境的员工,领导、工会可以牵头进行经济援助,帮助渡过暂时的难关。

　　(六)重塑企业文化,倡导"与企业共渡难关"的理念

　　通过发动广大员工的参与,以沟通、访谈、讨论、谏言会以及自省等多种方式疏通员工心理,对企业遇到的难题集思广益。在组织危机的情况下,有效地沟通和员工参与能获得员工的理解,增强员工的凝聚力和斗志,使他们产生战胜困难的决心。旅游企业应在危机之后做好员工援助计划的反馈与后续追踪工作。管理人员可以请员工评价员工援助计划实施的效果,为其建立相应的档案,定期追踪反馈,通过总结危机管理经验来不断提高员工援助计划实施效果。

思考与练习

1. 影响旅游企业员工职业安全健康的因素有哪些?
2. 如何预防酒店安全事故的发生?
3. 如果你是酒店的人力资源经理,你会采取什么措施来保障员工的安全健康?

第十一章

劳动关系管理

本章导读

随着国内经济体制改革的不断深化,劳动关系问题作为一个社会经济问题开始凸显。拖欠工资、克扣工资、随意解聘、逃避法定的社保义务……越来越多的此类劳动纠纷正在旅游企业中发生,劳动关系双方矛盾的激化必然导致劳动关系的失衡。为了平衡劳动关系,获得人力资源管理的优势,旅游企业必须重新思考劳动关系管理问题。本章讨论了劳动关系基本概念及其内涵,分析旅游企业劳动关系运行现状及主要问题,以及劳动关系管理的相关论题。

第一节 劳动关系概述

一、劳动关系的概念

(一)劳动关系的含义

劳动关系是指劳动者与用人单位(包括各类企业、个体工商户、事业单位等)在实现劳动过程中建立的社会经济关系。从广义上讲,劳动关系即人们在社会过程中发生的一切关系,包括劳动力的使用关系、劳动管理关系、劳动服务关系等。劳动者与任何性质的用人单位之间因从事劳动而结成的社会关系都属于劳动关系的范畴。从狭义上讲,现实经济生活中的劳动关系是指依照国家劳动法律、法规、规范的劳动法律关系,即双方当事人是被一定的劳动法律、规范所规定和确认的权利和义务联系在一起的,其权利和义务的实现,是由国家强制力来保障的。劳动法律关系的一方(劳动者)必须加入某一个用人单位,成为该单位的一员,并参加单位的生产劳动,遵守单位内部的劳动规则;而另一方(用人单位)则必须按照劳动者的劳动数量或质量付其报酬,提供工作条件,并不断改进劳动者的物质文化生活。劳动关系表现为合作、冲突、力量和权利关系的总和,它受制于一定社会中经济、技术、政策、法律制度和社会文化背景的影响。

对劳动关系的研究在各国广泛存在,但是,由于各国社会制度和文化传统等因素各不相同,对劳动关系的称谓有所不同。具体来说,劳动关系在不同的国家又被称为劳资关系、雇佣关系、劳工关系和产业关系等。劳资关系是指资本与劳动之间的关系，在资本主义发展初期，资本所有者同管理方之间是没有区别的，这时劳资关系同劳动关系的主体是一致的。随着资本主义经济的发展，资本所有者同管理方相分离，劳资关系和劳动关系二者的侧重点发生了偏移：雇佣关系强调劳动关系是雇主和雇员双方的关系；劳工关系更加强调作为劳动关系其中一方的劳动者；产业关系亦称劳动—管理关系，源自美国，在欧美国家使用得比较广泛。

酒店的劳动关系即是指建立在市场契约基础上的劳动关系，它不仅包括酒店员工与酒店生产资料的所有者或员工使用者（酒店企业）之间的社会经济利益关系，而且包括酒店员工之间（酒店经营管理者之间、酒店经营管理者与一般员工之间、一般员工之间）在酒店管理与服务过程中所形成的社会经济关系。在酒店的经营过程中，劳资双方均有独立的利益，双方的利益既有一致的一面，也有矛盾的一面。在市场竞争中，酒店总是千方百计降低成本，以追求利润最大化，而员工则追求工作稳定和收入最大化，这就不可避免产生相互间权利和利益上的矛盾，并可能引发劳动争议。通常引发劳动争议的因素有工资报酬、社会保险、福利待遇以及下岗等。因此，酒店人力资源管理部门应重视企业劳动关系的管理，采取有效措施缓解劳资矛盾，从而促进企业良性发展。

（二）劳动关系的主体

从狭义上讲，劳动关系的主体主要包括两方面，一方是员工及以工会为主要形式的员工团体，另一方是管理方。二者构成了劳动关系的主体，也是企业人力资源管理主要的研究对象。广义的劳动关系的主体还包括政府。因为在劳动关系发展过程中，政府通过法律的制定、实施，对于劳动关系进行调整、监督和干预。

在劳动关系的主体中，员工就是指在用人单位中，本身不具有基本经营决策权力并从属于这种决策权利的劳动者。这种用人单位包括各类企业、个体工商户、事业单位等，既可以是营利性的也可以是非营利性的。员工的范围相当广泛，包括：劳务工人、医务人员、办公人员、教师、警察、社会工作者，以及其他在西方被认为是中产阶级的从业者和低层管理者。但是自由工作者或个体劳动者不属于劳动关系意义上的员工。

员工团体主要指的是工会和职工代表大会，还有一些类似于工会的、由共同利益、兴趣或目标组成的员工协会或职业协会等。我国职工代表大会是企业实行民主管理的基本形式，是职工行使民主管理权力的机构。《企业法》规定：职工代表大会的工作机构是企业的工会委员会。企业工会委员会负责职工代表大会的日常工作。工会的主要目的是代表并为其成员争取利益和价值。在我国和世界上许多国家，工会是员工团体的最主要的形式。

管理方一般是指由于法律所赋予的对组织的所有权，或一般称产权，而在就业组织中具有主要的经营决策权力的人或团体。一般说来,在单位中,只有一个或是少数几个人具有比较完全的决策权力。管理方具有等级制的特点,权力多集中在上层。

政府在劳动关系中的角色,一是劳动关系立法的制定者,通过立法介入和影响劳动关系;二是公共利益的维护者,通过监督、干预等手段促进劳动关系的协调发展;三是公共部门的雇主,以雇主身份直接参与和影响劳动关系。

二、劳动关系的内容

劳动关系的内容是指主体双方依法享有的权利和承担的义务。我国《劳动法》第4条规定,劳动者依法享有的主要权利有:①平等就业权;②选择职业的权利;③取得劳动报酬的权利;④休息休假的权利;⑤获得劳动安全卫生保护的权利;⑥接受职业技能培训的权利;⑦享受社会保险和福利的权利;⑧提请劳动争议处理的权利;⑨法律规定的其他劳动权利等。劳动者承担的主要义务有:①完成劳动任务;②提高职业技能;③执行劳动安全卫生规程;④遵守劳动纪律和职业道德。

用人单位的主要权利有:①依法录用、调动和辞退职工;②决定企业的机构设置;③任免企业的行政干部;④制订工资、报酬和福利方案;⑤依法奖惩职工。其主要义务有:①依法录用、分配、安排职工的工作;②保障工会和职代会行使其职权;③按职工的劳动质量、数量支付劳动报酬;④加强对职工思想、文化和业务的教育、培训;⑤改善劳动条件,搞好劳工保护和环境保护。

三、劳动关系的调整模式

劳动关系调整模式是从动态角度研究劳动关系是如何在各种内部条件和外部因素的作用下发生变化和进行自我调整的。关于劳动关系动态调整模式的理论有很多,这里主要介绍其中两种较为典型的模式:"投入—产出"模式和"产业关系系统"模式。

(一)"投入—产出"模式

在"投入—产出"模式中,投入是指"冲突",产出是指"管理规则",该模式把劳动关系调节看成是一个把冲突转化为管理规则的过程。也就是说,该模式将劳动关系当作具有一定功能的系统,在外部因素和内部因素的共同作用下,实现这一从投入向产出转化的特定功能。

冲突按照其表现的程度可以分成潜在的冲突和明显的冲突,在一定条件下,潜在的冲突可能转化为明显的冲突。一些劳动关系学者认为,明显的冲突演变为暴力之后,所起的作用就是消极的,因为暴力会在一定范围内形成无秩序状态,劳动者内部会出现既不服从管理方,也不服从工会的无政府状态。劳动关系调节系统的作用正是要将冲突在没有发展成为暴力之前转化为某种形式的合作,或者通过其他非暴力的渠道表现出来,以维护市场和社会的稳定和发展。

在劳动关系的表面上会存在"冲突—稳定"相互交替的现象。稳定往往掩盖着潜在的冲突,而在一定条件下,这些潜在的冲突会受到激化,变为劳动关系表面的明显冲突。同样冲突也会以各种方式重新归于稳定。在从"冲突"到"稳定"的过程中,最为重要的渠道就是双方通过谈判和相互妥协对劳动关系进行调节,这样就把冲突转化成了规范各种就业组织的规则,而这种劳动关系的调节模式就称为"投入—产出"模式。

"投入—产出"模式的决策机制包括以下三方面内容:①劳动关系各方单方面做出的决策,例如管理方单方面做出的对于组织管理的新规定,或者雇员单方面的决策和声明,以及政府制定的法律政策等;②劳动关系双方联合做出的决策,例如由管理方和工会集体谈判、联合决策等;③管理方、工会和政府三方联合决策,例如某些收入政策的协议等。

(二)"产业关系系统"模式

美国学者邓洛普在其1958年出版的《产业关系体系》一书中提出了产业关系系统理论。该理论归纳了所有劳动关系领域的现象和内容。产业关系系统主要由四部分组成,即主体、环境、意识形态以及规则。邓洛普的模型构架几经演变,现在西方市场经济国家,尤其是北美国家普遍接受的是由克雷格(Craig,1988)在邓洛普模型构架基础上建立、发展起来的产业关系系统。该系统可以简单地表示为图11-1。如图所示,产业关系系统是由"投入、主体、转换过程和产出"四个相互连续相关的部分组成,并且投入和主体两个部分的性质同时也受到转换过程和产出两个部分的直接的或间接的影响。因而,在劳动关系体系中,分析产出时要充分考虑系统内部各个部分之间的相互作用。

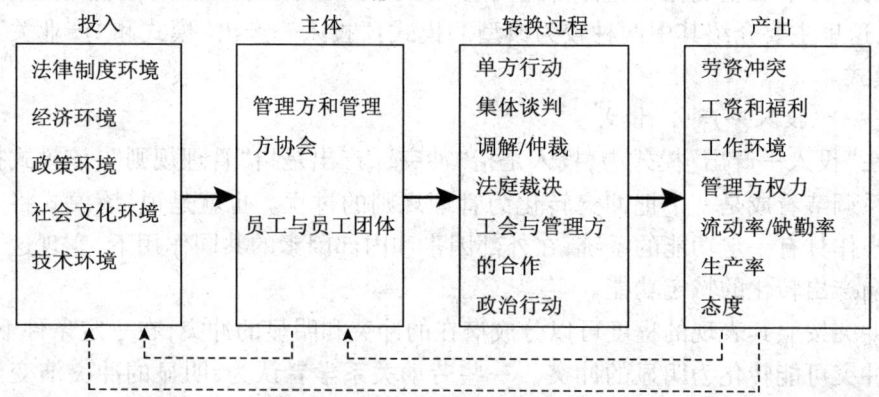

图11-1 产业关系系统示意图

资料来源:Morley Gunderson. Union - Management Relations in Canada. 3th edition, Addison Wesley Publish Limited, 1995:8.

该模型的主要优点是：

(1) 该模型认识到产业关系系统的"投入"部分，除了市场、技术和力量之外，还包括各种其他因素。产业关系系统并非一个孤立的子系统，经济、法律、政治等诸多因素都能够影响主体的行为及主体之间的相互作用，从而影响产出。

(2) 该模型还认识到，主体的各种行为都会影响系统的产出。所以该模型将产业关系系统的概念扩展到企业层面以外，包括行业层面，部门层面甚至社会层面上的各种劳动关系体系规则的制定。

(3) 该模型较清楚地区分了程序性规则和实质性规则。模型的产出部分中除了包括工资、福利、工作条件外，还包括转化机制的制定程序、生产率、产业冲突、生产事故、流动率、缺勤率和工作态度等的变化。

(4) 该模型的反馈机制表明，产业关系系统是动态的。某一时间点上的某一层面（包括企业层面、行业层面、部门层面以及国家层面等）的"产出"可能是另一时间点、另一层面上的"投入"。所以，某些环境因素从静态的角度看是产业关系体系的外在约束条件，从动态的角度看，又部分地由产业关系体系的产出决定。

四、劳动关系管理的目标

研究劳动关系的最基本目的在于寻求劳动者与雇主之间形成健康、良好关系的途径。劳动关系管理的目标具体可以细分为六个方面：①确保劳动者和雇主双方的利益，使双方增进了解；②避免劳动冲突，使劳动关系双方建立和谐的关系；③减少高强度劳动，减少经常性旷工，以提高生产水平；④雇佣双方共同决定工资水平，改进工作条件，使工人得到他们应该得到的实惠，从而减少罢工、封闭工厂等；⑤建立企业民主，为劳动者提供参与公共决策的空间；⑥通过劳动关系的改善，建立起符合社会共同需要的、健康的社会秩序。

五、劳动关系管理的价值

我国旅游企业在劳动关系双方的互动过程中发展出各种类型的劳动关系，不同的类型反映了"劳动关系是否从根本上是冲突的"这一理论观点的倾向。总体而言，现阶段我国旅游企业劳动关系的价值取向主要有三种类型：

（一）一元论视角（Unitarist Perspective）

一元论视角把组织看成是完整、和谐的整体，是一个"幸福的大家庭"，管理层和一般员工具有共同的目标，劳动者与管理者双方的利益是一致的。这种价值观强调资方的管理权威，要求雇员忠诚于企业的价值观，认为工会存在会分散雇员对企业的忠诚度，应尽量消除或避免成立工会。

新一元论视角（New-unitarist Perspective）是一元论视角的衍生物，它是一种市场取向的视角,整个组织专注于市场的成功,重视客户满意和高质量标准。它强调组织的发展应该通过发挥员工的潜力和确保员工对组织目标投入全部的热情和承诺。新一元论的劳动关系将人力资源管理放在关键位置,强调对员工的培训、提供职业发展规划、晋升机会和绩效相关的报酬。

(二) 冲突论视角(Conflict or Radical Perspective)

冲突论视角认为劳资双方利益不一致,并且是不可调和的。这种劳动关系价值取向认为资方和劳方利益基本分化,因此冲突是不可避免的,组织工会和在此基础上的劳工运动是个人对冲突的自然反应。双方不断从自身利益出发进行博弈。企业的发展在所有的自我利益与提供劳动一方追求平等的平衡中得以实现。

(三) 多元论视角(Pluralist Perspective)

多元论视角认为劳资双方利益不一致,但矛盾是可以调和的。与冲突论视角不同,多元论视角认为冲突可以以更好的方式和平解决。这种观点认为组织应该通过寻求利益各方都能够接受的妥协方案来解决冲突,因此集体谈判和工会都具有核心的作用。利益相关者中的每个群体都为了争取自己的利益而相互制衡。该观点认为工会不仅是劳资冲突的发起者,也被看作是争议的调整者,对于调整雇员与雇主工资争议、就业合同的谈判发挥重要作用。认为集体谈判是规范和调整劳资利益关系的最好形式。

第二节 旅游企业劳动关系运行现状及主要问题

国际劳工局的调查显示:从全世界范围来看,在劳动关系方面,饭店、餐饮和旅游以及交通部门是22个现有部门中最需要加强的部门。旅游行业目前所面临的主要劳动关系问题涉及流动工人就业率、劳动合同、工作环境、教育和培训、卫生和安全等。

一、旅游企业劳动关系运行现状

改革开放以来,随着社会主义市场经济的发展,我国旅游企业的劳动关系发生了深刻的变化。以公有制为主体、多种所有制经济共同发展格局的形成和公有制企业的改革,使劳动关系多样化、复杂化;用工制度的改革和劳动力市场的形成,使劳动关系市场化、契约化。与之相对应,在市场经济条件下调整劳动关系的手段、措施和机制也在逐步完善。以《劳动法》为主体的有关劳动合同和集体合同制度、劳动标准体系、劳动争议处理体制和劳动保障监察制度等相配套劳动关系的调整法律、法规体系的颁布、实施和建立,以及由中华全国总工会、劳动和社会保障部、中国企业家联合会、中国企业家协会组成的国家级劳动关系三方会议制度的建立，使劳动关系矛盾调整处理纳入了法律的轨道，向着有序的方向发展。这些制度改革和机制的形成，初步实现了旅游企业劳动关系调整的法制化和规范化，为保持劳动关系的总体和谐，维护社会的和谐稳定，促进国民经济和社会的健康发展发挥了重要的作用。

二、旅游企业劳动关系存在的主要问题

现阶段，我国旅游企业劳动关系从总体上看是比较和谐稳定的。但是，随着经济结构调整力度的加大和改革的不断深入，我国旅游企业劳动关系进行着艰难的转型，各种复杂问题应运而生。

具体而言，旅游企业劳动关系存在的主要问题表现在以下五个方面：

（一）招工和劳动合同管理

1. 招工制度和招工管理

招工制度是指法律规定的用人单位从社会上吸收劳动力、招收工人所应遵守的规则、办法等。然而在招聘新员工时，有些旅游企业采用虚假广告的形式，或要求新员工交纳押金，使用抵押物，或收取法律规定之外的费用；有的旅游企业为了压低工资成本而大批招用童工，这些违法行为屡禁不止。

2. 劳动合同管理

我国劳动法第十六条规定："劳动合同是劳动者与用人单位确立劳动关系、明确双方权利和义务的协议。建立劳动关系应当订立劳动合同。"我国自1986年开始对新招员工推行劳动合同。国家劳动部、各省、市、县劳动部门均发布了有关的文件、通知和劳动合同标准文本。目前旅游企业劳动合同管理主要存在的问题有：

（1）劳动合同签订率较低。旅游企业的劳动合同签订率普遍低于社会平均水平，许多旅游企业还未实行劳动合同制度或不签书面劳动合同，只有口头协议。

（2）在签订劳动合同时，企业没有与劳动者本人平等协商。劳动合同中有一些侵犯劳动者权益的合同条款。

（3）无效合同。有的企业虽然签订了劳动合同，但在工资收入、工作时间等方面条款均明显违法，致使合同无效。比如，有的合同上注明：工资半年结算一次；工作时间每日9小时；如造成工伤，甲方（企业）不承担经济责任，后果由工人自负等。

（4）企业单方解除劳动合同，不给予劳动者任何经济补偿。

（5）劳动合同"走形式"。许多企业虽然与员工签订了劳动合同，但因一些条款内容并不符合企业实际，所以双方都"默契"地不严格履行。比如，关于社会保险问题，虽然合同条款上明确写有，但实际做到的很少。又如，员工随意跳槽，企业不追究；员工吃亏受辱后也不依法追究企业的责任。

（二）工资和社会保险

1. 工资制度和特殊工资管理

工资是用人单位依据国家的有关规定或劳动合同的约定，以货币的形式直接支付给本单位劳动者的劳动报酬。我国《劳动法》规定用人单位不得克扣或者无故拖欠劳动者的工资。国家实行最低工资保障制度，用人单位支付劳动者的工资不得低于当地最低工资标准。对于企业来说，工资制度是最敏感的制度之一，直接关系到企业的经营成本和利润率。有些旅游企业为了降低企业成本，在员工工资上费尽心思，如为了克扣员工工资，在员工的工资条上不注明工资的明细而只是一个总数，或为了不让员工清楚了解，玩文字游戏，采用多种形式、较复杂的算法等蒙蔽员工，甚至将奖金、津贴、加班工资也算作最低工资等，这些不合法的现象时有发生。另外，拖欠员工工资也是旅游行业较为普遍的现象。

2. 社会保险

社会保险是指国家通过立法建立的对劳动者在其生、老、病、死、伤、残、失业以及发生其他生活困难时，给予物质帮助的制度。劳动法规定用人单位和劳动者必须依法参加社会保险，缴纳社会保险费。我国《劳动法》把社会保险分为养老保险、医疗保险、失业保险、工伤保险和生育保险。很多旅游企业为了省钱省事，或因为员工不了解保险制度，完全不给员工买保险或只买一部分保险。

（三）劳动安全卫生管理

劳动安全卫生制度是指国家为了保护劳动者在劳动过程中的安全和健康而制定的法律规范的总称。《劳动法》第五十二条规定："用人单位必须建立、健全劳动安全卫生制度，严格执行国家劳动安全卫生规程和标准，对劳动者进行劳动安全卫生教育，防止劳动过程中的事故，减少职业危害。"近年来越来越多的旅游企业出现职业危害案件，这主要是由于很多企业自身安全意识不强，不注重员工的安全保护和卫生管理所引起的，许多旅游企业规章制度中的安全保护条例形同虚设，企业对员工的安全教育不够，或者为了减少成本投入，干脆就没有什么防护设备和措施。

（四）劳动者的人身权

人身权是公民最基本的权利，理应受到法律的保护。然而在部分外资旅游企业中出现了恐吓、搜身和限制人身自由等现象。一些外资旅游企业为了加强对员工的控制不惜资金雇用大批保安，有些企业还制定严格的规章制度来限制职工的人身自由，例如员工工作制服不设口袋，限制员工上厕所的次数和时间、限制结婚等。员工如果违反了这些规定，轻则扣工资、罚款，重则受体罚。

（五）工作时间

按《劳动法》规定，从 1995 年 5 月 1 日起，所有用人单位应该实行每周 40 小时的工时制度。但是，在部分旅游企业中，尤其是在餐饮企业中，任意延长工作时间现象相当普遍。在许多私营的旅游企业中,工作时间由雇主决定,不与员工协商。企业以种种手段规避劳动法规,不按劳动法规定的标准支付加班加点工资。

工作时间和加班加点问题对旅游企业来说是一个比较复杂的问题。现实中,相当部分旅游企业明确表示,在这个问题上要按照劳动法规定是办不到的。许多旅游企业的业务具有淡旺季明显、不稳定的特点,这无疑增加了工作时间管理的难度。

第三节 劳动关系的调整

随着国家劳动人事改革的推进和企业竞争的加剧,劳动关系管理越来越受到社会的关注,并已经成为人力资源管理的重点和难点。如何恰当运用劳动法规保护企业和员工双方的合法利益,避免劳动冲突,已经成为人力资源管理人士和各级劳动与社会保障部门的工作重点。本节将从旅游企业劳动关系管理的几个重要方面进行分析。

一、劳动合同

(一)劳动立法

劳动法是指调整特定劳动关系及其与劳动关系密切联系的社会关系法律规范的总称。从劳动立法的主要内容看,世界各国的劳动法包括了劳动关系的一切内容:①就业安全法。这是一种保障劳动者就业权力的立法,包括就业促进法、职业培训法、义务;②经劳动合同当事人协商一致;③试用期内被证明不符合录用条件;④严重违反劳动纪律或者企业规章制度;⑤严重失职,营私舞弊,给企业利益造成重大损害;⑥依法被追究刑事责任。

(二)劳动合同的管理

1. 劳动合同的内容

为了保障劳动者的合法权益,《劳动法》规定劳动合同必须具备以下条款:劳动合同期限;工作内容;劳动保护和劳动条件;劳动报酬;劳动纪律;劳动合同终止的条件;违反劳动合同的责任。除上述七条必备条款以外,当事人还可以协商约定其他内容。

2. 劳动合同的期限

《劳动法》第20条规定:劳动合同的期限分为有固定期限、无固定期限和以完成一定的工作为期限。劳动者在同一单位连续工作满10年以上,当事人双方同意续延劳动合同的,如果劳动者提出订立无固定期限的劳动合同,应当订立无固定期限的劳动合同。另外,第21条规定:劳动合同可以约定试用期。试用期最长不得超过6个月。

3. 劳动合同的订立与变更

《劳动法》第17条规定：订立和变更劳动合同，应遵循平等自愿原则、协商一致原则、合法原则三项根本原则，不得违反法律、行政法规的规定。

4. 无效劳动合同

《劳动法》第18条规定，下列劳动合同无效：

(1) 违反法律、行政法规的劳动合同，主要指：①合同主体不合法，例如签订合同一方为未满16周岁的未成年人；②合同内容不合法，如有要求员工交纳保证金、风险金、抵押金的条款，或要求员工每周工作6天，每天工作10小时或要求员工从事国家不允许的活动。

(2) 采取欺诈、威胁等手段订立的劳动合同，主要指：①合同当事人一方故意捏造、歪曲或隐瞒事实，使对方在误解或没有完全了解事实的情况下违背自己的真实意愿而签订的劳动合同，如应聘人员出示伪造的学历证书，或用工单位将私营企业的性质说成是全民所有制企业等；②合同当事人一方以给对方造成人身伤害或财产损失进行逼迫，致使对方屈服其压力，签订违背自己真实意愿的合同，例如，不续签合同就不归还保证金或要求赔偿损失等。

无效合同从订立时起，就没有法律效力。劳动合同是否有效，由劳动争议仲裁委员会或者人民法院确定。

5. 劳动合同的终止和解除

(1) 用人单位合法立即辞退员工、终止合同的情形：①劳动合同期满或者当事人约定的劳动合同终止条件出现；②经劳动合同当事人协商一致；③试用期内被证明不符合录用条件；④严重违反劳动纪律或者企业规章制度；⑤严重失职，营私舞弊，给企业利益造成重大损害；⑥依法被追究刑事责任。

(2) 用人单位提前30日书面通知后可辞退员工的情形：①患病或者非因工负伤，医疗期满后，不能从事原工作也不能从事由企业另行安排的工作的；②不能胜任工作，经过培训或者调整工作岗位仍不能胜任工作的；③劳动合同订立时所依据的客观情况发生重大变化，致使劳动合同无法履行，经当事人协商不能就变更劳动合同达成协议的；④企业濒临破产进行法定整顿期间或者生产经营状况发生严重困难，确需裁员的，但企业应提前30日向工会或全体员工说明情况，听取其意见，并向劳动部门报告。

(3) 不得辞退员工的情形：①患职业病或因工负伤并被确认丧失或部分丧失劳动能力的人；②患病或者负伤，在规定的医疗期间内；③女员工在孕期、产期、哺乳期内；④法律、行政法规规定的其他情形。

(4) 员工可自行辞职的情形：①合同期满或约定的合同终止条件出现；②经企

业同意;③在试用期间;④企业以暴力、威胁或者非法限制人身自由的手段强迫劳动的;⑤企业未按照劳动合同约定支付劳动报酬或者提供劳动条件的;⑥提前30日书面通知企业解除劳动合同的。

6.违反劳动合同的责任

违反劳动合同的责任是指因企业或劳动者本身的过错造成不履行或不适当履行合同的责任,根据《劳动法》和《违反和解除劳动合同的补偿办法》的规定:

(1)企业侵害劳动者的情形及相应的责任。《劳动法》第91条规定:用人单位有下列侵害劳动者合法权益情形之一的,由劳动行政部门责令支付劳动者的工资报酬、经济补偿,并可责令支付赔偿金:①克扣或者无故拖欠劳动者工资的;②拒不支付劳动者延长工作时间工资报酬的;③低于当地最低工资标准支付劳动者工资的;④解除劳动合同后,未依照本法规定给予劳动者经济补偿的。《违反〈中华人民共和国劳动法〉行政处罚办法》第16条规定:用人单位有上述四种行为之一者,应责令支付劳动者工资报酬、经济补偿,并可责令按相当于支付劳动者工资报酬、经济补偿总和的一至五倍支付劳动者赔偿金。

(2)由于企业的原因订立的无效劳动合同,企业应承担赔偿责任。《劳动法》第97条规定:由于用人单位的原因订立的无效合同,对劳动者造成损害的,应承担赔偿责任。第99条规定:用人单位招用尚未解除劳动合同的劳动者,对原企业造成经济损失的,该用人单位应当依法承担连带赔偿责任。

(3)企业违法解除合同或故意拖延不订立合同应当承担经济责任。《劳动法》第98条规定:用人单位违反本法规定的条件解除劳动合同或者故意拖延不订立劳动合同的,由劳动行政部门责令改正,对劳动者造成损害的,应当承担赔偿责任。

(4)企业由于客观原因解除劳动合同的补偿责任。①劳动者不能胜任工作,经过培训或者调整工作岗位仍不能胜任工作,由用人单位解除劳动合同的,《违反和解除劳动合同的补偿办法》第7条规定:用人单位按其在本单位工作年限,工作时间每满一年,发给相当于一个月工资的经济补偿金,最多不超过12个月。②该办法第8条规定:劳动合同订立时所依据的客观情况发生变化,致使原劳动合同无法履行,经当事人协商不能就变更劳动合同达成协议,由用人单位解除劳动合同的,用人单位按劳动者在本单位工作的年限,工作时间每满一年,发给相当于一个月工资的经济补偿金。③该办法第9条规定:用人单位濒临破产进行法定整顿期间或者生产经营发生严重困难,必须裁减人员的,用人单位按被裁减人员在本单位工作的年限支付经济补偿金。在本单位工作的时间每满一年,发给相当于一个月工资的经济补偿金。

(5)经当事人协商由企业解除合同的经济补偿责任。《违反和解除劳动合同的补偿办法》第5条规定:经劳动合同当事人协商一致,由用人单位解除劳动合同的,用人单位应根据劳动者在本单位工作年限,每满一年发给相当于一个月工资的经济补偿金,最多不超过12个月。工作时间不满一年的按一年的标准发给经济补偿金。

(6)劳动者患病或者非因工负伤不能从事原工作也不能由企业另行安排工作而解除劳动合同的经济补偿责任。《违反和解除劳动合同的补偿办法》第6条规定:用人单位应按其在本单位的工作年限,每满一年发给相当于一个月工资的经济补偿金,同时发给不低于6个月工资的医疗补助费,患重病和绝症的还应增加医疗补助费,患重病的增加部分不低于补助费的50%,患绝症的增加部分不低于医疗补助费的100%。

(7)劳动者违反劳动合同的赔偿责任。《劳动法》第102条规定:劳动者违反本法规定的条件解除劳动合同或者违反劳动合同中的约定的保密事项,给用人单位造成经济损失的,应当依法承担赔偿责任。

《劳动法》是确立企业与职工劳动关系的法律依据。旅游企业所有涉及劳动者利益的规章制度应以《劳动法》为准绳,并建立有关职工权益方面的各项制度,使旅游企业劳动合同的内容不断补充,条款更加充实、更趋于完善。旅游企业应认真贯彻《劳动法》,旅游企业工会和人力资源管理相关部门应对《劳动法》进行广泛深入的宣传教育,提供《劳动法》的咨询服务。

二、工会组织与管理

工会是以协调雇主与员工之间的关系为宗旨而组成的团体,是劳资关系双方矛盾的产物。

(一)工会的设立

根据《中华人民共和国工会法》(以下简称《工会法》)第3条规定:在中国境内的企业、事业单位、机关中以工资收入为主要生活来源的体力劳动者和脑力劳动者,不分民族、种族、性别、职业、宗教信仰、教育程度,都有依法参加和组织工会的权利。在组织原则上,我国实行的是单一工会体制,各级工会组织采取的是民主集中制的原则,上级工会组织领导下级工会组织,在全国建立统一的全国总工会,全国总工会是全国所有工会的中央领导机关。[①]

目前,我国大多数国有旅游企业都设立有工会,但在外商投资和私营等非公有制旅游企业中,工会的组织率一直很低,这既和企业雇主的阻挠有关,也与员工的组建工会的意愿较低以及目前组织工会方面的程序复杂有关。相对于其他行业而言,旅游业中工会的组建率普遍偏低,其中一个主要原因是旅游行业员工很难组

---

① 参见《中华人民共和国工会法》第11条、第12条。

织。这个行业员工流动性很强,从业人员中女性和低学历人群占大多数,这些人群比较难以组织起来。

(二)工会的主要功能

工会能为其会员提供一系列好处。工会能替其会员为工资和福利进行谈判,并努力为其提供工作保障、培训和发展机会,以及施加政治影响的机会,这些都是工会最重要的作用。

1. 建立工作规范和条款

工会在企业建立工作规范和条款过程中发挥重要的作用,它包括:①工作规范的建立。工作规范是对工作职位的权利和义务的描述。②商定报酬的支付标准。③为工会成员争取更多的福利和社会保障。

2. 为工会会员提供援助、培训和发展机会

工会可以为会员提供援助、培训和发展机会,它包括:①员工申诉的协助。在日常劳资契约履行的过程中,若员工认为管理层没有按照契约的内容执行,损害其个人权益,员工个人或工会可以向管理层申诉。②教育员工。工会负起教育的责任,一方面向员工提供最新劳动关系的发展情况,传达管理者对员工问题的观念和意见;另一方面,工会也对员工提供技能培训上的帮助。③提供员工咨询服务。为了提高员工的生活质量和协助员工解决工作上的问题,工会向员工提供咨询服务,如劳动法例咨询、员工问题援助、救济等。

3. 社会归属

工会可以为其成员提供社会归属(Social Affiliation),使他们有一种团体的归属感,并能帮助他们避免由于机械性工作所带来的孤独感。工会可以发起社会公益性事务使其成员参与社会活动。在经济困难时,工会还能为其成员提供社会和心理上的支持,缓解由于企业倒闭或收入减少所带来的一些心理压力。

4. 政治影响

工会常常为政治提供支持。由于工会直接游说活动或支持活动,许多保护工人的法律才得以通过。

旅游行业是服务业,其特殊性在于员工是直接面向顾客服务的,他们的态度和精神风貌直接影响着一个企业经营的成败,因此,旅游企业工会的责任更加重大,工会更应充分履行自己的职责,协调好员工与企业之间的关系,这无论是对员工还是对企业都是至关重要的。

(三)企业与工会关系管理

企业管理者的任务是保护企业的利益。企业管理者们一般而言比较抵制工会的组建,并将其看作是对管理者处置权的一种限制。管理者们的抵制活功可以分为两种战略类型:工会压制(Union Suppression)和工会替代(Union Substitution)。

工会压制指在工会组建过程中采取一系列主动、合法的或者可能是不合法的反对策略；工会替代则指制定主动的人力资源政策以抑制员工对工会的需求，这些政策包括高工资、抱怨解决机制、利润分享、员工参与计划等。

斯隆(Sloane)和惠特尼(Whitney)将管理者对待工会的态度区分为以下五种不同的类型：①相互冲突型：企业采取公开的敌视态度，对工会的行为采取直接的反对措施。在第二次世界大战前这种现象非常普遍，并常常导致悲惨的罢工斗争、工会武装斗争。今天这种冲突已经日益减少。②强硬型：企业尽可能避免暴力冲突，在不违法情况下保持强硬。此类企业认为工会和企业利益是不可统一的，它们虽然不违背法律规定，但在谈判时非常强硬，坚持要求工会严格地遵守合同的任何一个小的细节。③强力谈判型：这类企业承认工会力量的现实，回避与工会的直接冲突，把重点放在保持公司在谈判桌上的势力最大化上。④包容型：此类企业承认工会成员的权利，企业根据工会现实情况做出调整，努力使冲突纠纷减到最小，但管理者和工会仍然具有截然不同的角色和作用。⑤合作型：该类企业将工会看成是决策制定过程中的一个积极的合作伙伴。

随着企业与工会之间冲突的加剧，企业愈来愈认识到要在市场竞争中获胜，企业和工会应该互相合作，另一个作为合作策略的替代就是保持没有工会。从这两者中选择一个是每个雇主必须进行的战略人力资源决策。

1. 企业与工会的合作

虽然企业和工会之间的关系各种各样，但许多企业和工会都正在试图建立一种合作关系。许多企业也逐渐意识到了工会对企业的一些积极作用，这些作用包括减少谈判的次数，使得工作规则和解决雇员不满的程序更加具体细致，以及使得劳资双方沟通更方便。

(1)减少谈判次数。一旦企业和工会签订了合同，管理者们就不再需要担心某些雇员要求提高工资或改善福利，他们只需要按照合同执行就可以了。同时，期限较长的合同还可以大大降低企业花在处理这些问题上的时间和开销。一旦出现劳资纠纷，企业只需要和工会代表商量解决问题就行了，能大大减少谈判次数和提高谈判效率。

(2)使工作规则和解决雇员不满的程序更加具体细致。工会合同可以对工作规则和为处理雇员不满而制定的指导方针进行清楚的界定和说明。如果某个雇员对他或她的上司的某种做法不满，但其上司又没有违反工会合同，这时，问题就不需要由雇员和其上司来解决，而只需要交给工会和此雇员来解决就行了，这将可以大大减少管理人员和人力资源部门的信息处理量，也节约了仲裁费用。因此，从财务成本角度考虑，一些企业可能会倾向于组建工会。

(3)使劳资双方交流沟通更加有效。工会能使劳资双方交流沟通更加方便。

在很多情况下，企业只需和工会进行沟通，工会再和其成员交流。由于工会合同对各种各样处理劳资冲突的程序、工作规则以及解决纠纷的方法做了比较具体的规定，因而与没有工会的情况相比，企业解决劳资问题所费的周折会得到减少，最终对管理者也是有益的。

此外，工会还可以为企业提供高素质、经过良好培训和守纪律的工人，这可以帮助企业提高生产率。这在服务行业特别明显，这些行业的工会常有长期学徒计划、认证考试和高额奖励。

组建工会对会员和管理者双方都有益处。管理者通过仔细地、有技巧性地处理与工会的关系，可以使企业从中受益。有的旅游企业管理者不欢迎工会，认为工会只能给企业添麻烦、增加负担。他们只看到工会对管理人员制约的一面，没有看到工会对管理工作支持的一面。工会可以和管理人员合作，在开展质量运动、企业文化建设等方面发挥作用，还能帮助管理人员识别劳资双方潜在的冲突，改善企业的经营状况。因而，在已组建工会的旅游企业中，管理者应该积极加强与工会的合作。

2. 人力资源管理对工会的替代——员工关系管理

目前，仍有许多企业一直在避免工会化。研究表明，许多企业通过向员工提供满意的工资、福利、工作条件以及工作保障，创建处理员工投诉的程序，消除武断、高压的管理和监督措施等管理实践来降低企业工会化的可能性。这也是在一些外资旅游企业中，员工自愿不加入工会的原因之一。

员工关系又称雇员关系，是强调以员工为主体和出发点的企业内部关系，注重个体层次上的关系和交流，员工关系管理是人力资源管理的一个特定领域。从广义上讲，员工关系管理是在企业整个人力资源体系中，各级管理人员和人力资源职能管理人员，通过拟定和实施各项人力资源政策和管理行为，调节企业与员工、员工与员工之间的相互联系和影响，从而实现组织目标。从狭义上讲，员工关系管理就是企业和员工的沟通管理，这种沟通更多采用柔性的、激励性的、非强制的手段，从而提高员工满意度，支持组织目标实现。

为更好地平衡企业的员工关系，优化人力资源环境，降低劳资之间的矛盾，不少企业，尤其是一些大企业，设立了员工关系经理或员工关系专员的职位，专门负责做好员工关系管理工作。和谐的员工关系能激励员工工作热情，减轻工作压力，有利于企业与员工之间的沟通，降低工会存在的必要性。

从人力资源部门的管理职能看，员工关系管理主要有如下内容：①劳动争议处理，员工入职、离职面谈及手续办理，员工申诉、人事纠纷和意外事件的处理。②员工人际关系管理，引导员工建立良好的工作关系，创建利于员工建立正式人际关系的环境。③沟通管理，保证沟通渠道的畅通，引导企业与员工之间进行及时双向沟通,完善员工建议制度。④员工情绪管理,组织员工心态、满意度调查,预防、监测及处理谣言、怠工等突发事件,解决员工关心的问题。⑤服务与支持,为员工提供有关国家法律、企业政策、个人身心等方面的咨询服务,协助员工平衡工作与生活的关系。

三、集体谈判

集体谈判(Collective Bargaining),我国劳动法规又称为"集体协商",是指用人单位工会或职工代表与相应的用人单位代表,为签订集体合同进行商谈的行为[①]。《中华人民共和国劳动法》规定,企业职工一方与用人单位可以签订集体合同,集体合同由工会代表企业职工与用人单位订立;尚未建立工会的用人单位,由上级工会指导劳动者推举的代表与用人单位订立[②]。集体谈判是现代西方国家普遍采用的调整劳动关系的重要制度。集体谈判区别于劳动者个人为自己利益与雇主进行的个别谈判。在大多数国家的文化中,除非劳动者个人拥有企业急需但劳动力市场又十分短缺的特殊技能,否则,他们更倾向于与其他劳动者联合起来共同确立就业条件和待遇,以防止雇主提供不利于自己的劳动条件。于是,一些工人团体或工会便开始与雇主或雇主团体就工会会员的就业条件和待遇进行谈判和协商,这种行动被称之为集体谈判。

集体谈判可以在不同层次上进行,涉及的问题范围也有宽有窄,但不同层次谈判所形成的协议内容却基本一致,都包含了就业协议的主要条款,都是由劳动者集体而不是个人决定的。集体谈判的内容虽然各有差异,但大多数集体谈判都包括以下五个问题:①资方权利;②工会保障;③工资和福利;④个人保障、权利;⑤争议的解决。同时,集体谈判形成的程序性规则也控制着工作场所的劳动关系,这些程序性条款涉及集体争议的处理、员工抱怨、解雇冗员、健康安全或惩戒程序等。

从1994年《劳动法》颁布至今,我国已形成一个集体谈判和集体合同的法律和制度雏形。《劳动法》规定,劳动者可以与用人单位签订集体劳动合同;《集体合同规定》对集体合同的参与方、集体合同做出了较为具体的规定;《关于工资集体协商暂行规定》更便于操作;修改后的《工会法》也进一步对集体谈判和集体合同作了规定。

尽管目前我国的集体谈判和集体合同制度处于起步和试验阶段,但一个不容忽视的问题是,集体谈判和集体合同流于形式的问题十分突出。众所周知,集体谈判与集体合同制度的关键和核心是"谈判"。在市场经济国家,这是一个非常艰难、充满斗争和讨价还价的过程。然而我国的集体合同却缺乏"谈判"过程,因为

---

① 李景森,贾俊玲.劳动法学.北京:北京大学出版社,1995:119.
② 参见《中华人民共和国劳动法》第33条.

这种自上而下的集体谈判缺少来自基层的支持,缺少工会组织的参与,甚至是政府包办的一种单方面行为。实践证明,集体谈判制度是劳资双方进行经济协商的一种颇为有效的选择方式。

四、工业民主:员工参与管理

(一)员工参与管理的概念

员工参与管理即共同管理,指员工参与到企业的管理活动中,共同制定企业组织策略或战略,共同对有关问题进行决策的制度。员工参与管理最早起源于19世纪末英国的集体谈判制度,内容包括参与所有、参与管理和参与分配,并在第二次世界大战后的工业民主化运动中逐步得到法律承认。

(二)旅游企业实施员工参与管理的意义

1. 员工参与管理是旅游企业激励员工的一种重要的手段

根据马斯洛的需要层次理论,员工参与民主管理是个人自我实现的需要。人总是希望能最大限度地发挥自身的潜能,达到所追求的目标,而这种潜能和目标的实现是在工作的参与过程中实现的。因此,要采取各种办法促使员工有充分发挥其潜能的机会,如让其承担富有挑战性的工作、自主决策、充分授权、支持员工好的设想等,以满足他们自我实现的需要。员工参与是一种重要的激励手段,它能满足员工归属的需要和受人尊重的需要,给人以一种成就感,是企业对员工进行激励的重要手段。

2. 员工参与管理有利于提高员工的工作热情

工作热情高的员工十分关心他们都做了哪些事情,并喜欢承担繁重的工作。工作热情与良好的工作绩效之间的联系是显而易见的,工作热情高的员工会以任务为导向,努力提高工作业绩,实现工作目标,把提高工作绩效看作自我价值的实现。这些员工在努力完成工作任务的同时,一定会尽全力投入自己的人力资本,使工作完成得更加富有成效。

3. 员工参与管理有利于创造良好的人际关系氛围

"社会人"的假设认为,人们在工作中得到的物质利益,对于调动人们的生产积极性只有次要意义,人们最重视在工作中与周围的人友好相处。良好的人际关系对于调动人的生产积极性起到决定性的作用。员工参与管理为组织缓解劳资矛盾、创造良好的人际关系氛围起着重要的作用。员工参与管理可以使员工获得心理满足,会减少对组织和管理者的抱怨和不满,他们会更加理解和支持上层管理者的意见和决策。同样,当上层管理者与员工有了更紧密的联系和接触之后,会发现员工对与岗位相关的问题总能提出独到的见解,能够虚心地倾听员工的意见。这样的良性循环,创造出一种合作关系和伙伴关系,也创造出一个融洽的相互交流的气氛,这种关系的建立有助于提高组织的绩效。

（三）旅游企业员工参与管理的形式

1. 目标管理

目标管理(Management by Objective, MBO)最早由美国著名管理学家德鲁克(P. Drucker)于1950年提出,后得到他人补充和发展,现已广泛地为世界各国所接受。目标管理,是在科学管理和行为科学理论基础上建立起来的员工参与管理的制度。目标管理是一个管理系统,也是一种过程管理。目标管理建立在强调自我控制、自我指导的基础上,明确的目标使人有明确的方向感,而只有参与了目标的制定才能有执行的积极性,进而产生自我控制和自我指导。目标管理能使员工发现工作的兴趣和价值,满足他们在工作中自我实现的需要。把组织目标与个人目标相联系,能使员工产生一种强烈的工作欲望,这种欲望能够转化为工作的积极性,更有助于组织目标的实现。同时,让员工从内部参与目标的制定,会减少对外部控制手段的依赖。目标管理是参与管理的一种形式,在性质上体现了系统性和"以人为中心"的主动性管理。

2. 质量圈

质量圈(Quality Cycle)的理论基础是全面质量管理(TQM)。TQM强调质量存在于企业管理的全过程,质量与企业的每一个员工都有关系。在旅游企业中,质量圈一般是由提供某一特定服务的员工自愿组成的工作小组。一个质量圈通常由8~10人组成,他们定期会面(常常是一周一次),探讨问题成因,提出解决建议,实施纠正措施,共同承担着解决问题的责任。会议时间大约1小时,由管理该团队的管理人员或该团队自我选举的一位成员作为协调人主持会议。通过参加质量圈计划,员工能够在提供建议与解决问题的过程中获得心理满足,有助于增进劳动关系双方的沟通,它是员工参与管理、提高旅游企业服务质量的一个重要手段。例如,著名酒店集团里兹-卡尔顿质量管理始于公司总裁、首席经营执行官与其他13位高级经理,无论总经理还是普通员工都要积极参与服务质量的改进。高层管理者要确保每一个员工都投身于这一过程,要把服务质量放在饭店经营的第一位。酒店通过各个层级的质量管理小组来讨论和决策产品和服务的质量管理、市场增长率和发展等问题,确保顾客100%满意。

3. 员工持股计划

员工持股计划(Employee Stock Ownership Plans, ESOP)是20世纪60年代初在美国出现的一种新型的员工参与方式,其主要内容是:企业成立一个专门的员工持股信托基金会,基金会由企业全面担保,贷款认购企业的股票。企业每年按一定比例提取出工资总额的一部分,投入到员工持股信托基金会偿还贷款。当贷款还清后,该基金会根据员工相应的工资水平或劳动贡献的大小,把股票分配到每个员工的"员工持股计划账户"上。员工离开企业或退休时,可将股票出卖给员工持股信托基金会。

员工持股计划的普遍推行,使员工与企业的利益融为一体,员工对企业前途充满信心,从而大大提高企业绩效,员工也从持股中得到了巨大的利益。随着市场经济的发展,ESOP渐渐成为一些旅游企业留住人才、激励员工的有效方式。例如,星巴克的创始人霍华德于1991年在全公司推行了"咖啡豆股票",使员工和他一样成为星巴克的"合伙人"。作为第一家给予员工优先股权的公司,其利用人际资本的措施立即取得明显效果:员工的流动率从每年175%下降至65%。

4. 职工代表大会

职工代表大会即企业民主管理制度,是我国国有企业实行企业民主的最基本的形式,是员工行使民主管理权力的机构,它由民主选举的员工代表组成。职工代表大会制度是建立以职代会制度为主体的员工参与民主选举、民主决策、民主管理、民主监督,维护员工权益,协调企业内部劳动关系的维权机制。职工代表大会制度能够使员工代表对企业决策进行监督,及时反映员工的意愿和要求,平衡劳动者与投资者、管理者的关系,能够把员工利益和企业利益结合在一起,共同承担风险、承担责任、共享利益,在促进公司发展、协调劳动关系方面起到重要作用。

思考与练习

1. 简述工人加入工会的理由。
2. 讨论中国的工会和美国的工会发挥的作用有什么不同。
3. 员工参与管理有什么意义?旅游企业如何激励员工的参与管理?

第十二章

并购与人力资源管理

本章导读

按照战略性人力资源管理的思想,企业的人力资源实践应该与企业战略相一致。作为企业的一种扩张战略,并购势必造成双方企业人力资源环境的变化,进而给企业的人力资源管理带来挑战。同时,并购战略的形成和实施又需要企业人力资源部门的全面参与。本章将人力资源管理职能放到企业并购的战略背景中,重点关注并购给企业人力资源管理带来的影响,以及人力资源职能如何辅助并推动企业并购战略的成功实现。

第一节 并购对企业人力资源的影响

一、并购的含义与类型

并购是企业扩张的一种重要形式,也是市场经济条件下调整产业结构、优化资源配置的一种重要途径。企业并购是指一家企业以现金、债券、股票或其他有价证券,通过收购债权、直接出资、控股及其他多种手段,购买其他企业的股票或资产,取得他企业资产的实际控制权,使其失去法人地位或对其拥有控制权的行为。从法律和财务处理的角度来看,兼并与收购这两个概念是有显著区别的。但作为企业的资本运营方式,兼并与收购在经济运行中产生的作用和效果是一致的。所以,通常将这两个概念结合在一起使用,概称并购(Merger & Acquisition,简称 M & A)。

按照并购双方所涉及的行业,旅游企业的并购包括横向并购、纵向并购和混合并购三种类型。横向并购(Horizontal M & A)是提供同类产品的旅游企业之间的并购,例如 2011 年经济型酒店连锁集团如家酒店以 4.7 亿美元收购了另一家经济型酒店品牌莫泰 168 的全部股权。通过横向并购的方式,企业可以扩大生产规模进而获得规模经济效应。纵向并购(Vertical M & A),也称垂直并购,是处于旅游行业产业链上不同企业之间的并购,例如中青旅以参股的形式,先后参与乌镇景区、古北水镇景区以及濮院古镇旅游景区的开发与经营。纵向并购使得企业原有的市场交易内部化,进而大大降低交易成本。而混合并购(Conglomerate M & A)则是旅游企业并购其他行业中的企业,例如2014年华侨城集团斥资2.49亿,收购康佳旗下康佳视讯系统工程有限公司100%的股权。

总体来看,上述三种并购类型中,目前旅游企业更多地采用混合并购和横向并购的方式,而纵向并购相对较少。据不完全统计,从1993年6月新锦江(600650)上市至2004年年底,A股市场以旅游为主业或旅游业务占相当比重的40家旅游类上市公司,累计发生各类并购事件103起(个别公司实现经营转型后发生的并购事件不计算在内),其中混合并购、横向并购、纵向并购分别占63%、31%和6%。

综合并购动机以及并购企业的特点等因素,可以将并购分为另外三种类型。第一种是扩展式并购,是企业为了多元化需要而进行的并购。尽管并购方期望业务方面的成长,但除了财务资源之外,它可能不愿意为被并购企业投入更多的其他资源。一般情况下,被并购企业会继续维持正常的经营活动,而并购企业仅持有股权。第二种是合作式并购,包括协同式并购和交换式并购,即并购方与被并购方以平等的地位合并,通过协同效应和技能交换效应来创造价值。双方企业要在现有政策的基础上出台新的政策,并采用对方的优势技能。第三种是再造式并购,一家企业为了获得另一家企业的控制权而进行的并购。并购完成之后,通常由并购企业接管被并购企业。

二、并购带来的人力资源问题

并购可以实现企业的规模扩张,提高企业的运营效率,但并非所有的并购活动都产生了预期的协同效应。企业并购失败的原因,大都与人力资源管理有关。2004年翰威特(HEWITT)在公布的调研报告中对并购无法成功的原因进行了分析。该报告将并购过程分解成三个阶段,而每个阶段都存在导致并购失败的原因。在可行性研究阶段,"隐藏的债务"和"错误的估价"可能致使并购失败;而在整合准备阶段,并购失败的原因则在于"关键人才的流失"和"不良沟通";在整合阶段,"不可调和的文化""关键人才的流失""不良沟通"等因素也会使整个并购过程功亏一篑。由此可见,并购过程中的不同阶段,企业会面临不同的人力资源问题。

不同类型的并购活动也会给企业的人力资源管理带来不同程度的影响。在扩展式并购中,被并购企业维持独立运作,所以管理层继续留任,大多数员工仍留在原有岗位上,整个企业人力资源政策和组织结构受到的影响比较小。如果是合作式并购,并购双方原有的组织结构和人员配置出现重叠,人力资源整合可能会使一部分员工离开原有工作岗位。因此,合作式并购对双方企业的员工都会产生比较大的影响,尤其是对被并购企业的高层管理人员影响更大。如果是再造式并购,被并购企业通常会采纳并购方的人力资源政策和流程,一些高层管理人员可能因为新公司的经营业绩不佳而离职。总之,无论是哪种类型的并购,都会对被并购企业的人力资源环境以及员工心理造成一定影响。

(一)内部人力资源环境的变化

1. 政策制度的差异

并购完成后,双方企业面临的第一个问题就是如何将两个企业不同的政策制度、管理规范统一起来。显然,作为其中的重要组成部分,人力资源政策也将发生相应的变化,例如人力资源计划、员工培训、绩效考核、薪酬福利、员工关系、晋升、激励等。但在并购双方管理制度差异比较大的情况下,制度对接的难度会非常大。一些员工在遭遇变化的时候都会出现恐惧和抵触心理,可能会认为"我们公司之前是这样的,现在怎么可以那样呢"。而人力资源政策涉及每个员工的切身利益,更是制度整合过程中"难啃的一块骨头"。

那么,被并购企业究竟是重新设计一套新的政策体系,还是换用并购企业的政策体系呢?斯凯维格(Schweiger)和韦伯(Weber)在1989年的研究调查中发现,并购企业重新设计新体系的比例非常低。即使被并购企业的人事政策短期内可能保持不变,但最终还是会采纳并购方的人事政策。

2. 企业文化的冲突

企业文化是一个企业在长期实践过程中形成的特有行为模式,包括物质文化、制度文化、价值观三个层面。就重要性和复杂性而言,文化融合已成为企业并购过程中最为突出的人力资源问题。

一方面,在可行性研究阶段,很多并购企业,无论是并购方还是目标企业,都没有建立文化融合评估机制,结果将两个文化差异巨大的企业拉拢到一起,这就直接影响到之后的整合工作,甚至影响到最终的并购效果。另一方面,即使并购双方的企业文化较为相似或一强一弱,易于整合,但要在短时间内实现真正意义上的文化融合是不可能的。因为对目标企业来说,企业文化本身是一种长期行为模式的沉淀,不会因为企业被并购而消失,反而会在较长时间内影响被并购企业员工的心理和行为模式。对于并购企业来说,即使并购了另一家企业也不能将自己已有的企业文化强行推广给对方。因为这样很容易使被并购企业员工产生抵触心理,造成双方企业员工的冲突;甚至可能损失优秀的员工,进而影响其他员工的忠诚度。因此,相比政策制度的统一,并购双方企业文化的融合需要更长的时间。

3. 内部沟通环境的恶化

无论两家企业是平等自愿的"兼并"行为,还是一方"收购"另一方,沟通都是联姻后新企业长期成功的关键要素。然而,由于被并购企业员工的抵触心理、外界因素等诸多原因,并购企业之间要进行有效的沟通和交流不是一件容易的事情。

而被并购企业内部沟通也可能因为管理者在过渡期的沟通方式不当而恶化。在企业的日常运营中,管理者通常是用"信息转移"的沟通方式,也就是根据企业的计划来布置工作。但在管理权发生变更的情况下,对员工来说"未来的工作前景会如何"比"今天做什么"更重要。单纯有关工作任务的信息不足以减轻员工对自己前途的担忧。在此期间,管理者应通过沟通来保持与员工的非工作联系,帮助员工完成对并购的"心理过渡"。

(二)员工心理和行为的变化

1.员工心理压力大

作为企业变革的一种形式,并购会给双方企业的员工,尤其是目标企业员工,带来巨大的精神压力。两个企业合并后,势必会出现人员富余,员工的工作职位、薪酬、福利、绩效体系等都可能发生变动,一部分员工甚至还面临被解雇的危险。在这种工作前景不确定,工作稳定感消失的情况下,员工心理压力大是很正常的。但企业的变革毕竟不是普通员工可以抗拒的,随着并购过程的推进,员工也会慢慢接受现实。因此,在整个并购过程中,目标企业的员工可能会经历一个从否认、反对并购到认同、接受现实的心理过程,美国学者马科斯(Marks)和米尔维斯(Mirvis)称之为"并购情绪综合征(Merger Motional Syndrome)",如图 12-1。

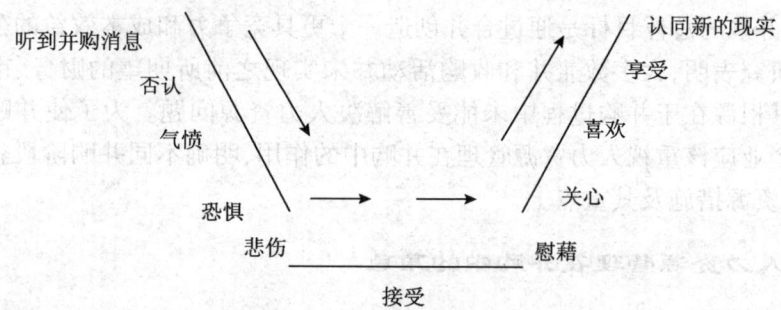

图 12-1 并购情绪综合征

资料来源:Hunsaker,Pland Coombs. Merger and acquisitions:managing the emotional issues. Personnel,1988 (3):56-63.

在并购过程中,员工心理的焦虑不安必然会影响其工作效率,以及他们对企业的信任感。与此同时,员工的自我保护意识会增强,为保个人利益,他们在行为上会更加小心谨慎,不愿意冒风险。这些都会影响企业的整体运营效率。

2.关键人才流失

员工心理压力大,可能导致的另一个结果就是离职率上升,关键人才流失。研究表明,通常高层管理人员和优秀人才会最先离职。而在企业并购中关键人才的流失比率大约是正常流失率的 12 倍。一方面因为这些关键人才最容易受猎头公司的关注,跳槽成功率比较高。另一方面,并购后组织结构调整带来的权力、薪酬、福利等方面的变化,也会给一部分关键人才造成心理落差。当然,这些关键人才的流失也有可能是因为不适应新公司的整体文化或管理制度。

无论出于何种原因,员工的离职,尤其是核心员工的离职将会对新企业的平稳运行和长期发展造成伤害。即使是一名普通员工,企业并购/被并购之前也曾对他进行过培训投资。一旦他离职,企业之前的投资就付诸东流了。而且跳槽的示范效应也让留下来的人不能安心工作。由于对未来预期的不确定性和缺乏安全感,许多员工在这个阶段持观望态度,一旦在工作中遇到不满或在外部找到好的工作机会,都可能促使他们马上离职。最为重要的是,一些关键人才的跳槽可能会导致一大批客户的流失,这在酒店和旅行社行业中表现得更为突出。总之,关键人员的流失不仅直接损害了企业的能力和竞争力,而且会在组织中引起连锁反应。旅游业本身就是一个人员流失率高,且高层管理人才紧缺的行业,所以旅游企业在并购过程中更应该重视对关键人才的保留问题。

第二节 并购中的人力资源活动

企业并购的总体目标是通过合并创造一个更具竞争力和成本效益的公司。然而,相关研究表明,大多数兼并和收购活动并未实现之前所期望的财务、市场或产品收益,其根源在于并购过程中未能妥善解决人力资源问题。为了使并购达到预期效果,企业应该重视人力资源管理在并购中的作用,明确不同并购阶段企业应采取的人力资源措施及其重点。

一、人力资源管理在并购中的角色

参照美国学者戴维·尤里奇(Dave Ulrich)提出的分类框架,人力资源管理的价值主要体现在执行企业战略、管理基础制度、保证员工贡献以及管理变革四个方面。根据战略导向性和实际工作内容,可以将人力资源管理所承担的角色分为四类(如图12-2所示)。首先,作为"战略伙伴(Strategy Partner)",人力资源管理的主要任务在于确保企业所制定的经营发展战略能够贯彻执行。其次,人力资源部门要负责设计一系列行之有效的人力资源管理制度、管理流程以及管理实践,扮演传统的人事管理专家(Administrative Expert)的角色。"变革推动者(Change Agent)"意味着人力资源部门要帮助企业进行变革,使之适应新的竞争条件。最后,作为"员工代言人(Employee Champion)",人力资源部门还要处理与员工相关的一些日常事务,了解员工的需要,通过培训、绩效考核、激励等措施提升员工对企业的贡献。

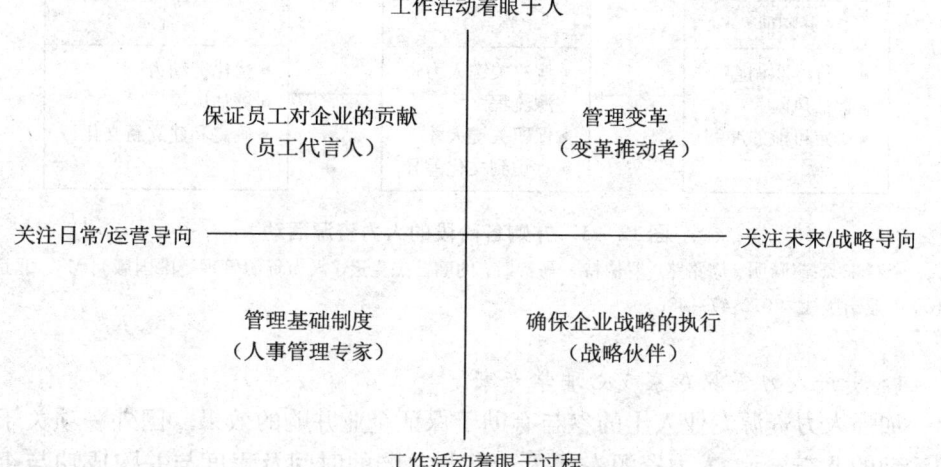

图 12-2　人力资源管理的角色模型

资料来源：Conner J, Ulrich D. Human resource roles: Creating value, not rhetoric[J]. Human Resource Planning, 1996(19): 38-49.

人力资源管理在企业并购过程中,同样承担着战略伙伴、变革推动者、员工代言人以及职能专家的角色。虽然 CEO 和财务部门通常是并购案的主导者,但并购交易前后人力资源部门需要在管理变革方面承担重要责任,如妥善安排、部署各项工作,使整个并购活动能平稳顺利进行。并购开始之前,人力资源部门要向员工解释并购的理由,说明当前应该要做的事情;在并购过程中,人力资源部门要帮助主管处理裁员、关键人才保留等人事问题;并购结束后,人力资源部门还需要结合人力资源开发、薪酬体系等实际问题,进一步巩固新建企业的组织结构形式。

由于不同并购阶段企业所面临的人力资源问题不同,人力资源部门所承担的角色重点也会有所不同。在并购规划阶段,人力资源部门可能会更多扮演"战略伙伴"和"变革推动者"的角色;在并购交易阶段以及交易完成后,人力资源部门的重心可能放在员工管理以及制度整合方面,即侧重于扮演"人事管理专家"和"员工代言人"的角色。

二、并购各阶段的人力资源活动

人力资源活动贯穿于企业并购的整个过程,在并购的不同阶段,人力资源活动的重点也会不同。

(一) 并购前

在并购的计划阶段,人力资源部门应该从战略上评估并购可能带来的风险,预测并购双方尤其是被并购企业员工的反应,做好人力资源整合规划。

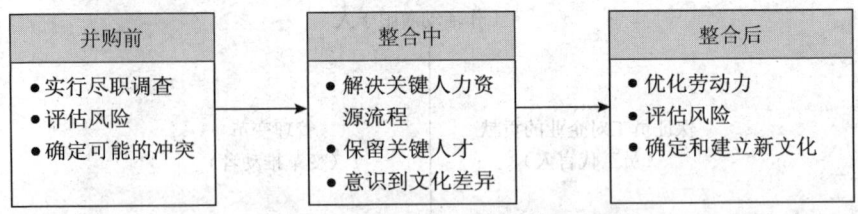

图 12-3 并购各阶段的人力资源活动

资料来源:赵曙明,周路路,罗伯特·马希斯,约翰·杰克逊.人力资源管理(中国版)[M].北京:电子工业出版社,2012:47-48.

1. 引进人力资源专家或心理学专家

加强人力资源专业人士的参与有助于保证企业并购的效果。国外一项关于并购活动的调查显示,人力资源专业人士参与并购的时间及程度与并购成功与否有显著的关系。人力资源专业人士参与并购过程越早,参与范围越广泛,并购成功的可能性也就越大(见表 12-1)。

表 12-1 人力资源专业人士参与并购的程度与并购成败之间的关系

	并购前阶段	尽职调查阶段	计划整合阶段	实施阶段
成功并购企业中人力资源专业人士的参与度	21%	72%	85%	87%
不成功并购企业中人力资源专业人士的参与度	12%	39%	53%	73%

资料来源:Schmidt, Jeffrey A. The correct spelling of M&A begins with HR[J]. HR Magazine, 2001, 46(6):102-108.

2. 做好尽职调查

尽职调查是对被并购企业财务、运营、人力资源等各方面的全面评估。在决定是否兼并或收购目标企业之前,公司的财务部门、营销部门、人力资源部门都会参与进来。财务部门负责考察目标企业的资产和负债状况,以确定并购是否存在财务风险。人力资源部门评估目标企业的人力资源状况,包括员工的年龄、学历结构、管理级别、关键员工数量,以及工资福利计划、劳动合同、人事政策等。人力资源专业人士应该充分参与尽职调查,及早发现并购中可能存在的人力资源问题,并采取各种措施尽量减小这些问题对并购活动的影响。

3. 列出目标企业关键人才清单

尽职调查结束后,并购方人力资源部门应列出那些对新企业未来发展有重要影响的关键人才,通过各种方式,了解他们对并购本身以及对并购方的态度,评估他们的心理反应,尽最大努力挽留这些关键员工。另外,并购方还应关注本公司员工对并购行为的反应,提前与本公司员工进行沟通,解释并购的理由,减少员工对并购行为的焦虑和不确定感。

(二)整合中

在并购交易阶段,被并购企业员工对未来的不确定感以及随之而生的焦虑感越来越强烈。交易达成后,并购方必须做好人力资源流程的有序过渡:如实施一系列安抚计划,留住关键员工;解决两个企业之间可能存在的文化冲突问题。

1. 选择合适的整合经理

并购整合阶段最关键的人力资源活动就是选择合适的整合经理。如果被并购企业的主管人员不确定,"群龙无首"的局面会导致并购过程中出现产品开发受阻、决策延缓等问题。整合经理的人选有以下三个基本途径,各有利弊。一是并购企业调任原企业主管担任整合经理。优点是其比较忠实于并购企业,在决策的执行上更忠实于并购企业的战略计划,能够把企业文化、思想和管理方法带入新企业,有助于并购协同效应的产生。但是,新派人员对被并购方的经营业务以及内部管理需要有一个熟悉的过程,新员工接纳新企业文化、思想和管理方法等也需要一段时间。二是并购企业留用被并购企业原主管担任整合经理。在跨行业并购情况下,如果并购方对被并购企业的业务不太熟悉,并购方可能会考虑留用被并购企业原来的主管,通过各种报表及时掌握被并购企业的经营状况,进行间接控制。但是,留任的主管人员可能会对自己究竟代表哪一方利益产生角色模糊感,进而对并购后的企业决策执行不力,妨碍并购后的人力资源整合。三是整合经理由第三方担任。这样可以避免其倾向于并购双方中的某一方,但第三方担任的整合经理往往对企业情况缺乏了解。无论哪种途径,整合经理要扮演项目经理、交流者、监视者、倡导者、调查者以及谈判代表等多重角色,因此该人选应该具备较强的管理才能,熟悉业务,并且有时间全权负责整合事务。

2. 保留关键人才

并购交易达成之后,人力资源部门要制订并实施人事选拔与调整方案,优化新企业的人才存量结构。一般来说,即使并购过程进展顺利,被并购企业的员工也难免会出现"并购情绪综合征",对自己的工作前景不能确定,缺乏工作安全感,心理焦虑不安。缓解员工心理压力的方法就是让员工知道自己的前途如何。所以,并购双方可以及早进行高层管理人员会晤,就如何留住关键人员进行磋商。人力资源主管应及时安排各部门主管与员工进行充分的、开诚布公的沟通,让员工理解并购是企业的长期经营策略,使抵制情绪得到缓解。此外,并购方应该及早对被并购方的员工进行评估和选拔,将合适的人安排在合适的岗位。通过评估、比较员工的能力、绩效和潜力,管理者可以就保留哪些员工做出明智的决策。对于企业的关键人才,管理者可以运用薪酬福利、工作自主权、职业生涯承诺等激励措施予以保留。

3. 妥善处理裁员问题

职位缩减和裁员是并购完成后企业面临的一个现实问题。是否裁减被并购企业的人员,应取决于并购后企业的经营目标、生产要素的配置以及实际需求。在决定裁员之前,管理者应该先考虑能不能用其他方案,例如工作分担、自愿减薪来代替裁员。通常企业被裁减的对象主要包含四类人员:反对派和蓄意阻挠者、人员重叠需要裁减者、不履行职责者以及冗员。如果必须要裁员,企业应该与员工进行充分的沟通,向员工说明裁员的原因和标准,保证裁员程序的公开、公正、公平。同时企业可以建立内部劳动力市场,进行内部竞争。在劳动法规定的企业裁员补偿范围之外,企业在财务状况允许的情况下,可以给予被裁减员工适当的物质补偿,为被裁减者重新就业提供帮助,包括就业培训和提供就业信息等。尽管成本较高,但合理的裁员补偿措施以及企业在裁员过程中的"有情"行为,会对留任员工的忠诚感产生积极的影响。

4. 整合人力资源政策体系

并购会导致一方或双方企业的人力资源政策体系发生变化。并购方应该结合双方企业的实际情况,逐步实现薪酬福利、绩效考核、员工关系等人力资源基本政策的平稳过渡。如果被并购企业的人力资源管理制度良好,并购方就无须进行大幅度变革;相反,如果被并购企业的人力资源政策不符合期望,为了便于内部沟通和统一管理,并购方会将自身的人力资源制度迁移到对方企业。

(三) 整合后

即使经过动态调整进入了相对稳定的时期,并购方也可以根据企业的总体战略和人力资源规划,对合并后的人力资源政策进行梳理、评估、调整、创新和淘汰。总之,要让并购双方企业的员工抛开"我们—他们"的心态而形成"一个组织"的意识,需要通过持续的努力来实现企业文化的融合。

企业文化是企业在连续的生产经营活动中长期积累形成的,随着企业的发展而不断发展。每个企业都有自己独具特色的文化,这种独特的文化体现在员工的日常行为中。如果要改变企业文化,首先要改变员工行为。企业可以从以下几个方面着手:一是定义企业期望的行为,提供一些符合企业期望的员工行为的例子,并将这种行为与绩效考核挂钩;二是树立一些能体现企业所倡导行为的榜样,在整个企业中宣传推广榜样案例;三是对榜样员工进行激励,以强化其行为,同时激励企业中的其他员工;最后是提供清晰一致的信息,让员工清楚地知道企业期望他们做什么以及做出这种行为会受到什么奖励。当然,企业文化的形成和改变不是一朝一夕的事,两个企业要实现文化的融合和重塑,可能需要较长一段时间。

第三节 并购企业的人力资源整合

正如著名管理学家德鲁克所说:"公司收购不仅仅是一种财务活动,只有收购后对公司进行整合发展,在业务上取得成功,才是一种成功的收购,否则只是财务上操纵,将导致业务和财务上的双双失败。因此,完成收购并不等于是成功的并购,并购能否成功不仅仅取决于被并购企业创造价值的能力,更取决于并购后的整合,尤其是人事方面的整合。"

一、人力资源整合的影响因素

并购后的人力资源整合是企业并购成功不可缺少的重要环节。并购双方在管理制度和企业文化上的差异,无疑会给并购后的人力资源整合工作带来困难。除此之外,企业并购活动的类型也会影响人力资源整合的实施难度。

(一)并购前双方企业的人力资源系统建设状况

并购双方的人力资源系统建设状况直接影响人力资源整合的难易程度。如果并购企业和目标企业的人力资源系统都比较完善,并购后的人力资源整合就会存在一定难度。这种情况下,并购企业的整合目标应该是建设更好、更适用的人力资源系统。如果并购企业的人力资源系统不太完善而目标企业却相对完善,就有可能出现两种结果。一种结果是并购企业能够迅速学习、吸收目标企业的人力资源管理模式,整合工作难度较小;另一种是并购企业无法接受对方的人力资源管理模式,整合工作难度较大。反过来,如果并购企业的人力资源系统比目标企业更完善,整合目标就会更容易实现。

(二)并购类型

不同类型的并购活动对企业人力资源管理的影响程度不同,因而并购后人力资源整合工作所面临的难度也会不同。扩展式并购让被并购企业维持独立运作,并购双方基本沿用原有的人力资源管理体系;合作式并购由于双方地位平等、实力相当,所以并购后的人力资源整合对于双方来说都是一个比较大的挑战;再造式并购通常是由并购企业直接接管被并购企业,这就需要并购企业具有非常强的人力资源整合能力。

二、人力资源整合措施

(一)组建一个高效的人力资源整合团队

在人力资源整合阶段,并购双方的管理层和员工之间很容易构筑敌意,出现所谓的"界面问题"。如果对整合过程中的问题处理过于草率,很容易造成两个企业的管理者"在桌面上争吵不休、在私下里互不合作",结果导致部门之间矛盾重重,整合陷入困境。组建一个强有力的人力资源整合团队,对于并购企业来说非常有必要。人力资源整合团队负责并购后人力资源整合的全部事务,包括制定、实施人力资源整合计划、协助双方信息沟通、及时向并购方高层反馈重大事件的处理等。

要保证人力资源整合团队的工作效率,团队的成员结构必须合理。团队成员必须是双方企业中有影响力的权威人士,具备人力资源专业知识,熟悉相关劳动法规,对整个并购计划了如指掌,并且能迅速处理一些突发事件。团队成员的构成,最好是双方企业各占一定比例,并且包含一部分高层管理人员。在组建人力资源整合团队的基础上,并购企业可以引入一个新职位——专职整合经理,全权负责并购后的整合业务,建立整合机构,推动整合进程,监督整合工作在期限内完成,确保整合后的业绩符合企业的发展目标。

(二)制定人力资源整合规划

人力资源整合团队应该以并购后企业的整体经营战略为指导,制定人力资源整合规划,以此为标准开展工作。人力资源整合规划是根据并购后企业环境的变化,分析、确定企业人力资源需求的数量与质量,然后以满足需求为目标来设计人力资源供需平衡方案。人力资源整合规划在内容上应具有全面性和协调性,不仅要涵盖企业人力资源管理的各项内容,充分考虑并购双方的企业文化特点,也要与并购合同中有关人力资源的条款一致;既要协调短期内容与长期内容的互动发展关系,也要协调好人力资源整合规划和其他规划方案的关系。在规划方案完成之后,还应考虑其公布的时间,以及相应的沟通方案。

(三)人力资源配置

人力资源配置需要考虑企业并购之后所有受到影响的员工和管理人员,帮助他们更好地适应重组后的企业环境与工作。主要措施包括:确定被并购企业的关键人才,通过心理、情感、事业与待遇等各方面的措施留住关键人才,实现与并购企业人才的有效整合;妥善处理裁员问题,对于被裁员工给予物质补偿和重新就业的帮助;对并购之后职位或职务发生变动的管理人员与员工,进行沟通,必要时提供心理疏导与培训,帮助其更好地胜任新的岗位。

(四)整合人力资源环境

1. 组织制度的重构

并购交易完成后,为了稳定新企业的经营发展,并购企业要形成有序统一的组织机构和规章制度体系。管理者应该在了解双方企业组织架构的基础上,确定并购后企业的组织结构图。组织结构的调整目标取决于并购方的经营目标和总体战略。并购企业可以精简被并购企业中不必要的部门,该撤销的撤销,该合并的合并,或者根据需要设立新的部门,建立高效统一的组织。另一方面,管理者要对并购双方的管理制度进行整合,统一员工行动规范。首先要对并购方的管理制度进行审查,如果有些制度不合理或者与并购企业的管理制度相抵触,就应该进行修改或予以取缔。

2. 文化整合

在并购前,企业文化的兼容性是并购双方决策的重要砝码。并购后,快速的文化整合有助于稳定人心,使留任的员工迅速融入新公司的角色,安心工作。企业文化整合的基本任务,就是塑造一种被全体成员认可的核心价值观念,营造一种有利于调动员工积极性,发挥其才智的工作氛围。

文化整合可以采用四种模式,即吸收模式、一体化模式、分离模式以及消亡模式。吸收模式是指被并购方完全放弃原有的价值理念和行为假设,全盘接受并购方的企业文化,使并购方获得完全的企业控制权。由于企业文化是一种比较稳定的意识,一旦形成很难舍弃,所以这种模式只适用于并购方的文化非常强大而被并购企业原有文化又很弱的情况。一体化模式是指经过双向的渗透妥协形成包容双方文化要素的混合文化。如果并购双方的企业文化强度相似,而且相互欣赏彼此的企业文化,愿意调整原有文化中的一些弊端,采取一体化的模式就比较合适。另一种是分离模式,即并购双方拒绝文化融合,保持各自文化的独立性。运用这种模式的前提是并购双方均具有较强的优质企业文化,企业员工不愿文化有所改变;而且并购后双方相互接触的机会不多,不会因文化不一致而产生大的矛盾冲突。最后一种是文化消亡模式,也就是说,被并购方既不接纳并购企业的文化,也放弃了自己原有的文化,处于文化迷茫的状态。这种模式可能是并购方有意而为,也可能是文化整合失败导致的结果。无论是哪种情况,文化消亡模式存在的前提是被并购企业,甚至是并购企业,拥有比较弱的劣质文化。

(五)建立科学的考核和激励机制

并购改变了企业的人力资源环境,同时也改变了人力资源考核和激励机制的适用性。管理者应该从新企业的视角,重新审视人力资源的激励问题,建立新的激励机制。薪酬一直都是企业激励员工的关键因素。并购完成后,曾被双方企业用于构筑竞争力的薪酬差别,有可能成为影响员工士气的关键问题。因此,并购企业必须对薪酬制度进行合理的调整,以发挥其积极作用。首先,并购企业要整合双方企业的薪酬标准,制定一个适合全体员工的薪酬尺度;然后根据企业实际发展需要,对年资、职务、职能以及绩效表现等薪酬因子赋予合理的权重,科学地确定薪酬结构。同时,并购企业还要综合权衡成本与竞争力、公平与差距等矛盾,制定合理的薪酬水平,尽量使员工的薪酬有所增加。并购企业也可以结合员工特点及企业财务状况,灵活运用现金、实物以及股权等支付手段,合理划分支付时间,确定最优的薪酬支付方式。如果并购后员工的工作内容和工作方式发生变化,并购企业也可以将工作丰富化、工作时间弹性化等工作激励手段,作为人力资源整合的一部分。

(六)建立人力资源整合评价反馈制度

人力资源整合是一个有计划的系统过程,企业应该根据后续过程的完成情况不断修正整合计划,提高整合过程的科学合理性。首先,企业要制定科学的评价指标体系,及时对每个整合步骤进行评价。其次是选择合适的评价主体,既要了解评价对象,又要保证评价主体知识结构的复合性以及来源结构的广泛性。最后,对于收集到的评价数据应进行科学处理,并及时传递给对应的员工或相关部门。人力资源环境整合需要与其他整合内容(如人员配置、员工激励)并行,并为其他整合内容提供环境支持。因此,整合团队必须将整合评价结果迅速反馈到相应部门,使并购后的人力资源整合切实成为一个动态有效的过程。

思考与练习

1. 并购会给企业带来哪些人力资源问题?
2. 并购企业如何进行人力资源的整合管理?
3. 并购对企业人力资源的影响体现在哪些方面?如何减少并购对企业人力资源的负面影响?

第十三章

人力资源管理信息系统

本章导读

人力资源部门的工作,依其战略价值可以分为事务性、传统性以及变革性活动。要成为真正的"战略伙伴",企业的人力资源管理职能需从烦琐费时的事务性管理中解放出来,而将更多的时间投入企业的变革性活动。而人力资源管理信息系统作为一种现代化的管理工具,可以辅助企业人力资源部门实现这一转变。通过本章的学习,可以了解人力资源管理信息系统的基本构架及其在企业中的应用。

第一节 人力资源管理信息系统的发展过程

随着现代电子信息通信技术的发展,信息技术作为一种现代化的工具,被广泛运用于企业的管理活动之中。将信息技术与企业人力资源管理活动结合起来,建立自动化、信息化的人力资源管理系统,不仅可以提高人力资源部门的工作效率,更有利于发挥人力资源管理的战略性作用。当然,广义的人力资源信息系统不单指基于计算机的那部分应用系统,而且还包括企业的各种人力资源政策及行为、书面形式的信息流,以及人力资源决策程序。这里,我们着重讨论的是辅助企业人力资源管理的计算机应用系统。根据其功能或者说在企业管理中的应用范围,人力资源管理信息系统(以下简称 HR 系统)的发展大致经历了三个阶段。

一、第一代 HR 系统重在薪资计算

20 世纪 60 年代,计算机技术已经进入运用阶段。在一些大型企业中,手工计算和发放薪资既费时又费力,而且非常容易出差错。为了解决这一问题,企业开始用计算机来辅助计算薪资,这就是第一代的 HR 系统。受当时技术条件和需求的限制,使用这种系统的用户非常少,而且这种系统也只是作为一种自动计算薪资的工具在使用。尽管如此,这种用计算机来代替手工操作的管理方式,不仅提高了人力资源部门的工作效率,也避免了手工操作可能产生的差错,更重要的是它的出现

使得企业大规模集中处理员工薪资成为可能。第一代 HR 系统的不足之处在于，它没有包含一些非财务的信息，也不包含薪资的历史信息，几乎没有报表生成功能和薪资数据分析功能，也就是说最初的 HR 系统仅起到了计算器的作用。

二、第二代 HR 系统具备历史信息保存和报表及分析功能

第二代人力资源信息系统诞生于 20 世纪 70 年代末。随着计算机技术的飞速发展，计算机无论是其普及性，还是其系统工具和数据库技术的发展，都为人力资源管理系统的阶段性发展提供了可能。第二代人力资源信息系统基本上解决了第一代系统的缺陷，对非财务的人力资源信息和薪资的历史信息都进行了管理，其报表生成和薪资数据分析功能也都有了较大的改善。但这一代的系统主要是由计算机专业人员开发研制的，未能系统地考虑人力资源的需求和理念，而且其非财务的人力资源信息也不够系统和全面。这一阶段的 HR 系统主要用于信息数据的收集和维护，主要的功能模块包括人事信息、薪资福利等。

三、第三代 HR 系统全面涵盖企业的人力资源管理活动

人力资源信息系统的变革性发展出现在 20 世纪 90 年代末。由于市场竞争的需要，人才成为企业最重要的资产之一。如何吸引和留住人才，激发员工的创造性、工作责任感和工作热情成为企业人力资源管理的核心内容。另一方面，随着企业管理水平的提高，企业对人力资源管理系统的要求也更高。而个人电脑的普及，数据库技术、客户/服务器技术，特别是 Internet/Intranet 技术的发展，使得人力资源管理系统开始发生革命性的变化。

第三代 HR 系统从企业人力资源管理的角度出发，用集中的数据库将几乎所有与人力资源相关的数据（如薪资福利、招聘、个人职业生涯的设计、培训、职位管理、绩效管理、岗位描述、个人信息和历史资料）统一管理起来，形成集成的信息源。友好的用户界面，强有力的报表生成工具、分析工具，以及信息的共享，使得人力资源管理人员得以摆脱繁重的日常工作，集中精力从战略角度来考虑企业人力资源规划和政策。第三代 HR 系统的应用范围全面涵盖了企业的人力资源管理活动，不再是一个简单的薪资计算器或者报表分析系统，而成为企业战略性人力资源管理的重要支持系统。

从上述 HR 系统的发展史中，我们可以看出，人力资源管理信息系统的功能受信息技术水平以及企业人力资源管理需求的影响。而网络通信技术的持续发展，企业人力资源管理战略地位的不断提升，也将带动人力资源信息系统持续向前发展。

第二节 人力资源管理系统的基本架构

一、人力资源管理信息系统的构成要素

从整体上看，人力资源管理信息系统是由三个基本要素构成，即数据、关系数据库和统计分析报表。有关企业人力资源的各种数据，经由关系数据库处理，产生相应的管理报告，不仅提高人力资源部门事务性工作的效率，也为企业高层管理者提供决策支持。

（一）数据

人力资源管理信息系统中的数据可分为两类：动态数据和静态数据。

动态数据是员工在进入企业后随着时间的推移而不断发生的，如工资数据、考核数据、培训数据等。动态数据要求企业能及时、准确地对其进行跟踪、辨别、搜集、更新。动态数据是企业领导掌握人力资源状况、管理水平以及提供未来决策支持的主要数据来源。

静态数据有两大类，一类是员工自身所具备的，如员工性别、经历、通信地址等。这些数据变动不大，一般在员工进入企业时，就作为基础数据进入人力资源信息系统。另一类是组织数据，如部门职责、部门结构、职位分布等。一定时期内，组织数据也不会发生重大变化。静态数据在很大程度上决定了关系数据库的结构。

（二）关系数据库

所有动态数据和静态数据最终都要进入企业的关系数据库统一处理。这个关系数据库可以是整个企业信息系统的一个子系统，也可以是单独的系统。关系数据库的建立要根据企业人力资源管理工作的具体需要，要能够很好地反映企业现实状况，适应未来需要，能够帮助处理人力资源数据和提供有价值的报告。

（三）统计分析报告

通过关系数据库，企业就可以将发生的大量人力资源信息进行分类、统计和分析，产生定期的报告，如工资状况、工资分布、员工考核情况、报酬系统的激励效果等。简洁明了的人力资源管理报告，不仅提高了人力资源的管理效率，而且便于企业高层从总体把握人力资源的管理状况。

上述三大要素在人力资源信息系统中扮演着不同的角色。其中，静态数据是整个人力资源信息管理系统运转的基础，属于系统的基础数据层；而动态数据则随人力资源业务处理而产生并不断积累，是统计分析报告的主要数据来源；关联数据库在整个系统中起着"处理器"的作用，对基础数据及大量的业务数据进行分析处理；"处理器"生成的管理报告则成为企业高层决策的参考。或者说，人力资源管

理信息系统在功能结构上可分为三个层面——基础数据层、业务处理层和决策支持层。

二、人力资源管理信息系统的功能模块

人力资源管理的基本职能活动包括七个方面：工作分析、人力资源规划、招聘录用、培训开发、绩效管理、薪酬管理和员工关系管理。因而人力资源管理信息系统中一般都包含了上述七项内容，当然从信息系统整体性考虑，基础数据处理模块以及系统管理维护模块也必不可少，如图13-1所示。

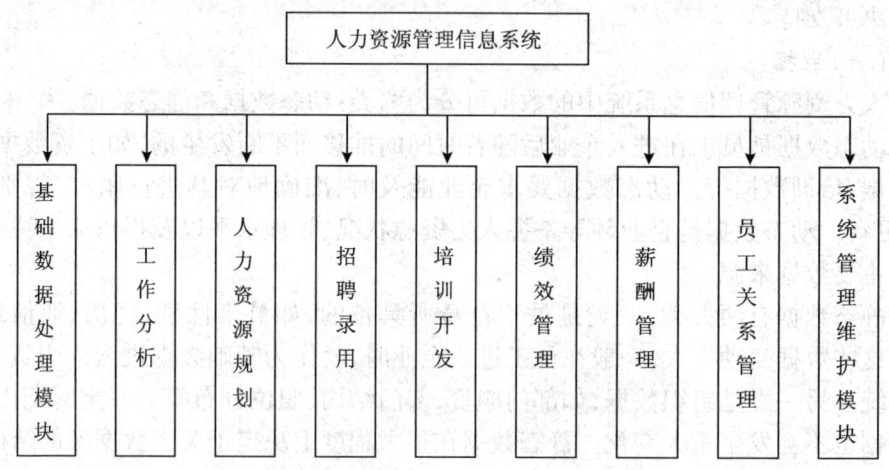

图13-1　人力资源管理信息系统模块

资料来源：郝艳，雷松泽.人力资源管理信息系统应用研究.信息技术与信息化信号处理与模式识别，2005(5)．

（一）基础数据管理模块

如前所述，基础数据是整个人力资源管理信息系统的基础，主要包括组织结构和职工基本信息。在组织结构信息管理子模块中，应根据企业的实际情况建立人力资源管理的体系框架，这将是企业人力资源部门制定职位体系、进行工作分析的基础。而职工基本信息管理子模块主要负责管理职工的个人资料、工作经历、专业技能、绩效考核、奖惩、岗位变动、培训记录以及合同资料等内容，也就是对员工个人档案进行全方位管理。

（二）工作分析管理模块

工作分析是获取与工作有关的详细信息的过程，主要是对现有的工作进行分析，从而为其他人力资源管理实践如甄选、培训、绩效评价及薪酬等搜集信息。工作分析是人力资源管理的第一环节，是企业实现员工与工作的匹配和定员定岗工

作的基础,更是岗位测评的基础。工作分析管理模块的主要功能是,根据组织结构中的职位体系,实现企业内部定员定岗管理。系统化、自动化的工作分析和岗位测评系统包括以下几方面：

(1)构建职位数据信息集,在工作分析的基础上,进行划岗归类、录入有关的岗位信息；

(2)形成系统化的岗位规范、工作说明书和岗位分类图；

(3)把工作构成因素进行分解,构建统一的、结构化量表式的岗位评价要素指标体系数据库,并按要素分层次赋值；

(4)采用要素计点法(点数法)或因素比较法的工作评价原理,建立岗位测评系统。应用计算机网络通过岗位测评系统由职位管理委员会、上级岗位、专家等人员按工作说明书要求及经验对各个岗位的重要性、复杂性等相对价值作出全方位的评价；

(5)通过对各个职位的评价进行比较,确定每个职位的位置、作用及相互关系,并确定每个职位的工作标准；

(6)为人力资源规划、招聘、绩效评估、培训、报酬等管理工作提供测评的数据。这一模块的另一个任务,就是要对工作分析的成果——工作说明书进行档案管理。

(三)人力资源规划管理模块

企业人力资源战略规划是一个系统工程,它包括人力资源预测、人力资源目标的设定与战略规划,以及人力资源规划的执行和效果评价这三阶段。HR系统中的人力资源规划管理模块,主要是负责预测企业未来的人力资源供求状况。

首先,利用因特网等网络技术调查、收集和整理涉及企业战略决策和经营环境的各种信息。在此基础上建立战略资料库,对产品结构、消费者结构、企业产品的市场占有率、生产和销售状况、技术装备、经营区域、人口、交通、文化教育、法律、人力竞争、择业期望等影响人力需求和供给的因素和信息进行分类管理。

其次,以数据信息为基础,综合考虑影响人力资源供求的各种因素,提供几种科学预测方法供使用者选择,如零基预测法、趋势分析法、德尔菲法、比率分析法、回归分析法等。使用者选择一种预测方法,然后运行这一模块就可以获得预测的结果。在比较需求和供给预测的结果之后,该模块还能提供各种实现供需均衡的方法及其缺点,以供使用者参考和决策。

除此之外,还可以采用计算机数学模型或其他仿真模型来预测人员流动,比较人力资源在数量、质量、层次结构等方面的需求与供给的情况。

(四)招聘录用管理模块

这一模块可以帮助企业在招聘开始之前,根据工作说明书确定空缺职位、制订招聘计划；在招聘过程中建立应聘者的个人档案数据库并进行初步筛选；在录用开始后提供各种甄选方法供管理者挑选和使用；在录用结束后记录新员工在录用阶段的表现和成绩，为今后计算选拔测试的信度和效度提供信息。也有一些企业是将企业人力资源招聘甄选的初始工作外包给像中华英才网、前程无忧、智联招聘等招聘网站，而应聘者在网站上填写的个人简历数据库则可以直接转入企业HR系统。

另一方面，这一模块也可以改善内部招聘的效率。许多公司把一些新的职位先向内部员工开放，员工可以在企业信息系统上访问到这些职位的招聘信息，并通过联机填写表格或者发电子邮件申请这些职位。而且，员工可以通过多种索引检索这些信息，而无须查看所有内容。

（五）培训开发管理模块

培训开发管理模块为企业的培训工作提供全过程的管理和服务。首先，根据人力资源管理信息系统提供的所有信息，帮助管理人员完成培训需求分析，即确定在企业中是否需要培训、需要对哪些人进行哪些内容的培训。其次，帮助管理人员制订培训计划，并对确定参加培训的人员进行培训前的测试。最后，在培训结束后记录本次培训的效果，对历史培训情况和培训结果进行查询和统计分析。

除了这种辅助性的服务，企业人力资源管理信息系统也可以借助互联网为员工提供在线培训服务。企业在网上发布一些与业务相关的资料（文字资料、音频资料、视频资料等），参加在线培训的员工不用到特定的地点学习，而且时间不受限制，随时都可以上课。考试时间也可以由员工本人决定，只需在线预订一张试卷，服务器就会随机抽取相关试题考察这个员工是否达到标准。除了这种提供资料的静态培训方式外，在线培训还可以是虚拟教室方式。员工申请培训后，系统会通知他什么时候发布讲课资料。员工到时去阅读讲课资料，然后加入讨论组，可向"老师"提问，也可和"同学"一起探讨问题。

（六）绩效管理模块

主要包括对绩效计划、绩效沟通、绩效考核以及绩效反馈的全过程管理。在绩效计划方面，HR系统这一模块能帮助管理人员确定对职工的绩效、考核目标和考核周期。在绩效沟通方面，该模块应记录职工上级或其他人员与职工进行绩效沟通的时间、地点和方式并记录沟通前后职工行为的变化。在绩效考核方面，这一子系统要提供考核主体、考核方法供管理人员选择和使用。而在绩效反馈部分则应记录职工上级与职工的绩效反馈面谈的时间、地点和内容，并提供绩效反馈面谈表。

（七）薪酬管理模块

企业薪酬管理的内容涉及薪酬设计、工资制度、工资形式、控制调整、福利管理等。而人力资源管理信息系统中的薪酬管理模块,则主要用于管理企业的薪资和福利的全过程,包括企业的薪酬和福利的制度设定、每月自动计算职工薪酬和应缴纳的各种社会保险代扣代缴项目和个人所得税。

(八)劳动关系管理模块

人力资源信息系统中的劳动关系管理子系统负责对企业的劳动关系进行管理,主要内容包括劳动合同和集体合同的管理、劳动安全技术和劳动安全卫生管理、劳动争议管理和企业应为职工缴纳的社会保险管理。

(九)系统管理维护模块

这一模块具有用户权限管理、接口管理和数据库管理等功能。用户权限管理旨在提高人力资源信息系统的安全性管理,只有系统管理员才能拥有增加新用户、修改用户权限。而接口管理可看作是人力资源管理信息系统的延伸和扩展,提供本系统与企业其他系统(如财务系统)和软件(如Word、Excel等办公软件)的接口,从而帮助用户分析、查看、计算人力资源管理数据,辅助生成人力资源管理的各种报表等。最常见的例子是,薪酬管理模块通过接口管理与企业的财务系统连接,这样财务系统就能根据薪酬管理模块的计算结果,定期生成职工工资发放表,进而提高财务部门的工作效率并减少误差。

需要指出的是,这里我们所说的是一个全面的人力资源管理信息系统,并不意味着每个人力资源管理信息系统都必须包含上述九个模块。事实上,很多企业都将其薪酬管理、培训开发、绩效评估等人力资源职能外包。显然,对于这些企业而言,其使用的人力资源管理系统就无须全面涵盖所有的人力资源活动了。

第三节 人力资源信息系统的应用

一、人力资源管理信息系统在企业中的作用

正如本章第二节所述,人力资源管理信息系统不仅成为人力资源部门的"帮手",更是企业高层管理的"参谋"。其涵盖的领域从人力资源计划、人才招聘到人事信息管理、薪资福利管理,以及员工的培训与发展管理等各个方面;同时提供各种查询统计功能与报表输出功能,动态直观地反映企业人力资源的状况,为人力资源管理提供高效的决策支持。换句话说,人力资源管理信息系统既可作为直线经理日常工作的辅助工具,也为人力资源主管参与企业战略决策提供了必要的信息。人力资源管理信息系统能给企业带来多种管理优势,主要表现为以下几个方面:

(一)改善企业人力资源管理的效率

一般来说,企业主要用自编程序、Excel来计算员工的工资,而员工的养老金信

息、合同信息、个人信息等则被存放于多个 Word 或 Excel 文件中，或打印出来放在文件柜里。当上级需要一份报表时，人力资源部门工作人员就要将这些分散保存的信息匹配在一起。这种方式一来带来的工作量较大；二来这也给信息的及时更新和查询造成困难。

如果有相应的计算机程序来处理企业内部相关数据的保存、分析及计算工作，人力资源部门工作人员就不用花费大量的时间来处理纸质文件。雇员资料、考勤记录等人力资源数据记录工作的自动化，使得人力资源管理工作的效率大大提高。一方面，人力资源管理者得以从繁忙的文件处理工作中解脱出来，腾出时间来考虑组织和雇员的实际需求。另一方面，通过对人力资源数据流程的进一步改善，人力资源管理者可以从相应部门获得更多有价值的信息，为企业战略的制定提供帮助。

（二）提高企业人力资源管理的水平

人力资源信息系统的应用使得企业的人力资源计划和控制管理得以量化。人力资源信息系统的建设必然会要求企业提供适合于本企业雇员绩效考核、薪酬和福利管理等工作的一系列指标。而这些量化后的数据信息有利于企业高层领导认识本企业的人力资源现状，同时生成的分析报告也可以作为决策参考，最终促进企业实现人力资源管理工作的科学化和规范化。比如，当企业人力资源管理人员进行雇员流动率分析时，传统的方法是用手工方法对企业不同业务部门雇员的教育背景和任职时间长短等因素进行考察，而在配备了人力资源信息系统之后，系统可以依赖相应的软件迅速对近期影响企业雇员流动率的关键因素进行排序。事实上，对企业来说，实施人力资源管理系统的过程本身就是一个提高管理水平的契机。因为系统在实施过程中，必然包括对企业的组织结构、岗位设置、管理流程、薪资体系等进行回顾，以此来设计个性化的人力资源管理系统；或者根据软件中所蕴含的先进管理思想来改变现行的工作体系。

（三）增强企业员工的组织认同感

人力资源管理信息系统是一个开放型的系统，授予不同员工相应的访问级别，据此为非 HR 部门人员提供基于 Web 的内部网络应用，同时也为员工提供一些自助服务。员工在允许权限内可在线查看企业及个人信息，例如了解本人的医疗保障计划、累积休假情况，注册内部培训课程，提交请假/休假申请，或是登记、修改个人的信息，申请公司内部空缺职位的意向等。通过这些措施，企业可以增加管理工作的透明度，赢得员工更多的信任，从而提高员工的组织认同感和忠诚度，促进生产效率的提高。

（四）实现企业人力资源的角色转换

人力资源信息系统可以自动执行和完成人力资源相关职能，明显降低管理成本，减少体力工作，加速流程运转。它所带来的优势使人力资源部门和企业管理人员的角色发生变化。对于人力资源部门来说，他们可以从烦琐的事务性工作中抽身出来，而将更多的时间和精力投入到知识管理、人力资源规划和职业发展规划等更具战略意义的核心工作中去。而且，人力资源信息系统不但可以为管理决策提供辅助支持，也可以为管理人员与员工之间的沟通提供平台，有助于管理人员及时发现和解决企业人力资源相关问题。管理者的角色从单纯的管理转向管理与服务并重。

二、人力资源管理信息系统的建立与维护

人力资源管理信息系统的应用是一项长期的工作。在系统正式投入使用之前，企业有一系列的问题要解决，例如系统中的数据由谁来控制？谁有权限接触到哪部分信息？通常，企业建立一套人力资源管理信息系统，需要经过以下几个步骤：

（一）需求分析

人力资源管理信息系统作为一项长期投资，其投资效率是值得慎重考虑的。另一方面，人力资源管理信息系统其本质只是一种管理工具，并非企业解决所有问题的万能钥匙。因此，在购买或安装相应的系统软件之前，企业应该花时间去确定是否真的有必要投资建立这样一套系统。

企业首先要考虑的是，人力资源管理信息系统是解决企业目前管理问题的一剂良药吗？又或者是治标不治本？如果企业战略发生了变化，相比引进新的管理软件，企业更应该做的是对现有流程进行调整。其次，人力资源管理信息系统的功能是企业在购买决策中重点考虑的因素。当然，也不是说只要有需求，企业就会立即购买并建立一套 HR 系统，这还得分轻重缓急。在某一阶段，企业可能需要购买多种资源，而企业拥有的流动资金却有限，所以企业会考虑优先购买某一资源。到底什么是企业目前最需要的？谁需要？可以实现什么目标？上述问题是与组织的整体规划以及战略目标相联系的。如果企业确实需要 HR 系统这种现代化的管理工具，那么接下来的问题就是到底什么样的系统适合本企业呢？你的系统需要处理多个币种，多国语言，多种税收体系吗？最后要考虑的就是可行性的问题了，即新的人力资源管理信息系统是否具有技术、经济以及操作上的可行性。一方面，新软件不一定能与现有的计算机系统兼容；另一方面安装软件也要考虑经济成本，要保证初始投资及日后的维修保养都在企业预算之内。另外，不是所有的系统都具有操作可行性。最重要的是，新装的系统应该能让员工浏览和上传他们的资料，比如说选择一个福利计划。如果员工没有机会进入系统终端，或者不会使用电脑进行操作，那么人力资源管理信息系统就只是一个空壳。

总之，需求分析的结果不一定是去购买新的人力资源管理信息系统软件。没必要的话，企业也可以维持原样或者升级现有系统。若确实有必要投资建立一个

新系统,在需求分析阶段就应该列出一个关于新系统功能的清单。

(二) 供应商选择

一个比较可行的方法是由企业成立一个跨部门的项目团队来负责组建人力资源信息系统,项目团队至少应包括来自人力资源部门和信息化部门的员工。该项目团队的主要职责是,统一负责评估人力资源管理信息系统使用者的需要,设计系统的功能和组成模块,选择系统供应商以及与系统供应商合作对系统进行调试。在比较选择供应商的过程中,企业可以调查该供应商现有客户,以及人力资源管理信息系统在那些企业中的使用情况。当然,如果企业中有负责信息系统开发的资深专家,那也可以考虑自己设计一套人力资源管理信息系统,这样就不用去选择供应商,也没有必要外聘技术顾问了。

(三) 人力资源管理信息系统定制化

通常,软件开发商设计的人力资源管理信息系统软件只是一个通用的系统框架。而人力资源管理信息系统的具体实施必须结合企业的实际情况。这里的定制化包括两种情形,一是企业要求供应商针对企业的实际特点设计一套个性化的人力资源管理信息系统;另一种是企业在供应商提供的标准化产品基础上,调整相应的系统的选项。因为标准化软件不可能和所有企业具体的人力资源管理完全对应,而且软件中也不会包含所有关于部门、工资、休假计划以及福利选择的详细信息,所以企业还得自己设计一些程序,例如数据安全以及系统进入权限等。

(四) 推广使用

确定了合适的人力资源管理信息系统,企业不一定立即投入使用。之前也说过,人力资源管理信息系统会影响到企业的多个层面,甚至会给某些企业带来管理变革,所以企业在正式应用人力资源管理信息系统之前,要做好充分的准备。首先要让员工知道企业内部管理即将发生变化,并制订适当的推广计划。其次,要保证人力资源信息系统的良性运行,企业就必须对相关人员进行培训。这种培训分为两个不同的层次:一是对企业人力资源管理人员进行系统应用和简单维护的培训,二是对企业中所有有机会接触系统的员工进行系统操作方法的培训,这种培训必须以授权访问系统权限的高低来加以区别。

另外,对于拥有分公司或分支机构的大集团来说,在整个组织中同时应用一个新的管理信息系统存在一定的风险,因而它可能会选择一个或几个下属企业作为试点,积累一些经验教训,之后在整个集团中推广。

(五) 系统维护

系统维护的首要问题是保证系统安全。现行的人力资源信息系统大都基于网络技术之上,因此,运行之后系统的安全问题显得尤为重要。企业要保证系统内有关员工隐私和健康状况的数据不被不具访问权限的人获取和篡改;同时企业人力资源管理部门对员工绩效评估程序以及薪酬计划的制订等内部机密也应当得到有效的保护。另一方面,随着企业自身的发展以及信息技术的进步,系统的升级也不能忽视。如果升级不能解决问题,那企业就回到第一个步骤——需求分析,考虑是否需要建立一个新的系统或者改造企业现有系统。

三、人力资源管理信息系统的应用策略

不难发现,人力资源管理信息系统是现代信息技术在人力资源管理领域中的应用,它只是实现科学管理、提高人力资源管理效率的一种工具或手段,而不是人力资源管理工作的全部。既然是工具,那么企业如何根据自身情况和现实需求来科学选择和理性应用这一工具,将是人力资源管理人员需要面对的问题。在实施人力资源管理信息系统的过程中,应注意以下几个问题:

(一)赢得企业决策层的全力支持

人力资源管理信息系统的实施仅仅依靠人力资源管理部门或计算机部门是不够的,它需要企业决策层的大力支持。因为实施人力资源管理信息系统需要输入大量的信息,而且要在充分回顾企业政策的基础上,根据先进的人力资源管理观念,从程序到操作进行全面改进。所有这些工作,没有企业决策层的参与是很难实现的。

(二)组织项目实施团队

项目实施团队至少应包括企业人力资源管理人员和计算机专业人员,他们将负责评估人力资源管理信息系统使用者的需要,设计系统的功能和组成模块,选择系统供应商及对系统进行调试,为整个项目的组织协调、进度控制、数据分析和数据有效性的检查,提供相关建议,培训其他人员,建立系统和检查各部门的运行程序。项目实施团队将是企业运行人力资源管理信息系统的重要骨干和技术支持。

(三)选择合适的人力资源管理信息系统方案

目前市场上的人力资源管理信息系统软件很多,但这些软件往往只是考虑一般性的需要,而不同企业其人力资源管理的侧重点和管理方式是不同的,好的系统应是软件开发商在充分考虑企业需要的基础上量身定做的解决方案,人力资源管理软件的实施,不是一个简单的软件买卖行为,而应作为一个项目来管理。

(四)对相关人员进行培训

要想使人力资源管理信息系统真正地发挥应有的效用,必须通过培训转变人们的思维方式和行为方式。通过培训,让每位员工了解系统的功能,合理使用,提高员工自我管理的效果,这对改进员工的工作满意度将大有益处。

(五)保障系统的安全

现行的人力资源管理信息系统大都基于网络技术,系统安全与否显得尤为重要。因此,企业要保证系统内的信息不被不具访问权限的人获取和篡改,这就要求

企业一方面要对数据库进行加密,同时还要进行严格的访问权限管理,建立日志文件,跟踪记录用户对系统的每次操作的详细情况,并建立数据备份机制,使数据可以恢复。

(六)妥善处理系统使用带来的负面影响

虽然人力资源管理信息系统在企业的人力资源管理活动中有着广阔的应用和发展空间,但是如果使用不当也会产生新的问题。人本管理是现代管理的发展趋势,它强调企业的管理应该从员工自身的需要和需求出发,而人力资源管理信息系统的出发点则是管理的效率。看起来两者在企业实际管理活动必然会产生冲突,而如何解决这一冲突,则是人力资源管理信息系统能否成功应用的一个关键因素。

事实上,人力资源管理信息系统与人本管理并不冲突,人力资源管理信息系统为人本管理提供了一个平台和框架,人本管理是人力资源管理信息系统建设成功的核心,但在实践中如果人力资源管理人员一味强调使用人力资源管理信息系统实现信息的使用、交换和共享,减少了与员工面对面的直接的交流与沟通,或者还可能有部分员工不习惯使用电子技术实现交流,这其实是减少了员工向管理层进行信息反馈和倾诉的机会,长此以往,管理层将无法了解员工的需要和意见,人本管理又从何谈起。在人力资源管理信息系统应用时,企业应该充分意识到,人力资源管理信息系统不能替代人力资源管理人员的主体地位,企业应该充分发挥人力资源管理人员的主观能动性,不要将工作重点都放在压缩工作时间、提高工作效率上,还应该多关注员工需要什么,不要因为人力资源管理信息系统的使用而放弃了最基本的管理原则和理念;此外,人力资源管理人员还应该注意对企业中有可能出现的人力资源管理信息系统应用冲突进行管理和引导,避免内部矛盾的升级和激化,这对于充分发挥人力资源管理信息系统的作用也是非常重要的。

综上所述,人力资源管理信息系统的自动化功能与优化的流程设计,会给企业带来管理效率及管理水平等方面的众多优势。与此同时,我们还应看到,人力资源管理信息系统只是管理手段的一种改进,是一种辅助工具,不可能取代企业所有的人力资源实践活动,如组织结构设计和职务体系构建、职位评估、人力资源需求分析、冗员分析等。因此,在实施人力资源管理信息系统之前,企业要慎重考虑;而在实施过程中,企业也要做好一系列的准备工作,使人力资源管理信息系统真正有助于人力资源管理层次的提升。

思考与练习

1. 什么是人力资源管理信息系统?它由哪几个部分构成?
2. 你认为旅游企业有必要建立人力资源管理信息系统吗?如何运用?
3. 旅游人力资源管理信息系统在具体应用过程中需要注意哪些问题?

参考文献

1. Berry, L. L. On Great Service, A Framework for Action. The Free Press, 1995.
2. Dessler, G. Human Resource Management. Prentice Hall, 8th edition, 2000.
3. DeCieri, H. L. and Doeling, P. The Oretical and Empirical Developmens in Strategy International HRM. In Research and Theory in Strategy HRM: An Agenda for the Twenty-First Century. JAI Press, 1999.
4. Dipboye, R. Selection Interviews: Process Perspectives. Cincinnati: South Western Publishing, 1991.
5. Jenkins, Douglas G. Jr., Ledford, Gerald E. Jr., Gupta, N. and Doty, D. H. Skill-Based Pay. Scottsdale AZ: American Compensation Association, 1992.
6. Kossek, E. E. and Block, R. N. Managing Human Resources in the 21st Century: From Core Concepts to Strategic Choice. South-Western College Publishing, 2000.
7. Lawler, Edward E. III. Strategy Pay: Aligning Organizational Strategies and Pay Systems. San Francisco: Jossey-Bass, 1990.
8. Lawler Edward E. III. Rewarding Excellence: Pay Strategies for the New Economy. San Francisco. PA: Jossey-Bas Publishers, 2000.
9. Mathis, R. L. and Jackson, J. H. Human Resource Management, 9th ed. South Western College Publishing, 1999.
10. McCormick. Job and Task Analysis. Handbook of Industrial & Organizational Psychology, ed. M. Dunnette. Chicago: Rand McNally, 1976.
11. Milkovich, G. T. and Newman, J. M. Compensation. 6th. 北京：中国人民大学出版社, 2002.
12. Milkovitch, G. T. and Jerry, N. Compensation. Chicago: Irwin, 1999.
13. Mohrman, S. A., Galbraith, J. R., Edward E. Lawler III and Associates. Tomorrow's Organization, Crafting Winning Capabilities in a Dynamic World. Jossey-Bass Publishers, 1998.
14. Peffer, J. Competitive Advantage Through People. Boston: Howard University Press, 1994.
15. Reeves, B. and Read, J. L. Total Engagement. Harvard Business Press, 2009.

16. Rosen S. Contracts and the Market for Managerial. Lars Wein and Hans Wijkander. Contract Economics. Blackwell Publishers,1992.

17. Schein,E. H. Career Anchors: Discovering your real values. San Diego: Pfeiff－er & Company, 1990.

18. Schuster, J. and Zingheim, P. K. The New Pay:Linking Employee and Organizational Performance. New York;Lexington Books,1992.

19. Snow, C. C. , and Snell, S. A. Staffing as Strategy. In Personnel Selection in Organizations. San Francisco: Jossey－Bass, 1993.

20. Super,D. E. The Psychology of Career. New York:Harper and Row,1957.

21. Wright, P. M. , MaMahan, G. C. , Snell, S. A. and Gerhart, B. Strategic Human Resource Management: Building Human Capital and Organizational Capability. Technical Report. Cornell University, 1998.

22. Bartle, R. Hearts, Clubs, Diamonds, Spades: Players Who Suit MUDs[J]. Journal of MUD Research, 1996, 1(1) http://www.mud.co.uk/muse/speke.htm.

23. Becker, B. and Gerhart, B. The Impact of Human Resource Management on Organizational Performance:Progress and Prospects. Academy of Management Journal, 1996, 39(4):779－801.

24. Behling, O. Employee Selection: Will Intelligence and Conscientiousness do the Job? [J]. The Academy of Management Executive, 1998, 12(1):77－86.

25. Cardy, R. L. , Gove S. , DeMatteo J. Dynamic and Customer－Oriented Workplaces for HRM Practice and Research[J]. Journal of Qualty, 2000,5(2):159－186.

26. Conner J, Ulrich D. Human Resource Roles: Creating Value, not Rhetoric [J]. Human Resource Planning, 1996, 19:38－49.

27. David, K. Putting Theory into Practice: Job Rotations Give Aspiring Managers the Whole Picture[J]. Canadian HR Reporter. 2003,16(1):9－10.

28. Dyer, L. and Reeves, T. Human Resource Strategy and Firm Performance: What do we Know and Where do we Need to Go? [J]. International Journal of Human Resource Management, 1995,6(3):656－670.

29. Enz, C. A. Human Resource Management: A Troubling Issue for the Global Hotel Industry. Cornell Hospitality Quarterly, 2009, 50(4):578－583.

30. Enz, C. A. and Siguaw, J. A. Best Practices in Human Resources[J]. Cornell Hotel and Restaurant Administration Quarterly, 2000, 41(1):48－61.

31. Gottfredson, L. S. The Factor In Employment[J]. Journal of Vocational Be-

havior,1986,29(3):379-410.

32. Gursoy, D. , Chi, C. G-Q. , and Karadag, E. Generational Differences in Work Values and Attitudes among Frontline and Service Contact Employees[J]. International Journal of Hospitality Management, 2013(32).40-48.

33. Harris, L. C. and Ogbonna, M. Strategic Human Ressource Management, Market Orientation, and Organizational Performance[J]. Journal of Business Research, 2001, 51(2):157-166.

34. Hartline, M. D. and Ferrell O. C. The Management of Customer-contact Service Employees: An Empirical Investigation[J]. Journal of Marketing, 1996 (4): 52-70.

35. Hickman, E. S. Pay the Person, Not the Job[J]. Training and Development, 2000,54 (10):52-57.

36. Hunsaker, P. C. and Coombs, M. W. Merger and Acquisitions:Managing the Emotional Issues[J]. Personnel,1988,65(3):56-63.

37. Huselid, M. A. Mark. The Impact of Human Resources Management Practices on Turnover, Productivity, and Corporate Financial Performance [J]. Academy of Management Journal,1995,38(3):635-672.

38. Ivine, D. M. , Leatt, P. , Evans, M. G. , Baker, G. R. Cognitive and Behavioral Outcomes of Quality Improvemant Teams: The Influence of Leadership and the Work Unit Environment. Journal of Quality Management , 1999, 4(2):167-184.

39. Jans, N. Career Development, Job Rotation, and Professional Performance [J]. Armed Forces and Society. 2004,30 (2):255-277.

40. Jeffrey Pfeffer. Six Dangerous Myths about Pay[J]. Havard Business Review, 1998,76(3):109-119.

41. Jensen M, K. J. Murphy. Performance Pay and Top Management Incentives [J]. Journal of Political Economy ,1990 (2): 225-264.

42. Lawler Edward E. III. Pay Can be a Change Agent[J]. Compensation and Benefits Management, 2000 16(3).

43. Lawler Edward E. III. Pay Strategy : New Thinking for New Millenium[J]. Compensation and Benefits Review, 2000, 32 (1):7-12.

44. Lawler, Edward E. III. From Job-based to Competency-based Organizations [J]. Journal of Organizational Behavior,1994, 15(1):3-15.

45. MacDuffie, J. P. Human Resource Bundles and Manufacturing Performance: Organizational logic and Flexible Production Systems in the World auto Industry[J]. In-

dustrial and Labor Relations Review,1995(2):197-221.

46. Mainemelis, C. and Ronson, S. Ideas are Born in Fields of Play: Towards a Theory of Play and Creativity in Organizational Settings[J]. Research in Organizational Behavior, 2006, 27:81-131.

47. Malinski, R. M. Job Rotation in an Academic Library: Damned if You do and Damned if You don't! [J]. Library Trends. 2002(4):673-680.

48. Mumford, M. D., Zaccaro, S. J., Harding, F. D., Jacobs, T. O. and Fleishman, E. A. Leadership Skills: Conclusions and Future Directions[J]. Leadership Quarterly, 2000,11(1):11-35.

49. Murphy K. J. Corporate Performance and Managerial Remuneration: an Empirical Analysis. Journal of Accounting and economics, 1985, 7(1-3):11-42.

50. Napier N. K. Mergers and Acquisitions, Human Resource Issues and Outcomes: A review and Suggested Typology[J]. Journal of Management Studies, 1989, 26(3):271-290.

51. Schmidt, Jeffrey A. The Correct Spelling of M&A Begins with HR[J]. HR Magazine, 2001, 46(6):102-108.

52. Schuler, R. S. and Walker, J. W. Human Resources Strategy: Focusing on Issues and Actions[J]. Organizational Dynamics, 1990, 19 (1):5-19.

53. Shakespeare-Finch J. and Scully P. A. Multi-Method Evaluation of an Australian Emergency Service Employee Assistance Program[J]. Employee Assistance Quarterly, 2004,19(4):71-91.

54. Sørensen, B. M. and Spoelstra, S. Play at Work: Continuation, Intervention and Usurpation[J]. Organization, 2011, 19(1):81-97.

55. Thornhill, A., Saunders, M. and Stead, J. Downsizing, Delaying but Where's the Commitment? The Development of Adiagnostic Tool to Help Manage Survivors[J]. Personnel Review. 1997,26(1-2):81-98.

56. Tracey J. B. and Nathan, A. E. The Strategic and Operational Roles of Human Resources: An Emerging Model[J]. Cornell Hotel and Restaurant Administration Quarterly, 2002 (4):17-26.

57. Watson, S., Maxwell, G. A. and Farquharson, L. Line Managers' Views on Adopting Human Resource Roles: The Case of Hilton (UK) Hotels. Employee Relations, 2007,29 (1):30-49.

58. Williams, C. R., Labig Jr., C. E. and Stone, T. H. Recruitment Sources and Posthire Outcomes for Job Applicants and New Hires: A Test of Two Hypotheses[J].

Journal of Applies Psychology,1993,78(2):163–172.

59. (美)拜厄斯(Lloyd L. Byars),(美)鲁(Leslie W. Rue)著;李业昆,等译. 人力资源管理(第7版). 北京:人民邮电出版社,2004.

60. (美)E·麦克纳,N.比奇. 人力资源管理(第1版). 北京:中信出版社,1998.

61. (美)杰弗里·H.格林豪斯(Jeffrey H. Greenhaus)等,著. 职业生涯管理(英文版第3版). 北京:清华大学出版社,2003.

62. (美)雷蒙德. A. 诺伊,约翰.霍伦拜克.拜雷.格哈特.帕特雷克.莱特. 人力资源管理:赢得竞争优势. 北京:中国人民大学出版社,2005.

63. (美)雷蒙德·A. 诺伊等,著. 雇员培训与开发. 北京:中国人民大学出版社,2002.

64. (美)Robert H. Woods 著;张凌云、马晓秋译. 饭店业人力资源管理. 北京:中国旅游出版社,2003.

65. (美)罗伯特·J. 博尔盖塞,保罗·F.博尔杰塞. 并购:从计划到整合. 北京:机械工业出版社,2004.

66. (美)R. 韦恩蒙迪等,著;葛新权等,译. 人力资源管理(第8版). 北京:经济科学出版社,2003.

67. (美)斯蒂芬·P. 罗宾斯. 管理学(第1版). 北京:中国人民大学出版社,1997.

68. (美)唐·约翰逊. 旅游业人力资源管理. 北京:电子工业出版社,2004.

69. (日)梶原丰著,袁娟等,译. 人才开发论:人才开发的实践性、体系化研究. 北京:中央编译出版社,2001.

70. (中)赵曙明,(美)马希斯,(美)杰克逊著. 人力资源管理(第9版). 北京:电子工业出版社,2003.

71. 曹亚克,王博,白晓鸽. 最新人力资源规划、招聘及测评实务(第1版). 北京:中国纺织出版社,2004.

72. 陈天祥. 人力资源管理. 广州:中山大学出版社,2002.

73. 程廷园. 劳动关系. 北京:中国人民大学出版社,2002.

74. 仇雨临. 员工福利管理. 上海:复旦大学出版社,2004.

75. 戴昌钧,许为民. 人力资源管理(第1版). 天津:南开大学出版社,2001.

76. 戴维. A. 加尔文著. 学习型组织行动纲领. 北京:机械工业出版社,2004.

77. 丁俊发主编. 中国物流学术前沿报告(2005~2006). 北京:中国物资出版社,2005.

78. 方振邦. 绩效管理. 北京:中国人民大学出版社,2003.

79. 付宗科.第五项修炼300问.上海:生活·读书·新知三联书店,2003.
80. 富兰克·M.戈,玛莉·L.蒙纳彻罗,汤姆·鲍姆.酒店业人力资源管理.大连:大连理工大学出版社,2002.
81. 关怀.劳动法.北京:北京大学出版社,2001.
82. 胡辰君,郑绍濂.人力资源开发与管理(第二版).上海:复旦大学出版社,2003.
83. 刘凯.现代物流技术基础.北京:清华大学出版社;北京交通大学出版社,2004,6.
84. 马士华,林勇.供应链管理.北京:高等教育出版社,2003.
85. 秦远好.现代饭店经营管理.重庆:西南师范大学出版社,2007.
86. 孙海法.现代企业人力资源管理(第1版).广州:中山大学出版社,2002.
87. 汪纯孝,岑成德,谢礼珊.服务性企业整体质量管理(第2版).广州:中山大学出版社,2001.
88. 汪纯孝,谢礼珊,等.智力型企业经营管理.广州:中山大学出版社,2001.
89. 王槐林,刘明菲.物流管理学.武汉:武汉大学出版社,2005.5.
90. 王端旭.企业间人才争夺——理论与实践.北京:北京大学出版社,2004.
91. 王延琪.企业人力资源管理(第1版).北京:中国物价出版社,2002.
92. 吴国存,李新建.人力资源开发与管理概论.天津:南开大学出版社,2002.
93. 吴国萍,周世中.并购与并购法.济南:山东人民出版社,2003.
94. 萧鸣政.人力资源开发的理论与方法.北京:高等教育出版社,2004(7).
95. 于秀芝.人力资源管理.北京:经济管理出版社,2002.
96. 乐章,陈璇.福利管理.深圳:海天出版社,2003.
97. 张红,李天顺.旅行社经营管理实例评析.天津:南开大学出版社,2000.
98. 张磊.人力资源信息系统(第1版).大连:东北财经大学出版社,2002.
99. 张锡良,周力.饭店人力资源管理(第1版).上海:上海人民出版社,1990.
100. 徐小虹.冲突与协调——当代中国私营企业劳资关系研究.北京:中国劳动社会保障出版社,2003.
101. 张一弛.人力资源管理教程(第1版).北京:北京大学出版社,1999.
102. 赵曙明,周路路,罗伯特·马希斯,约翰·杰克逊.人力资源管理(中国版).北京:电子工业出版社,2012:47-48.
103. 赵西萍.旅游企业人力资源管理(第1版).天津:南开大学出版社,2001.
104. 陈长英.重构我国上市公司高管人员薪酬体系[J].经济问题探索,2004(10):97-99.
105. 陈林,王卫平.关于人力资源信息系统的探讨[J].华东经济管理,2001,

15(3):34-36.

106. 陈晓萍.并购企业人力资源整合问题研究[J].上海交通大学学报,2007,41(7):79-83.

107. 程延园.集体谈判:现代西方国家调整劳动关系的制度安排[J].教学与研究,2004(4):82-87.

108. 戴良铁,刘颖.职业生涯管理解析[J].中国劳动,2001(8):28-30.

109. 丁敏.人力资源战略与企业战略企业文化的匹配初探[J].经济问题探索,2006(3):129-133.

110. 董丽.对企业薪酬管理的改革研究及建议[J].辽宁商务职业学院学报,2004(3):146-147.

111. 方家平.岗位轮换:促进人力资源开发[J].通信企业管理,2002(6):69-70.

112. 韩新宽.股份公司经理层薪酬支付方式探索[J].中州煤炭,2004(4):66-67.

113. 郝艳,雷松泽.人力资源管理信息系统应用研究[J].信息技术与信息化信号处理与模式识别,2005(5):83-85.

114. 何涌海,葛显斌.掂一掂经理人的钱包——中国企业经营者薪酬发展态势调查[J].人才瞭望,2001(5):23.

115. 胡春林.旅游企业并购混合路径偏好的实证研究[J].旅游学刊,2005(3):48-52.

116. 胡嘉彦,张红.职业安全健康风险评估[J].中国职业安全卫生管理体系认证,2003(6):32-33.

117. 黄小坚.国企老总薪酬怎么给?[J].企业活力,2000(5):20-21.

118. 纪凤杰.股票期权制企业家薪酬制度的未来模式[J].财会研究,2000(3):58-59.

119. 姜真.职业生涯管理是企业的一盘棋[J].中国人力资源开发,2004(9):32-37.

120. Krug,J. A. 经理人为何不断出逃.哈佛商业评论(中文版),2003(4):10-11.

121. 李军峰.职业生涯设计及其新发展[J].科学管理研究,2000,18(2):62-64.

122. 李军华,谭洪波.企业人力资源信息系统应用探析[J].广东行政学院学报,2003,15(1):78-80.

123. 李玉茹,宋茹,王建宏.谈国有企业经营者的薪酬问题[J].经济研究参考,2004(53):44-46.

124. 梁峰.企业生命周期与企业教育[J].理论前沿,2004(6):27-28.

125. 刘纯,贾智勇,刘峥.关于饭店绩效管理体系的研究[J].旅游科学,2003(1):28-30.

126. 刘锦霞.论知识型员工在企业中的重要地位[J].内蒙古科技与经济,2004(13):43-45.

127. 刘丽华.企业并购类型与效应分析[J].财经科学,2001(4):199-201.

128. 刘宁,赵梅,金岚.企业并购对员工的冲击与人力资源管理整合策略[J].特区经济,2008,(12):216-217.

129. 刘水国.浅谈我国外资企业的劳动管理[J].佳木斯大学社会科学学报,2003,21(5):28-29.

130. 楼旭明,段兴民.工作轮换的价值[J].企业管理,2004(9):90-92.

131. 楼旭明,魏明.工作轮换制在电信企业中的应用[J].通信企业管理,2004(6):51-53.

132. 吕峰.培训评估的一般流程[J].中国人力资源开发,2002(3):49-50.

133. 马彩凤.个人职业生涯设计的步骤[J].企业改革与管理,2005(1):66.

134. 马成功,王二平,林平.基于行为的绩效评定方法的研究进展[J].心理科学进展,2002(1):153-159.

135. 潘海蜂.知识经济与经理人的薪酬福利管理[J].中国劳动,2000(3):30-32.

136. 彭璧玉.经理薪酬的影响因素分析[J].现代管理科学,2004(10):23-25.

137. 彭净.国有企业核心员工流失的原因与对策[J].管理纵横,2004(6):30-31.

138. 钱铭怡,武国城,朱荣春,张莘.艾森克人格问卷简式量表中国版(EPQ-RSC)的修订[J].心理学报,2002,32(3):317-323.

139. 邱少良.建立培训体系,走向学习型组织[J].南开管理评论,1998(2):59-60.

140. 孙庆云,刘铁民,等.实施OSHMS对企业职业安全健康管理状况影响分析[J].中国安全科学学报,2005,5(7):35-39.

141. 汪纯孝,谢礼珊,温碧燕,韩小芸.市场驱动"反跳槽"策略[J].中国人力资源开发,2000(3):20-21.

142. 汪纯孝,谢礼珊,张燕,等.个性化人力资源管理措施[J].中国人力资源开发,2001(3):46-47.

143. 王端旭. 工作轮换与企业内部隐性知识转移[J]. 科学研究, 2004, 22(4): 395-398.

144. 王进. 培训需求分析三要素[J]. 人口与经济, 2002(10): 92-93.

145. 王军宏. 影响企业并购成败的人力资源管理问题及其解决对策研究[J]. 外国经济与管理, 2005, 27(2): 32-37.

146. 王伟. 关于国有企业集团基层管理干部岗位轮换的思考[J]. 江汉石油职工大学学报, 2004, 17(1): 23-24.

147. 魏国政. 并购中的人力资源整合[J]. 当代经理人, 2005(6): 66-67.

148. 温德新, 张黎莉. 并购整合过程中的人力资源管理[J]. 乡镇企业研究, 2004(2): 23-25.

149. 温少华. 实现企业培训双赢的关键[J]. 人才资源开发, 2005(4): 70-71.

150. 吴东晓. 饭店企业人力资源战略模式探析[J]. 旅游科学, 2003(3): 5-8.

151. 吴清津, 汪纯孝. 服务导向的组织公民行为[J]. 旅游科学, 2004, 18(1): 37-40.

152. 伍晓奕. 新生代员工的特点与管理对策[J]. 中国人力资源开发, 2007(2): 44-46.

153. 伍晓奕. 基于危机管理的员工援助计划研究述评[J]. 外国经济与管理, 2010, 32(10): 51-57.

154. 谢礼珊, 张燕, 凌茜. 知识经济时代企业薪酬制度[J]. 中山大学学报, 2002, 42(6): 70-76.

155. 谢礼珊. 服务性企业领导能力的培养[J]. 上海质量, 2001(8): 34-36.

156. 谢礼珊. 服务性企业员工授权初探[J]. 上海企业, 2002(9): 33-35.

157. 谢礼珊. 战略薪酬制度设计[J]. 上海企业, 2002(4): 27-30.

158. 谢礼珊. 组织氛围对员工参与管理措施的影响[J]. 上海质量, 2002(5): 51-53.

159. 谢卫华. 可供借鉴的国外精益企业模式[J]. 机电一体化, 1996(2): 6-7.

160. 徐建中, 张德明, 曹秀英. 国企经营者薪酬激励探讨[J]. 企业经济, 2000(4): 21-23.

161. 严梓侃, 谢晓光. 对国有企业薪酬制度改革的探讨[J]. 国企改革, 2004(8): 56-57.

162. 杨杰, 方俐洛, 凌文辁. 关于绩效评价若干问题的思考[J]. 自然辩证法通讯, 2001, 23(2): 40-51.

163. 叶映.并购企业的人力资源整合研究[J].改革与战略,2004(6):36-39.

164. 余嫔.工作趣味化:玩与管理的概念与方向[J].应用心理研究,2005:(2).

165. 叱瑛,王军宏.企业并购中人力资源管理者角色研究[J].科技管理研究,2005,(5):349-353.

166. 张旭,张爱琴.企业组织发展与员工职业生涯管理[J].中国人力资源开发,2003(3):65-67.

167. 周桂凤.知识经济条件下我国企业薪酬激励模式创新[J].湖北广播电视大学学报,2004,21(4):80-82.

168. 朱明若,李姣姿.工作场所健康管理的概念与方法及成功实例[J].中国预防医学杂志,2003,4(4):245-248.

169. 邹红,战磊.试论企业并购后的人力资源整合管理[J].华东经济管理,2003,17(3):46-48.

170. 滕月.浅谈专职培训师的素质能力模型[J].中国电力教育,2009(7):236-237.

171. 任真,王石泉,刘芳.领导力开发的新途径——"教练辅导"与"导师指导"[J].外国经济与管理,2006(7):53-58.